Achim Konejung

Fritten mit Napoleon

An den Orten des Gemetzels von Waterloo, Verdun bis Westwall

Ein Reisebericht

REGIONALIA
VERLAG

Impressum

Fritten mit Napoleon

Achim Konejung

1. Auflage 2024

Regionalia Verlag

Ein Imprint der Kraterleuchten GmbH,

Gartenstraße 3, 54550 Daun

Verlagsleitung: Sven Nieder

Gestaltung: Kerstin Fiebig

Lektorat: Bruno Hof

Korrektorat: Tim Becker

Gedruckt in der Europäischen Union, Bookpress, PL

ISBN Print 978-3-95540-406-2

ISBN E-Book: 978-3-95540-428-4

www.regionalia-verlag.de

Der Krieg war immer da in meiner Kindheit. Im Gesicht des Großvaters, der ein »Guele Cassée«, eine »zerschlagene Fresse« des Ersten Weltkriegs war, in den leeren Fensterhöhlen des Nachbarhauses, im zerstörten Antlitz der Stadt mit seinen Brandmauern, Ruinengrundstücken und seltsam wieder aufgebauten Häusern. Und in den Gesprächen der Älteren, die von ihm sichtbar gezeichnet waren und ständig über ihn reden mussten.

Die Beschäftigung mit den Kriegen und seinen Hinterlassenschaften, in der Landschaft und in den Seelen von Generationen, hat mich nie losgelassen.

Davon handelt dieses Buch.

Eine Reise über sieben Jahrzehnte durch die Erinnerungs- und Konfliktlandschaften Westeuropas.

Für Jürgen, für Flo.

Inhalt

I.

VOM RHEIN ANS MEER

AN DEN RHEIN

Gewalt'ger Bruder, wag ich es, dein Bild,
das immerzu an mir vorüberfließt
und sich voll Majestät in mich ergießt,
im Vers zu spiegeln als dein helles Schild:

Ich diene dir getreu an meiner statt.
Mein Haus prangt fest an deinem weichen Rand,
mit blanken Augen froh dir zugewandt,
sieht es wie ich sich niemals an dir satt.

Am liebsten freilich bist du uns bei Nacht.
Du schläfst nicht ein, ziehst deine große Bahn
gleich uns gewunden durch des Daseins Macht

Dem Meer, dem Tode zu. Du fühlst ihn nahn,
und unter den Gestirnen wirr entfacht
singst du im Sterben leise wie ein Schwan.

(Herbert Eulenberg)

DER EINBEINIGE APOSTEL

Das Schnellrestaurant

Napoleon hatte die Stadt groß gemacht, der Deutsche Kaiser hatte sie reich gemacht, und jetzt kam ich. Hineingeboren in die Stadt aus Samt und Seide. Ihren alten Glanz hatte sie verloren, schuld war, so die Erwachsenen, ein Mann, der noch größer werden wollte als Napoleon und der Deutsche Kaiser zusammen.

Das Ergebnis seiner zwölfjährigen Herrschaft ließ sich leicht erkennen. Aus meinem Kinderzimmer blickte ich auf die Fensterhöhlen des Nachbarhauses, die so leer waren, wie die rechte Augenhöhle meines Großvaters. An der war der Deutsche Kaiser schuld, das sagte der Großvater zumindest. An den leeren Fensterhöhlen des Nachbarhauses aber eben jener Mann, der größer sein wollte als alle vor ihm.

Jedes Haus trug Spuren, alles zeugte von einer großen, erst neulich passierten Katastrophe, einem Vulkanausbruch, einem Schwefelregen, einer Feuersbrunst, etwas Urgewaltigem, das irgendwie mit dem Mann, der größer sein wollte als alle, in Verbindung stand; mehr ließ sich aus den Erwachsenen, die das, was geschehen war, miterlebt hatten, nicht erfahren.

In den erkalteten Brandmief mischte sich ein zweiter, wohl durch starke Hitze und siedendes Öl hervorgerufener Geruch, der schwer, aber anregend war. Er kam aus den Abzugskaminen des nur bis in den ersten Stock wieder aufgebauten Nachbarhauses und zog bis in mein Kinderzimmer. Das Haus nebenan, ein mit Hohlblocksteinen aus mit Beton vermischten Bims abenteuerlich zusammengeschustertes Fricko (Lieblingswort meiner Mutter für alles, das nicht ihren ästhetischen Werten genügte), beherbergte das »Schnellrestaurant Hueskes«, eine »Institution«, wie die Krefelder sagten. Und hier gab es, kurz nachdem ich die Welt erblickte, eine neuartige Sensation der Kulinarik – Pommes Frites.

Anton Hueskes, der Herr und oberste Gebieter in seinem Reich der Töpfe und Pfannen, erklärte jedem, der ihn nicht danach fragte, wie er dazu gekommen war, diese schmackhafte Beilage zu entdecken und als erster nach Deutschland gebracht zu haben. Er habe als Koch in französischer Kriegsgefangenschaft (»Aube!«, sagte er immer, »Aube!« und heute denke ich, er meinte das Département Aube östlich von Paris, wo das Lager war.) Bekanntschaft mit dieser neuen Form der Kartoffelzubereitung gemacht, die auf den Genius des französischen Kaisers zurückgehe: Napoleon habe seinerzeit seinen Leibkoch beauftragt, eine schnell auf dem Schlachtfeld zu kochende Mahlzeit zu entwickeln, worauf dieser, nach dem Vorbild des Leibarztes des Kaisers, dem honorablen Baron LeDocteur J. D. Larrey, dem Erfinder der fliegenden Lazarette, die »Fliegenden Fritteusen« erfunden habe. So, und nur so sei man so weit gekommen!, sagte Hueskes seinen erstaunten, oder auch ungläubigen Kunden. »Bis nach Moskau! Immerhin!« Dort sei dann aber der Grande Armee das Frittenfett ausgegangen, der Rest der Geschichte sei bekannt. »Aber!«, sagte Hueskes im Reich seiner siedenden Öltöpfe, »ist nicht die Pommes Frites, die frittierte Kartoffel, das schönste Symbol deutsch-französischer Verständigung? Der Alte Fritz hat sie gebracht, Napoleon hat sie gemacht!«

So erzählte man es, so erzählten sie es mir, und ich fand die Geschichte toll. So musste es gewesen sein, oder nicht? Was war das mit dem Krieg? Was hatte es damit auf sich? Mit drei, spätestens vier Jahren fing ich an zu fragen, und ich fragte die Erwachsenen, und ich löcherte sie, aber sie blieben stumm. Das tote Glasauge meines Großvaters starrte mich an, und ich fürchtete mich vor ihm. Wer war dieser Mann? Was hatte er erlebt? Warum hat er dieses Glasauge? Was hatte das Glasauge mit den leeren Fensterhöhlen im Haus nebenan zu tun? Warum wohnten da Tauben und keine Menschen? Wieso war es ausgebrannt und nicht wieder aufgebaut? Da konnte ich fragen, was ich wollte, aber ich bekam keine Antwort und schon gar nicht über diesen bestimmten Mann, über den keiner reden wollte, der, der an allem schuld war. Man selbst habe ja nur gemacht, was einem befohlen war, so sagten sie, und dieser Mann, der war gar nicht von hier, der war von weit weg und dann war er auch irgendwie verschwunden. »Verschwunden wohin?«, fragte ich und wieder gab es keine Antwort. Es gab nie Antworten auf meine Fragen. Also ging ich auf die Suche. Da gab es viel zu klären, dachte ich mir, und es würde ein langer Weg werden.

Die Stadt im Nebel

Meine erste Erinnerung an das Krefeld meiner Kindheit ist der Blick über die Stadt, eines Morgens, im Nebel. Wir lebten im vierten Stock eines modernen Wohn- und Geschäftshauses, ganz im Stil des Modernismus, ein Aquarium mit großen Glasfronten, dessen Fenster bis auf den Boden reichten. Davor war ein metallenes Geländer, man konnte die Fenstertüren weit öffnen und hatte dann einen tollen Blick über die Stadt. Wir lebten in der Stadtmitte, in der Rheinstraße, der Verkehrsachse von Uerdingen zur Innenstadt und weiter nach Westen. Jetzt aber war dieser Nebel da und die Stadt war verschwunden, es sah aus, als wäre ich auf einer Insel, und dahinter würde die Welt verschwunden sein.

Im ersten Moment hatte ich Angst, dass die Stadt genauso verschwunden war, wie vor wenigen Jahren, als sie in einer Bombennacht untergegangen war – so viel hatte ich aus den Erzählungen der Erwachsenen mittlerweile herausbekommen. Dann reimte ich mir zusammen, dass dieser Nebel eine Art magisches Phänomen sei, das Häuser wegzaubern könnte. Eine höhere Macht, ein Geist, der ab und zu die Menschen ärgerte. Aber bald hörte ich die Stimmen der Menschen, die Geräusche der Autos und das Klingeln der Straßenbahn. Die Welt war also noch da, sie war nicht untergegangen.

Rechts von mir ging mein Blick gerade bis an die Straßenecke, an der drei Kriegsruinen standen, die notdürftig wieder aufgebaut worden waren, kurz neben der Markthalle, in der vor kurzem eine unheilvolle Vogelspinne Verkäufer und Hausfrauen in Angst und Schrecken versetzt hatte. Sie liefen alle in Panik durch die Stadt, in einer Art Massenhysterie wie in Kriegszeiten. Die Spinne aber saß nur blöd in einer Bananenkiste und ließ sich von einem Mitarbeiter des Krefelder Tierparks einfangen. Meine Mutter, die behauptete, dabei gewesen zu sein und quasi der Spinne ins Auge geschaut zu haben (!), musste mir die Geschichte immer wieder erzählen. Ich hörte gespannt zu und stellte mir vor, an welch gefährlichem Ort wir doch lebten. Erst die Bombennächte, jetzt exotische Monster-Giftspinnen, die Hausfrauen durch die Stadt jagten!

Direkt gegenüber dem Aquarium war die Drogerie Spülmanns. Sie bestand nur noch aus dem Erdgeschoss, darüber war eine Holzverblendung, die das Gebäude größer erscheinen ließ.

(Bald sah ich meine ersten Western, Bonanza, und die erinnerten mich an diesen nebeligen Morgen und ich dachte mir, diese Westernstädte, das hatten sie von Krefeld abgeschaut!)

Neben der Drogerie war ein weiteres Trümmergrundstück und an der Brandmauer klebte ein alter, nutzloser Kamin. Auf dem letzten Mauerrest standen merkwürdige Inschriften wie »LSR«, aber natürlich konnte ich da noch nicht lesen. Aus der Mauer ragten Rohre, in der Höhe des ersten Stocks hing sogar noch eine Badewanne, darüber eine verbogene Radioantenne. Ich fand das lustig, dieses Nicht-Haus, bei dem die ehemaligen Stockwerke in der Luft durch Gegenstände angedeutet wurden, aber die Erwachsenen ermahnten mich, darüber keine Witze zu machen. Es hieß, der Mann, der dort gewohnt habe, sei verschwunden, vermisst, im Krieg geblieben, man wisse es nicht so genau. Was heißt »Im Krieg geblieben«? Fand er das da so toll, dass er lieber dageblieben ist? Ich stellte bohrende Fragen, ich bekam wie immer keine Antwort.

»Dazu bist du zu jung!«, sagten sie mir.

Links des Trümmergrundstücks war der Höhepunkt der Einkaufsstraße, der »Wulli«, das Kaufhaus Woolworth, die Kathedrale des Konsums, das Mekka der einfachen Dinge. Der Tempel der Glückseligkeit, der meine Großmutter magisch anzog. Bis heute weiß ich nicht, ob sie jetzt lieber mich besuchte, oder ob sie mich nur besuchte, um mit mir dann zu Wulli zu gehen. Sie kam und sagte »Los, wir gehen zu Wulli!« und dann hatte sie diesen gierigen Blick – sie, die zwei Weltkriege miterlebt hatte, die die Hyperinflation miterlebt hatte, die Bombennächte, die ersten Jahre nach dem Krieg, als es nichts gab und sie einfach nur nahm, was sie kriegen konnte. Und da drinnen gab es jetzt wirklich alles, was meine Großmutter so begehrte: Kurzwaren, Knöpfe, Fäden, Stoffe. Sie grabbelte und wühlte und atmete schwer dabei und ich schaute ehrfürchtig in den großen Ausschnitt der rassigen Spanierin, die als Ölgemälde an der Kaufhauswand hing.

Kinder wissen, dass, wenn sie ihren Großmüttern einen Gefallen tun, es immer etwas dafür gibt. In der Regel sind es Bonbons, oder gar Schokolade. In diesem Fall war es natürlich mein Wunsch, mit ihr zu Anton Hueskes zu gehen, zu seinen sagenhaften Fritten, die nämlich von Napoleon erfunden worden waren. Und deren Rezept er unter abenteuerlichen Umständen, mit magischer Tinte auf einen Zettel geschrieben – eingerollt in einem Spazierstock – aus dem Kriegsgefangenenlager in Frankreich nach Krefeld geschmuggelt hatte.

Die Lohstraße wimmelte von Menschen, denn es war Mittwoch. Und mittwochs waren die Pferderennen, Traber in Gelsenkirchen, Galopper in München-Gladbach. Gegenüber von Hueskes, hinter dem ausgebrannten Haus, in dessen Erdgeschoss ein Goldgeschäft war, während darüber die Tauben hausten und alles zuschissen, lag die Wettannahmestelle, und an Renntagen versammelten sich dort Dutzende von Männern, die einen ähnlich gierigen Blick in ihren Augen hatten wie meine Großmutter bei Wulli. Kaum hatten sie ihre Wetten abgeschlossen, eilten sie rüber zu Hueskes, bestellten sich eine Portion

Fritten mit Schaschlik und warfen ihr Kleingeld in den Monarch. Und hofften natürlich auf eine Gewinn-Serie (Der Monarch war ein Geldspielautomat, und wenn man gut war, konnte man die Tasten tatsächlich so abstoppen, dass man einen großen Gewinn bekam. Die meisten waren aber nicht gut.).

Ida, meine Großmutter, wollte wegen der Wettmänner die Straßenseite wechseln, aber das ging überhaupt nicht. Ich schrie Zeter und Mordio. Ich versuchte, mich von ihr loszureißen. Nein, nur nicht dort an dieser Tür vorbei, an diesem Haus! Ich schrie und schrie und schrie und sagte, wir müssen rechts vorbei. Wir dürfen auf keinen Fall rüber!

Was denn dort sei, fragte mich meine Großmutter, und ich war vollkommen außer mir, und ich zitterte, und dann sagte ich ihr, was Sache war. Dort hinter dieser Tür, im Keller, dort wohnte der Schneider, ja genau der Schneider aus dem Struwwelpeter, der den Jungs den Daumen oder was auch immer abschnitt!

»Aber«, sagte meine Großmutter, »du wirst doch nicht am Daumen lutschen?«

Da musste ich ihr gestehen, dass, wenn immer ich keine Fritten bekam, ich am Daumen lutschte, und dann hieß es von den Eltern: »Lass dich nicht erwischen, der Schneider aus dem Keller kommt mit seiner Schere!«

Und eines Tages kam er wirklich aus dem Keller die Treppe hoch; er hatte wirklich lange Haare, und er hatte eine Schere dabei, und er hatte ein Zentimetermaß, er sah wirklich aus wie aus dem Buch! Ich riss mich los und meine Eltern mussten mich zur Strafe drei Stunden in der Stadt suchen. Das geschah ihnen recht, das hatten sie jetzt von ihrer schwarzen Pädagogik! Meine Großmutter hatte ein Einsehen. Wir machten einen Bogen um diesen bösen Ort und dann bekam ich von ihr eine große Portion von Hueskes seinen Fritten.

In der Stadt gab es noch viel aufzuräumen und mindestens ein, zwei, dreimal die Woche machte es »Bumm!« und schon wurde wieder irgendwo eine Ruine gesprengt. Dann fand man

Blindgänger; Lautsprecherwagen fuhren herum und forderten die Bürger auf, ihre Fenster zu öffnen und zu Hause zu bleiben, dann gab es eine Tröte, und dann machte es wieder »Bumm!«, immer dann, wenn der Blindgänger nicht zu bergen, sondern vor Ort zu sprengen war. Die Abrissunternehmer und die Schrotthändler hatten ihre fetten Jahre, sie fuhren herum mit Baggern, sie rissen alles nieder, was ihnen im Weg stand. Sie hämmerten, schweißten und zogen das Metall heraus. Die Arbeiter waren groß, stark und dreckig, und wenn sie ihre Arbeit getan hatten, gingen sie zu Hueskes und aßen sich was. Danach gingen sie in eine der vielen Altbierschwemmen, die es in den umliegenden Straßen gab, in den Viererzug, oder ins Tivoli. Das waren Orte, aus denen heraus es ganz besonders roch. Eine Mischung aus abgestandenem Bier, Männerschweiß, kaltem Zigarrenrauch. Und es war laut dort, ein unglaubliches rheinisches Gequatsche, Geschrei, Gebrüll. Das waren faszinierende Orte, aber da durfte ich nicht rein, die waren »off Limits« und ich dachte mir, das ist ja wohl ein Grund, erwachsen zu werden, um endlich da reinzukommen!

Wenn die Dunkelheit über die Stadt kam, dann wurde es noch doller auf den Straßen. Sie grölten und sie prügelten sich, sie lagen betrunken auf den Bürgersteigen, sie übergaben sich, sie feierten ihr Überleben. Nachtjacken nannten die Erwachsenen sie. Und aus den Kellerlokalen kam eine neuartige Musik, die fremd in meinen Ohren klang und mich faszinierte. Wo kam die her? Diese wilde Musik, die über dem Gebrüll und Geschrei der Betrunkenen schwebte?

Das da, dachte ich mir, das war die Hölle, das wahre Leben, der ewige Karneval, da wollte ich hin.

Wenn meine Eltern weg waren, stellte ich mich nachts an das große Fenster, öffnete es, hörte der fremden Musik zu und schaute hinunter auf das bacchanalische Treiben.

Deutschland nach dem Krieg. Übermut, Übermaß, Lebenslust.

Der Krieg, der vorbei war.
Was war der Krieg?

Nachtjacken

Nicht alle gingen in diese Kneipen und meine Eltern schon gar nicht. Das war alles viel zu proletarisch. Man wollte ja auch nicht in so eine Schlägerei hineinkommen. Was wäre das denn? Da war's doch viel besser, zu Hause zu sitzen, in gepflegter Runde, im Freundeskreis, in der Familie. Es gab ständig Familientreffen, und da unsere Wohnung so zentral lag, meistens bei uns, und ich fand es klasse.

Meine Eltern, Horst und Helga, mein Großvater Karl und meine Großmutter Ida, Onkel Dieter, der jetzt auch eine Frau hatte, manchmal auch der jüngste Bruder meines Vaters, Bodo, der war lustig und erzählte immer Witze, die aber meistens nicht zündeten. Diese Erwachsenen da zu haben, war eine schöne Sache, da konnte man die mal fragen, wie das denn mit dem Krieg war. Aber auch da gab es wieder keine Antworten, ich wurde einfach mit unsinnigen Geschichten abgespeist.

Es gab Schnittchen. Es gab lustige gefüllte Tomaten mit Mayonnaise-Tupfern drauf, die aussahen wie Fliegenpilze, Salzstangen und Kartoffelsalat. Alle waren aufgekratzt, und schon kam der liebliche Moselwein auf den Tisch und lockerte die Zunge. Und dann wurde natürlich Brandbeschleuniger verabreicht, das hatte man noch so als Gewohnheit an sich, aus dem Krieg.

»Die wärmsten Jacken sind die Konjaken!«, ulkte Onkel Bodo.

Aber für echten Cognac war das Geld nicht da, also griff man zu Dujardin, das war auch ein Weinbrand, der hatte auch einen französischen Namen (zurecht) und war aus Uerdingen und zündete mindestens so gut wie der bekannte Cognac mit dem berühmten Namen. Der Echte!

»Na, Achim, hast du da schon mal davon gehört, wie der heißt?«, fragte mich Onkel Bodo.

»Nö«, sagte ich.

»Napoleon! Napoleon heißt der. Haute Couture, fell te dühr!« Und Onkel Bodo lachte über den seiner Meinung nach gut platzierten Witz.

Napoleon! Also, das war ja mal ein Ding, dachte ich mir. Der Napoleon hat nicht nur die Fritten erfunden, sondern auch dieses komische Getränk, das die Erwachsenen in sehr schneller Zeit sehr komisch machte.

Und kaum hatten sie jeder ihre vier, fünf, sieben, oder wieviel? Jacken drin, dann schwenkte das Gespräch auch gleich auf das Thema, das mich brennend interessierte: den Krieg!

Jetzt konnte ich also endlich was erfahren, jetzt ging es zur Sache!

Aber nein, nichts ging zur Sache, ich wurde weggeschickt, ab ins Kinderzimmer weggesperrt.

»Das ist nichts für dich, dazu bist du noch zu jung!«, sagte meine Mutter.

Da war ich nun, kalt- und abgestellt beim spannendsten Moment des Abends.

Jetzt hieß es, Strategien und Taktiken – so nannten sie das beim Militär, soviel hatte ich schon aus den Gesprächen gelernt – zu entwickeln und bald übte ich mich schlafend zu stellen; die Mutter warf dann einen wohlwollenden Blick auf mich und nachdem sie das Licht gelöscht hatte, trat sie leise in den Flur, schloss die Tür und ging wieder zurück zur lustigen Runde. Kaum war sie weg, klärte ich die Lage und schlich leise durch den Flur ins Wohnzimmer zurück und versteckte mich dann hinter dem schweren Vorhang am Seitenfenster. Ein perfekter Logenplatz, wenn auch nur als Hörspiel. Und schon ging es los.

Onkel Dieter hatte sicherlich am meisten zu erzählen, denn er war richtig im Krieg gewesen, im Zweiten Weltkrieg. Und er war sogar zwei Jahre in französischer Kriegsgefangenschaft gewesen! Womöglich in Aube? Wie Anton Hueskes? Da würde ich ihn mal nach fragen. Onkel Bodo versuchte es immer mit seinen nichtzündenden Witzen, konnte aber beim Thema Krieg nicht wirklich mithalten, denn er war einfach zu jung und das stimmte ihn traurig. Mein Vater erzählte, wie sie bei der Flak die Lancasters vom Himmel geholt hatten und machte dabei Kanonengeräusche nach, Bodo hörte ihm neidisch zu.

Der Einzige, der gar nicht sprach, war mein Großvater, der wohl alle streng mit seinem Glasauge anschaute, und nur einmal, als es ihm zu bunt wurde, sagte: »Hör doch damit auf! Wir haben den Krieg verloren! Den ersten, und den zweiten! Den nächsten werden wir gar nicht mehr erleben, da macht es einfach nur ›Bumm!‹ und dann ist die Sache gelaufen.«

Es wurde ruhiger im Wohnzimmer und das Gespräch wurde mit den Erlebnissen beim letzten Skiurlaub fortgesetzt. Cortina d'Ampezzo.

Dann gab es zwei Vorfälle und damit einen mächtigen Ärger! Einen Abend hatten sie sich so in Rage geredet, und die Geschichten, die sie erzählten, hatten mich so aufgewühlt, dass ich am nächsten Tag zu meiner Mutter ging und sie gefragt habe:

»Mutti, kann das wirklich sein, dass eine Granate dem Hauptmann den Kopf abreißt, der Kopf vorbeifliegt und dem Untergebenen dann noch sagt ›Herr Leutnant übernehmen Sie‹?«

Meine Mutter war komplett entsetzt.

»Wo hast du das her? Wer hat dir das erzählt?«

Sie stürmte zu meinem Großvater und sagte:

»Wenn du noch einmal dem Jungen solche fürchterlichen Geschichten aus dem Krieg erzählst, dann kriegst du Hausverbot! Für immer!«

Und mein Großvater sagte: »Ich habe den ersten Weltkrieg erlebt und überlebt. Ich habe den zweiten Weltkrieg erlebt und überlebt. Und ich werde keinen Krieg mehr mit meiner Schwiegertochter anfangen, führen oder überleben. Ich war es nicht, da musst du dir einen anderen suchen!«

Die Frage nach dem Schuldigen trieb meine Mutter weiter um, doch letztendlich fand sie diese Geschichte so unglaubwürdig, dass sie ihrer Meinung nach nur von dem überwitzigen Onkel Bodo stammen konnte. Aber der verneinte auch und stritt alles energisch ab.

Bei einem der nächsten lustigen Familienabende stolperte dann eben der vom Dujardin mit leichten Füßen versehene Bodo über den Vorhang und mich, der Vorhang riss ab und fiel herunter, und es gab ein kreischendes Knäuel. Die Runde verstand erst gar nicht, was geschehen war, bis man neben dem verwirrten Onkel plötzlich zwei Kinderbeine entdeckte, meine, das Rätsel um meine aufgeschnappten Geschichten war gelöst und ich aufgeflogen.

Das war's dann mit meiner frühkindlichen Kriegsrecherche. Ich wurde abgeführt, ins Kinderzimmer. Und wenn sich mal wieder die Zungen lockerten, wurde sofort die Tür abgeschlossen. Kerkerhaft!

Louise und Napoleon

Tante Louise war die älteste Schwester meiner Großmutter und die Lieblingstante meines Vaters. Also war sie gar nicht meine Tante, sondern in Wirklichkeit meine Großtante, obwohl ich sie immer Tante nannte. Sie war alt, sehr alt und tatsächlich war sie bereits 1885 zur Welt gekommen. Das waren Zeitdimensionen, die ich mir damals noch gar nicht vorstellen konnte. Sie hatte in ihrem Leben drei Kaiser erlebt, das Kaiserreich, den Ersten Weltkrieg und den Steckrübenwinter, die Weimarer Republik und die französische und belgische Rheinlandbesetzung, die Inflation, das Dritte Reich, den Zweiten Weltkrieg und die abermalige Besatzungszeit und jetzt die Bundesrepublik.

Als Kind konnte ich mir gar nicht ausmalen, wie viel Währungen sie in der Hand gehabt hatte. Sie wurde geboren, als es noch keine elektrische Eisenbahn gab, keine Autos, keine Flugzeuge, noch nicht mal eine Underwood-Schreibmaschine, gerade mal den Telegrafen, Telefone folgten erst. Sie hatte viel erlebt und sie war aus einer anderen Zeit. Sie war eine sehr schöne, sehr mutige, sehr offene Frau. Ich mochte sie sehr und natürlich freute ich mich, wenn sie uns besuchte, denn dann wurden Ausflüge gemacht.

Unser diesmaliger Ausflug führte uns vorbei an der Hückelsmay – ein ehemaliger Meyerhof vor den Toren der Stadt – und die lag dort, wo die Schlacht von Krefeld stattgefunden hatte, deren exakter Ort durch ein preußisches Denkmal mit Adler obendrauf für die Nachwelt markiert worden war. Und tatsächlich – das zeigte man mir, und ich war vollkommen fasziniert – klebten noch die Kanonenkugeln in den Mauern des Meierhofs! Und in Linn, im Museum der Burg, dort war das Bild von der Schlacht und natürlich wollte ich da unbedingt hin. Ich bearbeitete Großtante Louise, sie solle doch meinem Vater sagen, sie selbst wolle unbedingt dieses Bild sehen, ob wir da nicht noch hinführen?

Louisens Wunsch wurde von meinem Vater, der ihr alles von den Lippen ablas, ausgeführt und also waren wir in der Burg und da standen wir nun vor dem großen Bild »Die Schlacht von Krefeld.«

Phänomenal! Ein Tableau mit Soldaten in bunten Uniformen, Pulverdampf, Kanonen, heroischen Figuren, galoppierenden Kavalleristen, einem Anführer, der ernst, aber siegesgewiss in eine bestimmte Richtung zeigte und Befehle ausgab. Ein Reiter schien vom Pferd gefallen zu sein, aber tot sah er nicht aus.

»Fahnen flattern und Kanonen knattern!«, sagte mein Vater, als er das Bild betrachtete, und es klang nicht, als wäre er vom Wahrheitsgehalt der Darstellung überzeugt.

Ich für meinen Teil aber war begeistert, da war was los und alle wollten gewinnen. Das also war der Krieg! So schön, so bunt, so laut, so kräftig! Da wusste ich gar nicht, warum mein Großvater Karl, der mit dem Glasauge, dem Krieg so skeptisch gegenüberstand.

Aber wo denn hier Napoleon sei?, fragte ich meine Großtante.

»Na«, sagte sie, »der war da nicht dabei. Das war der Alte Fritz, und selbst der war nicht dabei, das war der Herzog von Braunschweig. Das da war vor Napoleon.«

Sie sah mein enttäuschtes Gesicht, mein Unverständnis über die Tatsache, dass Napoleon hier nicht dabei gewesen war, vielleicht beschäftigt mit der Erfindung von Fritten und Cognac. Oder, schlimmer noch, vielleicht gab es ihn gar nicht, wenn er nicht auf dem Bild war. Er war nur eine Erfindung der Erwachsenen, um mich zu foppen. Ein fieser Scherz von Onkel Bodo?

»Soll ich dir was zu Napoleon sagen?«

»Aber natürlich, Tante Louise!«, antwortete ich, in der Hoffnung, doch noch Licht ins Dunkel gebracht zu bekommen.

»Stell dir vor: Als kleines Mädchen saß ich auf den Knien meines Großvaters und der erzählte mir, wie er als kleiner Junge in Düsseldorf an der Straße stand und Napoleon an ihm vorbeiritt! Bei seinem Einmarsch im Jahre 1811.«

Ich war vollkommen hin- und hergerissen. Napoleon! In Düsseldorf! Unweit von hier und der Großvater von Großtante Louise hatte ihn gesehen! Also war Napoleon eine echte Gestalt, ein wirklicher Mensch. Und was noch besser war: Louise kannte den Großvater, der Napoleon gesehen hatte, persönlich, und sie erzählte es jetzt mir; und ich dachte mir, ich kenne jemanden, der jemanden kannte, der Napoleon gesehen hat.

Und ich schwieg für den Rest des Tages und ging in mich.

Im Sommer waren wir oft bei Ida und Karl in der Roonstraße. Die hatten einen schönen Garten, da waren schon Dieter, Horst und Bodo aufgewachsen und da konnte ich mit meinem Cousin und den Cousinen spielen. Aber mit meinen Freunden in der Stadt, da spielte ich auf den Trümmergrundstücken, von denen es noch genug gab. Wir machten jeglichen Blödsinn. Einmal kletterten wir auf das Dach des Aquariums; der Handwerker, der die Antennen montierte – vielleicht war es auch nur der Buselöres – machte gerade Mittagspause und hatte sein Werkzeug liegen gelassen.

Wie das wohl in diesen Bombennächten so gewesen sei, fragten wir uns, als die Briten ihre Bomben oben aus dem Himmel auf die Stadt warfen, und wie man sich das vorzustellen hätte? Hier wäre die Möglichkeit, das mal anschaulich zu machen! Also warfen wir das Werkzeug nach und nach in den Schornstein, um »zu gucken, was passiert«.

Nach dem ersten Hammer, der mit einem lauten Rumpeln runterrauschte, stieg eine kleine Rauchwolke aus dem Schornstein. Hui, das war lustig! Also daraufhin die schwere Eisenzange genommen: Puff! Noch mehr Rauchwölkchen. Weiter! Am Ende war das gesamte Werkzeug in der Heizung verschwunden, da hat der Buselöres aber geschaut, als er zurückkam! Das gab natürlich wieder mächtigen Ärger. Und Kerkerhaft. Aber immerhin: Wir hatten die Gesetze der Schwerkraft verstanden.

Es gab auch Ärger, wenn wir den Erwachsenen die Zunge rausstreckten oder Gesichter schnitten, dann sagten sie:

»Passt bloß auf! Wenn ihr Fratzen macht und die Uhr schlägt Punkt, dann bleibt euer Gesicht so stehen für immer! Und es gibt genügend Leute, denen das so passiert ist. Schaut sie euch an! Sie laufen überall herum!«

Das war eine ernstzunehmende Warnung, die nicht ungehort blieb. Wir mussten an die Kriegskrüppel denken, von denen es viele gab, die in komischen Gefährten durch die Stadt fuhren. Auf Dreirädern, oder in Rollstühlen, Männer mit »appen Beinen«, wie meine Oma immer sagte. Versehrte, die mit

Krücken unterwegs waren und die man nachts am Geräusch erkannte, wenn sie einbeinig durch das Nachtjackenviertel streunten.

Und dann gab es ihn, den einbeinigen Apostel. Der war eine unheimliche Gestalt und kam meistens in der Dämmerung über die Trümmergrundstücke. Von weitem konnte man ihn an seiner heiseren Fistelstimme erkennen, seinem leisen Singsang. Wie er durch die Ruinen streifte und predigte.

»Lüh, kehret ein. Lasset den Kreech sin. Lasset die Waffen sin, werdet vernünftig! Der nächste Kreech dä wird dä laatse sin! Dann simmer all verratzt!«

Das alles in diesem komischen Krefelder Dialekt mit Auf und Ab und breit jekallt. Und weil er alle bekehren wollte, nannten wir ihn »Apostel Hinkebein«. Weil wir Kinder waren, weil wir grausam waren und weil wir jeden mit dem Namen versahen, der zu ihm passte. »Quärkes-Jupp«, weil der immer so jammerte und sich beklagte. Oder »Stenknellekes« und »Pief-Pitt«, der immer an der kalten Pfeife zog, weil er kein Geld für Tabak hatte.

Wenn wir Hinkebein sahen, nahmen wir unsere Knallplättchen-Pistolen und schossen auf ihn. Dann wurde er fuchsteufelswild und fuchtelte bedrohlich mit seiner Krücke. Das fanden wir lustig. Wir konnten ja nicht wissen, dass er posttraumatische Belastungsstörungen hatte. Sowas gab es damals nicht. Natürlich gab es das, man könnte sagen, jeder hatte sie damals, aber es war weder im Bewusstsein der Menschen und in unserem schon gar nicht, dass es sowas gab. Wenn wir auf ihn schossen, wurde er wütend und stürmte auf uns zu, und wir nahmen die Beine in die Hand und rannten lachend weg, denn wir wussten: Uns konnte er mit seinem einen Bein nicht einholen! Ja, wir waren gemein.

Dann kam Karneval. Wir gingen runter auf die Straße, denn genau vor dem Aquarium kam der große Rosenmontagszug vorbei. Und dann, ja, dann sah ich ihn: Napoleon! Da war er leibhaftig! Er saß auf einem großen Wagen. Er warf keine Fritten und keinen Cognac. Er warf Bonbons und Blumensträuße ins

Publikum! Er war ein gutgütiger, großartiger Mann. Bis auf die Tatsache, dass er nicht Napoleon war. Das sagten mir die Erwachsenen gleich.

»Nein, das ist nicht Napoleon, das ist der Karnevalsprinz.«

Und da ich schon vier Jahre alt war, sagte man mir, dein Napoleon, der ist schon lange tot. Auf Sankt Helena gestorben.

Sofort hatte mich die Karnevalslaune verlassen und ich versank in eine tiefe Schwermut. Der Kaiser tot! Auf einer fremden Insel. Wie grausam der Krieg doch sein konnte.

Und dann, hinter dem Wagen, auf dem ich Napoleon vermutet hatte, kam er, der einbeinige Apostel, und rief den Leuten zu:

»Haltet ein, lasset dä Kreech sin, Frieden op Eärden, Frieden für die Mensche!«

Vielleicht hatte er recht, dachte ich mir. Wenn selbst Napoleon von diesem Krieg dahingerafft worden war, wäre es wohl besser, mit einem solchen erst gar nicht anzufangen.

Er sang und er betete, aber die Kostümierten und Verkleideten, die Cowboys und Indianer am Straßenrand, die wurden wütend. Das war einfach eine Nummer zu viel. Soll er seine Bekehrung auf den Trümmergrundstücken machen, aber nicht im Karneval! Denn: »Beim Humor versteht der Karnevalist keinen Spaß!«

Die Frohgesinnten, in ihrer Ausgelassenheit gestört, riefen wütend nach der Macht. Ein Polizist kam und führte ihn ab. Weg war er.

In den nächsten Wochen machten wir unsere üblichen Streiche in den Trümmergrundstücken, denn auf die Dächer durften wir nicht mehr. Die Sache mit dem Werkzeug hatte für mächtigen Ärger gesorgt, mein Vater konnte das schön bezahlen und es gab länger keine Fritten mehr vom Hueskes, zur Strafe.

Aber irgendwie war es langweilig, denn er, er war jetzt weg, der einbeinige Apostel. Es hieß, man habe ihn nach Krusebömkes gebracht. Krusebömkes. Das war auch so ein komischer Ort, wenn man die Erwachsenen fragte, was das denn jetzt sei, bekam man wieder keine Antwort. Wie beim Krieg. Vielleicht kam man da hin, wenn man gegen den Krieg war?

Krieg, Krusebömkes. Komische Welt, diese Erwachsenenwelt.

Er war und blieb verschwunden.

Bis zu jenem dunklen Novembernachmittag, als das Spielen schon fast keine Lust mehr machte, der Raureif sich über die Trümmer und kahlen Bäume gelegt hatte. Plötzlich hörten wir aus dem Nebel heraus dieses leise, fast klagende Singen, den Friedens-Singsang, und da war er wieder, unser Heilsbringer.

»Apostel Hinkebein, Apostel Hinkebein!«, riefen wir ihm zu. Und er schien uns diesmal gar nicht schlecht gesonnen. Er humpelte an uns vorbei und sagte:

»Lasst dat mit dä Knalleplätscher sin! Erst iss et Fück. Und dann drücke se öch rischtije Jewehre inne Hand. Und dat, wat da russ kuomt, dat macht die Mensche duot. Wollt er dat?«

Und die Erwachsenen sagten froh:

»Da iss er wier, Jott sei Dank! Lieber ne follemente Krieewelsche miehr, als numma ne fiese Goebbels uut Rheydt!«

Kurz darauf verließen wir die Stadt.

TOTE AUGEN

Waldeinsamkeit

Wir lebten abgeschieden in einem kleinen Seitental hinter der Stadt. Das dreistöckige, villenartige Gebäude im Neo-Barockstil lag im Seitenhang oberhalb am Waldrand. Unten war eine Einliegerwohnung mit einem Hausmeisterehepaar, das einen frechen Sohn hatte. Mal schauen, was man mit dem anstellen könnte, vielleicht neue physikalische Experimente, aber diesmal nicht erwischen lassen.

Wir selber wohnten in der geräumigen Belle-Etage mit einem wunderbaren Ausblick. Im Wohnzimmer stand nun der große, schwarze Flügel, das Pianoforte meiner Großmutter, der Mutter meiner Mutter, die so fürchterlich im Krieg gestorben war, weit im Osten.

Sie war ausgebildete Konzertpianistin gewesen, hatte drei Töchter zur Welt gebracht, obwohl sie einen schweren Herzklappenfehler hatte, und war letztendlich – es hieß aufgrund von Mangel an Medikamenten – an dieser lebenslangen Krankheit gestorben. Sie war dort, weit im Osten, unerreichbar, beerdigt. In der Zone, sagten die Erwachsenen, manchmal sagten sie auch »Soffjetzone«, wie der alte Mann, den man manchmal im Fernsehen sah und der unser aller Chef war.

»Soffjets«!

So, wie die Erwachsenen das aussprachen, mussten es gefährliche Wesen sein, sowas wie Oger, menschenfressende Unholde, Monster aus alten Sagen und Märchen. Ich stellte mir vor, wie sie nachts durch die Wälder streiften und auf Jagd nach Kinderfleisch gingen und ermahnte meine Mutter, nur ja die Fenster gut geschlossen zu halten, um die Soffjets abzuwehren.

Über uns lebte der Vermieter, ein Freiherr.

»Von Ruhleben, angenehm!« sagte er.

»Von Krefeld«, sagte ich, »auch angenehm!«

Und man riet mir, dazu einen Knicks zu machen. Warum? Freiherr? Wie immer wurde ich neugierig. Freiherr, sagte man mir, das ist sowas wie ein Baron. Also ein Adliger. Ein hoher Mann.

Adliger, dachte ich mir. Hoher Mann, hoch zu Ross, das waren doch die Leute zu Pferde auf dem Bild in Krefeld in der Burg Linn, von der großen Schlacht an der Hückelsmay, der Mann, der so bestimmt mit dem rechten Arm in die Richtung zeigte, wo der Sieg am Horizont wartete.

»Rittmeister Freiherr von Ruhleben!«, stellte ich mir vor. Sicherlich ein Kriegsheld, ein Mann der Kavallerie, der mutig im Galopp den Feinden entgegen gestürmt war! Ein Mann mit Ländereien, ein Mann mit einem Schloss, einer Burg, oder sogar einer Festung, die schon in früheren Kriegen belagert und blutig verteidigt worden war. Eine Festung mit Kanonenkugeln in den Mauern, die man heute noch bestaunen könnte.

In Wirklichkeit hatte er aber nur diese Villa und eine Lottoannahmestelle in der Stadt, kein Schloss, keine Burg, schon gar keine Festung. Einmal durfte ich mit und dann bekam ich von ihm in seiner Lottobude eine Wundertüte geschenkt. Immerhin, das machte ihn wieder interessant.

Aber soweit ich ihn beobachtete, hatte der Freiherr so gar nichts Kriegerisches an sich. Der Napoleon, der in Krefeld die Bonbons unters Volk verteilt hatte, war in Wirklichkeit ja auch nur der Karnevalsprinz gewesen. Der hier, der Wundertüten an kleine Jungs verschenkte, hatte der jemals einen scharfen Schuss gehört? Auch hingen in seiner Wohnung, in die ich einmal hineindurfte, keine farbenfrohen Bilder von grandiosen Schlachten, in denen er oder seine Vorfahren siegreich gekämpft hatten. Noch nicht mal ein Kupferstich. Meine kühle, kindliche Musterung sagte mir: Er geht gebückt, er schlurft, er hat kein Pferd.

Ein Feldherr ohne Fortüne, ein König ohne Reich.

So lebten wir, »weit ab vom Schuss!«, wie mein Vater zu sagen pflegte, und meine Mutter fühlte sich dort wohl und nannte es die »Waldeinsamkeit«. Sie ging ganz auf in ihrer romantischen Seele und hörte Schallplatten mit Wagner-Opern, Parzival. Dazu schwebte sie in leichten Gewändern durch die Wohnung. Manchmal ging sie auch ans Klavier, spielte und sang Arien dazu. Dann ging ich schnell in den Garten spielen.

Der folgenreiche Krieg, der mir in Krefeld begegnet war, der schien hier weit weg, vielleicht irgendwo hinter den Bergen, aber nicht in diesem Tal. Hier war alles in Ordnung. Hier war alles schön. Hier gab es keine Ruinen. Hier gab es keine Trümmergrundstücke. Hier gab es keinen einbeinigen Apostel, den ich sehr vermisste. Und vor allem: Hier gab es keinen Anton Hueskes und seine wunderbaren Fritten. Unten am Ende des Tales lag ein Freibad, in das wir manchmal gingen, aber auch dort gab es nur Bockwürste mit Kartoffelsalat. So eine Welterfindung wie die von Napoleon, die hatten sie hier noch nicht kennengelernt. Wahrscheinlich lag es daran, dass Napoleon nie in Siegen war. Vielleicht kannten sie den ja gar nicht. Auf jeden Fall nicht seine großartige Erfindung der fliegenden Fritteusen.

Mein Vater war jetzt Direktor eines Röhrenwerks, in dem mit Kunststoff ummantelte, nahtlose Rohre hergestellt wurden. Rohre für Gas, für Pipelines, für Wasser. Die Deutschen, die halb Europa in Schutt und Asche gelegt hatten, belieferten jetzt die ehemals überfallenen Länder mit ihren Waren für den großen Wiederaufbau. Das nannten sie Handel auf Gegenseitigkeit. Mein Vater war in seinem Element. Die europäische Wirtschaftsgemeinschaft, die EWG, das war sein Ding. Er war bereits in Paris gewesen, er hatte den ganzen Westen besucht, jetzt saß er hier in Siegen. Jeden Tag gingen die Fernschreiben rein und wieder raus, an die Kohlebergwerke in Lüttich, die Wassergesellschaften in Antwerpen, die Stahlwerke in Luxemburg. Und mein Vater, der Fabrikdirektor, arbeitete die Bestellungen aus Benelux, derer er kaum Herr wurde, in Überstunden ab.

Hinter dem Hügel lag die Stadt mit ihrem Tal voller Industrien, voller Schlackenbergen, da rauchte es, da zischte es, da hämmerte es. Und schwere Dampflokomotiven zogen die vollbeladenen Züge mit den Stahlwaren der Siegener Industrie nach Westen. Manchmal hörte ich von Ferne das Husten und Pfeifen der Züge und sah vereinzelt Rauchschwaden über den Hügelkamm ziehen. Irgendwo da lag auch das große Stahlwerk, über das mein Vater herrschte. Da er mich aber nie mitnahm, bekam ich von all diesem geschäftlichen Trubel in der Stahlstadt nichts mit und musste mich mit der Waldeinsamkeit begnügen. Der Sohn des Hausmeisters war zwar frech, zeigte aber an physikalischen Experimenten kein Interesse. Stattdessen machten wir Roller-Bergab-Rennen mit dem Puky und eines endete mit kurzen Hosen im scharfen Schlackensplit der Siegener Hüttenwerke, mit denen die Gehwege bedeckt waren. Der Arzt musste mir die Schlackenstücke dann einzeln aus den Beinen ziehen, ich blieb tapfer und stellte mir dabei meine Verwundung bei der Schlacht von Krefeld vor. Das würde mich für den kommenden Kampf mit den Soffjets stählen.

Höhlenkinder

Dann war da ein zahmes Eichhörnchen, das statt der Soffjets eines Morgens aus dem Wald kam. Es wurde auf den Namen Hansi getauft und bekam Nüsse von mir. Es wurde immer zutraulicher und kam sogar in das Badezimmer und ließ sich von mir füttern. Eines Tages war mein Cousin Klaus anwesend und ihm wurde nun das freundliche Wesen gezeigt, meine Mutter pfiff und rief Hansi, und Hansi kam aus dem Wald, hüpfte in das Badezimmer, und mein Cousin wusste gar nicht, wie ihm geschah, mein Vater aber lauerte hinter der Tür mit seiner Kamera. Er war ein begeisterter Fotograf, und das musste festgehalten werden! Der Schnappschuss, wie mein Klaus und ich morgens in unseren Schlafanzügen dem putzigen Hansi die

Nüsse überreichen, machte sofort in allen Familientreffen die Runde.Dann gab es ein großes Geschrei der Tanten, »wie süß, wie süß!«, und »goldig, goldig!«

Vor allem Tante Mechthild mit ihrer unnachahmlichen, rheinischen Art sagte immer wieder. »Nein! Nein! Nein!« Für Nicht-Niederrheiner mag das befremdlich klingen, aber in diesem Falle hieß »nein« so viel wie »nein, ich kann nicht mehr«, meinte also eigentlich »ja«.

Nein, wie ja. Wer das beherrscht, versteht den Niederrhein.

Oberhalb der Straße lag ein weiteres Haus in einem ähnlichen Neobarock-Stil. Dort gab es eine Familie mit fünf Söhnen, an deren Namen ich mich nicht mehr erinnern kann, weil sie alle mit »I« endeten. Manni, Maxi, Klausi, so ähnlich wie das Eichhörnchen. Die Älteren hatten auf dem Dachboden einen riesigen Hafen aus Papier aufgebaut. Man konnte die Schiffe als Bastelbögen bestellen und musste sie dann in stundenlanger Arbeit zusammenkleben. Ich war vollkommen fasziniert. Was für ein toller Hafen!

Darüber, im nächsten Haus, wohnte eine Familie mit drei Kindern, und dort war ich eingeladen zum Fernsehschauen. Natürlich hatten auch wir jetzt eine »Glotze«, ein Muss für jeden Herrn Fabrikdirektor, aber das gemeinsame TV-Schauen hatte sich aus den alten Tagen, als diese Geräte noch Raritäten waren, erhalten.

Die Fernseher waren noch vorsintflutliche Geräte, die man Minuten vor dem eigentlichen Programm anmachen musste, damit die Röhren sich erwärmten, dann brummte es – und schließlich begann das Flimmern auf der Mattscheibe. Dieser Akt vor dem eigentlichen Programm war bereits Teil der sakralen Handlung. Alle saßen im abgedunkelten Raum und warteten gespannt, wann und ob denn jemals das Bild erscheinen wurde. Es war mucksmäuschenstill und die Spannung stieg mit jeder Minute.

Wir schauten die Kinderstunde. Es gab eine neue Fernsehserie, die in aller Munde war: »Die Höhlenkinder«.

Der Ansager schaute uns ernst an und führte in die Handlung ein, die auf einem Buch basierte, das ursprünglich im 30-jährigen Krieg spielte. Man habe das aber modernisiert und die Serie würde nun im letzten Krieg spielen. Der Ansager schaute jetzt mich streng an, ja genau mich, und ich schaute gebannt in die flimmernde Kiste. Der Krieg! Da war er also, jetzt würde ich die Wahrheit erfahren!

Der Fernsehansager, der etwas Onkelhaftes hatte, zeigte nun Bilder vom zerstörten Deutschland und ich rief: »Krefeld, da ist das zerstörte Krefeld!« Aber plötzlich kam ein großer Dom ins Bild und es war nicht Krefeld, es war Köln. Aber Köln sah genauso aus wie das Krefeld, das ich mir vorgestellt hatte, als die Briten ihre Bomben aus dem Himmel geworfen hatten, so wie ich das experimentiert hatte mit dem Werkzeug, das wir in den Schornstein geschmissen hatten. Das sah wirklich schlimm aus. Das waren die Bilder, die man mir vorenthalten hatte. Jetzt ging es zur Sache!

Wir waren in der zweiten Folge, die erste hatte ich verpasst. Es ging darum, dass mitten im Krieg zwei Kinder mit ihrem Großvater auf der Flucht waren. Ihr Haus war abgebrannt, von Soldaten zerstört, und nun zogen sie in die Berge, wo die sagenhafte Höhle lag, in der sie sich verstecken wollten. Ich war gebannt, gespannt, erschüttert. Ich war am heiligen Gral angekommen.

Die Serie begann mit einem Glockenspiel, einer etwas unheimlichen, kindlichen, aber doch gruseligen Melodie. Die Kinder zogen mit dem Großvater, der sehr alt war, durch die Landschaft. Sie suchten eine Hütte auf, dort übernachteten sie, und am nächsten Morgen lag der Großvater tot im Stroh. Er hatte große, offene Augen, die ins Nichts starrten. Ich war entsetzt, das also war der Tod! So sah er also aus! Das Bild des toten Großvaters, sein bleiches Gesicht mit offenen, toten Augen, war gefühlt eine Ewigkeit vor mir. Mir wurde eiskalt. Es gruselte mich.

In der nächsten Szene beerdigten die Kinder den Großvater und zogen weiter in den Wald. Man hörte von Ferne Kanonendonner. Es war eine unheimliche Szenerie.

Als die Folge zu Ende war, traute ich mich kaum nach Hause, das war nicht der Krieg, den ich von dem Bild kannte, das hier war ganz fürchterlich, zwar wurde nicht gekämpft, aber es gab schon einen Toten mit großen, offenen Augen. Dann waren sie durch eine leere Fabrik gestreift, die Höhlenkinder, und da lag ein toter Soldat, der sah auch nicht gut aus. Dieser Krieg da, der war ganz anders als diese bunten Bilder, wo Rittmeister große Handbewegungen machten und mit Pferden über Hecken sprangen. Das hier war unheimlich, das Grauen.

Draußen war es schon dunkel geworden. Nein, ich konnte jetzt unmöglich allein nach Hause gehen und ließ mich von den Nachbarskindern, die sich leicht über mich amüsierten, in die Villa zurückbringen.

Die Nacht war schrecklich. Die Glockenspiel-Melodie ging durch meinen Kopf und der tote Großvater schaute mich an, und hinter ihm kamen die Soffjets aus dem Wald. Ich war schweißüberströmt, wachte immer wieder auf, und am nächsten Morgen ging ich zu meiner Mutter und sagte zu ihr:

»Mutti, haben Tote immer so offene Augen?«

Wie immer war meine Mutter entsetzt und fragte mich: »Wo hast du das her?« Und sie fühlte, wie mitgenommen ich davon war, und verbot mir für immer, diese grausame Serie noch einmal zu schauen.

Noch Jahre später regte sich mein Vater über die Höhlenkinder auf und sagte: »Wie kann man nur so etwas Kindern zeigen!«

Vielleicht, weil er selber im Krieg gewesen war? Weil sein Vater im Krieg gewesen war? Und weil er eine Ahnung davon hatte, wie der reale Krieg war, und dass man den nicht einem Kind im Fernsehen zeigen sollte?

Das mit dem Krieg, das war eine unheimliche Sache. Napoleon war in ihm untergegangen, und jetzt der liebe, aber tote Großvater mit den offenen Augen. Und auch mein Großvater hatte irgendwas Beklemmendes von diesem Krieg mitgenommen und hatte im Krieg etwas verloren, sein Auge, sein Ohr und vielleicht auch seine Seele. Und durch meinen Kopf ging die unheimliche Melodie der Fernsehserie, wie ein sich immerfort drehendes Totengeläut.

Wie in Krefeld bekamen wir auch in Siegen oft Besuch. Da war vor allem die verrückte Tante Gisela, sie war Schauspielerin und das ließ sie auch jeden wissen. Sie breitete sich überall aus, sie besetzte das Haus, sie stürmte ans Klavier und spielte lustige Lieder, und ich liebte es. Ich hatte das Gefühl, dass, solange sie hier ist, die Soffjets sich nicht auch nur einen Meter an das Haus trauen würden. Tante Gisela würde die Feinde mit ihrem Klavierspiel, ihrem lauten Gesang und ihrem robusten Auftreten in die Schranken weisen.

Dann kam meine Großmutter Ida zu Besuch. Mein Großvater war auch dabei, und ich fürchtete mich ein wenig vor ihm, denn ich schaute unweigerlich in sein totes Glasauge, das mich an die verbotene Fernsehserie erinnerte.

Ida lies gleich Kuchen und Torten anfordern, man wisse ja nicht, wie lange das noch gutgehen würde, jetzt, wo die Schiffe schon unterwegs seien. Und der letzte Krieg war gegen Ende tortenfrei geblieben, »nie mehr«, sagte sie, »nie mehr will ich das erleben.«

Karl, der wie immer wortkarg war, trank einen Anstandskaffee und verabschiedete sich dann von uns, er müsse hoch zum Freiherrn, auf einen Besuch. Der Alte Herr sei justemang zu Besuch und den kenne er noch aus früheren Zeiten, da wolle er sich mal austauschen. Ich horchte auf. Hier wurde eine Sprache gesprochen, die mich an das Bild in der Burg Linn erinnerte. »Justemang«, und »Alter Herr«, »frühere Zeiten«. Da roch was nach Krieg.

Aber natürlich durfte ich nicht mit.

Mein Großvater ging nach oben, in einer Papiertüte hatte er etwas Längliches eingepackt. Ich schlich in den Garten und versteckte mich am Brombeerstrauch unter der Terrasse. Oben gab es ein großes Hallo.

»Meine Herren, tadellos, fabelhaft!«, Wortfetzen drangen zu mir. Es plöppte, das erinnerte mich an die Abende auf der Rheinstraße – und bald begann ein lautes Allotria, aber nichts Genaues konnte ich vernehmen, als dass in bellendem Ton Worte wie »Eisernes Kreuz, aber Erster Klasse«, »Jagdkommando Konejung« und »Karpaten« fielen. Und: »Kameraden halten zusammen!«

Dann wurde ich laut gerufen, denn meine Großmutter suchte mich. Ich musste widerwillig die Nachforschung abbrechen, das Geheimnis der alten Herren war nicht zu lüften.

(Und tatsächlich dauerte es dann sechs Jahrzehnte, bis ich es endlich gelüftet hatte, denn es lies mich nicht los. Davon später.)

Herausgerissen aus meiner historischen Recherche ging ich mit meiner Großmutter auf den Abendspaziergang, den Kulmbach hoch, vorbei an dem Haus mit den drei Kindern. Ich aber erzählte nichts von der grausamen Fernsehserie, die ich dort gesehen hatte. Es hatte mir gereicht, dass ich meiner Großmutter das Erlebnis mit dem fürchterlichen Schneider gebeichtet hatte, in Krefeld, in der Lohstraße, der, der mir was auch immer abschneiden wollte. Wir redeten nicht viel, sie genoss den milden Abend und hinter dem Friedhof bogen wir in einen Weg ein, der um eine kleine Talsperre führte. Plötzlich blieb sie wie angewurzelt stehen, griff meinen Arm und sagte in einem Ton, der mir andeutete, dass jetzt nicht zu spaßen sei: »Sag nichts, bleib stehen!«

Und sie selbst stand da wie Frau Lot zur Salzsäule erstarrt, und wenige Meter vor uns schlängelte sich eine Kreuzotter über den Weg und zog raschelnd talwärts Richtung See.

Ich spürte die Angst meiner Großmutter vor dem todbringenden Reptil. Das hier, Siegen, das war gar nicht so ohne, wie ich es mir gedacht hatte! Auch hier gab es sowas ähnlich Gefährliches wie Vogelspinnen, die Hausfrauen durch die Stadt jagten, nämlich giftige Schlangen, die Großmütter mit ihren Enkeln in Todesangst versetzten.

Die Otter war lange weg, da drehten wir um und traten den Heimweg an.

Meine Großmutter dankte mir, dass ich so gewissenhaft ihrem Befehl gefolgt und ruhig geblieben war, und dann gingen wir, beeindruckt von diesem Erlebnis, schweigend zur Villa zurück.

Mauerbau und Kubakrise

Nachts hörten wir oft das Wummern und Donnern vom Plateau, das auf dem Berg zwischen uns und der Stadt lag. Das waren die Engländer, sagte meine Mutter, aber es waren in Wirklichkeit Belgier, die dort stationiert waren. Meine Mutter zuckte jedes Mal zusammen, wenn das Wummern ertönte, und mir wurde schnell klar, dass das etwas mit diesem Krieg zu tun hatte. Da war er also wieder: der Krieg, der Krieg.

Tatsächlich war der Krieg in der Welt der Erwachsenen allgegenwärtig, denn eben noch hatten die Kommunisten die Zone abgeriegelt, eine Mauer in Berlin gebaut; das war unerhört, die Erwachsenen schimpften, und es war wieder von den Ogern, den Soffjets, die Rede, aber von mir hielt man die ganze Geschichte fern.

Dann gab es die Kubakrise. Nichts, aber gar nichts habe ich davon mitbekommen. Heute weiß ich, warum, denn meine Mutter versuchte all das vor mir abzuschirmen. In Wirklichkeit hatte sie schon die Koffer gepackt und wollte in dem Moment, in dem die erste Atombombe auf Fulda geworfen worden wäre, nach Krefeld flüchten, um dort mit der Familie den Weltuntergang im Keller abzuwarten. Wieder in den Keller.

Mein Vater würde dann von Antwerpen kommen, da war er nämlich jetzt schon seit einigen Monaten tätig. So war der Plan.

Die Erwachsenen saßen bedrückt vor der Tagesschau, um Punkt acht Uhr abends klappte zu den Klängen einer Hammondorgel ein animierter Antennenwald auf und der Sprecher verkündete sorgenvoll und ernst die neuesten Entwicklungen.

Ich lief fröhlich durch die Wohnung und sang laut den Schlager, den ich immer wieder im Radio gehört hatte.

»Uff, sprach der alte Häuptling der Indianer«.

Der war von Gus Backus, und ich konnte sogar seinen komischen Akzent nachmachen. Meine Mutter ließ mich gewähren.

Später erzählten die Erwachsenen mir, die Kubakrise habe sich aufgelöst wie ein schweres Sommergewitter, das sich aus dem Nichts gebildet und dann aber vor der Zündung wieder in sich zusammengefallen sei. Jetzt, da die Luft rein war, schmiedete mein Vater neue Pläne, und wir machten uns wieder auf zu neuen Ufern, sprichwörtlich. Von der Sieg an die Schelde, in ein fremdes Land weit weg von hier, nach Belgien. Da würde es einen großen Hafen geben, sagte man mir, und ich musste an den Papierhafen der Jungs von nebenan denken, und ich war in fiebriger Erwartung. Alles würde besser sein als diese frittenlose, einsame Gegend, ohne Betrunkene, die auf das Pflaster kotzten, und ohne meinen geliebten Apostel Hinkebein.

Das Umzugsunternehmen kam aus Krefeld und holte die Möbel ab und wir verließen die Stadt.

IN FEINDESLAND

Frittüren

Wir fuhren über die Uferstraße an der Sieg entlang, mein Vater am Steuer des nagelneuen Mercedes 190, einem wahren Fabrikdirektor-Auto. Meine Mutter auf dem Beifahrersitz, ich hinten, der Wagen vollgepackt. Ab Siegburg ging es über die Reichsautobahn, die jetzt Bundesautobahn 3 hieß, bis Höhe Duisburg, dort fuhren wird ab und über die Uerdinger Rheinbrücke nach Krefeld. Dort gab es einen kleinen Zwischenstopp bei Ida und Karl, ein großes Hallo und Wiedersehen. Wir übernachteten in der Souterrainwohnung und nach einem liebevollen Frühstück, dass Ida uns bereitet hatte, ging es weiter in die neue Zukunft, nach Westen, nach Belgien, nach Antwerpen.

Kurz vor der Grenze passierten wir den Stützpunkt Brüggen der Royal Air Force und mein Vater sagte energisch:

»Junge, schau die Raketen!«

Und ich sah aus dem Autofenster steil aufstehende, nach Osten gerichtete Raketen, groß, gefährlich, mächtig. Da würden die Soffjets aber schauen, wenn sie die auf den Kopf bekämen, dachte ich mir. Dahinter standen schnittige Jagdbomber, zu allem bereit, es ihnen zu zeigen. Alles war gut bewacht mit Stacheldrahtzäunen und uniformierte Tommies mit Maschinenpistolen gingen ernst an ihnen entlang.

Der Wagen rollte weiter und ich wendete mich wieder meinen Kinderbilderbüchern zu. Der Wagen schaukelte und – mir wurde schlecht.

»Gleich kommt die Grenze!«, sagte mein Vater mit einem bedrohlichen Unterton. Grenze! Das waren Zöllner, die mit strengem Blick in das Auto und die Ausweispapiere und die Gesichter der Fahrzeuginsassen schauten.

»Mir ist schlecht«, sagte ich.

»Das kommt davon, weil du immer in deine Pixie-Bücher guckst, das hab ich dir schon tausendmal gesagt, dass man das nicht bei der Fahrt machen soll!«, schimpfte mein Vater.

»Mir ist aber wirklich schlecht«, sagte ich.

Mein Vater musste anhalten, da war eine kleine Parkbucht. Kaum war die Tür auf, kotzte ich mit voller Wucht in die niederrheinische Landschaft.

»Das hast du jetzt davon«, sagte mein Vater. »Hör auf mit dem Lesen beim Autofahren! Ich sage es dir nicht noch mal!«

Wir fuhren wieder los, mein Vater grummelte.

»Jetzt haben wir schon wieder Zeit verloren, deinetwegen.«

»Die Grenze!«, rief er. Meine Mutter wurde hektisch, nestelte in ihrer Handtasche.

»Die Pässe!«

»Ja, ich such sie doch schon«, sagte meine Mutter.

Dann rollten wir an die Grenze heran, mir wurde wieder schlecht, und der Zöllner guckte tief ins Auto.

»Nach Belgien!«, sagte mein Vater in offiziellem Ton. »Beruflich.«

»Aha«, sagte der Zöllner, guckte wichtig in die Ausweispapiere und winkte uns durch. Der Schlagbaum ging hoch und unser Wagen fuhr wieder los.

»So, Achim«, sagte mein Vater, »jetzt fahren wir durch das Niemandsland. Präg dir das gut ein, wenn du einmal hier aus dem Auto fällst und hast keine Ausweispapiere dabei, dann kommst du nie wieder nach Hause! Dann musst du auf immer und ewig zwischen diesen beiden Grenzposten hin und her pendeln. Das gilt auch für kotzende Kinder!«

Niemandsland, das hatte ich schon mal gehört. Ein gefährlicher, ein unheimlicher Ort. Und mein Vater musste das gleich wieder mit seiner schwarzen Pädagogik verbinden. Mir war immer noch schlecht, aber ich überlegte mir, dass es besser wäre, davon jetzt nichts zu sagen. Nach einigen hundert Metern fuhren wir langsam auf den niederländischen Grenzposten zu. Niederländer! Die nannte man bei uns Holländer, obwohl gar nicht alle Holländer waren und diese hier schon gar nicht, das würden die sich verbitten.

Es wurden niederländische Sätze gewechselt, zwischen meinem Vater und dem Zöllner, er hatte eine schöne Uniform, schöner als die der deutschen Kollegen, und auch der winkte uns dann durch, gar nicht mal so unfreundlich, obwohl wir ein deutsches Nummernschild hatten.

»Der ist ja nicht so blöd, dass er denkt, wir würden Kaffee und Butter nach Holland schmuggeln«, merkte mein Vater an, »Das wäre ja, wie Eulen nach Athen tragen.« Und er lachte und dachte sich, auf so einen geistreichen Spruch wäre sein Bruder Bodo nie gekommen.

Diese Zöllner waren also nicht nur da, Ausweispapiere zu kontrollieren und Kinder für immer und ewig im Niemandsland zu verbannen, dachte ich mir. Hier ging es auch um den Kampf gegen Schmuggel, Räuber, den verbotenen Handel mit Butter, Kaffee und Eulen! Wir waren noch weit vom Ziel entfernt und doch hatte diese Reise schon mehr Erkenntnisse gebracht als alle zwei Jahre Waldeinsamkeit in Siegen zusammen.

Wir fuhren an Roermond vorbei, über einen großen Fluss, das war die Maas. Gar nicht mal so klein, dachte ich mir. Wahrscheinlich ein Nebenfluss vom Rhein. So hatten es mir die Erwachsenen erzählt. Schon nach wenigen Kilometern kam wieder eine Grenze. diesmal ging es nach Belgien hinein. Aber da standen nur ein paar gelangweilte Zöllner, da war kein Schlagbaum mehr, denn hier, so erklärte es mir mein Vater, ist die europäische Wirtschaftsgemeinschaft bereits Realität. Keine Grenzen, keine Kontrollen, keine Ausweispapiere.

Die Straßen waren immer noch in einem erbärmlichen Zustand mit Schlaglöchern. Sie waren nicht asphaltiert, sondern mit Kopfsteinen gepflastert. Sie waren gesäumt von Alleebäumen, die mit Ringen in weißer Farbe gekennzeichnet waren. Leitplanken gab es nicht, Leitpfosten auch nicht, keine Geschwindigkeitsbegrenzung – man brauchte hier ja noch nicht mal einen Führerschein! Und so fuhren die Belgier auch.

Schon bald wurden wir von einem Raser überholt und mein Vater sagte noch, das geht nicht gut. Zwei Kilometer danach standen wir in einem kleinen Stau. Man sah vorne, dass etwas passiert war. Bald hörte man auch die Feuerwehr, Tatütata, den Rettungswagen, Tatütata, und langsam näherten wir uns der Unfallstelle. Es war genau jener Raser von vorhin, der jetzt mit seinem Wagen an einem Alleebaum zerschellt war, und meine Mutter sagte natürlich: »Junge, schau da weg!«

Ich dachte an den toten Großvater und dass ich momentan in meinem Gehirn keinen Platz mehr für noch mehr grausame Bilder hatte und folgte ihrem Rat.

Mein Vater sagte mehr zu sich: »Ts, ts, ts ... siehste, das kommt davon!«

Und meine Mutter ermahnte ihn: »Ja, da solltest du auch dran denken, so wie du manchmal fährst!«

»Was heißt hier, wie ich manchmal fahre?«, fragte mein Vater. Tatsächlich nahm er aber dann die Geschwindigkeit etwas heraus, und wir rumpelten weiter über das Kopfsteinpflaster.

Ich las nicht mehr, da würde mir eh nur schlecht werden, und schaute lieber hinaus in die schöne Landschaft, die jetzt mein neues Zuhause werden würde. Sie war niederrheinisch vertraut, Flachsfelder, Pappeln, Weiden, Wiesen, Knicks, Wassergräben, Abzugskanäle, Schifffahrtskanäle, kleine Flüsse, größere Flüsse, kleine Orte mit uralten Kirchen, Kühe und manchmal sogar Menschen mit Trachten. Die flämische Landschaft war grün, saftig und wie auf den Gemälden alter flämischer Meister. Bei den weiteren Unfällen schaute ich weg.

Ich stellte die Frage, die alle Kinder fragen, wenn es irgendwo hingeht und ihnen langweilig wird:

»Ist es noch weit? Sind wird bald da?«

»Nein«, sagte mein Vater. »Es wird nicht mehr lange dauern. In ein, zwei Stunden werden wir in Antwerpen sein. Dann werden wir in das Haus gehen. Die Möbel werden da sein und wir werden unser Ankommen feiern.«

Fröhlich umfasste er das Lenkrad und pfiff.

Schnell stellte sich aber heraus, dass wir vielleicht bald in Antwerpen sein würden, unsere Möbel aber nicht, denn kurz vor Turnhout tauchte vor uns ein großer Lastwagen auf, und darauf stand, in schönen Lettern:

»Theo van Gelderen, Umzüge. Krefeld – München-Gladbach – Rheydt.«

Theo war der Umzugsmeister und das war sein Lastwagen, in dem unsere Möbel drin waren.

»Na toll«, sagte mein Vater und er wurde wütend, hupte, überholte den Möbelwagen, und meine Mutter sank vor Ohnmacht fast in den Fußraum des Autos. Er fuchtelte laut aus dem Fenster, machte eine Bewegung wie »Los, los, voran«, scherte kurz vor dem entgegenkommenden Auto wieder ein und sagte nur: »Dieser Theo, der kriegt es auch nie gebacken.«

Meine Mutter ermahnte meinen Vater wieder und wieder, jetzt doch endlich mal langsamer zu fahren, jetzt, da die Möbel eh nicht rechtzeitig da wären.

Er tat, wie ihm geheißen, und zum Dank wurden wir in geschlossenen Ortschaften mit Hundert Stundenkilometern laut hupend von wütenden Belgiern überholt. Das deutsche Nummernschild tat sein Übriges dazu.

Langsam näherten wir uns der großen Stadt. Wir hatten bereits den ersten Festungsgürtel passiert. Gleich sollte der zweite Gürtel mit den inneren Forts folgen. Mein Vater sagte: »Mensch, wie auf den Routen von 1914 und 1940!«

»Im Krieg?«, fragte ich.

»Naja ... da war ich ... Gott sei Dank nicht dabei. Und außerdem! Diesmal sind wir in friedlicher Mission unterwegs! Frei nach Karl May: ›Howgh, wir kommen als Freund‹.«

Er dachte kurz nach.

»Und bei der Gelegenheit ...«

Er drehte sich in voller Fahrt zu mir nach hinten, meine Mutter schaute angstvoll aus dem Seitenfenster.

»Denk dran, sprich mit niemanden über den Krieg! Das mögen die hier nicht! Und denk immer dran: Du bist Deutscher, die mögen die hier nicht. Also halt dich bedeckt. Wir sind hier in Feindesland.«

Dafür, dass wir in Feindesland waren, ging es uns aber eigentlich ganz gut, denn wir fuhren am großen Fort bei Schilde vorbei und es wurde nicht auf uns geschossen. Dann erschien die Stadt vor uns, und wir fuhren durch einen breiten Graben, der sich um ganz Antwerpen zog.

»Das ist der Brialmont-Graben«, sagte mein Vater. »Das Schussfeld des alten Verteidigungsrings, der um die innere Stadt geht.«

Hier wurde mir also wirklich was geboten, dachte ich. Ich komme dem Krieg immer wieder und weiter auf die Spur. Ein Festungsgürtel! Forts! Womöglich mit alten Kanonenkugeln in den Mauern! Wir fuhren durch das Schussfeld, aber es wurde wieder nicht auf uns geschossen.

»Howgh!«, rief ich voller Begeisterung aus dem offenen Fenster. »Wir kommen als Freund! Auf dem Spuren von Karl May!«

Mein Vater ermahnte mich und erinnerte mich an seine Worte von vorhin, aber ich war nicht zu bremsen.

Nach dem Schussfeld fuhren wir durch ein ehemaliges Festungstor auf die Turnhoutbaan, die ins Zentrum führte und sehr bald Carnotstraat hieß. Die Häuser hier waren alle mit Flachdächern versehen, sie sahen ein bisschen aus wie in Krefeld – und je weiter wir in das Zentrum kamen, desto schöner wurden sie. Manche erinnerten mich an die Häuser am Bismarckplatz und der Hohenzollernstraße, die der Krieg verschont hatte. Vielleicht hatte Krefeld ja auch mal so ausgesehen wie diese fabelhafte Stadt hier?

An der nächsten Ecke dann, die Ampel zeigte Rot, hatte ich meine große Erscheinung und ich traf auf das Eldorado meiner Sehnsüchte! Eine windschiefe Bude mit Anbauten, zusammen gefrickelt bis zum geht-nicht-mehr, mit einem Schild, dass ich trotz meiner spärlichen Lesekenntnisse entzifferte:

Frit ...

Fritu ...

Frituur!

»Vati, da, sieh nur! Eine Frituur!«, schrie ich ihm ins Ohr.

»Ja nun«, sagte er leicht genervt und popelte im rechten Ohr, »das ist eine Fritüür. Die stehen hier überall. Frittenbuden eben.«

Famos, dachte ich mir, unglaublich. So weit hatte es Anton Hueskes also in den zwei Jahren, in denen wir in Siegen waren, gebracht. Er hatte eine ganze Kette aufgemacht und hatte mittlerweile auch in Antwerpen Buden, denn schon an der nächsten Ecke stand wieder eine. Alle abenteuerlich gebaut, alle mit dem Schild »Frituur«! Alte Kirmeswagen, Wohnwagen, Lastwagen. Um sie herum windschiefe Anbauten in allen Variationen. Aus den Ofenrohren obendrauf kam Qualm und der bekannte Frittenduft meiner frühesten Jahre. Auf sowas konnte nur Hueskes gekommen sein, diesen individuellen Baustil zu seinem Markenzeichen gemacht zu haben!

Menschen standen in Schlangen vor den Buden und kamen mit spitzen, dampfenden Tüten voller Fritten, auf die eine weiße Sauce geklatscht war, glücklich, mampfend und strahlend heraus und wandelten über die Carnotstraat.

Ich war im Paradies angekommen. Das hier war das ultimative Frittenparadies, das Reich von Anton Hueskes, dem Herrscher über das Frittenimperium von Antwerpen!

»Ich will dahin, Vati, ich muss dahin!«

»Morgen«, sagte er, »ist auch noch ein Tag. Wir werden hingehen. Versprochen.«

»Versprochen? Wirklich?«

»Versprochen. Indianerehrenwort.«

Und außer mir schrie ich im Vorbeifahren den mampfenden Passanten zu:

»Howgh! Howgh! Wir kommen als Freund! Howgh!«

Einige Passanten schauten verwundert, manche verärgert in unsere Richtung und dann vor allem auf unser Nummernschild und schüttelten missmutig den Kopf. Mein Vater bekam einen roten Kopf und trat kräftig aufs Gaspedal, sodass ich nach hinten in die Rückbank gestoßen wurde. Fast hätte er einen Mann auf einem Fiets umgefahren und der bimmelte wütend und schrie uns irgendwas Unanständiges auf Flämisch hinterher. Und mir fiel wieder ein, genau, genau, eigentlich waren wir ja in Feindesland.

Jetzt kamen wir am Hauptbahnhof vorbei, Antwerpen-Centraal, viel schöner als der in Krefeld. Obwohl der in Krefeld auch nicht schlecht war. Der hatte immerhin den Krieg überlebt und war noch ganz im Stil von 1911. Der hier aber sah aus wie ein königliches Schloss, und der Platz davor wimmelte von Menschen und kleinen Straßenbahnen, die im Sekundentakt hintereinanderfuhren, bimmelten, in enge Kurven drehten, um dann in alle Richtungen auszuschwärmen. Ich kam mir vor wie im Karussell auf dem Sprödental-Platz. Sofort würde ich bei nächster Gelegenheit mit einer dieser Straßenbahnen losfahren und dann hier in diesem Viertel von einer Frittenbude zur nächsten ziehen. Dann bogen wir am Teniersplaats ab und fuhren über einen prächtigen Boulevard, der Frankrijklei, in Richtung Süden, dort, wo unsere neue Wohnung war. Wir passierten wieder das Brialmont-Schussfeld.

»Kommt alles weg«, sagte mein Vater. »Hier wird die neue Stadtautobahn gebaut, da wirst du staunen! Da sollst du mal sehen, das wird die modernste Stadt von Europa. Sowas haben sie noch nicht mal in Paris!«

Fast anderthalb Kilometer war der Schussgraben an dieser Stelle breit und dann kamen wir in ein neues Viertel, das sehr modern aussah.

»Hier war die Olympiade, 1920, die erste nach dem Ersten Weltkrieg«, sagte mein Vater. »Wir Deutschen durften nicht dran teilnehmen. Versailler Vertrag, Kriegsschuld-Paragraf, und so weiter. Naja.«

Hier würde gleich das Haus mit unserer Wohnung sein, aber mein Vater sagte, jetzt gäbe es noch eine Extrarunde. Er fuhr weiter Richtung Brüssel und nach zwei Kilometern begann die erste Autobahn, die je in Europa gebaut wurde, mit einem Kreisverkehr.

»So! Und jetzt schau genau hin, das mache ich hier nur für dich!«, sagte er, und ich hatte große Augen, denn in der Mitte des Kreisverkehrs war ein Sockel und obendrauf – ein richtiger, echter Panzer!

»Ein Sherman«, sagte mein Vater. »Die Briten sind über diese Route reingekommen und haben im September '44 Antwerpen befreit. Darum steht das Ding da.«

Jetzt war ich schon so voller Eindrücke, dass ich gar nicht mehr alles verarbeiten konnte – und ich war froh, dass wir endlich in unserer neuen Wohnung ankamen. Die Vlaamse Kunstlaan, eine ruhige Straße in einem Viertel, das komplett im Stil des Modernismus gebaut worden war, einer Architektur, die vor allem beim Neu- und Wiederaufbau in den zwanziger Jahren in den Niederlanden, Belgien und Nordostfrankreich eingesetzt wurde, vermischt mit Elementen des Art Deco. Das wusste ich damals noch nicht, aber mich faszinierte diese Architektur sofort und seitdem begegnet sie mir bis heute als willkommene ästhetische Begleitung.

Eben waren wir noch an einer Kirche vorbeigekommen, die der flämische Volksmund »Loch Ness« getauft hatte, wegen der drei Kuppeln und ihrer Ähnlichkeit zum berühmten Seeungeheuer, in Wirklichkeit hieß sie »Christus Koningkerk«.

»Daneben«, sagte mir mein Vater streng, »da kannst du dich gleich mal schon drauf vorbereiten, da ist dann deine Schule.«

Schule! Darüber hatte ich noch gar nicht nachgedacht. Ich würde hier in eine Schule kommen. Eine deutsche Schule? Da wollte ich jetzt lieber nichts Genaues von wissen.

Wir parkten vor dem Haus in der Vlaamse Kunstlaan, Mme. Cusange, die Vermieterin, erwartete uns schon. Wir gingen aufgeregt hinein, alles tadellos, fabelhaft. Meine Mutter inspizierte freudig ihr neues Reich, ich ging zum Kinderzimmer, das ebenerdig zur Straßenseite lag. Oben im ersten Stock war das geräumige Wohnzimmer. Die großen Fenster, fast so groß wie die im Krefelder Aquarium, gingen zur Straße und zum Garten raus. Welch belgischer Luxus!

Alles war wunderbar! Nur – unsere Möbel waren nicht da.

»Dieser Theo!«, sagte mein Vater, »was nur jetzt schon wieder passiert ist!«

Theo kam und kam nicht, also schliefen wir auf dem nackten Boden mit einigen Decken, die wir uns aus dem Auto geholt hatten, und warteten.

Irgendwann am nächsten Morgen wurden wir von einem lauten Brummen geweckt. Theo van Gelderen hatte es letztendlich geschafft und stand vor der Tür.

»Mer hatte 'ne Platte«, sagte er in seinem Dialekt zu meinem Vater, der sich schwer im Zaum halten musste.

»Und dann?«, fragte mein Vater. »Und dann? Nach 18 Stunden?«

»Dann moete me en Jaraasch uffsuoche. Mir konnte kee Flaams, evver uns rheinisches Jekall ham die verstonge.«

Die Garage, wo sie den Reifen hatten wechseln lassen, lag in Mechelen.

Mein Vater verdrehte die Augen.

»Mechelen, Mensch, Theo ...weit ab vom Schuss!«

»Me hatte kin Kaart«, entschuldigte sich der Fahrer.

»Theo, Theo, Theo ...Du und dinge Lüh!« sagte mein Vater plötzlich selbst auf Platt und schüttelte den Kopf.

Nach Siegen hatte sich Theo auch schon verfahren und war in Wetzlar gelandet, aber am Ende würde mein Vater den Männern und Theo doch noch ein gutes Trinkgeld geben. Man braucht die Leute, dachte er sich. Denn er wusste bereits: Das hier, das war nicht unsere Endstation. Theo würde noch wichtige Dienste leisten. Aber davon sagte er uns nichts, weder meiner Mutter noch mir.

Mich ging's eh nichts an. Wir waren jetzt da, die Möbel waren da, ich war da! Es konnte losgehen. Antwerpen wartete auf mich, die Forts, der Hafen und die Frittüren.

Ich öffnete das Wohnzimmerfenster und schrie aus vollen Leibeskräften auf die Straße:

»Howgh! Ich komme als Freund!«

Vlaams School

Den ganzen Sonntag über hatten Horst und Helga die Möbel platziert, die Wohnung eingerichtet, während ich im Garten spielte. Jetzt, am Montagmorgen, fuhr mein Vater mit mir in die Stadt, und ich sah mit fiebriger Erregung meiner ersten Antwerpener Frituur auf der Carnotstraat entgegen.

Mein Vater hielt vor einem großen, offiziellen Gebäude mit einem schmiedeeisernen Gitter und einem großen Tor davor.

»Da gehst du jetzt rein«, sagte er zu mir.

»Wo rein?«, fragte ich verwundert.

»In den Kindergarten da!«

»Ich dachte, ich komme in die Schule! Was soll ich denn da? Mit sechs bin ich viel zu alt dafür!«, schimpfte ich.

»Ist ja nur für drei Wochen, bis die Penne beginnt.«

»Ich kann kein Flämisch«, sagte ich.

Er antwortete militärisch knapp: »Man springt in den Fluss, und dann kann man schwimmen. Oder eben nicht«, schloss die Autotür und verschwand im nächsten Kreisverkehr.

Da stand ich nun mutterseelenallein auf dem großen Hof eines flämischen Kindergartens in der belgischen Hafenstadt Antwerpen. Es dauerte nur wenige Augenblicke, und ein weinendes Mädchen stürmte auf mich zu.

»Aide-moi! Aide-moi!«

Und sie fiel mir weinend und schluchzend um den Hals. Was war das denn?

»Aide-moi! Aide-moi!«, sagte sie wieder heulend.

»Je suis si seul!«

Für mich hörte es sich irgendwie französisch an und ich spürte, wie ihre Tränen durch mein Hemd sickerten.

Ein paar Brocken französisch hatte ich schon mal aufgeschnappt und ich fragte sie: »Wallon?«

Das war wohl keine gute Idee, denn jetzt schrie sie fast wie am Spieß.

»Wuh, uh?«, fragte ich sie noch mal, und es sollte auf französisch heißen: »Wo kommst du her?«

»Wallonie?«, fragte ich nochmal.

Sie kreischte und fuhr ihre Krallen aus, direkt in meinem Rücken. Oh weh, wo war ich denn da nur reingeraten?

»Je suis française. Et je suis toute seule ici. Aide-moi, s'il te plaît!«

Herrje, herrje, herrje oje! Da war nun ein verlassenes, französisches Mädchen in einem flämischen Kindergarten in der großen fremden Hafenstadt Antwerpen, und ich, ein deutscher Junge, fremd wie sie, Nachfahre der Wehrmacht und der preußischen Armee, musste sie trösten.

»Allemang!«, zeigte ich auf mich, »Allemang.«

Und sie schaute mit entsetzten Augen in mein Gesicht.

»Allemand?« Und ihr Heulen ging los wie eine Luftschutzsirene.

Mir fiel nichts Besseres dazu ein als:

»Howgh, ich komme als Freund!« Und dazu machte ich ein Indianergeheul. Ich heulte laut und sagte: »Winnetou, Winnetou, Amie, Amie!«

Ich zeigte auf mich, dann auf sie:

»Winnetou und Shatterhand! Amie und Amie!«

Da schaute sie hinter ihren Händen hervor und lachte und befand, dass ich gar nicht wie ein böser Boche aussähe, fiel mir wieder um den Hals und sagte: »Tu es si gentil, mon ami!«, und gab mir einen Kuss.

Das war meine erste französische Freundin.

Sie hatte zu schluchzen aufgehört, wir gingen Arm in Arm über den Hof. Die Kindergärtnerin lief hilflos hinter uns her, denn sie war Flämin und konnte kein Wort Deutsch – und Französisch schon gar nicht. Solange wir beide uns verstanden, Charlotte und ich, dachte sie, heult mir diese kleine Rotzgöre wenigstens nicht die Uniform voll.

Über die ganze Aufregung mit der heulenden Charlotte hatte ich ganz die Frituur in der Carnotstraat vergessen.

Die Stunden vergingen, und je mehr sie vergingen, desto langsamer verging die Zeit. Ich schaute auf die große Uhr über dem Eingang, wie der Zeiger sich drehte, und hielt dabei Charlottes Hand.

»Ma mère vient me chercher à quatre heures, elle me l'a promis!«, sagte sie auf Französisch, fing wieder an zu heulen und stampfte trotzig mit dem Fuß auf.

Ich zeigte auf den großen Zeiger der Uhr.

»Vier Uhr?«

»Oui, quatre heures!«, knatschte sie.

»Kattre! Vier!«

Ich hatte ein neues französisches Wort gelernt.

»Kattre Öhr!«

Zwei sogar!

Charlotte lächelte mich an und vergaß ihren Trotz.

Ich führte eine Pantomime vor, wie um vier ihre Mutter und mein Vater uns abholen würden, und malte in die Luft, wie ich ihr die Wagentür öffnete, als sei sie eine Königin, die in die Staatskarosse steigen würde, worauf sie sagte: »Voiture!«

»Auto!«, sagte ich.

»Limousine!«

»Kutsche!«

»Vous êtes très prévenant, Monsieur!«, sagte sie charmant mit gespreiztem Finger und kicherte dann frech. Sie hielt mir ihre Hand hin und ich musste sie küssen.

»Ohlala«, sagte ich.

Die Kindergärtnerin hatte sich jedoch bereits hinter uns aufgebaut und fand diesen praxisnahen Sprachunterricht überhaupt nicht lustig.

»Wat doe je daar?«, schimpfte sie. »Stop er onmiddellijk mee, ga rechtop staan en wacht tot je wordt opgehaald!«

Ein barscher Befehlston in krachendem und rachigem Antwerpener Platt. Wir mussten strammstehen und in dieser Haltung warten, bis wir abgeholt wurden, das war die Strafe der flämischen Matrone.

Charlotte stand strammer als jeder Soldat und es schoss aus ihr heraus: »Jawohl!«

Auf Deutsch! Auf Deutsch sagte sie das!

Madammeke DeVries hasste alles, was nur annähernd Französisch oder Wallonisch war, und eine Französin, die die Sprache der Deutschen konnte, hasste sie umso mehr. Sie wurde wütend, Charlotte goss Öl ins Feuer und rief: »Jawohl, jawohl, Madame la Général!«, und stampfte im Marschtritt über den Hof.

Fast wäre die Kindergärtnerin über Charlotte so in Rage geraten, dass sie ihre ultimative Erziehungsmethode, die der körperlichen Züchtigung, zur Anwendung gebracht hätte, da fuhren Gott sei Dank die Autos vor, das meines Vaters und das von

Madame Berthier, der Mutter Charlottes – und die Madammeke versteckte schnell den Rohrstock hinter ihrer Soutanen-artigen Uniform.

Ich verabschiedete mich von Charlotte mit einem Kuss auf die Wange, sie nahm ihn gnädig entgegen und hauchte: »Merci, mon petit ami Joaquin. Tu es tellement beau. Merci pour tout. A bientôt!«

Ich entschwebte mit leichtem Herz dem flämischen Kindergefängnis und fühlte mich wie ein Marschall des Napoleonischen Kaiserreichs.

Mein Vater war vorgefahren, öffnete die Seitentür des Fabrikdirektor-Autos. Ich hüpfte rein.

»Auf geht's!«, sagte ich beschwingt, »Carnotstraat!«

»Und wie war's im Kindergarten?«, fragte er verwundert.

»Ha ha, ich hab Glück bei den Frauen, Bel Ami. Das kannst du mir erst mal nachmachen.«

Horst war baff, brauchte einen Moment, dann sagte er mir: »Einfach mal in den Fluss geworfen und schon kann der kleine Herr schwimmen und poussieren!«

»Poussieren? Was ist das denn?«

»Dafür bist du noch zu jung«, sagte mein Vater und trat kräftig auf das Gaspedal. Ich wurde in die Polster gedrückt und auf ging es zu Anton Hueskes, dem Herrscher über das Imperium der Antwerpener Frittenbuden.

Wir stellten den Wagen am »Centraal« ab und gingen die geschäftige Straße hinunter, ich eiligst voran, und erreichten die Frituur, die ich schon bei der Ankunft gesehen hatte.

»Jetzt komm, Vati, jetzt komm und frag den Mann, wo Anton ist!«

»Was soll ich fragen?«, sagte mein Vater mürrisch. »Was soll denn Anton Hueskes hier?«

»Naja, er ist doch der Herrscher über das Frittenimperium!«

»Wer hat dir das denn gesagt? Wie bist du denn darauf gekommen?«

»Na, guck dir doch die ganzen Buden hier an, Vati. Das ist doch alles wie bei ihm. Er hat die Fritten nach Krefeld gebracht. Dann hat er sie also auch nach Antwerpen gebracht!«

»Du und deine Fantasie. Die Fritten kommen aus Belgien. Merk dir das«, sagte er verärgert.

Sowas. Das hatten mir doch die Erwachsenen in Krefeld alles erzählt, und jetzt sollte es nicht stimmen und war vielleicht nur ein Witz von Onkel Bodo gewesen? Ich schaute tief in die Bude hinein, sah die große Ablage, wo die Fritten abtropften, und war entsetzt.

»Vati, Vati, das sind ja gar keine richtigen Fritten. Schau dir das mal an! Das sind komische Kartoffelstäbe. Aber das sind nicht die Fritten von Anton Hueskes!«

»Wer hat dir das eigentlich mit den Fritten und dem Hueskes erzählt? Der macht doch gar keine Fritten. Der macht einfach nur längsgeschnittene Bratkartoffeln. Dann hat er sich da irgend 'ne blöde Werbegeschichte ausgedacht. Das hier, das sind Fritten! Und die bestellen wir jetzt und die essen wir jetzt!«

Der Frittenmann füllte uns zwei spitze Papiertüten mit den goldenen Stäbchen und überreichte sie uns.

»Voor de Heer en voor de jongeman!«, sagte er auf flämisch.

Das würde ich jetzt auch lernen müssen. Damit ich hier selbstständig Fritten bestellen könnte. Und sie sagten auch nicht Fritten, sie sagten »Frieten«.

»Kattre Öhr. Watür. Scharlott, Frieten ...«, murmelte ich. Mein Sprachunterricht hatte bereits begonnen.

»Frieten alstüblieft, Menheer!«, wiederholte ich immer leise, um es mir nur ja zu merken. Denn das war das Sesam-öffne-dich zum Paradies.

Die Fritten dufteten fantastisch, viel besser als in der Lohstraße. Das hier, das waren also echte Fritten! Sie schmeckten so, wie sie aussahen, golden, knusprig und herzhaft. Manche Kunden der Bude hatten auch eine fette, weiße Soße auf ihren Tüten, aber mein Vater riet mir davon ab. Man weiß hier nie, sagte er hinter vorgehaltener Hand. Nach der Tüte war ich rundherum satt, vollgefressen, abgefüllt und glücklich. Hueskes war ein Schwindler, das hier war gar nicht sein Imperium, die Fritten hatten die Belgier erfunden und er verkaufte gefälschte Ware. Dem würde ich was erzählen, wenn ich wieder in Krefeld war!

Die kurzen Wochen des Sommers mit Charlotte vergingen schnell, viel zu schnell. Wir gingen Hand in Hand über den Hof, so lange, bis die Madammeke hinter der großen Platane hervorzischte und auf uns zustürzte. Dann nahmen wir die Beine in die Hand und liefen lachend weg. Einmal verhedderte sie sich mit ihrer Soutane und viel der Länge nach hin. Da tat sie uns fast leid, denn sie hatte sich das Knie aufgeschlagen und wir entschuldigten uns bei ihr, halfen ihr hoch, aber kaum war sie wieder in voller Statur, griff sie nach dem Stock, und wir rannten wieder weg.

Veränderungen lagen in der Luft, Charlottes Mutter, Madame Berthier, hatte für sie eine französische Schule gefunden, und sie zogen in eine große Villa in Brasschaat. Das war ganz auf der anderen Seite der Stadt, näher am Hafen, denn Charlottes Vater war ein Kapitän, der große Schiffe über die Ozeane steuerte.

Manchmal erzählte sie mir von den Fahrten ihres Vaters, dann von ihrem Großvater, der Admiral gewesen sei. Und ein Urgroßvater sei sogar ein wichtiger Mann bei Napoleon gewesen! Le Marechal Berthier! Das sagte sie so, als müsste ich sie dafür bewundern, wie sicher sie selber die Marine und die Grande Armee durch die unruhigen Fahrwasser der französischen Geschichte gesteuert hatte, und ich lachte sie dafür aus.

Dann war sie launisch, tat so, als wenn sie mich nicht kenne, und ging tagelang allein, französische Gedichte rezitierend, am schmiedeeisernen Gitter entlang. Näherte ich mich, beschleunigte sie ihre Schritte und sagte barsch: »Monsieur, wer sind Sie? Ich kenne sie nicht. Gehen Sie fort!«

Sie konnte richtig gemein sein und dann, ein paar Tage später, wieder liebenswürdig.

»Mon petit ami Joaquin, mon bel ami, qui est mon sauveur.«

Sie hielt mir ihre Hand zum Küssen hin und so ging das Spiel hin und her, bis der Tag des Abschieds vom Kindergarten gekommen war.

Mein Vater würde mich abholen, am schmiedeeisernen Tor. Zum Dank gäbe es noch mal Fritten in der Carnotstraat, dafür, dass ich so brav durchgehalten hatte und jetzt auch schon ein paar Brocken Flämisch konnte. Ich wollte mich von Charlotte verabschieden, aber sie war nicht da. Ich rief sie, dachte an ihre Launen und begab mich auf die Suche, aber sie blieb wie vom Erdboden verschluckt.

Ich war so verzweifelt, dass ich sogar zu unserer Erzfeindin, der DeVries ging, und sie fragte:

»Waar is Charlotte?«

Und die Madammeke erklärte mir, dass Charlottes Vater, der große Kapitän, sie und ihre Mutter noch kurz vor der Einschulung auf eine große Fahrt nach New York mitgenommen hatte.

New York! Am anderen Ende des Ozeans! Unerreichbar! Quel choc! Die launische Charlotte, die jetzt bestimmt schon reiche amerikanische Verehrer an jeder Hand hatte und über die Fifth Avenue lustwandelte, hatte mich ohne einen Abschiedskuss schnöde verlassen, nach Amerika.

Da stand ich nun alleine auf dem Hof und weinte bitterlich. Und Madame DeVries legte den Arm um mich und versuchte, mich zu trösten.

»Ja, ja«, sagte sie auf Flämisch. »Die kleinen französischen Fräuleins! Erst verdrehen sie den Jungs die Köpfe und dann sind sie weg.«

Sie wusste, dass sie mich damit nicht erreichte, und wusste, dass auch sie mich, so wie ich Charlotte, nicht mehr wiedersehen würde.

»Mach's gut, mein kleiner Deutscher. Mach's gut im Leben und lerne viel auf deiner neuen Schule.«

Ich drehte mich zu Frau DeVries um, weinte in ihre Soutane und küsste ihre Hand.

Mein Vater holte mich ab. Wir fuhren zur Frituur, aber ich war schweigsam – und heute, zum ersten Mal, schmeckten mir die Fritten nicht.
Am nächsten Morgen war mein erster Schultag. Natürlich war mir wieder schlecht, ich kotzte ins Klo, und meine Mutter war darüber besorgt.

Ich trug eine Schuluniform und hatte eine schwere Ledertasche mit Griff. Meine Eltern hatten mir aus Krefeld eine Schultüte besorgt, sowas gab es in Antwerpen nicht, und dann ging ich los, mutterseelenallein, aber das machte mir nichts aus, denn das würde jetzt mein Weg durch das Leben werden. Allein und von Charlotte verlassen. Bald würde ich ausreißen, auf eine fremde Insel gehen, dort eine Revolution anzetteln, General werden und in einer bunten Uniform aus Samt und Seide und mit einem großen Hut, größer als der von Napoleon, in einer Prozession als siegreicher Held und Eroberer durch Antwerpen ziehen. Charlotte würde ehrfürchtig am Straßenrand, das Haupt gesenkt, auf ein Wort von mir hoffen, aber ich würde stählern und schweigend an ihr vorbeireiten, der Krönungsmesse entgegen.

Ganz so weit war es jetzt noch nicht und so zog ich mit dem Mut der Verzweiflung und den wenigen Brocken, die ich gelernt hatte, der Höhle der gefährlichen Bestien entgegen. Den belgischen Jungs und der »Vlaams School«.

Ich kam auf den Schulhof, alles war fremd und unbehaglich, keine Charlotte, die weinend und schutzsuchend auf mich zukam. Alle schienen sich hier zu kennen, niemand beachtete mich. Eine Trillerpfeife ertönte und das war das Zeichen, alle standen stramm, formierten Züge wie auf einem Kasernenhof und marschierten in die Klassenräume, ich trottete der Meute hinterher. Im Zimmer prügelten sie sich schon um die Bänke und besten Plätze und das war mir nur recht, denn so konnte ich mir meinen Lieblingsplatz aussuchen: ganz hinten, ganz links, letzte Reihe, letzte Bank an der Wand. »Weit ab vom Schuss!«, wie mein Vater gesagt hätte.

Der Lehrer betrat den Raum. Er war streng und blickte uns an. Es war mucksmäuschenstill, niemand rührte sich. Dann musste jeder aufstehen, seinen Namen sagen und sich kurz vorstellen. Das ging so eine ganze Weile.

»Pieter Nollekamp, van Hoboken«, sagte der Erste.

»Frans Dejonge, van Hoboken«, sagte der Zweite.

»Dries Terboven, Hoboken«, der Dritte.

Hoboken! Alle waren sie hier aus Hoboken, das doch eigentlich in New York lag. Das wusste ich von der Großtante Trude, die bei einem Besuch bei ihrer Schwester Ida uns alles über New York erzählt hatte, der größten Stadt, die es je gab. Da wohnte auch die Mickey Mouse, hatte sie mir gesagt. Und Charlotte war jetzt da, fiel mir ein, und mir stiegen die Tränen in die Augen.

Der Vierte, der an der Reihe war, fing an zu stammeln, konnte seinen Namen nicht herausbringen, und sein Sitznachbar machte sich über ihn lustig und krähte:

»Hij is een gekke zwerver!«, und lachte dabei und schlug sich auf die Schenkel.

Er wurde sofort vom strengen Lehrer am Ohr gepackt, nach vorne gezerrt und bekam mit dem Lineal eins auf die flache Hand. Dann musste er sich für den Rest der Stunde in die Ecke stellen. Strenge Sitten herrschten hier!

Es würde ein beschwerlicher und gefährlicher Weg werden, dachte ich mir, das hier zu überstehen, bevor ich als siegreicher General mit meinen Feinden abrechnen konnte.

Über diesen Gedanken hatte ich fast versäumt, dass ich an der Reihe war.

Der Lehrer schaute mich fordernd an, ich stand auf und sagte:

»Achim Konejung.« Kurze Pause. »Van Duitsland.«

Alle drehten sich um.

Für einen kurzen Augenblick stand die Zeit im Klassenraum der ersten Klasse des Jahres 1963 in der Vlaams School in Antwerpen-Kiel still. Niemand rührte sich, kein Kommentar, kein Wort des Lehrers.

Dann drehten sich alle wieder um, und der Unterricht begann.

Das war mein erster Schultag.

Die anfängliche Feindseligkeit wich der Neugier und dann kam nach Tagen einer nach dem anderen aus der Klasse zu mir und fragte mich, wo genau aus Deutschland ich denn herkäme. Als sie erfuhren, dass ich vom Niederrhein war, taute die Stimmung auf, denn viele ihrer Großväter waren dort gewesen, als Besatzungssoldaten nach dem Ersten Weltkrieg, und hatten gute Erfahrungen mitgebracht. So war es, dass ich erst geachtet wurde, nicht geliebt, dann mochten sie mich ein bisschen – und dann sagte einer zu mir:

»Ihr Deutschen habt uns zweimal überfallen. 14-18, 40-45, und weißt du was? Jedes Mal habt ihr verloren und wir Belgier haben euch dann besetzt!«

Es war der stotternde Leon, der, über den sich sein Nachbar am ersten Schultag lustig gemacht hatte, und der jetzt mit mir hinten auf der letzten Bank saß.

»Und jetzt kommt ihr als Freunde her«, sagte er, »weil ihr es mit der Dicken Bertha nicht geschafft habt, weil ihr es mit dem Königstiger nicht geschafft habt, und jetzt habt ihr ein Lächeln auf den Lippen und versucht es mit der D-Mark in der Hand.«

»Und woher weißt du das so genau?«, fragte ich ihn.

»Von meinem Vater. Weil er Geschäfte mit euch macht.«

Und mir fiel auf, dass er diesmal gar nicht gestottert hatte.

Der Unterricht war hart. Im Winter ging es morgens im Dunkeln zur Schule, dann gab es eine Mittagspause, in der ich kurz nach Hause zur Mutter essen ging. Dann musste ich wieder los. Um vier, wenn es dämmerte, kam ich zurück, manchmal auch erst um fünf, denn ich hatte freiwillig Französisch-Unterricht, zweimal die Woche, zusammen mit Leon. Die Kinder der Werftarbeiter waren überzeugte Flamen, deren Eltern lehnten das ab, und so hatten sie früher frei. Dann musste ich Schularbeiten machen, um sechs gab es Abendbrot, dann ab ins Bett. Morgens war mir wieder schlecht und ich ging im Trott in die Lehranstalt zurück, während mein Vater mit dem Benz zur Firma fuhr.

Beim Religionsunterricht wurde ich mit zwei anderen Jungs ausgesondert. Die Klasse bekam katholische Religion gelehrt, während wir drei »Anders gelovige«, Leon, Alexis und ich, in einem staubigen Kartenraum von einem älteren, leicht wundersamen Mann die Geschichte von Kain und Abel aus dem Alten Testament gezeigt bekamen. Alexis war der Sohn eines griechischen Kapitäns und orthodox, ich der rheinische Protestant, und Leon war was? Das wussten wir nicht, und er wollte es uns auch nicht sagen. Dann erzählte uns der Wundersame von Sodom und Gomorrha, da musste ich an die Briten und die Bombardierung von Krefeld denken und bei dem Bild der Frau Lot sah ich meine Großmutter Ida, wie sie starr vor der Schlange gestanden hatte. Wie weit weg das alles schon war, Siegen, das Kulmtal, der Papierhafen der Nachbarskinder.

In Flämisch, das sie »Moedertaal« auf dem Zeugnis nannten, waren Leon und ich die Besten. Die anderen Kinder waren ja aus Hoboken, das eben nicht in New York lag, sondern direkt nebenan, und ihre Väter arbeiteten auf der großen Werft von Cockerill, wo sie elegante Fähren für die Linie Ostende-Dover bauten; jedes Jahr liefen mehrere vom Stapel.

Dort, in der rauen Welt der Antwerpener Vorstadt, waren sie alle mit dem lokalen Dialekt großgeworden und taten sich mit dem »Beschaafd Nederlands«, das für sie wie eine Fremdsprache war, schwer. Leon und ich überholten sie mühelos, beim Lesen und Schreiben, bald auch beim Sprechen. Alexis machte sich erst gar keine Mühe, denn bald würde er mit seiner Familie wieder nach Patras ziehen, wo es wärmer, schöner und entspannter war als hier im kalten Norden mit der harten Sprache, die im Rachen weh tat.

Dann kam der Heimatkunde-Unterricht. O weh!, dachte ich. Hoffentlich geht es jetzt nicht um die Belagerung von Antwerpen durch meine Großväter und die Besatzungszeit, die brennenden Öltanks im Mai 40. Was, wenn herauskäme, dass Onkel Dieter dabei gewesen war? Womöglich noch ein Bild von ihm, wie er mit aufgerissenen Augen unter dem Stahlhelm und einer Fackel in der Hand durch die Stadt gelaufen wäre? Und ich versank unter meiner Schulbank und schaute ängstlich über den Tischrand zur Tafel.

Aber Gott sei Dank ging es nur um eine Figur aus der Sage um die Stadt, also lange her und ohne Onkel Dieter, puh! Es ging um den grausamen Riesen Druon Antigon. Der hatte die Schelde blockiert und verlangte Zoll von den Schiffern – und wenn sie nicht bezahlten, schlug er ihnen die Hand ab. Er war eine wahre Plage für die Antwerpener und sie wussten sich keinen Rat, da kam der furchtlose Römer Brabo, stellte sich dem Unhold und forderte ihn zum Kampf heraus. Am Ende besiegte er ihn, schlug ihm die Hand ab und warf das blutige Körperteil in weitem Bogen in die Schelde.

»Und daher«, sagte der Lehrer zu uns wichtig, »kommt der Name der Stadt! Hand werfen, hand werpen, Antwerpen!«

Es gab noch mehr solche sagenhaften Geschichten, wie die vom Lange Wapper. Der war auch ein Riese, aber nicht ganz so fies wie Druon Antigon, schnitt harmlosen Seeleuten auch keine Körperteile ab, sondern trieb in rauen Sturmnächten seinen Schabernack. Wir mussten ihn malen und ich bekam dafür ein »uitmundend«, das war die beste Note und hieß »exzellent«.

Ich war erleichtert und freute mich schon auf die nächste Heimatkunde, als der Lehrer uns mit strengem Blick ankündigte, heute ginge es nicht mehr um Sagen aus alter Zeit, sondern um – die Neuzeit!

Ich rutschte wieder zurück in meine Deckung und wartete gebannt. Zwei der Hobokener Jungs hatten eine Bildkarte holen müssen, sie wurde ausgerollt und schon sahen wir das Inferno einer brennenden Stadt, eindeutig Antwerpen, und mir wurde ganz anders.

»Das da«, sagte der Lehrer und zeigte auf das große Bild am Kartenständer, »das da, das waren ---?«

Er schaute in die Klasse, eine Antwort einfordernd. Ich wünschte mich an einen ganz anderen Ort und hoffte nur, dass sein Blick mich nicht treffen würde.

Da keine Antwort kam, sagte er nach einer langen, quälenden Pause:

»Die Spanjaarden!!!«

Ein Aufschrei und Wutgeheul ging durch die Klasse und ich kam langsam wieder aus der Deckung hervor. Leon schaute mich mitleidig an.

»Glück gehabt«, sagte er trocken und ich verzog kurz den Mund.

Es folgte eine wilde Geschichte, leidenschaftlich vom flämischen Lehrer vorgetragen, wie die spanische Furie in der Stadt gewütet hatte, die Spanjaarden die Bevölkerung ausgeraubt und ermordet hatten, wie sie das Land besetzt hielten, als spanische Niederlande, und es dann ihren österreichischen Vettern vermacht hatten. In der nächsten Stunde kam es zur Schlacht von Fleurus, dem ersten Koalitionskrieg, und dazu wieder ein buntes Bild – und dieses sah aus wie das in der Burg Linn! Jemand zeigte siegesgewiss in Richtung Horizont, das war der General Jourdan, und er verleibte 1794 die habsburgischen Niederlande der Französischen Republik ein.

Dann wurde es das Kaiserreich, das Empire, und er war da, im Hafen von Antwerpen, der Kaiser mit dem großen Hut: Napoleon.

Mittwochnachmittags war kein Unterricht, dann gab es meist Ausflüge mit der Klasse. Es ging mit einer Tram voll lärmender flämischer Schulkinder raus aus der Stadt, nach Wilrijk, zum Fort 6 des Antwerpener Verteidigungsrings. Die Tram bimmelte und schaukelte und der Lehrer ermahnte uns, den älteren Damen Platz zu machen.

Kaum waren wir da, zeigte sich uns ein mächtiges Fort mit einem großen Wassergraben und es hatte Einschusslöcher, aber niemand hatte Kanonenkugeln in die Mauern geklebt. Die Löcher waren imposant genug.

»Was glaubt ihr, wer das war?«, fragte der Lehrer in die Runde. Alle drehten sich um, zeigten auf mich, und sagten:

»Der da!«

Sie lachten, ich bekam einen hochroten Kopf und stammelte nur:

»Nein, nein, nein. Mein Großvater, der war nicht hier, der war ... in den Karpaten. Der war in den Dolomiten. Der war schwer verwundet, der konnte gar nicht mehr, der hatte sein Auge verloren! Sein Ohr verloren! Und fast seinen Kopf.«

Alle drehten sich wieder um.

»Aber die Deutschen waren es schon!«, sagte einer aus der Klasse und drehte sich dabei nochmal zu mir.

»Aber ja«, sagte der Lehrer, und dann erklärte er die große Geschichte von 1914, der Belagerung Antwerpens, als wenige belgische Soldaten durch ihren heldenhaften Kampf den Schlieffen-Plan vom großen Moltke zerstörten und zu Fall brachten.

Wir fuhren beeindruckt mit der bimmelnden Tram wieder zurück zur Stadt und ich war froh, dass ich ihnen nichts von Opa Karls Rolle als Adjutant des Bahnhofskommandanten von Brüssel-Nord erzählt hatte, 1918. Lieber nicht, dachte ich mir, lieber nicht.

Leon wohnte nur eine Straße weiter und so gingen wir öfters gemeinsam zur Schule, für Spielen war keine Zeit, wir mussten bis spät nachmittags die Schularbeiten machen und so verbrachten wir die wenigen freien Augenblicke des Tages mit Gesprächen.

»Ihr Deutschen habt da wirklich schlimme Sache gemacht, gerade bei uns in Belgien«, sagte er mir nach dem Ausflug nach Wilrijk.

»Und meinst du, dass ich daran schuld sei?«

»Du nicht, natürlich nicht. Aber deine Familie, deine Vorfahren, dein Stamm, wer weiß, naja. Die schon.«

»Mannomann ...«, sagte ich und dachte an Brüssel-Nord.

»Und deshalb muss ich dir was zeigen«, sagte er.

»Was zeigen?«, fragte ich.

»Mein Vater hat da so komische Bücher.«

»Was denn für komische Bücher?«

»Bücher mit Zeichnungen. Von den Kriegsgräueln. Und sag es bloß niemanden hier aus der Klasse. Dann werden sie nicht mehr mit dir reden.«

»Und du?«, fragte ich.

»Dir vertraue ich, Achim. Du hast den Krieg nicht mitgemacht. Aber du musst du dir die Bilder angucken und dafür sorgen, dass es nicht noch mal passiert.«

Leons Eltern waren in der Stadt, die Luft war rein, also kam ich zu ihm. Er holte ein großes dunkelblaues Buch aus dem Schrank. Es war schwer und roch nach altem Papier.

Er klappte es auf, und dann gingen wir es Seite für Seite durch. Es waren die Karikaturen von Louis Raemaekers, einem niederländischen Zeichner und Deutschenhasser, der während des Ersten Weltkrieges unzählige Karikaturen über die Boches publiziert hatte.

Eine zeigte den Express von Aachen nach Lüttich und Blut tropfte dick aus der Einstiegstüre des Salonwagens. Die weiteren zeigten den Deutschen Kaiser, meist als Kinder mordenden Hunnen mit bösen Augen und seinem komischen Bart. Ich dachte an mein Bild von Onkel Dieter mit der Fackel in der Hand und blieb stumm.

»Was sagst du dazu?«, fragte mich Leon.

»Mein Großvater mochte ihn nicht, den Kaiser«, sagte ich schnell und verdrängte das Bild vom Onkel.

»Für den hatte er sein Auge und sein Ohr gegeben. Und dann war er weg, nach Appeldoorn.«

Und ich dachte beim Betrachten der Kaiser-Karikaturen daran, wie Karl immer gesagt hatte, dass der Kaiser sich einfach so aus der Atmosphäre gezogen hätte, während er, Karl, jetzt dasaß, seiner Jugend und Schönheit beraubt.

»Nur weiter«, sagte ich zu Leon.

Auf einem Bild schaute der Kaiser böse über den Horizont und es erinnerte mich an ein Wahlplakat, das ich in Deutschland gesehen hatte. Von der CDU, glaubte ich, da war es aber ein Soffjet, der so böse schaute, so wie hier der Kaiser.

Es war ja nur gerecht, dachte ich mir, dass der Kaiser, der meinem Großvater, und nicht nur ihm, soviel Unrecht angetan hatte, jetzt von Raemaekers verhunzt und verunstaltet, zum Monster gezeichnet worden war.

Der Höhepunkt war Wilhelm in einem Leopardenfell und einer Hunnen-Frisur mit einer Keule in der Hand, das Fell verdeckte gerade so sein riesiges Gemächt. Hunnen-Willie stürmte begierig und geifernd auf eine nur mit einem durchsichtigen Seidentuch bedeckte nackte Frau. Sie lag wehrlos auf einem Felsen, auf dem stand: »Deutschland über alles«.

Lange hielten Leon und ich an diesem Bild fest, wunderten uns, fürchteten uns, waren fasziniert, dann wieder abgestoßen und schlugen schließlich das Buch zu und schwiegen.

»Üble Sache«, sagte ich.

»Sag niemandem davon.«

»Wo denkst du hin?«, sagte ich.

Ich fröstelte und verabschiedete mich von Leon, wollte um Verzeihung bitten, konnte es nicht, war benebelt und fühlte Schmerzen in den Knochen aufziehen.

»Bin ich dein Freund?«, fragte ich Leon schüchtern.

»Ja«, sagte er.

Dann ging ich.

Ich bekam Fieber, meine Mutter schickte mich gleich ins Bett. Dann folgte Schüttelfrost und ich hatte das Bild von King Kong, der aussah wie Wilhelm Zwo, vor Augen, mit einer nackten Frau in den Armen, darunter die amerikanische Kriegsparole, die Leon mir übersetzt hatte:

»Stop this mad brute!«

Bestien nannten sie uns, so wie wir die Russen Bestien nannten. Wir hatten Greise, Frauen und Kinder ermordet, Verbrechen im Namen der Kultur begangen – und jetzt waren wir als Hunnen und Monster gebrandmarkt.

Ich hatte in Rechnen aufgepasst. Der Krieg von Karl war 45 Jahre her, der von Dieter gerade 18, zählte ich mit Schweißperlen auf der Stirn. Jeder hier, der älter als zwanzig Jahre war, dachte ich mir, hatte den Krieg erlebt, die Älteren beide.

Im darauffolgenden Fiebertraum hastete ich durch die Straßen Antwerpens und belgische Männer, Frauen und Kinder schauten mich an und zeigten wütend mit ihren Fingern auf mich.

»Ein Hunnenkind, ein Hunnenkind!«, riefen sie und die Geister der Ermordeten schossen aus den Wolken herab und verfolgten mich. Ich war ein Aussätziger unter den Menschen, ein Verstoßener, ich war der Schuldige unter den Völkern.

Und im Chor riefen sie:

»Stoppt diese verrückte Bestie!«

»Stoppt – diese – verrückte --- Bestie!!!«

Drei Tage wälzte ich mich im Schweiß durch meine Fieberträume, bis die Grippe wie ein Spuk verschwunden war.

Ich saß wieder in der Schule, hinten, in der letzten Bank, noch etwas blass, und Leon schaute mich besorgt an.

»Alles in Ordnung?«, fragte er.

»Alles O.K.!«, sagte ich ihm.

»Und: Danke.«

»Danke wofür?«

»Das du mir die Augen geöffnet hast.«

Es war Mittwoch, der Ausflug fiel aus, und ich fragte:

»Kennst du das Sesam-öffne-dich?«

»Aus Ali Baba?«, fragte er.

»Nein, das von der Carnotstraat.«

»Nie gehört!«

»Ich zeig es dir.«

Ich hatte 30 Franken in der Tasche, das würde genau hinkommen. Ich nahm ihn mit in die Tram, am Centraal stiegen wir aus, eilten zur Frituur – und ich sagte:

»Jetzt pass auf! Das Sesam-öffne-dich!«, und sagte zum Frittenmann: »Alstublieft, meneer, twee keer! En met een dikke saus erover!«

Und wir bekamen jeder eine dampfende Tüte mit goldenen Fritten, dick Mayonnaise drauf – und ließen sie uns schmecken.

Der Kapitän

Wir gingen an den Vergnügungsstrand neben der Royer-Schleuse, der Einfahrt zum Hafen. Da gab es Wasserski und ein Restaurant mit Blick auf den Scheldestrand; der tote Flussarm war abgetrennt und so konnte man dort gefahrlos schwimmen, ohne von der gefährlichen Strömung abgetrieben zu werden.

Wir betraten den Park und ein schreiendes Etwas kam auf mich zugestürmt. Mein Vater guckte verdutzt, es war Charlotte! Sie sprang auf mich zu, flog mir mit offenen Armen entgegen und knallte voll mit dem Kopf in mein Gesicht und wir beide lagen im Sand. Sie küsste mich, meine Mutter schaute verdutzt, die Madame pikiert und ihr Mann, der Monsieur le Capitaine Berthier, streng. Mein Vater amüsierte sich.

Obwohl wir ordentlich mit den Köpfen zusammen geknallt waren, gab es kein Geheule, wir waren außer uns vor Freude und jegliche meiner Gedanken, sie kühl und eiskalt abzuservieren, sollte ich als siegreicher General zurückkehren, waren verflogen.

Über diese überraschte Zusammenkunft lernten sich unsere Eltern kennen und beschlossen, einen Tisch auf der Seeterrasse zu nehmen. Wir beide aber, Charlotte und ich, hatten uns viel zu erzählen und gingen runter an den Strand des toten Scheldearms. Nachdem sie mir von ihren Abenteuern in New York erzählt hatte und wie blöd diese amerikanischen Jungs seien, was mich dann doch sehr beruhigte, wurde sie wieder launisch und meinte, dass wir beide jetzt ins Wasser gehen sollten.

»Aber wie denn?«, fragte ich stammelnd. »Ich habe keine Badehose dabei und das kalte Wasser ... Ich weiß nicht, ich bin da überhaupt nicht drauf vorbereitet.«

»Monsieur le Marechal«, sagte sie gespreizt. «Vous êtes à nouveau si formel aujourd'hui!«

Ich konnte schon einiges an Französisch und verstand genau, wie sie mich angriff.

»Ich will es dir vormachen, was eine richtige Prinzessin macht, wenn sie das macht, was sie will!«, sagte sie, ganz wieder in ihrem Trotz.

Sie rannte los, mit vollen Klamotten, rein in die tote Schelde, rannte durch das Wasser, plitsch-platsch, plitsch-platsch, mit Schuhen, mit Socken, mit allem Drum und Dran und hörte gar nicht mehr auf und jauchzte dabei vergnügt.

Schnell hatte sich am Strand eine Traube von erstaunten Belgiern gebildet. Der Kapitän Berthier und seine Frau, mein Vater und meine Mutter sahen die Menschenansammlung, eilten sorgenvoll herbei, um zu schauen, ob mit uns etwas passiert war. Meine Mutter rief nach dem Bademeister, mein Vater griff sich, zu allem bereit, einen Rettungsring – und als sie sich eine Gasse durch die Menge geboxt hatten, fassten sie es kaum.

»Vive l'Empereur! Vive Napoleon!«, krähte die übermütige Charlotte. »Vive l'Empereur! Vive Napoleon!«

Und mit großen Schritten, plitsch-platsch, plitsch-platsch, führte sie weiter ihr groteskes Wasserballett auf.

Der Kapitän ergriff den Moment und befahl den Gaffern mit den Worten »Il n'y a rien à voir!« und »Er is hier niets te zien!«, somit Flamen und Wallonen gleichzeitig ansprechend, den Platz zu räumen. Hier gäbe es nichts zu sehen! Die schaulustigen Belgier glaubten in ihm eine Art Hafenmeister zu erkennen und wichen.

Mein Vater und meine Mutter waren irritiert über diesen kleinen französischen Kugelblitz, den sie da gerade kennengelernt hatten.

»Das also ist Charlotte«, sagte mein Vater trocken, »die vom Kindergarten.«

»Ja genau«, sagte ich, »die vom Kindergarten.«

Dann saßen wir wieder oben auf der großen Aussichtsterrasse. Charlotte war in trockene Tücher gewickelt, die Damen tauschten sich über die besten Pralinengeschäfte der Stadt aus und Madame Berthier musste anerkennend zugeben, dass es solche Qualität noch nicht einmal in Paris gäbe. Paris! Dem Zentrum der Welt!

»Sie importieren sie, direkt von hier, mit dem Zug«, sagte die Berthier wissend.

»Er fährt morgens um 5 Uhr los, damit die reichen Pariser Damen zum Nachmittagskaffee die frischesten belgischen Pralinen bekommen!«

Und Madame Berthier malte mit ihrem Mund ein großes »O« in die Luft.

»Nun ja«, antwortete ihr meine Mutter, »da sitzen wir zwei ja quasi an der Quelle.«

Und beide kicherten und schauten für einen Moment blasiert auf die reichen Pariserinnen herab.

Mein Vater und der Monsieur le Capitaine fachsimpelten über die christliche Seefahrt.

»Monsieur Konejüng«, sagte Berthier. »Sie haben doch viel mit dem Wasser zu tün. Sie sind doch 'andelskaufmann.«

Mein Vater schaute ihn interessiert an.

»Aber Monsieur, wie kommen denn ihre Röhren nach Südamerika? Wie kommen ihre Eisenerze zu Krüpp?«

Er sagte tatsächlich Krüpp, so wie er auch unseren Namen »Konejüng« aussprach und nahm noch einen tiefen Schlück von seinem Wäng.

»Denken Sie daran! Ohne üns, die 'andelsseefahrt, wäre das gar nicht möglich. Machen sie sich mit dem Wasser vertraut. Kaufen Sie sich ein Bööt!«

Aha, dachte, jetzt würde es also ein Boot geben, oder vielmehr ein »Bööt«. Und meine Begeisterung hielt sich in Grenzen, denn ich kannte das geringe Talent meines Vaters für technische Dinge des Alltags.

»Wissen Sie was?«, sagte Berthier, »besuchen Sie mich auf meiner Brücke. Sie werden den schönsten Ausblick auf die Stadt haben!«

Ich war begeistert. Ich hatte Charlotte wieder getroffen. Ich hatte den Kapitän kennengelernt, der ein richtiger Kapitän war, allerdings ohne Vollbart, aber egal. Er befehligte ein großes Schiff mit vielen Matrosen drauf. Und wir? Wir waren nun auf dieses Schiff eingeladen!

Meine Mutter mochte keine Fritten und Mayonnaise mochte sie schon gar nicht. Nach der Carnotstraat ging sie mit mir zum »Vishandel«, hinter dem Bahnhof. Dort gab es feine Scheiben von Lachs und Aal, die der Fischhändler sorgfältig mit einem langen, flachen Messer abschnitt. Aal mochte ich eigentlich überhaupt nicht, die langen Seegetiere erinnerten mich an die Kreuzotter. Und auf Schlangen hatte ich keinen Appetit! Die hauchzarten Scheiben vom Vishandel aber schmeckten wunderbar.

Nebenan war ein Juwelier und auf der anderen Seite ein Goldhandel. Die erinnerten mich an die ausgebrannte Kriegsruine gegenüber, auf der Lohstraße in Krefeld, mit dem Juwelier im Erdgeschoss. Aber hier war die ganze Straße voller Juweliergeschäfte, und überall stand »Diamanten«!

Gerade ging wieder einer der seltsamen Männer an mir vorbei, die mir schon früher aufgefallen waren. Mit einem schwarzen Mantel, der bis zu den Knöcheln reichte, ähnlich der Soutane der Madame DeVries oder des Priesters in der Krefelder Kirche. Dazu hatte er einen Hut mit einer breiten Krempe auf, aus denen lange Locken herausschauten. Auf der anderen Straßenseite ging auch einer, und je weiter ich mich umschaute, stellte ich fest, dass sie hier überall waren! Schwarz gekleidete Männer mit großen Hüten und langen Locken.

»Was sind das für Leute, Mutti?«, fragte ich sie, aber sie antwortete nicht und ging schnell mit mir und der Fischtüte weiter.

Wir bogen ab in Richtung Keyserlei.

»Sieh nur!«, sagte ich. »Da sind sie schon wieder, die schwarzen Männer!«

Sie blieb weiterhin stumm.

Wir kamen am Cinema Rex vorbei, davor war eine Gedenktafel, ich blieb stehen und versuchte sie zu entziffern.

»Herinnering an de 567 Doden en de 289 gewonden ...«

Sie zog mich weg und ich konnte gerade noch »1944« und »V-2 Raket« aufschnappen.

»Was ist denn hier nur passiert?«, fragte ich sie drängend, aber sie meinte nur, wir müssten uns beeilen, um die Tram am Teniersplaats nach Kiel zu bekommen und eilte weiter.

In der Tram schaute sie immerzu von mir weg, aus dem Fenster, mal nach links, mal nach rechts, als würde sie sich für die Architektur der schönen Häuser an der Frankrijklei interessieren – und ich spürte, dass ich einer Sache auf die Spur gekommen war, die die Erwachsenen vor mir geheim halten wollten.

Mein Vater blieb beim Abendbrot ebenfalls stumm und als ich ihm sagte, der Mann aus der Frituur hätte mir gesagt: »Het zijn Joden!« sagte er nur.

»Joden. Hm. Ja, Joden. Juden eben.«

»Was sind Juden?«, fragte ich ihn, aber er blieb stumm.

»Noch mal: Was-sind-Juden?«, fragte ich jetzt, drängend.

»Gib mir doch bitte mal das Salz«, sagte er zu meiner Mutter.

Und bevor jetzt, nach meiner nächsten Frage, seine Antwort käme, dass ich dafür noch zu jung wäre, ging ich wütend ins Bett.

Ich ging zu Leon und es sprudelte sofort aus ihm heraus. Die Deutschen hätten, nachdem der Hafen im November '44 von den Alliierten geöffnet worden war, das Zentrum der Stadt mit der V-1 und der V-2 beschossen.

»Nie gehört«, sagte ich.

»Dachte ich mir«, sagte er. »Die V-1 war ein Marschflugkörper, brummte laut und irgendwann ging der Motor aus und dann stürzte sie, niemand wusste genau wo, mit ihrem Sprengkopf in ein Stadtviertel. Aber sie konnten sie vorher mit der Flak abschießen, die meisten.«

»Mein Vater war bei der Flak«, sagte ich.

»Na sieh mal an. Aber nicht hier.«

»In Krefeld. Er wehrte die britischen Bomber ab. Scheinbar nicht zielführend«, meinte ich noch.

»Die V-2 aber war aber eine echte Terrorwaffe. Sie flog steil bis in den Weltraum.«

»So hoch?«

»Ja. Und dann kippte die Flugbahn und sie raste mit fünffacher Schallgeschwindigkeit runter. Die Leute waren tot, bevor sie die Rakete überhaupt bemerkt hatten.«

»Schrecklich.« Mein Mund stand offen.

»Die Überlebenden hörten erst im Schock nach der Explosion das Herannahen der V-2 und gingen wieder in Deckung. Aber das war der Phantom-Schall.«

»Es klingt wie aus einem dieser Horrorcomics, die sie uns nicht verkaufen dürfen«, sagte ich erschüttert.

»Und es wurde Tag für Tag schlimmer. Der Teniersplaats ...«

»Ja, da war ich doch gestern!«, sagte ich.

» ... da stand ein amerikanischer Militärpolizist und regelte den Verkehr, der stand genau in der Mitte. Die V-2 kam runter und der Zünder traf die Oberleitung der Tram. So explodierte sie noch über dem Boden.«

»Und der Polizist?«

»Nichts. Nichts haben sie mehr von ihm gefunden. Es gab insgesamt über 150 Tote. Und da sie genau in der Mitte des

Platzes herunterkam, fanden sie heraus, dass die Deutschen die Raketen auf einem Leitstrahl lenken konnten!«

»Wahnsinn!«, sagte ich benommen. »Woher weißt du das alles so genau?«

»Von meinem Vater. Er war dabei gewesen ...«

Eine kurze Stille trat ein, dann sagte ich fordernd:

»Und dann? Was geschah dann?«

Sie reagierten nicht, die Offiziellen.«

»Und das Rex? Das Kino?«

»Eben. Sie ergriffen keine Maßnahmen. Es war der 16. Dezember '44, am Morgen hatten die Wehrmacht und die SS begonnen, uns in den Ardennen wieder anzugreifen.«

»So spät? Da war der Krieg doch schon verloren!«

»Nicht in ihrem Köpfen. Hitlers Ziel war Antwerpen. Und als Vorausgruß schickte er eine V-2, direkt in den Zuschauerraum des vollbesetzten Cinema Rex. Ein Blutbad. Die Zahlen kennst du ja.«

»Was meinst du, warum mir mein Vater das nicht erzählen wollte?«, fragte ich Leon.

»Weil er sich schämt«, sagte er.

»Aber er war doch nur bei der Flak.«

»Nur bei der Flak ...«, sagte Leon. »Und bestimmt auch bei der Hitlerjugend. Und wer weiß, wo noch.«

Mir wurde unwohl. Trotzdem fasste ich meinen letzten Mut zusammen und fragt ihn, mit ernstem Blick:

»Und die schwarzen Männer? Was haben die damit zu tun?«

»Was für schwarze Männer?«, fragte er irritiert.

»Die Joden!«

»J ...Joden?« Und plötzlich fing er wieder an zu stottern. Das war mir schon früher aufgefallen, wenn er in Bedrängnis kam, ging es bei ihm wieder los.

»D-d-das müsstest du doch viel besser wissen«, sagte Leon mit einem drohenden Unterton.

»Ich kenne sie aber nicht!«, sagte ich. »Ich habe sie vorher nie gesehen. Nicht in Krefeld, nicht in Siegen.«

»Das glaube ich!«, sagte Leon ernst.

»Wer sind sie? Was sind sie? Sind das die Männer mit den Diamanten?«

»Es ist vor allem eine Religion«, sagte Leon.

»Religion ... hm. Bist du ... bist du Jude?«

Leon schaute mich erschreckt an.

»Wie kommst du denn darauf?«, fragte er aufgebracht.

»Weil du mit uns im Heidenunterricht bist! Alexis, Du und ich. Und da kommen alle rein, die nicht katholisch sind. Dann bist du vielleicht Jude.«

»Wo denkst du hin!«, sagte er wütend.

»Was ist denn daran so schlimm?«, fragte ich. »Evangelisch, griechisch-orthodox, Jude?«

»Ich-bin-kein-Jude!« Und er riss sich dabei zusammen, um nicht zu stottern.

»Was dann?«

»Zeuge!«, sagte er. »Meine Eltern sind Zeugen! Und jetzt lass das. Hör auf mit der Religion, hör auf mit den Juden, mit dem ganzen Krieg. Lass es!!!«

»Aber, aber ...«, stammelte ich. »Dann gib mir eine letzte Antwort, bitte!«

Er verkrampfte sich und konnte sich kaum noch auf dem Stuhl halten.

»Gut, eine letzte!«, sagte er gequält. »Aber nur eine!!!«

»Warum sind die Juden hier und nicht bei uns in Deutschland, in Krefeld und Siegen?«

»Weil ...«, er holte tief Luft. Eine unerträgliche Pause entstand. »Weil ... Weil – ihr – sie – alle – umgebracht habt!«, schrie er mich an.

Mir verschlug es die Sprache und ich stürmte aus dem Haus, lief die Straße runter und es dauerte bis zur Vlaamse Kunstlaan, bis ich mich wieder etwas gefangen hatte. Ich begann, meine Gedanken zu sortieren. Leon war gut. Er war mein Freund. Es gab keinen Grund für ihn, mich anzulügen. Etwas Schreckliches war geschehen, im letzten Krieg, an dem wir Deutschen schuld waren. Etwas, dass sie vor uns Kindern geheim hielten, solange es nur ging. Und er hatte eine Ahnung davon und in seiner Erregung hatte er einen Zipfel der Wahrheit gelüftet.

Auf keinen Fall wollte ich Leon als Freund verlieren! Ich würde mich bei ihm für meinen abrupten Aufbruch entschuldigen und ich würde ihm meinen Indianerschwur abgeben:

Nie mehr, nie mehr, würde ich mit ihm über die schwarzen Männer reden. Mit ihm nicht, mit niemandem. Und mit meinen Eltern schon gar nicht.

»Ein richtiger Bananendampfer!«, sagte meine Vater und ich dachte an die böse Vogelspinne, die es mit so einem Schiff in einer Kiste bis in die Krefelder Markthalle geschafft hatte. Das Schiff lag direkt neben dem Steen. Wir gingen über eine schmale Gangway in das Innere des Frachters und ein bärbeißiger Matrose geleitete uns die engen Stahltreppen hinauf.

»S'il vous plaît! Messieurs!«, brummte er und öffnete die Tür zur Brücke.

Berthier stand in einer weißen Uniform mit goldenen Bordüren und einer richtigen Kapitänsmütze neben dem Steuer.

»Où est Madame?«, fragte er meinen Vater.

»Sie lässt sich entschuldigen«, sagte er. »Mittwoch – da hat sie ihren Gesangsunterricht.«

»Oh ... Madame chante?«, fragte Berthier mit charmantem Unterton.

»Ja ... Oui. Opera, Opera ...«, stammelte mein Vater etwas verlegen.

»Dans ce cas, nous devrions aller prochainement au grand opéra et voir votre gracieuse épouse sur scène. Rigoletto?«

Mein Vater wusste jetzt nicht, was er sagen sollte, und ich lachte mich hinter seinem Rücken scheckig. Eine Kabinentür öffnete sich, und sie betrat den Raum. Charlotte! Und sie betrat ihn, als wäre sie die Besitzerin der Reederei und hielt mir gnädig ihre Hand entgegen.

»Le petit Monsieur Konejung et le grand Monsieur Konejung! Bienvenue aux Allemands!«, begrüßte sie uns und kicherte. Der bärbeißige Matrose reichte Getränke, Rum für die Herren, Limonaden für uns.

Kapitän Berthier erklärte uns seinen Kommandostand, ich war fasziniert. Da war das riesige Ruder, mit dem er das Schiff in jede Richtung manövrieren konnte. Da der Schiffstelegraf, mit dem man unten im Maschinenraum den Männern Anweisungen geben konnte, wie schnell sie fahren sollten. »Volle Fahrt voraus«, »Mittlere Fahrt«, »Stopp«, »Langsame Fahrt zurück«, und so weiter. Man konnte einfach den Hebel umlegen und die Heizer im Rumpf mussten machen, was man geschaltet hatte, und sich blöd schuften. Tolle Welt! Dann gab es ein Radar. Das faszinierte mich noch mehr. Ein Bildschirm mit kleinen weißen Punkten, die aufleuchteten und wieder verglühten, wenn der Radarstrich vorbeigezogen war.

»Das sind alles Schiffe, die hier im Hafen liegen, die Punkte«, sagte Berthier wichtig.

Charlotte war beleidigt, dass mich die Technik mehr faszinierte als ihre anmutige Anwesenheit und sie begann an meinem Hemd zu zupfen. Ich bemerkte es nicht, fasziniert von den aufleuchtenden und dann wieder verglühenden Punkten.

»Und jetzt, Monsieur Konejung, schauen Sie auf die Stadt!«

Ich ging meinem Vater hinterher, musste mich auf die Zehenspitzen stellen, um aus dem Bullauge der Brücke die große Stadt zu sehen. Charlotte kam hinterher, zog noch kräftiger an meinem Hemd und ich sagte leicht genervt:

»Aber jetzt sieh dir doch die Stadt an!«

»Cette ville minable et débile, là!«, pampte sie provokativ.

Kapitän Berthier erklärte stolz das Panorama, fast so, als hätte er selbst die Stadt gebaut. Die Onze-Lieve-Vrouwekathedraal, dahinter die Boerentoren, ein richtiges Hochhaus, und er sagte: »Stellen Sie sich vor! Dieses Hochhaus, das finden Sie genauso in Brooklyn.«

»Brooklyn?«, fragte ich.

»Ja genau, Brooklyn in New York.«

»Da lebt doch Oma Idas Schwester, Tante Trude!«

»Hör jetzt dem Kapitän zu!«, ermahnte mich mein Vater und kniff mir ins Ohr.

»Aua!«, zeterte ich.

»Ruhe jetzt!«, reagierte mein Vater und kniff wieder.

»Blödmann!«

»Benimm dich!« Er kniff wieder.

»Lass das!«

Diesmal wich ich seiner zankenden Hand aus. Berthier hatte seinen Vortrag unterbrochen und hob wieder an.

»Die Besitzer der Boerenbank, der Bauernbank, zwei Brüder, die waren in New York und legten in Red Hook an, einem Stadtteil unterhalb von Brooklyn«, erklärte der Kapitän.

»Und dann sahen sie auf dem Hügel ein Hochhaus. Sie nahmen ihre Kameras, fotografierten es, kamen zurück nach Antwerpen und bauten es genauso auf, wie sie es in Brooklyn gesehen hatten!«

Also schaute Tante Trude auf das gleiche Haus, wie ich jetzt von dem Schiff, dachte ich mir und wollte es laut aussprechen, ließ es aber lieber bleiben.

»Dann gab es Ärger mit dem Magistrat, denn es sollte höher werden als die Kathedrale. Und das war mit den katholischen Antwerpenern nicht zu machen. Sie mussten es genau fünf Meter tiefer bauen und so steht es jetzt da.«

Mein Vater war begeistert, denn Berthier hatte ein paar Geschichten auf Lager, die selbst ihm neu waren.

Charlotte zog jetzt mit einem kräftigen Ruck an meinem Hemd, dass es krachte.

»Allez, viens, crétin! Jetzt komm, du Blödmann!«, und sie zerrte mich über das Oberdeck, öffnete eine Kajütentür und sagte:

»Schau, das ist unsere neue Wohnung. Von dir und von mir. Wenn wir einmal älter geworden sind und du das Schiff übernommen hast. Du stehst am Steuer, fährst uns über die Weltmeere und ich residiere hier in der großen Kapitänslounge.«

Sie kicherte und warf sich auf das große Bett.

Kapitän zu sein, mit ihr! Das war natürlich eine Perspektive, über die ich noch gar nicht nachgedacht hatte! Ich hatte überhaupt noch nicht über meinen Berufswunsch nachgedacht. Natürlich war ich bereits über die Station Lokomotivführer hinaus, und hatte schon mal daran gedacht, ob ich nicht Architekt werden und tolle Art-Deko-Häuser entwerfen würde. Aber Kapitän, oder gleich Admiral? Admiral, General! Das lag alles in der gleichen Richtung, warum nicht?

Ich stellte mir vor, wie ich mit Charlotte als meiner Frau in New York ankäme und sie der Tante Trude am Kai in Brooklyn vorstellen würde. Und als große Überraschung hätte ich ihre Schwester Ida mitgebracht, Opa Charlie, meine Mutter, meinen Vater, ein großes Hallo. Wir würden ein Allotria in der Park Avenue im Waldorf Astoria veranstalten und dann würde ich die ganze Bagage als Monsieur le Capitaine Konejüng, am Steuer des großen Passagierschiffs, der Princesse Charlotte Marie Françoise de Berthier sicher über den Atlantik bringen, auf der Jagd nach dem Blauen Band, den Rhein hoch bis nach Uerdingen.

So ging der Nachmittag verträumt weiter und die Juden, die Raketen und der Krieg waren vergessen.

De Haven

Mittlerweile war ich so in der neuen Stadt aufgegangen, in meiner neuen Schule und Sprache, dass ich auch zu Hause, zum Leid meiner Mutter, nur noch flämisch redete. Ich fühlte mich als Flame und war der Untertan von König Boudewijn. Immerhin war der auch aus deutschem Hause, wenn auch nicht ein Konejung, so aber ein von Sachsen-Coburg und Gotha. Und die Belgier waren uns scheinbar nicht gram, nicht wegen der V-2, nicht wegen der Löcher in den Forts. Sie redeten einfach nicht darüber und die Jungs in der Klasse mochten mich mittlerweile und Leon war mein bester Freund, mit dem ich jetzt die Geschichte Napoleons und seine Eroberung der Welt studierte. Ich war frech geworden, das hatte ich mir von den Jungs aus Hoboken abgeschaut, und prompt musste auch ich in der Ecke stehen – und einmal sogar, als alle Kinder am Samstag von ihren Eltern zum Wochenende an die See abgeholt wurden, eine Stunde am Eingang der Schule, zur Strafe und Abschreckung. Das war fast wie im Mittelalter am Pranger und so fühlte ich mich auch. Die Sitten hier waren streng. Vielleicht hatten sie das von uns Deutschen gelernt, als wir sie besetzt hatten.

Die vielen Frittenbuden waren Gewohnheit geworden, aber eine liebte ich besonders, die an der Schelde, an den Kaaien, da, wo das große Schiff von Berthier gelegen hatte. Die Kaaien waren große Metallhallen, unter denen die Frachtkisten, die die Schauerleute aus den Schiffen geschafft hatten, aufgestapelt wurden.

Daneben lag »Het Steen«, die alte Burg aus dem Mittelalter, jetzt das Schifffahrtsmuseum voller wunderbarer Modelle. Alte Hanse-Schiffe, Koggen, Segelschiffe, Frachter, Dampfer, Kriegsschiffe, da konnten die beiden Jungs aus Siegen mit ihrem Papierhafen und Papiermodellen nicht mithalten. Diese hier waren naturgetreu in allen Details nachgebaut – und dazu gab es große Gemälde von Schiffen, die in Seenot geraten waren, mit gebrochenen Masten, um Hilfe mit den Armen rudernden Matrosen, Seemannsnot. Vor allem die aufschäumenden Wellen faszinierten mich, das schien eine eigene Malerkunst zu sein, sie so zu malen, als würden sie einem wirklich entgegenschwappen. Wahrscheinlich gab es in der Stadt eine Gilde der Wellenmaler und nur sie hatten das Recht, diesen Teil des Bildes zu füllen. Ein aufregendes Museum, wie es aufregender nicht sein konnte. Vor dem Eingang stand ein Abbild des Langen Wappers, der einen provokativ mit in die Hüften gestemmten Armen anschaute, ganz so, wie ich ihn in der Schule gemalt hatte. Aber diese Wellen, die bekam ich nicht hin.

Nach dem Museumsbesuch gab es Fritten an den Kaaien, oben auf einer Wandelpromenade mit dem Ausblick auf die Stadt und den Fluss. Das erste Mal, als ich da war, war der Fluss fast leer und schwarzer Schlick bedeckte die Ufer. Beim nächsten Mal wiederum ging das Wasser fast bis auf die Straße und kleine Wellen schwappten über das Pflaster und ich dachte an einen Streich des Langen Wapper.

»Das ist Ebbe und Flut«, erklärte mir mein Vater.

»Ebbe und Flut? Aber das gibt es doch nur am Meer!«, sagte ich.

»Wir sind ja hier am Meer«, sagte Horst.

»Nein, wir sind ganz weit weg!«

»Aber der Fluss ist mit dem Meer verbunden. Und Ebbe und Flut gehen bis hierhin.«

»Ebbe und Flut!«, sagte ich spöttisch.

»Ja, und da kannst du die Uhr danach stellen. Es dauert genau sechs Stunden und zehn Minuten, bis das Wasser oben ist, und dann dauert es wieder sechs Stunden zehn, bis es unten ist«, sagte mein Vater und ich glaubte ihm kein Wort.

»Das ist doch Blödsinn.«

»Ist es nicht«, sagte mein Vater. »Der Mond bestimmt die Gezeiten.«

»Der Mond?«, fragte ich. »Der ist doch weit weg!«

»Soweit auch nicht«, sagte er. »Die Amis werden demnächst hinfliegen, du wirst es sehen. Bald sind sie da oben und schauen auf uns herunter.«

»Mit der V-2?«, fragte ich.

»Sowas Ähnliches«, sagte er.

»Ach, was, du machst hier einen auf Onkel Bodo!«

»Du bist genauso skeptisch wie dein Urgroßvater«, sagte mein Vater ärgerlich. »Dem hat ein Mitarbeiter in Solingen in der Messerfabrik, wo er Direktor war, auch von Ebbe und Flut erzählt und dass der Mond das Wasser anzieht, und er wollte es auch nicht glauben, so wie du. Und weißt du, was er gemacht hat?«

»Nein«, sagte ich.

»Er fuhr direkt mit dem Zug nach Ostende, setzte sich an den Strand mit seiner schönen goldenen Taschenuhr, schaute auf das Meer, dann auf das Zifferblatt, zählte die Stunden, bis das Wasser an seinen Füßen war, wartete, bis es wieder abgelaufen war. Er zählte wieder die Stunden und das machte er so lange, bis er die Systematik dahinter verstanden hatte. Dann setzte er sich wieder in den Zug, erster Klasse von Ostende nach Köln, stieg um nach Solingen und sagte jedem auf der Straße mit großer Wichtigkeit: ›Dä Maand, dä trekkt dat Water an!‹ So hat er es gelernt und dann glaubte er es auch. Und so wird es auch dir ergehen. Nimm eine Uhr und setzt dich hierhin, ich hole dich übermorgen ab!«

Das war wieder ganz mein Vater, mich hier einfach so auszusetzen. Aber lieber glaubte ich ihm erstmal, als hier alleine naturhistorische Forschungen zu betreiben. Ebbe und Flut, sowas. Am besten würde ich den Lehrer fragen.

Gab es keine Schulausflüge, brannte ich darauf, mich mit Leon zu treffen und über Napoleon zu reden, aber zu meinem Verdruss nahm mich meine Mutter, ohne auf meinen Widerstand einzugehen, zu ihrer Gesangstunde mit.

Da saß ich nun mittwochs in der überladenen Wohnung von Herrn Maeterlinck, einem pensionierten Bariton der Antwerpener Oper. Die Wände waren voll mit Hunderten von Fotos und alle zeigten sie Herrn Maeterlinck in teils absonderlichen Kostümen, mit offenem Mund und prallen Damen an seiner Seite. Auf einem hatte er sogar einen Hut auf, wie Napoleon. Unter dem Bild stand »De Bajazzo« und die Jahreszahl 1937. Er gab mir leckere belgische Kekse und entschwand mit meiner Mutter in den Nebenraum.

Von dort nun drang die Arie »Mein Herr Marquis« rauf und runter, der strenge Lehrer unterbrach, gab Anweisungen, und wieder ging es los. »Mein Herr Marquis, mein Herr Marquis …« Immer höher, und immer mehr daneben. Ich malte dazu Kanonen und die Belagerung von Antwerpen durch die bösen Spanjaarden. »Bumm!«, machte es auf meinen Bildern. Man sah Menschen durch die Wucht der Explosionen durch die Luft fliegen, Häuser brannten, es war das reinste Inferno. Fast hätte ich noch den Untergang der spanischen Armada gemalt, aber die Gesangstunde war für diesmal beendet. Herr Maeterlinck schaute mir über die Schulter und war beeindruckt.

»Ein kleiner Rubens!«, sagte er anerkennend mit seiner tiefen Brummstimme.

Ja, den hatte ich schon gesehen. Aber mir waren seine Frauen zu mollig, auch wenn, oder gerade, weil sie nichts anhatten.

Für heute aber hatte mein Vater sich freigenommen und er rettete mich vor Herrn Maeterlinck, dem Herrn Marquis und meiner Mutter, die immerzu nach dem richtigen Ton suchte.

»Komm, wir fahren an den Steen, die tollen Schiffe sehen!«, sagte mein Vater.

Es reimte sich, und wir lachten beide darüber.

»Zum Steen, die tollen Schiffe sehen!«, wiederholte ich immer wieder und mein Vater war erleichtert, dass ich es nicht zum Fenster hinausrief.

»Und dann gehen wir Fritten essen!«, sagte er.

Er tat das alles sicher nicht ohne Hintersinn, fühlte ich, denn der Kapitän hatte ihm einen Floh ins Ohr gesetzt und er dachte immerzu daran, ein Boot zu kaufen.

Wir näherten uns der Schelde und dann sah ich neben der Frittenbude ein riesiges Passagierschiff; der grüne Schornstein rauchte und es schien kurz vor der Abfahrt zu stehen. Mein Vater sagte mir, da gehen wir hin.

»Sowas gibt es nicht oft! Ein Schiff, das in die große weite Welt fährt! Am Kai der Red Star Line!«

Ich ging aufgeregt mit ihm an das Schiff heran. Es war die Brasil und sie hatte »Panama« als Heimathafen am Heck stehen!

Die große Gangway wurde schon weggefiert und eine Blaskapelle spielte Abschiedsmelodien.

Plötzlich hörte ich Rufe.

»Joaquin, Joaquin!«

Ich suchte nach der Quelle, aber das war bei dem Lärm der Blaskapelle und dem Gehupe der abfahrenden Taxis gar nicht so einfach. Und dann sah ich die freche Charlotte oben an der Reling des großen Passagierschiffs. Was hatte sie jetzt wieder angestellt? Wie war sie da hinaufgekommen?

»Je suis désolé, mon cher! Je suis désolé!«

»Was tut dir leid?«, brüllte ich über die pupsende Tuba hinweg.

»Dass isch dich verlassen muss!«, sagte sie.

Auf Deutsch! Sie überraschte mich jedes Mal.

»Komm da sofort runter«, sagte ich. »Das Schiff legt jeden Moment ab!«

»Tout est fini entre nous. Mais ce n'est pas ma faute!«

»Was ist Fini? Was ist nicht deine Schuld?«

»Bräääht!« Der Tubist hatte sich umgedreht und mir beim Crescendo voll in das Ohr geblasen. Jetzt war ich auch noch taub!

»Charlotte! Ich kann dich nicht verstehen. Komm da runter!!!«

»Quel malheur! Quel malheur!«, schrie sie über die Blaskapelle hinweg, die jetzt mit vollem Elan und Schmiss Sousas »Stars and Strips forever« spielte. Man warf die Leinen.

»Wir fahren nach Brasilien, São Paulo! Das wird mein neues Zu'ause. Mein Vater wird ...«

»Bräääht!!!«, machte wieder der Tubist, dem ich am liebsten sein Rohr verstopft hätte.

» ... rei übernehmen. Isch bin weg! Weg von dir, Cherie, für immer!!!«

Ich schaute auf die Atlantiktür, sie war noch offen.

»Jetzt, Charlotte, schnell, komm raus da!«

Aber unerbittlich schlossen zwei Matrosen die schwere Stahltür und verriegelten sie.

»Cherieeeeeee!«, schrie sie hysterisch, als wolle sie sich von der Reling ins Wasser stürzen.

»Brääääht!«, machte der Tubist wieder in mein Ohr, als es zum Finale von Stars and Strips kam.

Ich konnte es kaum fassen. Diese Charlotte, oh nein! Ich wollte noch rufen: »Aber schreib mir bitte!« Aber dann kam das laute, tiefe Horn der Brasil und machte: »Phhhjrrruuuuuuuht!«, so, dass es in der ganzen Stadt nachhallte, zweimal. Ich versuchte es nochmal, aber wieder machte es

»Phhhjrrruuuuuuuht!«, und ich gab auf.

Es ging durch Mark und Bein, alles, das Horn der Brasil, der dämliche Tubist und die unberechenbare Charlotte. Langsam entfernte sich der Dampfer von der Kaimauer.

Die Kapelle machte eine kurze Atempause und genau in die hinein rief Charlotte noch einmal, jetzt kaum noch zu vernehmen: »Es ist nischt in meiner M'acht, mon petit maréchal! Adieu, mon amour. Adieu!«

Sie nahm ein Taschentuch und winkte mir damit. Mir liefen die Tränen über die Wange, mein Vater reichte mir sein Taschentuch. Ich rotzte hinein, und mein Vater verzog die Miene.

Ich schaute ihn an, verstand, und nahm das Taschentuch, um ebenfalls zu winken und kleine Rotztropfen flogen auf sein Jackett.

Er ließ es geschehen, denn auch er war gefangen von diesem Augenblick der Trauer und des Abschieds. Die Brasil tutete noch einmal breit und bräsig, so lange, bis die ganze Stadt vibrierte.

Die Blaskapelle spielte »Muss i denn, muss i denn«, das kannten sie auch hier. Alle waren ergriffen, weinten, schnieften. Ihre Liebsten segelten davon, und meine Charlotte mit ihnen. Da war sie da oben, ganz klein, rannte nach hinten an das Heck, stand dort, winkte. Das Schiff wurde kleiner und kleiner, und sie wurde ebenfalls kleiner und kleiner und noch lange sah ich ihr weißes Taschentuch, bis das Schiff an der Biegung des Flusses in die Unendlichkeit dampfte, dort, wo der kleine Strand mit dem Wasserski lag.

Das Schiff war bereits davon, aber sein Rauch stand noch lange über dem windstillen Fluss und zog uns in Gesicht und Nase.

»Ja, ja«, sagte mein Vater still, »diese kleinen Französinnen ...«

»Sag jetzt nichts ...«, sagte ich zu meinem Vater.

Er stand da, als wäre ihm das auch schon mal passiert, und hatte eine Träne im Auge.

Ich nahm seine Hand und sagte: »Und jetzt?«

Er dachte kurz nach, und dann sagte er so trocken, wie er nur konnte, auf platt: »Watt fott is ... is fott!«, rieb sich die Augen und forderte sein Taschentuch zurück.

»Weiße watt?«, sagte er zu mir.

»Nee, wittischnisch«, sagte ich.

»Fritten anne Bude, mit Mayonaisse drauf. Und dann auf die Hafenrundfahrt!«

Der Abschiedsschmerz trat schlagartig in den Hintergrund. Wir gingen zur Bude, während am anderen Ende der Stadt meine Mutter mit Herrn Maeterlinck Arien übte, dass die Wände wackelten. Und wenn sie wieder einen Fehler machte, korrigierte der Herr Opernbariton a. D. sie mit einem tiefen, langen Ton, der klang wie das Schiffshorn des Passagierdampfers Brasil der Moore-McCormack Lines.

»Phhhjrrruuuuuuuht!«

Eine Fahrt auf dem Wasser beschwingt und macht einem das Herz leicht. Der sanfte Fahrtwind blies mir den Abschiedsschmerz aus dem Kopf – da, wo Charlotte eben noch mit dem großen Passagierschiff gefahren war, schipperten wir jetzt gemächlich auf dem großen Fluss. Der Ansager versorgte uns mit aufregenden Geschichten. Das Erste, was wir passierten, war, so sagte er es über den krächzenden Lautsprecher, »het Bonapartedok!« Bonaparte! Napoleon! Da war er wieder. Er hatte sogar seinen eigenen Hafen hier und bestimmt hatte er über den die Fritten, die sein Koch für die Soldaten erfunden hatte, den Code Napoleon und alle seine anderen Errungenschaften in das eroberte Land gebracht.

Wir bogen vor dem Scheldestrand in die Royersluis ein, vorbei an der schönen »Zeevaartschool«, ganz im Stil des Modernismus, mit hellbraunem Klinker verkleidet und eleganten Rundungen gebaut. Vor uns öffnete sich der Hafen. Der Ansager erklärte uns über den krächzenden Lautsprecher seine Geschichte, wie er lange Jahre von der Welt abgetrennt gewesen war und einen Dornröschenschlaf gehalten hatte, als die Spanier und die Österreicher die Stadt besetzt hatten, die Niederländer aber die Scheldemündung. Dann erzählte er von der Gründung Belgiens, der Lautsprecher krächzte, knackte, fiel auch noch aus und setzte erst bei den Worten » ... Duitse ... knack ...bezetting ...« wieder ein, natürlich! Dann knackte es wieder, und dann ging es, kaum noch verständlich, um seine Rolle als alliierter Nachschubhafen im Zweiten Weltkrieg und dem Aufstieg zum, knack, knack, machte der Lautsprecher, größten ... knack ... überhaupt. Dann gab das Gerät endgültig seinen Geist auf.

Mein Vater übernahm und zeigte mir das Churchill-Dock, das Marshall-Dock, den Abzweig des Albertkanals zur Maas nach Eben Emael. Er erklärte mir die unterschiedlichen Schiffstypen, Stückgutfrachter, Schüttgutfrachter, Tanker – und warum so viele Schiffe sich so ähnlich sahen – weil sie nämlich alle ehemalige Liberty-Schiffe waren, die nach dem Krieg von Reedereien aus aller Herren Länder aufgekauft worden wären, oft von griechischen. Er erklärte mir die Funktion der Ladebäume, die Hafenkräne, woran man die Herkunft der Schiffe erkannte, mit einem Wissen, als wäre er der Hafenmeister persönlich. Dann fuhren wir am Petroliumhafen vorbei und es roch gefährlich nach Brandstoffen.

»Das sollten wir öfters machen, Vati«, sagte ich und er antwortete: »Ja, wenn dich das so interessiert?«

»Und ob es mich interessiert«, sagte ich.

»Dann werden wir das tun.«

»Versprochen?«

»Ja, versprochen, Indianerehrenwort!«, sagte er.

»Howgh!«, sagte ich. »Wir kommen als Freund! Winnetou und Old Shatterhand.«

Einige Wochen später fuhren wir, diesmal mit seinem Mercedes, wieder durch »de Haven«. Da waren Rohre angekommen, die er bestellt hatte; die musste er sich anschauen und ich durfte mit. Es ging wieder vorbei an den gefährlichen Petroleumtanks, die bedenklich nah an einem stählernen Turm standen, aus dem eine große Flamme schoss.

»Da brennen sie die überschüssigen Gase ab«, sagte mein Vater. Ich fand die Fackel unheimlich und nachts konnte man sie weit über der Stadt sehen.

»Wenn da mal nichts passiert!«, sagte ich ängstlich.

»Da passiert nichts«, beruhigte er mich, »und wenn, dann nicht, wenn wir gerade vorbeifahren.«

Ich fand das nicht so überzeugend.

Es gab große Brücken über die Schleusen, und wenn ein Schiff kam, mussten wir warten. Die Brücken wurden hochgefahren, standen steil nach oben, senkrecht in den Himmel, große Ingenieurskunst!

Dann fuhren wir ans Ende des jetzt erweiterten Hafens, zur neuen Schleuse, die nach unserem König benannt worden war, die Boudewijnsluis.

Die Schiffe wurden immer größer und nur diese konnte sie fassen. Er parkte den Wagen, denn ein Schiff fuhr ein, die Brücke war oben und wir mussten warten. Das Schleusenbecken füllte sich, das Schiff stieg und wurde größer und größer. Als das Wasserniveau ausgeglichen war, öffnete sich wie von Geisterhand das große Schleusentor und der Frachter glitt langsam und majestätisch hinaus in die Schelde, dem Meer entgegen. Ich schaute ihm nach und dachte kurz an Charlotte, die jetzt irgendwo hinter dem Horizont, am Ende der Welt, mit ihren Eltern lebte. Dann fuhren wir weiter nach Lillo, einem kleinen Fort, das viel älter war als jene, die wir mit der Schulklasse besucht hatten.

Das Fort war noch da, aber das gleichnamige Dorf verschwunden, so wie andere Orte verschwunden waren – nur die Kirchtürme waren von ihnen geblieben. Einsam standen sie zwischen den Tanks und Lagerhallen und zeigten, wie der Hafen wuchs und wuchs und das alte Land auffraß.

Das Verschwinden der Dörfer stimmte mich traurig und beim Blick über die Schelde von Fort Lillo aus sagte mein Vater: »Da drüben liegt Het Verdronken Land van Saeftinghe«.

Und er erzählte mir die Geschichte, wie die Geusen im niederländisch-spanischen Krieg, im 17. Jahrhundert, die Deiche gesprengt hatten und den Spaniern somit für lange Zeit den Zugang nach Antwerpen verwehrt hatten. Niemals wurde das Land vom Wasser zurückerobert und heute noch, bei Sturmfluten, spülten die Wellen manchmal alte Fundamente frei.

Dann kam die »USS Nautilus« zu Besuch nach Antwerpen. Sie war das erste atomgetriebene Unterseeboot, eines der größten seiner Zeit, und man durfte hinein! Da war mein Vater nicht zu halten, ich natürlich auch nicht, und wir beide fuhren hin. Meiner Mutter war das zu unheimlich. Sie dachte an die Strahlung und blieb lieber zu Hause und bereitete sich am Flügel der Großmutter auf die kommende Stunde bei Herrn Maeterlinck vor. Wir aber wurden durch das Boot geführt. Und wo lag es? Ausgerechnet im Bonaparte-Dock! Die Matrosen waren alle groß und stark und kauten Kaugummi. Sie sahen aus, wie Schauspieler, die Amerikaner spielten, aber sie waren wirkliche Amerikaner, wirkliche Amis, wie die Erwachsenen immer sagten, Amis in echt! Und wir bestaunten sie für ihre Lässigkeit und die Bestimmtheit, mit der sie ihre Aufgaben erfüllten. Ja, dachte ich mir, solange die hier mit ihrem U-Boot sind, sind wir vor den Russen sicher.Denn die waren ja auch hier! Ich hatte sie im Hafen gesehen, bei der Rundfahrt. Da gab es Schiffe, die hatten Hammer und Sichel am Schornstein. Das fand ich schon merkwürdig. So schlimm konnte es also mit den Soffjets nicht sein, wenn sie hier ankamen, Fracht ausluden oder mitnahmen und sogar dafür bezahlten und den Rubel rollen ließen. Und ich stellte mir vor, würden sie mit ihren Hammer-und-Sichel-Schiffen zu Balalaika-Klängen über die Schelde schippern, dann sähen sie bestimmt die Nautilus im Bonaparte-Dock und würden sich ordentlich benehmen.

Und mir klangen die Worte meines Vaters im Ohr: »Keine Angst vor den Russen, mein Sohn! Solange die Amis uns besuchen, ist Ruhe im Puff!«

Ein Schiff war gesunken! Es war in allen Nachrichten, und ich hatte mir gleich Sorgen gemacht und gebetet, dass es nicht Kapitän Berthier wäre, vielleicht sogar mit Charlotte an Bord – und womöglich wäre sie jetzt in Seenot, wie die Matrosen auf dem Bild im Steen, und ich müsste sie retten!

Es war aber ein griechisches Schiff, die Spyros Armenakis, ein ehemaliges Liberty-Schiff, das im Sturm in der Scheldemündung auf der Nolleplaat-Sandbank vor Vlissingen gestrandet und dann bei Ebbe zerbrochen war. Alle waren gerettet worden, das Schiff aber war entzwei.

Mein Vater packte die Kamera, eilte zum Auto, brauste los und erst hinter der Stadt fiel ihm auf, dass ich auch im Auto saß.

»Ich werde mir doch sowas nicht entgehen lassen!«, sagte ich und er fuhr weiter.

Von der Uferpromenade aus sahen wir das Wrack. Er hatte extra ein spezielles Objektiv mitgenommen und fotografierte die aus dem Wasser ragenden Aufbauten, die abgeknickten Ladebäume. Das Wrack lag da wie ein toter Walfisch, stumm und mit leeren Augen. Bullaugen, so nannten sie die Seeleute. Ich dachte noch einmal an den Großvater aus der Fernsehserie und versuchte das Bild ein für alle Mal aus meinem Kopf zu drängen. Lieber das Bild hier von dem toten Schiff, die Besatzung war ja gerettet worden.

»Hier werden wir jetzt öfters sein«, sagte mein Vater.

»Um Wracks zu fotografieren?«, fragte ich.

»Nein!«, sagte er feierlich. »Weil ich ein Boot kaufen werde!«

Aha, dachte ich mir, daher hatte also der Wind die ganze Zeit geweht. Und ich betete, dass wir mit dem neuen Boot nicht auch eines Tages zerschellt auf so einer Sandbank liegen würden.

Alles kam dann aber schneller als erwartet und von mir befürchtet – der Kauf und das schnelle Ende.

Das Boot war schön und schnittig und hatte einen Außenbordmotor. Es lag in Veere – und alles war hier ungewöhnlich, denn erst seit kurzem, nach der großen Hollandsturmflut von 1953, der »Ramp«, waren die ersten Maßnahmen zum neuen Küstenschutz in Kraft getreten und das Veerse Meer durch einen großen Deich von der Nordsee abgetrennt worden. Jetzt waren Ebbe und Flut verschwunden und das Wasser wusste noch nicht, was es sein wollte, süß oder salzig. Und Fische, die sich an die neue Umgebung hätten anpassen können, gab es noch keine. Es wirkte wie eine tote Kiesgrube.

Gut, dass wir mittlerweile ein belgisches Nummernschild hatten, denn die Kämpfe um Wacheren '44, mit all ihren Zerstörungen, Entbehrungen und Überschwemmungen, waren noch tief in den Köpfen der Menschen verankert. Ich packte mein bestes »Moedertal« aus, um von den Niederländern in den Trachten und komischen Holzklötzen an den Füßen nur als dummer Flame angesprochen zu werden – und nicht als mordlustiger Hunnensohn, dem man mal die Flötentöne beibringen wollte!

Mit dem neu gekauften Boot fuhren meine Eltern und ich gleich hinaus, aufs Veerse Meer, mein Vater am Ruder, stolz mit seiner eben noch im Andenkenladen erstandenen Kapitänsmütze. Und natürlich, gerade, als wir am weitesten Punkt vom Hafen entfernt waren, quasi am Point of no Return, wie es der Kapitän Berthier mal erklärt hatte – da, wo, wenn es brennt oder sonst was Schlimmes passiert, jede Umkehr zu spät ist – da gab jetzt der Außenborder seinen Geist auf.

»Scheiß Pätschmotor!«, schimpfte mein Vater und ich lachte über den Begriff. Denn »Pätschmotor«, so nannten wir am Niederrhein die Zweitakter, noch liebevoller »Pätschmotörken«, weil die immer »pätsch, pätsch« machten.

Mein Vater zog immer wieder die Anlasserschnur, aber kein befreiendes »Pätsch« war zu hören. Er wurde immer wütender, fast jähzornig und zog und zog, solange, bis sie Schnur abriss.

Meine Mutter und ich durften das Boot in den rettenden Hafen von Veere zurückrudern, na danke. Mein Vater saß wütend in der kleinen Kajüte und grummelte. Er, der große Mann des Stahls, der alle Länder mit Rohren belieferte, war betrogen worden. Er versuchte, seinen Gram vor uns zu verstecken und schwieg auf der ganzen Rückfahrt nach Antwerpen. Während wir den Wagen entluden, verschwand er und meine Mutter fand ihn schließlich im ehelichen Bett, in dem er sofort eingeschlafen war. Ein geschlagener Mann.

Die schwarze Schelde

Mein Kinderzimmer lag zur Straße und hatte kein Fenster, sondern ein Oberlicht. Draußen war es still, es gab keine Betrunkenen wie in Krefeld, keine vierschrötigen Arbeiter, keinen einbeinigen Apostel. Die gab es nur im Hafenviertel, von dem die Erwachsenen nur hinter vorgehaltener Hand redeten. Ganz selten kam jemand abends die Vlaamse Kunstlaan entlang; wenn ich ihn hörte und allein war, ahmte ich lautmalerisch einen Nightclub nach, mit Musik und gedämpften Gesprächen, und stellte mir vor, wie der Fremde jetzt gerne da rein wollte, in diesen privaten Club, wo wohl echt was los war, er aber nicht rausfand, wo der geheime Eingang war. Über diesen Gedanken schlief ich meistens ein.

Nach hinten raus lag ein mit einer zwei Meter hohen Ziegelwand ummauerter Garten. Er bestand einfach aus Gras auf sandigem Boden und vier Pappeln in einer Reihe vor der Stirnmauer. Überhaupt schien mir, dass hier in Flandern alles auf Sand stand, Scheldesand, Meersand, weißer, weicher Sand, so feinkörnig, dass man ihn in einer Eieruhr hätte verwenden können. Nicht wie der rötliche vom Niederrhein, schmierig, schwer und scharf, mit Lehm und Ton durchsetzt.

Im Garten wohnte eine Schildkröte, sie hieß Babette und sah aus wie ihre Besitzerin, die im ersten Stock wohnte, unsere Vermieterin Madame Cusange, eine Wallonin, die immer Lockenwickler trug. Mit Vornamen hieß sie Colette. Und beide waren, so vermutete ich, gleich alt, Colette und Babette.

Zwei Märzen hatte ich schon erlebt, wie sich Babette an einem warmen Frühlingstag aus ihrem winterlichen Erdversteck freigrub, dann wusste ich, dass der Sommer nahte. Auch weil Madame Colette dann andersfarbige Lockenwickler trug.

Mit dem Sommer aber wurde es zunehmend gefährlich, denn die flämischen und brabantischen Lande sind berüchtigt für ihre schweren Unwetter. Diese konnten sogar mächtige Männer wie Napoleon fällen, wie ich bald lernen sollte.

Diese belgischen Gewitter, heimtückisch und unberechenbar, kamen ungebremst von See her und waren plötzlich da, aus dem Nichts, und schlugen mit aller Wucht zu.

Und so passierte es dann auch.

Eben noch hatte ich Babette beim Kauen das Salats, den ich ihr gebracht hatte, beobachtet, als sich der Himmel in wenigen Augenblicken nachtschwarz verdunkelte. Eine Windböe fegte durch die Pappeln, die jetzt nicht mehr leise silbern raschelten, sondern erregt rauschten. Fenster schlugen zu, Scheiben klirrten und eine Mutter rief nach ihrem Sohn.

Es war meine Mutter. Und sie rief nach mir, natürlich.

Zu gerne hätte ich mich dem heranbrausenden Sturm noch weiter entgegengestellt, aber da schlugen auch schon die Blitze ein und ich folgte dem mütterlichen Rat, eilte ins Haus und konnte gerade noch die Tür schließen, die mir der Sturmwind zweimal aus der Hand gerissen hatte.

Kaum war ich drinnen, begann draußen ein wahres Inferno. Es donnerte, es blitzte, es krachte im Sekundentakt.

Ich war begeistert von diesem Anblick der Naturgewalt, meine Mutter aber kroch verängstigt unter den Flügel der Großmutter.

Vielleicht, fragte ich mich, waren so die nächtlichen Bombenangriffe auf Krefeld gewesen und meine Mutter folgte instinktiv dem, was sie damals auch getan hatte? Für sie war der Flügel ein sicherer Ort, sie glaubte an ihre Mutter im Himmel, die sie beschützen würde.

Ich stand am Fenster und schaute fasziniert auf das Feuerwerk vor meinen Augen, der Regen peitschte an die Scheibe und meine Mutter hatte vor lauter Angst keine Kraft mehr, mir zuzurufen: »Geh da weg, guck da weg, bleib da weg!«

Das hier, das war jetzt mein Schauspiel, das konnte mir keiner nehmen.

Das hier, das war Krieg. Krieg der Natur gegen uns. Uns zu zeigen, wie klein und machtlos wir waren. Das Haus zitterte, als Blitze in der unmittelbaren Nachbarschaft einschlugen, Äste knickten ab und Bäume stürzten krachend um. Es war – die Schlacht!

Das Inferno dauerte eine ganze Stunde, bis es wie von Geisterhand aufhörte und die Sonne wieder zum Vorschein kam. Ich konnte mich kaum halten. Jetzt raus da! Schauen was passiert ist!

Ich lief die Treppen hinunter, öffnete die Terrassentür, die mir eben noch zweimal aus der Hand gerissen worden war, und betrat den Garten. Das Erste, was ich sah, war Babette, die seelenruhig an ihrem Salatblatt kaute, als wäre nichts geschehen. Madame Cusange rief ängstlich von oben, ob es ihrer Babette auch gut gehe, und ich konnte ihr beruhigende Nachricht geben. Die Madame hatte das Unwetter scheinbar auch sehr verstört, ihre Lockenwickler waren verrutscht, einige abgefallen – und die Arme hatte ja kein Pianoforte, unter das sie sich hätte verkriechen können. Vielleicht hatte sie das Gewitter auch an die Belagerung der Deutschen erinnert, oder Schlimmeres, wer weiß? Ich dachte mir nichts Weiteres, dafür war ich ja zu jung.

Mein Blick ging jetzt ins Innere des Viertels, auf die oberen Stockwerke, die Flachdächer, und ich traute meinen Augen nicht. Da, wo eben noch der Wald gestanden hatte – der Antennenwald, der in der deutschen Tagesschau zur Hammondorgel immer so dramatisch nach oben geklappt war, jetzt hier der belgische Antennenwald, dichter und höher als jeder in Deutschland, dem flachen Land geschuldet und der flämischen Eigenbrötelei – er war weg! Gekappt, gefällt und wirr übereinander und durcheinander lagen die Empfänger der Ätherwellen verbogen auf den Dächern. Zerstörung, reinste Zerstörung. Was der Mensch in seiner Wut und Gewalt konnte, das konnte die Natur aber auch! Und bevor ich das Bild vollständig in mich aufnehmen konnte und meiner Mutter zurufen konnte: »Der Antennenwald ist weg!« – hörte ich dieses unheimliche glucksende Geräusch hinter mir.

Wer einmal dieses Geräusch gehört und die Macht der Natur erlebt hat, der wird es nicht vergessen, und so habe ich nicht vergessen, wie die Schelde zu uns ins Haus kam. Die Schelde, ja! Ich wusste nicht, wir wussten alle nicht, dass die Schelde überhaupt in der Nähe war. Und doch, hier war sie, schlammig, breiig und glucksend drückte sie den Gullydeckel an der Kellertür auf und erbrach sich in unser Haus. Ich erkannte sofort, dass es die Schelde war, denn das war dieser schwarze, schwere Hafenschlick, der mir da entgegenkam und höher und höher stieg. Ich schrie nach meiner Mutter, denn natürlich war der Keller voller guter Sachen – und sie versuchte zu retten, was zu retten war, bis auch sie aufgeben musste, denn der Schlick stieg höher und höher.

Dass die großen Plakatwände, die groß waren wie in Amerika, regelmäßig durch die Gegend flogen und Autos zerdepperten, manchmal auch Menschen erschlugen, das war schon fast normal und das sollte ich auch später noch öfter erleben. Aber dass die Schelde einfach so, ungebeten, von Kilometer weit her in unser Haus eindringen würde, das war unerhört. Es war und blieb mir eine Warnung. Vorerst.

Denn solche Unwetter gab es immer wieder. Manchmal auch mit Tornados, die man damals noch Windhosen nannte. Der für lange Zeit berüchtigtste kam wenige Sommer danach, der Tornado von Oostmalle.

Er kam aus dem Nichts, zerstörte 90 Häuser und das Mittelschiff von Sint Laurentius. Er hob die davorstehende Frittenbude über das zerstörte Kirchenschiff und lies sie auf der anderen

Seite wieder aus seinen Klauen, wo sie barsch, aber heil auf der Achse aufsetzte.

Wenige Wochen später kamen wir durch den Ort und er sah immer noch aus wie ein Kriegsgebiet. Aber vor der Ruine der Kirche, von der nur noch der Glockenturm stand – dessen kaputte Uhr für immer den Zeitpunkt der Katastrophe anzeigte – stand die Frituur und es gab die fliegenden Fritten von Sint Laurentius. Ich dachte an Anton Hueskes und seine Geschichten. Der Mann war gar nicht so weit von der Wirklichkeit entfernt! Die fliegende Fritteuse von Oostmalle, das würde ich ihm erzählen!

In Belgien gab es keinen Heiligabend. Sinter Klaas kam am 6. Dezember mit seinem Mohren und dem Schiff an den Kaaien an und zog in einem großen Umzug, an der Kathedrale vorbei, durch die Stadt. Da sah ich meine erste Dampfkalliope. Es war eine mit Kohlen und Dampf angetriebene Orgel, und der Zylinder des Organisten war fast so hoch wie der schwarz qualmende Schornstein der Orgel. Ihr Klang war heiser und leicht unheimlich, er erinnerte mich an die Todesmelodie aus den Höhlenkindern. Ich war froh, als sie vorbeigezogen war, und erfreute mich umso mehr an den Stelzenläufern. Abends am Sechsten, wenn der Umzug vorbei war, gab es dann die Geschenke vom Sinter Klaas. Wenn man brav gewesen war! Sonst kam man in den Sack und weg war man.

Meine romantische Mutter wurde im nassen, trüben belgischen Herbst und Winter mehr und mehr schwermütig. Das Hochwasser hatte ihr zugesetzt und sie krank gemacht, sie sehnte sich nach dem deutschen Heiligabend. Ihrem zunehmenden Heimweh gerecht werdend fuhr mein Vater mit uns nach Krefeld, zu Ida, Karl, Bodo, Dieter, ihren Frauen, den Kindern. Mechtild würden wir auch sehen.

Morgens fuhren wir in aller Stille los. Es hatte geschneit, es war bitterkalt und dicker Raureif hatte sich über die Bäume gelegt. Es sah aus wie in einem dieser tollen Gemälde, die ich gerade im

»Koninklijk Museum voor Schone Kunsten« gesehen hatte, Brueghel, glaubte ich, und es faszinierte mich. Meine Mutter mahnte meinen Vater zur Vorsicht, denn es war einfach nur glatt und gefährlich.

Und fast hätte es uns böse erwischt, als wir plötzlich bei Schneesturm Pirouetten drehend mit dem Mercedes über den Hauptmarkt einer niederländischen Kleinstadt schlitterten. Die Karussellrunde endete Gott sei Dank am Randstein aus Blaustein. Den Rest der Strecke fuhr mein Vater wie auf rohen Eiern durch weihnachtlich ausgestorbene niederrheinische Dörfer und meine Mutter dankte ihm dafür mit einem Kuss.

An Heiligabend, glücklich angekommen, stellte ich mit einem Matchbox-Auto meinen verschreckten Cousinen und dem Cousin immer wieder die gefahrvolle Situation nach, solange, bis es ihnen über war.

Überhaupt war es ein gefahrvolles Weihnachten, der Gasofen in der Küche meiner Großmutter explodierte (sowas wie Sicherheitsventile gab es damals noch nicht, wozu auch?), der Schreck war groß, allgemeines Geschrei, aber alle waren unverletzt. Den Kaffeekessel haben wir Kinder, die Flugbahn berechnend, stolz aus der Nachbarhecke gefischt. Der Küppersbusch der Oma war auch hin. Die Ofentür war durch die Explosion durch den Raum geschleudert worden, ein Wunder, das niemand verletzt wurde. Es verankerte sich später im kollektiven Familiengedächtnis als »Das Weihnachtswunder von der Roonstraße«.

Am nächsten Tag brach meine Großmutter im Eis ein und wäre fast im Schmodder des Stadtwaldweihers versunken und ertrunken, aber beherzte junge Männer und meine Tante in der festlichen Weihnachtskleidung zogen sie heraus. Alle waren gerettet, bis auf die Festtagsbekleidung der Tante und der schöne beigefarbene Bezug des neuen VW-Käfers von Onkel Bodo.

Als wir uns nach diesem denkwürdigen Weihnachten verabschiedeten, sagte mir Onkel Bodo: »Na, Achim, in Belgien, da stehen dir wohl alle Frittüren offen!«

Niemand lachte, alle winkten, meine Oma weinte, Opa Charlie schaute uns mit seinem wachen Auge nach.

Andächtig und vorsichtig fuhr mein Vater mit uns den langen Weg nach Antwerpen zurück, in trüber Dunkelheit zogen die uralten limburgischen und flandrischen Landschafen am Autofenster vorbei. Und diesmal gab es keinen Unfall, kein »Junge, schau da weg«, es lag der stille Frieden der Tage zwischen den Jahren über uns.

IM BUNKER

Atlantikwall

Statt des Bootes hatten wir jetzt ein schönes Apartment auf dem Zeedijk 238 in Middelkerke. Es lag direkt am Meer, am Ende der Häuserzeile, wo das noch relativ freie Stück Dünen Richtung Westende begann.

Meine Eltern hatten neue Freunde, Helmuth und Gerti Drechsler, das waren waschechte Bayern. Er arbeitete bei Siemens in Brügge, sie war die Hausfrau. Er lief in Lederhosen mit einem Seppelhut herum, sie an seinem Arm im Dirndl und beide jodelten dazu.

Nein. Natürlich gingen sie nicht jodelnd und Seppelhut tragend durch Brügge. Das taten sie nur in meiner Fantasie. In Wirklichkeit trugen sie ganz normale Kleidung. Aber weil sie ebenso urbayrisch waren, stellte ich mir sie so vor. Jodelnd.

Onkel Helmuth und Tante Gertie, so nannten sie sich, so nannte ich sie, denn es war die Zeit, in der alle Erwachsenen, auch die, mit denen man nicht verwandt war, Onkel und Tante genannt wurden, wenn sie nett waren. Aber Vorsicht, nicht alle waren nett! Denn da gab es auch böse Onkel, wie den Schokoladen-Onkel, vor dem immer gewarnt wurde, mit dem man auf keinen Fall mitgehen sollte. Die bösen Onkel waren Fremde, weder verwandt noch befreundet. Sowas wie die Oger aus der Waldeinsamkeit.

Hier aber waren es der gute Onkel Helmuth und die gute Tante Gerti, die immer für einen herzhaften Schluck belgischen Bieres zu haben waren und vor Lebensfreude überschäumten.

Manchmal kamen sie am Wochenende zu uns ans Meer, und Onkel Helmuth sagte immer, wie schön es doch hier wäre, »aan de Tsee«. Ich sagte ihm dann, es hieße auf flämisch nicht »Zee«, sondern »See«, dass sie das Z wie S aussprachen, so wie der Zomer ja auch Somer und die Zon Son wie Sonne ausgesprochen wurde. Z wie S.

Er schaute mich direkt an und fragte: »Und warum heißt es dann »het strand« mit S?«

Ich war erst sprachlos, aber nach einem kurzen Moment sagte ich ihm, wie aus der Pistole geschossen: »Weil ein Konsonant folgt, so!«

Da war Onkel Helmuth baff und mein Vater sagte ihm: »Dem Jungen machst du nichts vor. Der ist der Beste in Flämisch in seiner Klasse, stell dir vor.«

Und dabei strich er mir über den Kopf.

Tante Gerti und meine Mutter bereiteten Schnittchen für den Abend vor, später würde es ins Casino gehen, zum »Dancing« in den Montezuma-Club, jetzt wurde schonmal im Apartment ordentlich vorgeglüht.

Dass ich da nicht reindurfte, war klar, und das machte den geheimnisvollen Club für mich noch viel interessanter – und wieder dachte ich, dass die Welt der Erwachsenen, so ich sie eines Tages betreten würde, noch viele angenehme Überraschungen parat haben würde. Den Montezuma-Club, Casinos, Dancing, Nightclubs mit Live-Musik.

Onkel Helmuth war schon mächtig in Fahrt, das letzte Bier zog er mit einem großen Schluck mit einem Mal in seinen prächtigen bayrischen Schmerbauch. Mäntel wurden angezogen und alle stiegen aufgeregt in den Lift, der sie hinunter auf die Promenade brachte.

Onkel Helmuth drehte sich noch einmal zu mir um und sagte, leicht lallend:

»De Tsomer an de Tsee!«

Und lachte dabei herzhaft, so wie nur Bayern herzhaft lachen können.

Ich ging auf den kleinen Balkon neben der großen Fensterscheibe, die noch größer war, als die in der Vlaamse Kunstlaan und im Krefelder Aquarium, und schaute ihnen lange nach, wie sie lärmend zum Casino zogen. Dann setzte ich mich an den großen Tisch aus Schiffsbalken und blickte durch die Panoramascheibe auf das weite Meer, an dessen Horizont die Sonne rot versank.

War das Wetter schlecht, fuhren wir ins Binnenland, nach Brügge, dem Venedig des Nordens, wie mir mein Vater bedeutungsvoll sagte. Tatsächlich war ich mit meinen Eltern und Oma Ida einige Jahre zuvor im echten Venedig gewesen, aber ich hatte keinerlei Erinnerung daran. Ich hatte die Rur gehabt, und meine Oma erzählte mir, wie ich von den Brücken die Kanäle vollgekotzt hätte, und wie die Leute geschaut hätten. Auf der Rückfahrt nach München, wo ich auf dem schnellsten Wege in die Uniklinik in München sollte, saß bei der Rast in einem kleinen Gasthof in den Dolomiten ein Mann am Nebentisch, der Sauerkraut aß. Mit letzter Kraft zeigte ich auf das Kraut, wollte es haben, musste es haben. Meine Großmutter und meine Mutter meinten, das wäre mein sicherer Tod, auf all das Gekotze noch Sauerkraut! Aber mein Vater hatte die richtige Nase und sagte: »Wenn der Junge Sauerkraut will, dann kriegt er Sauerkraut!«

Ich aß es und wurde unmittelbar gesund. Das Sauerkraut-Wunder von Longarone.

Leider erfuhren wir wenige Wochen später, dass der schöne Gasthof und die Orte darunter durch einen Felssturz, der den darüber liegenden Damm zum Überlaufen gebracht hatte, restlos zerstört worden waren und es fast 2000 Tote zu beklagen gab.

Ich dachte mir, wie seltsam diese Welt doch sei. Der eine Engel hatte mich gerettet und mit seinem Finger auf das Sauerkraut gezeigt, der andere war am Tag des Unglücks nicht da und konnte so die Menschen nicht warnen.

Daran musste ich immer denken, wenn die Sprache auf Venedig kam.

Bevor es in Brügge zu Helmuth und Gerti ging, machten wir einen Rundgang durch die Stadt, die mehr Brücken als Venedig hatte, so sagten sie es dort – so sagten sie es überall, wie ich später erfuhr, in Amsterdam, in Hamburg, in sonst-wo. Die Stadt war wirklich schön und hatte wirklich viele Brücken! Ich fing an, sie zu zählen, aber nach der vierzehnten hatte ich keine Lust mehr. Kleine Schiffe, ähnlich den Gondeln der Lagunenstadt, schipperten mit kreischenden Touristen durch die Stadt, ein lautstarker Amerikaner fiel ins Wasser und wurde mit Hilfe der einheimischen Schiffer und einer Rettungsstange an Land gezogen, so wie beim Struwwelpeter der Hans-guck-in-die-Luft. Der Amerikaner, sicher auf einen Ponton gerettet, schaute erst verdutzt, schüttelte sich, lachte laut und prustend los, nur um dann wieder in den Kanal zu fallen. Hier war was los!

Auch bei Helmuth und Gerti ging es gleich in voller Fahrt zur Sache. Helmuth hatte über Siemens Bier aus München kommen lassen, jetzt gab es ein Oktoberfest im kleinen Kreis, mit Salzbrezeln und Würschteln. Die nahm ich noch mit, aber dann verzog ich mich in das mir zugewiesene Zimmer und begann zu lesen. Da – das hatte ich mittlerweile gelernt – erfuhr ich viel mehr aus der Welt der Erwachsenen, des Krieges, der Geschichte großer Männer, als bei den ach so lustigen Gesprächsrunden, die immer alberner wurden, und bei denen man auf seine Fragen nur blöde Antworten bekam. So wie von Onkel Bodo in Krefeld.

Aber der, so hatte ich rausgefunden, war gar nicht so blöd, wie er immer tat. Er machte nämlich seine komischen Witze, ohne dabei was zu trinken! Und das fand ich eine Leistung.

Wie immer endete der Abend im ersten Morgengrauen, ich hörte, wie Aufbruch befohlen wurde und stellte mich schlafend, diese Technik hatte ich seit der Rheinstraße perfektioniert. Ich lachte mich innerlich kaputt, denn nun musste mein Vater mich, seinen tiefschlafenden Sohn, aus dem zweiten Stock runter in das Auto tragen und auf den Rücksitz legen. Ich gab ein paar Schlafgeräusche ab und Tante Gerti sagte »wie süß, wie süß!« und »goldig!«, ganz so wie am Niederrhein. Meine Mutter tanzte beschwingt über das Trottoir ins Auto hinein, Helmuth lehnte schwer mitgenommen an einer Platane und sagte immer wieder: »Nächste Woche an de Tsee! An de Tsee!«

Wir fuhren los.

Die ersten Kilometer dämmerte ich im Wagen, der nun über die neue Autobahn nach Ostende rollte, ja fast schwebte, denn im Gegensatz zu den alten Landstraßen mit Kopfsteinpflaster fuhren wir nun über glatten Asphalt und der Benz schnurrte dazu wie ein Nähmaschinenlaufwerk. Es war schwer, dieser Schlafhypnose zu entgehen und fast wäre ich tatsächlich eingeschlafen, jetzt, wo der Höhepunkt des Wochenendes nahte, das Erreichen der See. Abrupt hörte das angenehme Geräusch auf und das bekannte Holpern begann wieder, wir hatten also das Ende der Autobahn erreicht und jetzt ging es durch Ostende auf den Zeedijk, die Küstenstraße. Ich baute mir aus meinem Bettzeug einen kleinen Ausguck mit Bullauge, niemand vorne würde merken, dass ich wach war, und ich konnte alles sehen. Die Krabbenfischer, die jetzt vom Fang kommend die Mole entlang in den Hafen einfuhren, von miauenden und kläffenden Möwen begleitet, die Fischverkäufer, die ihre Kisten für den Direktverkauf am Kai aufbauten, Schollen, Kabeljau, Schellfisch, Muscheln und Krabben für das Sonntagsessen der Flamen, Wallonen und Touristen. Frühe Hausfrauen fingen bereits die beste

Ware, einige Nachtjacken und schwankende Seeleute suchten ihre Heimstatt und am Endbahnhof kamen die ersten Züge mit Passagieren an, die mit einem der schönen schwarzen-weißen Schiffe der Regie voor Maritiem Transport nach Dover wollten; der gelbe Schornstein rauchte schon. Rechts im Becken lag die Mercator, das ehemalige Segelschulschiff der belgischen Marine.

Wir bogen in die Leopold II-Laan ein, direkt aufs Casino zu, vor dem wir scharf links abbogen. Der Wagen schlingerte leicht, mein Vater meinte, es sei der Sand gewesen, der auf die Fahrbahn geweht war. Die Koningstraat führte aus der Stadt heraus, und sie hieß nicht nur einfach so, denn sie führte tatsächlich direkt an der königlichen Villa vorbei. Ich schaute genau hin, und ja, die Flagge hing am Mast, ER war also da! Der Koning, der König. Ich, der junge Koning, der Konejung, winkte ihm heimlich zu und fühlte mich als sein Untertan.

Links lag die Pferderennbahn, das Hippodrom Wellington. Gegenüber, am Strand, das riesige Hotel Thermae Palace mit seiner über die ganze Gebäudebreite geführten Eingangstreppe, den drei großen Türen und den Säulengängen, ganz 19. Jahrhundert.

Aber alles das war nur das Vorspiel dessen, was jetzt kam und mich in fiebrige Erregung versetzte. Noch schnell durch Mariakerke, hinter den Apartmenthäusern – die jedes Jahr immer schneller und höher aus dem Boden schossen – vorbei, dann bog die Straße direkt auf den Deich, Raversijde hinter sich lassend, und da lag sie, die Zee!

Es war Ebbe, das Wasser weit draußen, und genau darauf hatte ich gehofft. Grau lag der Morgen über der Küste, kaum Wind, das Meer wie aus Blei, mit kleinen, müden Wellen, die nicht schäumten. Das Wasser war noch nicht ganz abgelaufen, die kleinen Priele liefen noch immer aus – und dazwischen waren die Fundamente aus Beton und große Asphaltflächen, dort, wo die Rommelspargel gestanden hatten, die Hemmbalken, die Tschechenigel. Links auf dem Festland in den Dünen kamen jetzt die Bunker, einer nach dem anderen, bedrohlich mit ihren Beobachtungsscharten, Geschützständen, mit Stacheldraht eingezäunt, immer noch militärisches Sperrgebiet. Die Überreste des Krieges. Das da, das waren wir gewesen, de Duitsers, und diese Betonstände waren sogar aus beiden Kriegen, wie ich herausgefunden hatte: die Batterie Aachen, die der Kaiser besucht hatte. Der Atlantikwall, wer weiß, wer da alles gewesen war. Den hatten sie zur Verteidigung des Tausendjährigen Reiches gebaut, und es schien, als würden die massiven Betonklötze noch mindestens tausend Jahre stehen, 988 Jahre länger, als das Reich der Erbauer gedauert hatte, rechnete ich aus, und vielleicht länger, als wir Menschen mit unseren Kriegen auf dem Planeten existieren würden.

Kein Bagger, kein Bauunternehmer mit Apartmenthaus-Plänen würde sie je wegbekommen. Vielleicht noch nicht mal die Soffjets mit ihren Atomraketen.

Die Bunker rauschten am Autofenster vorbei wie in einer Laterna Magica – und nachdem wir den letzten passiert hatten, schlief ich unmittelbar ein.

Der Belgier-Test

Die Winter verbrachten wir jetzt in Antwerpen, die Sommer »aan de Kust.« Am ersten Ferientag fuhr mein Vater uns ins Apartment, meine Mutter war in großer Vorfreude auf das Sommerquartier. Sie würde erst mal alles aus dem Winterschlaf erwecken, die salzverkrusteten Scheiben putzen, lüften, schrubben, saugen und waschen. Da störten wir nur und sie befahl uns, in den Ort zu gehen. Mein Vater und ich gingen über die Promenade Richtung Casino, alles erwachte aus dem Dornröschenschlaf, die Gokart-Vermieter stellten ihre Gefährte vor die Läden, die Agence Coulier baute die Strandbuden auf und die Bademeister liefen wichtig mit ihren drei Wimpeln zum Strand, um die aktuelle Gefahrensituation anzuzeigen. Im Winter hing da gar nichts an den Masten, da konnte man ruhig ertrinken, denn es war eh niemand da, der einen hätte retten können. Sobald aber die Saison begann, waren sie die uneingeschränkten Herrscher der Strände und verliehen ihren Anweisungen mit Trillerpfeifen Nachdruck. Hing die grüne Fahne, war alles gut, Gelb war schon gefährlicher, und Rot hieß absolutes Badeverbot. Entweder, weil Sturm war, oder sie gerade Mittagspause machten. Waren sie da und hatten rote Wimpel an ihre Masten gehängt, trillerten sie wie blöd, wenn man nur in die Nähe des Wassers kam.

Vor unserem Haus war gar kein Mast, keine Fahne, in den 60ern war da noch nicht mal weißer Sand. Solchen, den man auch in die Eieruhren tun konnte. Bei Flut schwappte das Wasser an die Deichmauer und die Liegen standen oben auf der Promenade. Aber wenigstens trillerte keiner einem die Ohren blöd.

Am Casino hingen schon die affiches für die kommenden Evenementen, Konzerte, Glücksspiel, Dancing in der Montezuma-Bar. Ich steuerte zielstrebig auf die Leopoldlaan hinter dem ersten Häuserblock zu, bog links zur alten Post – und da war sie, die tollste Frituur vom ganzen Ort.

»Krieg ich Fritten?«, fragte ich meinen Vater.

»Hier?«, sagte er, »wirklich hier?«

»Ja aber warum denn nicht?«

»Na ja ... Wenn Du wirklich meinst ... an mir soll es nicht liegen«, bemerkte er verschmitzt.

Jetzt schnell bestellt, bevor er es sich wieder anders überlegte, denn er hatte manchmal unberechenbare Launen.

Ich bestellte doppelte Portion.

»Mit dick Mayonnaise drauf«, sagte ich dem Mann in der Bude, der komischerweise genauso verschmitzt schaute wie mein Vater.

Im großen Fetttopf siedeten die Kartoffelstäbe, der Mann in seiner angeranzten Schürze schaute ihnen beim Bräunen gelangweilt zu und fing sie dann mit einem großen Sieblöffel heraus, so, als wäre er einer der Krabbenfischer aus Ostende. Er ließ sie kurz abtropfen und füllte sie dann in die spitze Tüte, die er aus einer klemmenden Schublade nahm, an der er so rütteln musste, dass die ganze Bude bedrohlich wackelte.

»Und ... wirklich Mayonnaise?«, fragte er mich.

»Aber klar doch! So richtig drauf!«

Mein Vater schaute neugierig auf den Löffel, den der Fritten-Flame jetzt aus einer verschmierten Ecke nahm und den er kräftig in den großen Putzeimer – in dem, von einer dicken, rissigen Haut bedeckt, die belgische Mayonnaise war – eintauchte und einen großen Klecks auf die volle Tüte klatschte.

»A.U.B. Menheer«, sagte er zu mir und meinem Vater.

»Tien Franks!« sagte er bestimmt, streckte meinem Vater seine ölige Hand entgegen und kniepte mit dem Auge.

Ich nahm begierig die Tüte, die sich heiß und fettig an meine Hände schmiegte. Es war meine heilige Handlung, die ersten Fritten am Meer, am ersten Tag der Ferien, grandios!

Es kam, wie es kommen musste und mein Vater es vorhergesehen hatte, allerdings ohne seine Ahnung oder eine Warnung an mich weitergegeben zu haben. Wir gingen erst noch leichten Schrittes zurück zum Zeedijk 238, aber schon auf der Hälfte des Weges verspürte ich aufkommende Übelkeit.

»Na, alles in Ordnung?«, fragte mich mein Vater.

»Nicht so wirklich«, sagte ich bedrückt. »Lass uns beeilen, ich muss mal dringend aufs Klo.«

Ich beschleunigte meine Schritte und bekam einen komischen Gang, mit ganz zusammen gekniffenen Arschbacken. Mein Vater griente.

Wir erreichten den Hof mit Müh und Not und ich, das Kind in seinen Armen, fühlte mich wie tot.

Der blöde Lift kam und kam nicht, ich raste die enge Feuertreppe hoch, klingelte und schlug auf die Tür ein, meine entsetzte Mutter öffnete, ich schoss an ihr vorbei aus Klo, gerade noch den rettenden Ort erreichend – und dann ging es schon los, die schönen Fritten, alles kam wieder raus, erst hinten, dann vorne, ein wahres Gemetzel.

Meine Mutter schlug die Hände über dem Kopf zusammen, alle möglichen schlimmen Geräusche kamen aus dem abgeschlossenen Klo. Rülpsen, Furzen, Winde von Stärke 12.

Mein Vater kam jetzt mit dem Lift oben an und betrat grinsend das Apartment.

»Um Gottes Willen«, sagte meine Mutter zu ihm, »was habt ihr denn bloß getrieben?«

»Das steht der durch«, sagte mein Vater und er lachte sich heimlich einen.

»Und es wird ihm eine Lehre sein.«

Die ersten zwei Tage der Ferien waren für mich buchstäblich im Eimer, genauer gesagt im Mayonnaise-Eimer. Statt Fritten gab es jetzt Zwieback, blöden Tee und Kohletabletten. Draußen spielten die Kinder, ich lag in der Pantry-Küche auf der Liege und schwitzte mich aus.

Mein Vater trat ans Bett heran.

»Und? Was sagt dir das?«, fragte er.

Mein Gott, was hatte er sich jetzt wieder für eine Pädagogik-Nummer ausgedacht?

»Augen auf beim Frittenkauf!«

Toll, der war genau so dämlich wie sein Bruder. Onkel Bodo hätte es nicht besser sagen können.

»Das war der Belgier-Test, mein lieber Sohn. Und du hast ihn nicht bestanden. Wenn du dir ein Jahr alte Mayonnaise aus dem Putzeimer bei Saisonbeginn auf die Fritten klatschen lässt und das ohne Nebenwirkung überstehst, dann bist du ein Belgier.«

»Und wenn nicht?«, fragte ich ihn.

»Dann bist du, was du bist und bleibst: ein deutscher Junge!«

Danach fuhr er wieder zurück nach Antwerpen ins Büro, die Telexe abarbeiten, und wünschte uns beiden eine schöne Woche.

Toll. Deutscher Junge ... Flink wie Windhunde, zäh wie Leder und hart wie Kruppstahl. Naja, er vielleicht. Ich scheinbar nicht.

Als mein Vater am Wochenende wiederkam, führte meine Mutter mit ihm ein ernstes Gespräch.

»Der Junge muss sofort zum Arzt, das gefällt mir gar nicht«, sagte sie.

»Nur wegen dem bisschen göbeln ...«, lamentierte mein Vater.

»Das ist kein bisschen Gegöbel!«, schimpfte sie.

»Venedig, die holländische Grenze und das jetzt, das ist eine ernste Sache und ich will, dass er zum Arzt kommt!«

Die Fügung wollte es, dass wir im Familienberitt auch einen Arzt hatten, Onkel Bernd, zu dem der Titel Onkel Doktor nun mal wirklich passte. Er sah aus wie Trevor Howard aus dem »Dritten Mann«, hatte das Gesicht voller Pockennarben und war verheiratet mit Tante Margret, der Halbschwester meiner Mutter und den beiden anderen. Mein anderer Großvater, der Vater meiner Mutter, der auch lange vor meiner Geburt gestorben war, hatte noch mal geheiratet und diese, seine zweite Frau, Oma Änne, die hatte Margret mit in die Familie gebracht. Margret war noch lauter als Mechtild, beide redeten in einem Tonfall, als wären sie Zwillinge und schnatterten immerzu im Duett.

Margret und Bernd hatten zwei Kinder; mein Cousin war älter, meine Cousine jünger, und ich schrieb Gedichte für sie. Das Haus lag in einem Viertel, in dem die Straßen alle nach großen preußischen Generalen aus den Befreiungskriegen benannt waren, Blücher-, Scharnhorst-, Gneisenau-, Yorkstraße.

Auf Blücher und meine Cousine freute ich mich, auf die Untersuchung weniger.

Mitten in den Ferien fuhren wir nun zu Ihnen an den Niederrhein, ich mummelte mich auf der Rückbank ein und unterdrückte mein Unwohlsein; mit meinem Vater wollte ich mich nicht noch mal anlegen und ich war immer noch sauer auf ihn wegen der Mayonnaisen-Affäre. Der Blödmann! Hatte mich ins offene Messer laufen lassen und sich darüber amüsiert. Ich trug es ihm wirklich lange nach.

Bei der Ankunft wurden wir freudig empfangen, Onkel Bernd rauchte gerade die geschätzt sechzigste seiner hundert Zigaretten am Tag, überall in der großräumigen Villa standen Aschenbecher, aus denen es manchmal noch qualmte, sogar in der Praxis. Auf die sorgenvollen Blicke meiner Mutter sagte er lapidar, er könne mit der Qualmerei gut umgehen, er sei ja schließlich Arzt.

Zur Praxis ging es für uns Familienmitglieder von der Küche aus durch eine Tapetentür in einen Geheimgang, der vor einer mit Leder gesteppten dicken Eichentür endete. Wenn diese sich öffnete, war man in Onkel Bernds Besprechungszimmer.

Ich musste mich ausziehen und Onkel Bernd kam mit einem Stethoskop. Er stank nach Zigarettenrauch, als er mich abtastete und untersuchte. Das Ganze dauerte gar nicht lang. Dann durfte ich mich wieder anziehen und wurde hinausgeschickt. Man führte mich durch den Geheimgang wieder in die Küche der Villa. Tante Margret bot mir eiskalte Johannisbeeren mit Joghurt an, die toll schmeckten. Meine Cousine bekam auch einen Becher und wir setzten uns in den Schatten des großen Ahorns im Garten. Hinter der schweren Eichentür aber wurden jetzt wichtige Gespräche geführt. Was, wusste ich nicht, aber es sollte sich schon bald auflösen.

»Nichts hat der Junge«, sagte Onkel Bernd zu meiner Mutter, »nichts, außer ...«

»Was außer?«, fragte sie aufgeregt.

»Außer, dass er einfach ... zu schnell wächst!«, sagte Onkel Bernd.

»Guck ihn dir doch an. Der ist doch jetzt schon zehn Zentimeter größer als alle anderen. Und dann wird ihm eben einfach mal schlecht, zwischendurch. Das ist ganz normal. Und diese Mayonnaise da, da wäre unsereins dran gestorben, das kann ich dir aber mal sagen!«

Meine Mutter nahm die Hand vor den Mund und war entsetzt.

»Naja, das ist doch das beste Zeichen. Der Junge kann sowas ab, so eine Salmonellenvergiftung steckt er mit links weg, der ist kerngesund. Soll ich dir mal was sagen, was der braucht?«

»Ja, sag es mir bitte«, antwortete meine Mutter flehentlich zu Onkel Bernd.

»Der braucht frische Meerluft, die ist salzig und voller Jod, und er braucht was Ordentliches zu essen. Und beides habt ihr doch! Fahrt wieder nach Middelkerke ins Apartment. Der Junge soll im Meer schwimmen, und danach gebt ihr ihm was Ordentliches zu essen, am besten ... belgische Fritten! Verstanden?«

»Ausgerechnet Fritten«, sagte meine Mutter.

»Mit dick Mayonnaise drauf, das härtet ihn ab!«, sagte Bernd in bestimmenden Ton.

»Na gut«, sagte meine Mutter und war erleichtert. »Wenn es so ist.«

»So ist es«, sagte Onkel Bernd. »Und jetzt sagen wir es dem Jungen.«

Da Onkel Bernd eine Institution war, war sein Wort eine unmittelbare Handlungsanweisung. Sie wurde mir mitgeteilt und ich war begeistert und dachte mir, wie wie schön die Welt doch sein kann.

Ab jetzt bekam ich Fritten auf Rezept!

Wir fuhren zurück aan de Zee und fortan bekam ich, so oft ich es wollte, Fritten mit dick Mayonnaise drauf. Und jeden Sommer wuchs ich weitere zehn Zentimeter, und die Tanten hoben die Hände und krähten in ihrem niederrheinischen Gesang: »Mein Gott, wie ist der Junge schon wieder gewachsen!«.

Wir lebten alle in dem einem großen Raum, denn das Apartment war ein sogenanntes »Studio«. Es bestand nur aus dem Wohnzimmer zum Meer, der Pantry-Küche, dem kleinen Flur, einem Klo und einem Badezimmer, das war's. Ich schlief auf dem Boden in einem Schlafsack der US-Army, es gab ein ausklappbares Bett für meine Eltern und die Sofas am Schiffsbalkentisch und eine Strandliege in der Küche waren für die Gäste. Manchmal musste auch einer in der Badewanne schlafen, meistens Onkel Helmuth, wenn er nach dem Montezuma-Club und dem Dancing nicht mehr Auto fahren konnte.

Dann kam Tante Gisela und sie mischte die Bude so richtig auf. Sie hatte ihre niederrheinische Veranlagung zum Beruf gemacht; Mechtild und Margret konnten in lustigen Familienrunden die Geschichten der Männer mit ihrem Chor begleiten, sie aber suchte und fand die Bretter, die die Welt bedeuten. Sie hatte schon in Rendsburg auf der Bühne gestanden, in Xanten sogar in der Hauptrolle in dem Stück »Don Gil von den grünen Hosen«. Die Rolle war ihr quasi auf den Leib geschrieben und jetzt war sie auf dem Weg nach oben, eine richtige Schauspielerin, in richtigen Theatern, auf richtigen Bühnen und nicht nur in Familienrunden.

Sie spielte mit mir, baute Sandburgen mit mir, ging mit mir ins Meer und machte jeden Blödsinn mit. Meine Mutter meinte, sie wäre doch eine verrückte Nudel, ein verrücktes Huhn, so wie Doña Juana in dem Stück, in dem sie sich als Mann verkleidete und als Don Gil und Doña Juana alle in Verwirrung stürzte, bis das Chaos komplett war und alle um Erbarmen flehten. Soweit konnte die Tante Gisela es auch ohne Bühne bringen!

Die Schwestern kriegten sich regelmäßig in die Haare, die Jüngere musste der Älteren immer widersprechen, und sie schrien sich an, gifteten wie die Schlangen und wurden zu gefährlichen Furien, vor denen ich eiligst an den Strand flüchtete. Dann hatte sich der Sturm wieder gelegt und sie lagen sich in den Armen. Mein Vater bekam es an den Wochenenden mit und bemerkte trocken zu mir: »Na, Achim, willst du auch ein Schwesterchen?«, und er lachte dabei dreckig.

Nein, eine Schwester wollte ich nicht. Diese Tante reichte mir, die war wie eine große Schwester und sie war lustig, aber auch sehr anstrengend und natürlich hatte sie das Apartment voll in Beschlag genommen – und es gab keine Ecke mehr, die nicht von ihr besetzt war, auch nicht meine.

Dann musste sie einmal abends barbusig ins Meer gehen, das fand sie ganz aufregend. Meine Mutter meinte nur, und was, wenn die Leute schauen? Gisela riss sich daraufhin provokativ das Bikini-Oberteil vom Leib und sprang jauchzend durch die schwere Brandung, bis ihr plötzlich eine rote Feuerqualle von hinten über den nackten Oberkörper rutschte. Aus dem Jauchzen wurde ein Geschrei, wir hüllten sie in Decken ein und brachten sie ins Apartment hoch. Meine Mutter meinte, das sei die gerechte Strafe für ihr unzüchtiges Verhalten, aber ich war mir sicher, dass – ob sie jetzt einen Bikini getragen hätte oder nicht – es bei dieser riesigen roten Feuerqualle keinen Unterschied gemacht hätte. Wenigstens gut, dass keine trillernden Bademeister in der Nähe gewesen waren. Und ich dachte mir, die Schmerzen gehen weg, so wie auch ich die verkommene Mayonnaise überlebt hatte.

»Was uns nicht umbringt, macht uns nur stark!« sagte ich der leidenden Tante.

Gisela schaute mich aus dem Frotteehandtuch wütend an und sagte nur gequält: »Danke für deine schöne Anteilnahme«, und drehte sich weg.

Abends saßen wir vor der großen Panoramascheibe und schauten hinaus auf das Meer. Wenn Flut war, sah es wirklich aus, als wären wir einsam und allein mitten im großen Meer, vielleicht auf einer Bohrplattform. Wir sahen nur Wasser, Wasser, Wasser, solange, bis die Ebbe wieder einsetzte.

Wenn sie nicht im Streit lagen, konnte ich sie überreden, mir vom Krieg zu erzählen und sofort begannen sie mit den aufregendsten Geschichten. Erst begann meine Mutter zu erzählen, dann fiel ihr die Schwester ins Wort, dann wieder korrigierte meine Mutter, korrigierte wieder die Tante, aber bevor sie handgreiflich wurden, ergab sich dann doch so etwas wie eine Handlung mit rotem Faden. Eine ging so:

Gisela hatte die jüngste Schwester Mechthild auf eine Kriegsruine hochgeschickt, damit sie da oben mal schaut, wie es da so aussieht. Aha, dachte ich, das erinnerte mich natürlich an die Geschichte mit dem Werkzeug und dem Schornstein, hier zeigte sich familiäres Blut! Mechtild saß irgendwann in luftiger Höhe auf dem zerstörten Giebel des Hauses wie eine junge

Katze, die sich nicht mehr vor und zurück traute, dahinter Gisela, der das jetzt auch unheimlich geworden war. Die Feuerwehr musste kommen und die beiden retten. Meine Mutter hatte ihrer Schwester eine ordentliche Tracht Prügel gegeben und jetzt lachte sie im Apartment laut darüber und es kam sehr schnell wieder zu einer Missstimmung, denn Gisela wies wütend darauf hin, dass sie die Prügel nicht vergessen hätte.

Aber je länger die Tante dablieb, verflog, dem schönen Wetter und dem beruhigenden Salz- und Jodgehalt der Seeluft geschuldet, ihre Streitlust und die Schwestern versöhnten sich über ihre Vergangenheit.

Beim Einschlafen sagte ich: »Erzählt mir doch noch was von Krieg, bitte!«

Und sie erzählten, das Meer rauschte leise, und es waren wunderschöne Sommerabende und Nächte.

Oma Ida kam auch ans Meer. Sie ging nicht hinein, sie lustwandelte lieber auf der Promenade, und eines Tages ging ich mit ihr den langen Weg nach Westende. Am Horizont konnte man das große Hotel Rotonde sehen, eine Sehenswürdigkeit, es stammte noch aus dem letzten Jahrhundert.

Unmittelbar hinter der Residence Aquitaine, unserem Wohnsitz, folgte ein leeres Grundstück – von denen es noch viele gab, die auf ihre Bebauung warteten –, dann zwei Häuser aus der Zeit der Jahrhundertwende im Normandie-Stil und ein Kinderheim in Art Deco, dahinter gingen die Dünen bis an die Promenade. Unterhalb schlugen die Wellen bei Flut an die Mauer. Manchmal spritzte die Gischt bis zu uns herauf.

In weiten Abständen folgten drei seltsame Gebäude, die scheinbar leer standen, in den zwanziger Jahren gebaut, mit teilweise runden Fenstern; sie erinnerten mich an das Viertel um die Vlaamse Kunstlaan. Kurz vor Westende standen zwei einsam in Reihe gebaute Strandvillen und sie waren ausgebrannt. Ich schaute in die offenen Ruinen, die Mauern trugen Geschossspuren.

Meine Großmutter gruselte sich plötzlich und sie nahm mich an die Hand, so wie damals bei der Begegnung mit der Kreuzotter, und dann sagte sie: »Hier gehen wir nicht weiter.«

»Warum?«, fragte ich die Großmutter erstaunt.

»Üppan«, stammelte sie. »Nie mehr, nie mehr. Nicht nach Üppan.«

»Üppan? Was ist das?« fragte ich.

»Hier beginnt das Böse. Dort drüben, da gehen wir nicht hin. Wir werden es nicht überqueren. Wir gehen zurück.«

Meine Großmutter sagte es mit einer solchen Bestimmtheit, dass ich mich nicht traute, nachzufragen, was der tiefere Sinn sei. Was durften wir nicht überqueren? Hatte es was mit den zwei Häusern zu tun, dass sie jetzt so verstört war?

Wie drehten um, passierten wieder die ausgebrannten Ruinen, die in der einsetzenden Dämmerung noch unheimlicher aussahen und nach Krieg rochen.

Welcher Krieg? Der Erste? Der Zweite? Und was war Üppan?

Mittlerweile hatte ich mich eingelesen und obwohl meine Fragen jetzt genauer wurden und erkennen ließen, dass ich schon etwas Wissen angesammelt hatte, bekam ich wie immer keine befriedigende Antwort. Der Krieg war für die Erwachsenen vorbei. Er lag weit in der Vergangenheit, und sie wollten sich nicht mehr damit auseinandersetzen und sie verstanden auch nicht und wollten nicht verstehen, warum ich mich dafür interessierte. Sie hatten es durchlebt, sie hatten es erlebt, sie hatten drunter gelitten. Ich doch nicht! Ich sollte einfach froh sein, in einer friedlichen Welt aufzuwachsen, in der die Amerikaner und die NATO uns vor den bösen Russen beschützten und es Fritten auf Rezept gab.

Basta! Aus! Schluss!

Der geheimnisvolle Ort an der Brandruine beschäftigte mich mein Leben lang und viele Jahrzehnte später habe ich dann herausgefunden, was der wahre Grund für die Umkehr meiner Großmutter gewesen war. Sie war die Frau eines Kriegsversehrten, meines Großvaters, der hatte seine Verwundungen an Leib und Seele im Osten und an der Piave erlitten; er war vier Jahre im Ersten Weltkrieg gewesen und auch mal kurz im Westen.

Und dort, an dieser Stelle, wo die Brandruine lag, befand sich der hintere Graben der Westfront, die genau am Hotel Rotonde in Westende begann. Ja, die Westfront, in die man dort am Strand hätte einsteigen können und, ohne jemals über die Brüstung zu schauen, durch die Landschaften Flanderns, des Artois, der Picardie, der Somme, der Champagne, Lothringens und der Vogesen bis zur Schweizer Grenze hätte laufen können.

Scheinbar wusste sie das, aber sie sagte mir davon kein Wort. Sie wusste, kurz hinter Westende, gerade einen Kanonenschuss weit, lag Üppan. Ypern.

Dünkirchen

Mittlerweile hatte ich gelernt, schon vor dem Aufstehen anhand des Lichtes und der Geräusche herauszufinden, was der Tag bringen würde. War es hell und ruhig und hörte ich das Hämmern auf die Pflöcke der Windsegel, wusste ich, es würde ein schöner Strandtag werden. Ich würde hinunter gehen, im Meer baden, ganz nach den Anweisungen von Onkel Bernd, dann mich abtrocknen, wieder ins Apartment hoch und mir im Badezimmer mit Benzin die Füße sauber machen, die voller Teerplacken waren.

War es hell und rauschte stark, dann wusste ich, heute würden wir in die Dünen gehen, denn am Strand würde uns der Sand in Augen und Ohren fliegen. Das war unangenehm und wir suchten uns dort eine windgeschützte Stelle.

War es dunkel und rauschte stark, dann gäbe es einen tollen Ausflug nach Ostende, vielleicht mit Fritten und neuem Spielzeug.

War es aber draußen dunkel und leise, dann war es ein wunderbarer Tag, denn es würde nieseln und ich könnte den ganzen Tag in der Ecke meine Bücher lesen.

An diesem Morgen aber war alles anders. Es war hell. Es war ruhig, ganz ruhig, zu ruhig. Ich hörte nichts von draußen und stand auf, ging auf den kleinen Balkon und schaute auf das Meer. Es lag vor mir, spiegelglatt, und der Horizont war zwischen Wasser und Himmel wie mit einem Messer abgeschnitten. Nach rechts konnte ich das Casino sehen, es war plötzlich näher. Weit hinten sah ich sogar das andere Casino, das von Ostende. Es schien, als wäre die Welt plötzlich kleiner geworden, zusammengerückt. Ich drehte meinen Kopf nach links, und dann sah ich die brennende Stadt am Horizont, da, wo noch nie eine Stadt gestanden hatte! Große Rauchwolken standen über ihr. Ich konnte sogar einzelne Hafenkräne ausmachen. Ich war sprachlos und erstaunt. Es war wie eine Erscheinung. Was war das?

Mein Vater war noch gar nicht richtig aufgestanden, denn in Wirklichkeit war es noch viel zu früh, um Strandsegel aufzustellen. Es war kurz nach Sonnenaufgang.

»Was ist das?«, fragte ich ihn.

»Was denn?«, murmelte er verschlafen und kam auf den Balkon.

»Das da, am Horizont, die brennende Stadt!«

Er schaute mit mir in die gleiche Richtung und dann sagte er bedeutungsvoll: »Das ist Dünkirchen!«

Und wie er das sagte, hatte es einen bedrohlichen Unterton. Dünkirchen. Das hatte ich schon mal gehört. Da war was los gewesen. Im Krieg, im letzten Krieg. Das hatte was mit den Bunkern zu tun, die hier standen. Ich schaute wieder und wieder hin, die Stadt da, sie brannte, sie qualmte und sie war da. Da, wo nie zuvor eine Stadt zu sehen gewesen war!

Ich ging hinunter an den Strand. Es war Ebbe, und ich ging die lange Mole hinaus zum Wasser an die Stelle, wo ich oft abends alleine saß, meine Gedanken sortierte, auf das Meer schaute und auf die Flut wartete. Wenn sie dann kam, ging ich immer ein Stück zurück und sie folgte mir. Ich ging wieder ein Stück zurück und sie verfolgte mich weiter, stieg, spülte Wellen an meine nackten Füße und wir waren zusammen, ich und das Meer, Ebbe und Flut. Ich wusste, wann sie kam und wann sie ging, und brauchte keine Uhr dazu.

Dort hatte ich auch den alten Mann kennengelernt, der auf den Felsen am Ende der Mole die Muscheln sammelte und mir schon einige Male Tipps gegeben hatte, wo man die größten finden konnte und wie man sie am besten vom Felsen löste.

Ich schaute immer wieder nach links, aber da unten auf Meereshöhe war die brennende Stadt plötzlich verschwunden. Ich sah sie nicht mehr. War das nur ein Trugbild gewesen? Aber mein Vater hatte sie doch auch gesehen. Und er kannte sogar ihren Namen: Dünkirchen.

Ich ging die Mole zurück über die Promenade Richtung Dünen. Die Erscheinung hatte mich irritiert und ich war in Gedanken über die brennende Stadt, die ich gesehen hatte, und die mich an meine eigenen Bilder erinnerte, die ich im Wohnzimmer bei Herrn Maeterlinck gemalt hatte – mit den Explosionen und den fliegenden Menschen und den bösen Spanjaarden.

Dann sah ich plötzlich den alten Mann von der Mole, er hatte einen Eimer voller Muscheln bei sich, kam auf mich zu, sah meinen Gesichtsausdruck und fragte: »Was ist denn mit dir los? Wie siehst du denn aus?«

Und ich sagte ihm: »Stellen Sie sich vor, Menheer, ich habe Dünkirchen gesehen!«

»So, so«, sagte er. »Dünkirchen. Dann gibt es Sturm.«

»Nein, es hat gebrannt, lichterloh!«, sagte ich.

»Du hast eine Schimäre gesehen«, sagte er.

»Was ist das, eine Schimäre?«, fragte ich ihn.

»Ein Spukbild. Etwas, dass nicht da ist. Nur in deinem Kopf.«

»Aber ich habe es doch wirklich gesehen! Und mein Vater kannte es. Er nannte sogar den Namen der Stadt! Dünkirchen.«

»Du hast die Hochöfen gesehen. Wenn man sie sieht, dann kippt das Wetter. Dann ist am Tag vorher alles ganz nah.«

»Es sah aus wie im Krieg«, sagte ich, nach einer Erklärung für das alles ringend.

»Nun gut, Junge, wenn du das sagst. Dünkirchen, meinst du also. Dünkirchen und Krieg.«

Er wurde nachdenklich.

»Weißt du denn, was da passiert ist?«

»Nicht so wirklich«, sagte ich.

»Ich will es dir erklären, wenn du willst.«

»Unbedingt, unbedingt, Menheer.«

Der Mann von der Mole schaute mich ernst an, und er sagte: »Hier, wo wir jetzt stehen in den Dünen, da war es. Ende Mai 1940. Da drüben war der König und er hatte entschieden, dass wir, die Belgier, kapitulieren. Zum Dank steckten ihn die Deutschen in die Kriegsgefangenschaft. Zurecht. Denn seine Entscheidung war der Todesstoß für die Engländer und die Franzosen da hinten, im Kessel von Dünkirchen, den die Deutschen abgeschnitten hatten.«

Er zeigte in die Richtung, wo ich die Stadt gesehen hatte.

»Sie rückten langsam, aber mächtig mit ihren Panzern vor, ihre Stukas bombardierten den Hafen, die Stadt, alles brannte. Ja, das hast du richtig gesehen in deiner Vorstellung. Schiffe wurden versenkt, viele Soldaten getötet. Aber dann kam das Wunder.«

»Was für ein Wunder?«, fragte ich.

»Die Hilfe der Heimat. All die kleinen Boote, Ausflugsschiffe, Yachten, Raddampfer, die kamen übers Meer von England und die holten dann die Soldaten ab. Über 330.000 Engländer, aber auch Franzosen, einige Belgier! Mein Bruder war unter ihnen. Er kämpfte weiter an der Seite der Briten und fiel 44 auf Walcheren, bei der Landung nahe Vlissingen.«

»Ich habe es gesehen, Walcheren«, sagte ich.

»Ich selber war zu jung und habe den Krieg überlebt. Siehst du da drüben die beiden Häuser?«

»Natürlich«, sagte ich. »Ich kenne sie. Ich bin da neulich mit meiner Großmutter vorbeigegangen.«

»Das sind Ruinen von 1944. Da haben sie hier auch gekämpft. Middelkerke war schwer zerstört. Nicht nur im Zweiten Weltkrieg, auch im Ersten Weltkrieg. Davon hat dir bestimmt keiner was erzählt, oder?«

»Nein«, sagte ich. »Ich habe immer wieder gefragt, aber die Erwachsenen sagen mir nichts.«

»Das kann ich mir gut vorstellen bei euch Deutschen. Ihr wollt euch nicht dran erinnern. Ihr macht jetzt hier Urlaub, aber ihr habt das alles in Schutt und Asche gelegt. Dreimal! 14–18 und 40. Und 44 mussten sie euch hier mit Gewalt rausdrängen, dann ging noch mal alles kaputt.«

Ich schaute ihn demütig an.

»Sei froh, dass du damals nicht dabei warst. Ich bin hier aufgewachsen. Ich habe erlebt, wie wir besetzt wurden. Ich habe die ersten Wochen nach der Evakuierung von Dünkirchen gesehen, wie die Leichen an den Strand gespült wurden. Das war kein schöner Anblick. Ich wünsche dir, dass du nie eine Wasserleiche siehst! Sie sehen fürchterlich aus, ihre Köpfe sind dreimal so groß. Sie sind weiß und haben ganz große, weite, offene Augen.«

Mich gruselte es. Die toten offenen Augen!

»Na, guter deutscher Junge, ich will dir keine Angst machen, aber so war es eben damals. Hast du dich jemals gefragt, warum hier so viel Teer im Wasser schwimmt?«

»Ja«, sagte ich. »Wo kommt es her? Ich habe es immer an den Füßen, wenn ich schwimmen war, und es ist kaum abzukriegen.«

»Es kommt aus den vielen Wracks, die da draußen liegen. Hier, direkt vor Middelkerke, liegt die Wakeful. Sie ging bei der Evakuierung nach einem Torpedotreffer mit achthundert Mann unter und man sagt, dass die meisten noch im Schiffsrumpf sind. Das Öl tritt langsam aus und es kommt bis heute Tag für Tag in kleinen Flocken an den Strand und du hast es an den Füßen, den Teer des Schiffes, das voller Toter ist.«

Der alte Mann von der Mole wurde mir langsam unheimlich, und er spürte es.

»Ich habe dir gesagt, ich will dich nicht erschrecken. Aber wenn du dich für den Krieg interessierst, dann musst du dich mit der Wahrheit über den Krieg auseinandersetzen. Krieg, das ist Zerstörung, Tod, Trauma, Verwundung, Elend, Grauen. Wer ihn nicht erlebt hat, der kann nicht über ihn reden. Ich habe nicht gekämpft, aber ich habe ihn miterlebt. Hier, in Middelkerke. Eure Besetzung, den Beschuss, die Trümmer, die Not, das Elend.«

Ich fühlte mich schuldig, er merkte es und sagte: »Brauchst Dich nicht bei mir zu entschuldigen. Ich weiß, dass du es nicht warst. Aber versprich mir, dass du dafür sorgst, dass es nicht wieder passiert. Frieden ist schnell gesagt, ihn zu schaffen aber unendliche Arbeit. Studiere den Krieg, um für den Frieden zu predigen. Das ist dein Beitrag. Wenn du willst, kannst du es.«

»Ich will es versuchen, Menheer«, sagte ich. Und nach einer Pause korrigierte ich mich: »Nein! Ich will es tun, Menheer, wirklich!«

Ich hätte ihm so gerne jetzt erzählt, was ich schon alles über den Krieg erfahren hatte, aber dann fühlte ich, dass es unpassend war.

»Siehst du die Vögel da, in den Büschen, in den Dünen?«, fragte er.

»Die bunten da?«, fragte ich.

»Ja genau. Wir nennen sie ›Dünkirchen-Vögel'.«

»Dünkirchen-Vögel? Was ist das?«

»Als die Deutschen die Region hier einkesselten, flüchteten die Einwohner und die Besitzer der Strandvillen in aller Eile und konnten nur das Nötigste mitnehmen und retten. Also ließen sie ihre Vögel frei. Zeisige, Kanarienvögel und vor allem Papageien. Die Papageien flogen dann in die Dünen und weil es hier wegen des Golfstroms so mild ist, überlebten sie, vermehrten sich – und heute haben wir Kolonien von Papageien, die wir ›Dünkirchen-Vögel' nennen. Papageien werden alt und einige haben sogar noch die Schlacht miterlebt.«

Ich hörte ihm mit offenem Mund zu.

»Und weißt du was?«

»Nein, was denn?«, fragte ich ungeduldig.

»Manche von denen können sogar sprechen!«

»Wirklich?«, sagte ich.

»Ja, die Deutschen, die hier stationiert waren – am Atlantikwall – die haben ihnen das Sprechen beigebracht. Und wenn du Glück hast und mal an so einem Papagei vorbeikommst, stell dich hin und warte drauf, bis er zu dir sagt: ›Heil Hitler!‹«

Ich scohaute ihn ungläubig an. Papageien, die ›Heil Hitler‹ sagen können, das kam mir doch etwas seltsam vor. Aber alles war seltsam an diesem Tag, die brennende Stadt, der Mann von der Mole, die Papageien, wer weiß?

»Ich gehe jetzt die Muscheln putzen. Ich wünsche dir einen schönen Tag. Sei nicht so erschreckt. Du interessierst dich für den Krieg, das spüre ich. Aber dann stelle dich auch der Wahrheit und mach weiter.«

»Tot ziens!«, verabschiedete er sich.

»Dank U, Menheer!«, rief ich ihm nach.

Er ging zu seinem Haus hinter den Dünen, das gar kein Haus war, sondern ein alter Bunkerbau aus dem Ersten Weltkrieg. Den hatte er sich ausgebaut, ganz im Stil der belgischen Frittenbuden-Architektur.

Ich ging in Gedanken versunken durch die Dünen, da rauschte von den Dornenbüschen her eine Kolonie von Papageien über mich hinweg. Ich duckte mich, denn einige kackten im Flug, aber keiner traf mich. Ich sah ihnen nach. Zweifelsfrei Papageien, die kannte ich aus dem Antwerpener Zoo. Bunte Papageien, fliegende Zeitzeugen der Schlacht von Dünkirchen! Aber kein Papagei hatte »Heil Hitler« zu mir gesagt. Und ich war verwirrt und wusste überhaupt nicht mehr, was ich von alldem halten sollte.

Ich ging zurück ins Apartment, auf den Balkon, schaute nach Süden, aber die brennende Stadt war weg. Da war jetzt wieder der milchige Horizont, Dunst lag über dem Meer, Wind hatte eingesetzt und die Brandung schäumte ein wenig. Vielleicht war alles nur ein böser Traum.

Der Brand, die Stadt, die Nazi-Papageien.

Die Macht der Natur

Nach der Dünkirchen-Erscheinung und der Begegnung mit dem Mann von der Mole ging ich vorsichtiger ins Wasser. Ich schaute genau hin, und wenn ich etwas Weißes heranschwimmen sah, wich ich zurück. Aber es waren keine Wasserleichen, die die Wakeful freigeben hatte, es waren einfach nur weiße Quallen, die aber oft so groß waren wie Menschenköpfe.

Wenn ich dann aus dem Wasser kam und die Füße voller Teer hatte, musste ich daran denken, dass das der Teer aus den Totenschiffen war, die nicht allzu weit vor unserer Küste in flachem Wasser auf dem Meeresgrund ruhten.

Bei Ebbe ging ich an die großen Felsblöcke am Ende der Mole Muscheln suchen, aber meistens war der alte Mann schon weg – oder ich sah, wie er lange, nachdem ich wieder oben im Apartment war, auf seinen Fang ging. Ich dachte an den ersten Satz, den er mir gesagt hatte, als ich ihm erzählte, dass ich Dünkirchen gesehen hatte: »Dann gibt es Sturm!«

Und ich hatte mich schlau gemacht und herausgefunden, wie man an der Sicht, den Wolken und den Winden herausfinden konnte, wie das Wetter sich entwickeln würde. Sah man die verwunschene Stadt, dann bedeutete es, dass ein schwerer Sturm im Anzug war.

Ich brauchte an dem Morgen gar nicht herauszuschauen, ich hörte es bereits am Fauchen des Windes im Schacht des Müllschluckers und am Rauchfang des komischen Kamins, den wir nie angekriegt hatten und dessen Rohr notdürftig mit Papier verstopft war. Beim zu-Bett-gehen war das Meer noch ruhig und sanft gewesen. Jetzt, noch weit draußen bei Ebbe, kochte es schon und stieg schneller, als die Flut erlaubte, und rollte unerbittlich heran.

Vom sicheren vierten Stock aus schaute ich fasziniert auf die aufziehende Katastrophe. Von Ostende kam tatsächlich fahrplangemäß die Princesse Astrid, die Autofähre nach Dover, und stampfte durch die schwere See, quer zum Wind. Sie krängte so stark, dass sich das Rote des Rumpfes zeigte – und einmal meinte ich den Kiel gesehen zu haben. Meine Mutter schlug die Hände vors Gesicht, denn sie sah das Schiff jede Sekunde kentern.

»Die armen Menschen!«, rief sie, und faltete die Hände zum Gebet.

Die Princesse Astrid brauchte mindestens eine halbe Stunde, um von der rechten zur linken Seite der Panoramascheibe zu kommen, und wir schauten gebannt zu, wie im Kino, spannender, schrecklicher konnte kein Film sein. Dann verschwand sie am Horizont und später erfuhren wir, dass die Besatzung und die Passagiere in Nieuwpoort sicher an Land gekommen waren. Dort war die Passage abgebrochen worden, mit letzter Kraft hatte der Kapitän die Fähre in den sicheren Hafen bugsiert und dabei die Mole lädiert.

Der Sturm wurde stärker. Es fühlte sich jetzt an, als würde der Betonbau im Wind schwingen, bei jeder pfeifenden Windböe knackte die große Panoramascheibe und meine Mutter bekam es mit der Angst zu tun und ließ die Rollladen herunter. Es war dunkel im Raum, die Schwingungen und Sturmgeräusche nahmen zu und Tante Mechtild und ihr dreijähriger Sohn, mein Cousin Guido, kauerten verängstigt in der kleinen Küche. Sie fühlten sich den Kräften der Natur ausgeliefert, aber ich, ich wollte dem Feind ins Auge schauen. Das hier war kein städtisches Gewitter, bei dem nach einer Stunde wieder die Sonne schien, das hier, das war ein Weltensturm!

Da musste ich nach Draußen und so überredete ich meine Mutter, mit mir über die Promenade zum Casino zu gehen, um zu schauen, ob dort das Wasser schon über die Deichmauer laufen würde.

Just, als wir das Apartmenthaus verlassen hatten, drehte der Wind auf Nordwest und blies nun, kurz vor dem Höhepunkt der Flut, frontal auf die Küste zu. An den Straßenecken mussten wir auf allen Vieren über die Promenade kriechen und uns mit den Fingernägeln an die Bordsteine krallen, um nicht weggerissen zu werden, und wir brauchten für den Weg die dreifache Zeit. Ich fühlte mich großartig, wie auf einer Expedition, und ich war stolz, dass meine Mutter mich begleitete. Achim und Helga, wir waren wie Scott und Amundsen. Für die Erforschung der Welt mussten Opfer gebracht werden, und meine Mutter war an meiner Seite dazu bereit!

Am Casino hatten sich eine kleine Menschenmenge und einige Pressefotografen eingefunden, hier nun griff der Sturm voll zu. Die Wellen rauschten heran und holten sich schon eines der kleinen Strandhäuschen, so wie ein homerisches Ungeheuer ein Tieropfer holte, fraßen es, spuckten es aus und schleuderten es wütend auf die Herde der anderen Strandhäuser zurück, die bereits anfingen, in der Dünung aufzutreiben. Das Häuschen brach auseinander und seine Eingeweide quollen hervor, Luftmatratzen, Schwimmreifen, Badeanzüge, Boulekugeln. Die nächste Welle schleuderte ein schon abgetriebenes Strandhaus zurück, Glas splitterte, die Wände brachen auseinander, Holz krachte, noch mehr Eingeweide und Innereien mischten sich in den Hexenkessel. Die Männer der Agence Coulier, des Badebuden-Verleihers, versuchten noch verzweifelt, einige an den Haken zu nehmen und sie die schräge, geziegelte Deichmauer hochzuziehen. Im Mute des Augenblicks musste einer heldenhaft das Seil um die Bude legen und im rechten Moment an den Kran des Pickups einhängen; zwei-, dreimal klappte es, aber die Flut stieg immer höher und immer mehr Buden wurden in das

Inferno des kochenden Meeres gespült, geworfen, gezogen, wo sie zersplittert verendeten. Und die Männer gaben auf.

Nach einer Stunde ging die Flut langsam zurück, und die Bretter, Türen, Schwimmreifen, Luftmatratzen wurden weit aufs offene Meer gespült; als Letztes fiel die rote Fahne des Bademeisters.

Der Sturm hatte aber mitnichten nachgelassen, nur die Ebbe hatte verspätet eingesetzt. Wir kämpften gegen den Wind und beschlossen dann, über die Leopoldlaan landeinwärts zurückzugehen. Kurz vor der Residence Aquitaine war die Straße mit Glassplittern übersäht; eine Böe hatte in einem leerstehenden Ladenlokal einen Überdruck erzeugt, woraufhin sämtliche Thermopane-Scheiben explodiert waren. Das musste gerade passiert sein, und für einen kurzen Moment stellte ich mir vor, wie es ist, ungeschützt in einem Sturmhagel voller Messer, Äxte und Pfeile zu stehen. Da waren wir tatsächlich gerade nochmal dem Tod entronnen! In der Ferne lag eine umgestürzte Straßenbahn und fast alle großen Plakatwände, an denen sich sonst so schön Solo-Tennis spielen ließ, waren zerstört und weggeweht, hatten Autos unter sich begraben.

Wir schritten schnell über die Glasplacken und Splitter hinweg und beschlossen, von hinten in die Residence zu gehen, durch den Keller. Meine Mutter wollte den Aufzug nehmen – ich aber ging zu Fuß; ein Stromausfall, eine Flutwelle, wer weiß, was passieren konnte? Ich hasste diesen Aufzug, er war eng und unzuverlässig. Das Treppenhaus war auch nicht besser, noch enger, aber irgendwie stabiler.

Im Apartment war es dunkel, Mechtild und Guido kauerten noch immer verschreckt in der Küche und hörten mit großen Augen unserem Abenteuer-Bericht zu. Erst als der Wind am späten Abend einschlief, öffnete Helga wieder die Rollladen.

Der Tag war gut überstanden worden, er war aufregend, er war einmalig, die Natur hatte eindrücklich ihre Gefährlichkeit, ihre Wut, ihre Brutalität gezeigt. So, als hätte sie mir sagen wollen: Sieh gut zu, so bin ich, brutal und rücksichtslos. Ihr Menschen seid ein Teil von mir, und was sanft und friedlich ist, kann jederzeit umschlagen ins Bestien- und Monsterhafte.

Wie tief die Eindrücke des Tages waren, zeigte sich mir, als ich noch jahrzehntelang Alpträume hatte, die diesen Tag aufleben ließen. Meistens war es so, dass das Meer bis zum dritten Stock des Hauses stand, im Treppenhaus sah ich das Wasser steigen, Stufe für Stufe, und nichts ist für mich als Bild schrecklicher als eine Treppe, die ins Wasser führt. Manchmal war das ganze Apartmenthaus wie ein Badehäuschen ins Meer gespült worden und stand jetzt dort an falscher Stelle und ich schaute aus dem vierten Stock fassungslos Richtung Festland.

Über die Jahre wurden die Bilder schwächer, bis zum Abend des 14. Juli 2021, als die Flut kam, die Wassermassen das Tal füllten, die Umrisse der alten Burg abmalten, stiegen und stiegen und dann die Nacht mit lautem Rauschen erfüllten. Da waren die Alpträume wieder da und blieben.

ZUM FLUSS

Herrenmenschen

Theo war wieder vorgefahren, hatte aus der Vlaamse Kunstlaan die Möbel abgeholt und nach Siegen gebracht. Es war mitten in den Sommerferien und ich hatte keine Gelegenheit, mich vom Lehrer, der Klasse und meinem Freund Leon zu verabschieden. Alexis war auf ähnliche Art nach Patras entschwunden – ab in die Ferien und einfach nicht mehr zurück. Meine schöne Zeit in Middelkerke wurde abgebrochen, denn nun ging es für mich auf eine deutsche Volksschule, in Nordrhein-Westfalen, und dort hatte bereits der Unterricht begonnen.

Es waren die berüchtigten »Kurzschuljahre«, ich war gerade sieben und kam schon in die dritte und ein paar Monate später in die vierte Klasse, in einer Sprache, die mir fremd geworden war. Alles, was ich in Belgien gelernt hatte, war hier für die Katz, die Rechtschreibung, die Aussprache, die Satzzeichen.

Die Kinder fanden mich blöd und ich fand sie noch blöder. In der flämischen Schule hatte ich mir Respekt erarbeitet, sie hatten sich für mich interessiert, weil ich vom Niederrhein kam. Hier war der Niederrhein für die Siegerländer Jungs schon so etwas wie Ausland und sie guckten auf mich herab, den Belgier, der aus dem Land kam, dessen Soldaten nachts auf dem Wellersberg Schießübungen veranstalteten.

Beim Fußball wollte ich mitspielen, aber sie verjagten mich und sagten, dies hier sei eine Nationalmannschaft, dort habe ein Belgier nichts zu suchen! Ich ging verwirrt zu meinem Vater, reklamierte, aber er meinte nur, dass ich doch gar kein Belgier sei.

»Ja eben! Dann versuch das denen mal klarzumachen!«, schimpfte ich. »Sie lassen mich nicht mitspielen, weil ich Belgier bin!«

Da es so blieb, beschloss ich, ein für alle Mal und bis in alle Ewigkeit, das Thema Fußball aus meinem Leben zu streichen.

Ich ging wieder morgens gebückt mit Magengrummeln hinunter ins Tal zur deutschen Volksschule. Weil das Grummeln nicht aufhörte, fuhren wir zu Onkel Bernd, der felsenfest bei seiner Diagnose blieb.

»Aber Fritten haben sie keine in Siegen«, meinte meine Mutter.

»Dann eben Bratkartoffeln mit Spiegelei«, verordnete Onkel Bernd.

Unsere neue Wohnung lag seitlich der Oberen Altstadt im Hang, aus meinem Zimmer hatte ich einen weiten Ausblick über das Tal. Überall rauchten die Schornsteine und die nördlich gelegenen Städtchen und Dörfer hießen jetzt »Hüttental«, abgeleitet von Eisenhütten, Stahlhütten – und nicht den romantischen Almhütten, wie es sich meine Mutter gerne vorstellte. Rauch und verbrannt riechender Mief zogen, je nach Wetter, bis zu uns herauf – und unten konnte ich die schweren Dampflokomotiven sehen, wie sie fauchend und stampfend die voll beladenen Flachwagen voller Stahlrohre zum Antwerpener Hafen zogen. Sie waren das Ergebnis der Telexe, die mein Vater jetzt in noch mehr Überstunden bis weit in die Nacht abarbeiten musste, denn seit er aus Antwerpen zurück war, »brummte die Hütte«, wie er mir sagte. Er hatte ganze Arbeit geleistet mit seinem »Howgh, ich komme als Freund«, und die Niederländer, Belgier und Luxemburger, sogar die Franzosen, hatten die neue deutsche Art geglaubt und fröhlich bei ihm Ware bestellt.

Für meine Großmutter Ida war Siegen beschwerlich, das ewige Rauf und Runter, die Treppen – ihr Körper, ihre Beine, sagte sie mir, die würden das nicht mehr recht mitmachen.

»Geh doch mal zu Onkel Bernd«, sagte ich. »Der hat tolle Rezepte!«

»Ach, Achim!«, seufzte sie. »Bei dir, da wirkt das noch, du wächst und wirst größer und größer. Ich? Ich schrumpfe. Schrumpfe vor mich hin, werde kleiner und breiter. Die Stadt, die ist nichts für mich«, keuchte sie. »Ich schaffe es gerade ins Museum. Komm.«

»Ins Obere Schloss, oh ja!«, rief ich.

Da gab es tolle Ritterrüstungen und ein richtiges Bergwerk, in das man hinabsteigen konnte. Und der Vater von Rubens, der war da eingekerkert, bevor er nach Antwerpen flüchten konnte. So gab es also eine Verbindung von mir zum großen Meister – Antwerpen und Siegen – und Malen war meine neue Leidenschaft. Aber Rubens seine nackten Damen, die fand ich noch immer zu dick.

Als wir aus dem Schloss kamen und über den Markt gingen, schaute ich mir die Siegener Frauen an, die vor und die hinter den Ständen, und bekam eine Ahnung, wo er seine Inspirationen aufgefangen hatte.

Unsere Lehrerin hieß Frau Brodt, sie war aus dem Osten und die einzige nette Person auf der ganzen Schule. Ich mochte sie, sie mochte mich, und unsere Fremdheit unter den Siegerländern verband uns. Sie mochte mein Malen und gab mir den Auftrag, auf die große Seitentafel im Klassenraum ein buntes Aquarium mit Kreide zu zeichnen.

Ich malte es, tagelang, brachte mein ganzes Wissen vom Ärmelkanal in die große Aufgabe hinein: neben bunten Fischen gab es ein Schiffswrack am Meeresgrund, das sollte die Wakeful sein. Weiße Quallen pumpten sich durch das Wasser in den Vordergrund zum Betrachter und ganz klein in der Ferne hätte man, wer immer in das Bild und seine Bedeutung eintauchen wollte, eine aufgequollene Wasserleiche gesehen.

Aber niemand wollte in meine fantastische Unterwasserwelt eintauchen, und niemand würde jemals wieder in sie eintauchen können, denn am vierten Tag, vor Unterrichtsbeginn, hatten unbekannte Täter das Bild zerstört, mit einem trockenen Schwamm die Fische, die Quallen weggewischt; noch nicht einmal vor dem nassen Grab der britischen Seeleute hatte ihre Zerstörungswut Halt gemacht. Welche Herostraten! Ich war entsetzt, geschockt. Aber keine Träne kam hervor, ich nahm es mit Härte und Bitternis und wollte Stärke zeigen. Und an dem Tag kamen sie in mein Leben hinein, der Schmerz und die Wut der Erwachsenenwelt, die Portion Hass, die uns hart macht und nicht weichen lässt. Ich dachte wieder an die Insel, wo ich mich zum Revolutionsgeneral aufschwingen würde, um dann, nach siegreicher Rückkehr, mit meinen Feinden abzurechnen. Mit einer Limonade in der Hand, im Schatten einer großen Pappel, würde ich am Ufer zusehen, wie ihre Leichen den Fluss hinabtreiben.

Manchmal, mitten im Unterricht, wurde Frau Brodt kalkweiß, die Kinder lärmten, denn sie verlor die Kontrolle über die Klasse. Sie bat um Ruhe, niemand hörte auf sie, und dann bat sie mich, sie nach Hause zu bringen. Ein junger, verhuschter Mann kam und übernahm die Deutschstunde.

Ich geleitete sie die wenigen hundert Meter zu ihrer Wohnung und sagte verständnisvoll: »Mir wird auch oft morgens schlecht.«

»Bist du denn schon beim Arzt gewesen?«, fragte Frau Brodt besorgt.

»Ja, wir haben einen in der Familie, Onkel Bernd. Er hat mich untersucht und er sagt, es käme davon, dass ich so schnell wachsen würde.«

»Dann sei froh«, sagte sie. »Bei mir ist es was anderes.«

»Was denn?«, fragte ich, aber ich bekam keine Antwort.

Später fand ich heraus, von einem der fiesen Siegener Kinder, dass sie schlimme Dinge mit den Russen erlebt hätte, mit den Soffjets, wie wir sie immer noch nannten. »Schlimme Dinge«, daran musste ich immer denken, wenn ich im Unterricht saß und sie wieder weiß um die Nasenspitze wurde. Ich hatte die Schiffe mit Hammer und Sichel an den Schornsteinen vor Augen und hoffte, dass sie nicht den Rhein heraufkämen und nicht die Sieg. Nicht zu mir und nicht zu Frau Brodt, die sich so vor Ihnen fürchtete.

Ich malte, ich baute Häuser, schwankte zwischen Bildender Kunst und Architektur und schottete mich ab, redete mit niemandem, dachte oft an Charlotte und an Middelkerke, das ich im Sommer wiedersehen würde – denn das Apartment hatten wir behalten. Mein letzter Anker in die freundliche Welt, meine einzige Hoffnung in den trüben Siegener Wintern, ohne Karneval, ohne Fritten, ohne Ida, der es in der hügeligen Stadt zu beschwerlich geworden war. Manchmal schrieb ich Leon von meinem kargen Exil hinter den sieben Hügeln.

Dann lernte ich Mohammad kennen. Er war aus der Nachbarschaft, aber gebürtig aus Persien, sein Vater Arzt am hiesigen Krankenhaus, das unter uns im Hang lag. Und so wurden wir, zwei Ausgestoßene in der feindlichen Fremde, Freunde.

Mohammad war Orientale, sah aus wie ein Orientale, und er erzählte den ganzen Tag lang orientalische Geschichten aus

Tausendundeiner Nacht! Er konnte gar nicht aufhören, soviel bunte Bilder schossen aus seinem Mund.

»Ich bin Flame!«, sagte ich ihm in vollem Brustton der Überzeugung.

»Kein Deutscher?«, fragte er verwundert.

Und ich erklärte ihm, dass, wenn man erstmal hier von den Herrenmenschen im Hinterland gebrandmarkt worden war, es die Würde und die Ehre gebot, diese von ihnen verächtlich, ja abwertend gemeinte Bezeichnung mit Stolz zu tragen.

»Ja«, sagte ich, »Flame! Belgier! Und weißt du was?«

»Nein, was denn?«

»Sie haben uns zweimal überfallen, die Deutschen. Und dann?«

»Was dann?«

»Dann haben sie jedes Mal gegen uns verloren. Und zweimal haben wir sie besetzt! Und jetzt sind wir immer noch da, drüben auf dem Wellersberg, mit unseren Panzern« – und ich verschränkte die Arme wie der große Winnetou und schaute weit über das Tal auf das von mir besetzte Land.

Er wollte mehr über das streitbare Volk erfahren, dessen Angehöriger ich war.

»Kelten«, sagte ich, »sie sind Kelten, die Belgier. Und weißt du, warum wir so stark sind?«

»Nein«, sagte Mohammad neugierig. Das wollte und musste er wissen, denn er begeisterte sich für kriegerische Stämme.

»Weil wir eine Geheimwaffe haben!«, sagte ich.

»Eine Geheimwaffe? Was für eine Geheimwaffe?«, fragte mich Mohammad und konnte seine Neugier kaum zügeln.

Ich zögerte und tat, als sei es ein Staatsgeheimnis.

Und nach einer Pause sagte ich zu ihm, als wäre er der Abgesandte des wichtigsten mit mir verbündeten Volkes: »Fritten!«

Mohammad erfuhr von mir alles über die Belgier und ihre Geheimwaffe, von der er noch nie gehört hatte. Auch erzählte ich ihm mit Begeisterung von den großen Schiffen im Antwerpener

Hafen, die ich in die Welt hatte hinausfahren sehen. Dampfer, Frachter und Tanker, die zum persischen Golf fuhren und das schwarze Gold brachten, in die Tanks neben der gefährlichen Fackel. Und dann das Wrack in der Schelde, das Wrack vor Middelkerke, das machte schweren Eindruck auf ihn.

Wir spielten den ganzen Tag nach der Schule, denn hier gab es nachmittags keine Ausflüge mit strengen Lehrern. Hier konnten wir machen, wozu wir Lust hatten. So gingen wir in das Trümmergrundstück gegenüber vom Haus, das hieß »Ohio« – und das andere Trümmergrundstück hieß »Omaha«, das hatten wir von den einheimischen Kindern erfahren. Wir klauten Kartoffeln, machten ein Feuer und brieten sie an Stäben darüber. Einmal hatten wir einen alten Topf gefunden und jetzt wurden sie in Wasser gekocht und es war wunderbar, mit Mohammad physikalische Experimente zu machen. Wir waren erstaunt, wie lange es brauchte, so einen kleinen Topf zum Kochen zu bringen.

»Aber Fritten sind es nicht«, sagte er.

»Nein. Das fordert eine besondere Technik. So wie die Hochöfen hier, in denen sie den Stahl kochen.«

»Fritten ...«, sagte er träumerisch.

»Sie nennen sie Frieten«, sagte ich.

»Die flämische Geheimwaffe«, sagte Mohammad und brannte darauf, sie eines Tages zu Gesicht zu bekommen.

Mohammad zeigte mir im Gegenzug die Kampftechnik der Palastgarde des Schahs. Er hatte einen roten Plastikhelm mit einem goldfarbenen Emblem darauf.

»Sieh her«, sagte er zu mir. »So machen es wir Perser!«

Er befahl mir, mich vor ihn zustellen. Dann schlich er bedeutungsvoll in gebückter Haltung um mich herum und plötzlich warf er den Helm auf mich zu. Ich war verdutzt, griff nach dem Helm und von hinten überwältigte er mich mit seinem Holzschwert.

»Das nennen wir das persische Täuschungsmanöver!«, sagte er. »So beschützen sie den Schah, wenn er demnächst nach Deutschland kommt!«

Der Schah war so etwas wie ein Kaiser, ich dachte für einen Moment an den lüsternen Wilhelm im Leopardenfell, spürte aber, dass ich besser darüber schweigen und schon gar keine Vergleiche anstellen sollte.

»Ich habe auch einen König!«, sagte ich. »Er heißt »Baudouin, le Roi des Belges«.

»Ach«, sagte Mohammad, »nur ein König. Ts.«

»Einen Kaiser habe ich auch!«, setzte ich drauf.

»Einen richtigen?«

»Ja, den größten, den es je gab. Napoleon!«

»Wer soll das sein, Nabolium ...? Nie gehört.«

»Na-po-le-on.«

»So so, Na-po-le-on«, äffte er mich nach. »Bei uns war er nicht«, sagte Mohammad trocken.

»Aber in Ägypten!«, konterte ich.

»Was ist schon Ägypten!«, meinte er verächtlich.

»Immerhin haben sie die Pyramiden. So!«

Er verstummte einen Moment.

»Und sowas habt ihr nicht!«

Er wurde wütend, warf seinen roten Helm nach mir und überwältigte mich nach der Manier der Palastwache des Schahs von Persien, der bald zu Besuch kommen würde.

Wir streiften durch die Stadt. In der Marburger Straße gab es Kinos, und wir schauten auf die neuesten Plakate. Alle zeigten Winnetou, Old Shatterhand, und jeden Monat gab es einen neuen Karl-May-Film. Nach den Winnetous kam »Der Schut« und dann »Durchs wilde Kurdistan«.

Die Eingänge der Kinos hingen voller bunter Lobbykarten mit Erläuterungstexten. »Lex Barker als Kara Ben Nemsi«, stand da.

»Und sieh nur da«, sagte ich zu Mohammad. »Der sieht doch aus wie du!«

»Wer?«

»Na, der da«, sagte ich, und zeigte auf einen Mann in einem bunten Kostüm und einem großen Turban auf dem Kopf.

»Das soll ich sein?«, fragte Mohammad entrüstet.

»Auf jeden Fall ist er ein Orientale«, sagte ich. »Und das wäre doch schön, wenn wir zwei, ich als Kara Ben Nemsi und du als mein orientalischer Freund, durch die Siegerländer Schluchten reiten würden.«

»Und wie heiß ich dann?«, fragte Mohammad, so gar nicht überzeugt von seiner ihm zugewiesenen Rolle.

»Steht doch da«, sagte ich.

Er entzifferte die Bildunterschrift.

»Ralf Wolter???« Mohammad wurde pampig. »Toller Name für einen Orientalen!«

»Aber nein, das ist doch nur der Schauspieler. Da steht doch der richtige Name!«

Mohammad begann zu lesen, hörte gar nicht auf, der Name ging über die ganze Breite der Lobbycard.

»Na gut, Effendi!«, sagte er. »Wenn du es schaffst, diesen meinen Namen fehlerfrei auszusprechen, so will ich dein Gefährte sein!«

Ich schaute auf das Bild und mir schwante, was ich mir eingebrockt hatte. Mohammad grinste über beide Backen.

»Wann reiten wir los, weißer Bruder?«, fragte er spöttisch.

Ich las und las und versuchte mir den Namen einzuprägen.

»Jetzt«, sagte ich mit großer Geste, »jetzt! Hadschi Halef Omar Ben Hadschi Abul Abbas Ibn Hadschi Dawuhd al Gossarah!«

»Gesundheit!«, sagte er und wir lachten und machten die Stadt unsicher.

Passend zu den Karl-May-Filmen gab es Winnetou-Bilder, die konnte man für einen Groschen im Tabakladen kaufen. Es waren immer zwei Bilder drin – und ein blödes Kaugummi, das überhaupt nicht schmeckte.

Meistens war eins der Bilder in der Tüte das ewig gleiche, es zeigte den Angriff auf ein Camp der Bahnarbeiter. Keiner wollte es haben und es hatte keinen Tauschwert. Mit dem Bild, auf dem

Nscho-tschi, die Schwester Winnetous, vom fiesen Santer kalt gemeuchelt wurde, war man schon in der obersten Liga angekommenen, den höchsten Wert aber hatte das Bild von Winnetous Tod. Das kam schon einem Lottogewinn gleich und man war der glücklichste Junge der Welt, wenn es in der Tüte war. Bis man es dahin geschafft hatte, war einem allerdings schlecht von den vielen Kaugummis, später gingen wir dazu über, sie achtlos wegzuwerfen.

Mohammad und ich stiegen ins Winnetou-Bilder-Geschäft ein, fühlten uns wie in einem orientalischen Basar, und über den Tauschhandel mit den Indigenen des renitenten Siegerländer Bergstamms entwickelten sich zarte Handelsbeziehungen und knapp bemessene Freundschaften.

Das ewige Leben

Eines Morgens wachte ich auf und das Tal war stumm. Kein Fauchen, kein Pfeifen kam mehr von der Bahnstrecke und den Verschubbahnhöfen.

Ich blickte verwundert vom Balkon auf die Stadt.

»Sie haben sie elektrifiziert«, sagte mein Vater, der gerade aufgestanden war. »Endlich sind sie fertig!«

Es war Sonntag – sein einzig freier Tag – und heute würden wir drei wieder einen der schönen Ausflüge machen, in das Rothaargebirge, durch die weiten Wälder, zur Kalteiche.

Wir fuhren über die Bundesstraße und unser neuer, taubengrauer Mercedes-Benz 200 mit der eleganten Heckflosse schraubte sich höher und höher, und wir erreichten den Wanderparkplatz an der Kalteiche.

Kalteiche! Der Berg hieß so, wie er war. Mir fröstelte gleich, und eine Eiche sah ich auch. Fieser nasser Nebel hüllte uns ein und meine Mutter zog ihren Schal fester zu, dann nestelte sie an meiner Windjacke, zog den Reißverschluss hoch.

»581 Meter über Normal Null«, erklärte mein Vater.

»Was ist Normalnull?«, fragte ich ihn.

»Die Meereshöhe.« Und der Atem zog als Fahne aus ihm, als würde er dicke Zigarren rauchen wie Opa Charlie.

»Von Middelkerke?«

»Fast richtig, mein Sohn. Der mittlere Wasserstand zwischen Ebbe und Flut. Und sie messen es am Pegel in Amsterdam.«

»Dann sind wir also 581 Meter höher als auf der Mole bei den Muscheln?«

»So ist es«, und mein Vater war stolz, dass ich erst die Gezeiten und jetzt die Höhenmessung begriffen hatte.

»Ich muss euch was zeigen«, sagte er zu meiner Mutter und mir.

Wir gingen durch den Nebelwald und er erzählte unterwegs, dass hier sogar eine Schlacht in den Revolutionskriegen stattgefunden hatte, mit dem französischen General Jourdan.

»Jourdan!«, rief ich.

»Du kennst ihn?«, fragte mein Vater verwundert.

»Ja, wir haben ihn in der Schule durchgenommen. Er hatte Belgien für die Republik erobert.«

»Und dann das Siegerland den Österreichern weggenommen«, sagte mein Vater. »Ein toller Hecht, he he.« Und lachte dabei.

»Sehen wir Kanonen?«, fragte ich in freudiger Erwartung.

»Besser!«, antwortete mein Vater.

Was sollte denn noch besser sein als Kanonen, wunderte ich mich. Wir kamen zu einer kleinen Lichtung.

»Jetzt schaut euch das an!«

Meine Mutter und ich waren baff.

Hinter der Lichtung war ein breites Schotterband, das um die Berge führte, nach Norden und nach Süden. Die Fläche, soweit wir durch den Nebel schauen konnten, war voll mit großen Baggern, Planierraupen, Baumaschinen aller Art.

»Das wird die neue Autobahn«, sagte mein Vater stolz. »Die Sauerland-Linie! Endlich kriegen wir den Anschluss.«

Und er schaute auf die Baustelle, als gehörte sie ihm.

»Es ist die erste Autobahn, die sie sich selbst ausgedacht haben. Und nicht nach den Plänen vom blöden Adolf.«

Auf dem Dachboden hatte ich ein provisorisches Spielzimmer; im Frühjahr und Herbst hielt ich es dort aus, im Winter war es zu kalt – und im Sommer wäre ich zu Brei zerflossen, nur gut, dass wir dann an die See fuhren. Wenn ich da oben mit der Eisenbahn spielte, schaute ich aus dem Fenster das Siegtal runter und sah die mächtigen Pfeiler der Autobahnbrücke wachsen, Meter um Meter, ein Bauwerk, so mächtig wie die Pyramiden, die Napoleon besucht hatte.

An einem anderen Sonntag ging es zu einer Ausgrabungsstätte. Dort hatten Archäologen einen Hochofen aus ferner Zeit gefunden. Archäologen, das waren Leute, die nach verschwundenen Städten suchten, so wie das sagenumwobene Troja, und, fanden sie eine, weltberühmt wurden. Ich setzte die Archäologie auf meine Berufswunschliste nach ganz oben, der Kapitän rutschte nochmal einen tiefer, unter die zehn – und raus war er. Ich stellte mir vor, wie ich Atlantis finden würde. Es stünde in allen Zeitungen der Welt, mit einem Bild von mir, und Charlotte würde in Brasilien bei der Morgenlektüre große Augen machen!

Meine Mutter war mit dabei, sie hatte einen Korb zusammengestellt, damit wir ein schönes Picknick am Waldrand machen könnten, denn heute war ein milder Frühlingstag, keine Kalte Eiche und keine 581 Meter über Normalnull.

Wir gingen an einem Feldsaum vorbei und jetzt standen wir vor dem ausgegrabenen Hochofen und ich war ein wenig enttäuscht.

»Ein bisschen mickrig«, sagte ich.

»Na, stell dir vor«, sagte mein Vater, »der Hochofen da, der ist Tausende Jahre alt. Er ist aus der Latêne-Zeit.«

»Laternen-Zeit?«, fragte ich ihn.

»Latène-Zeit«, sagte mein Vater mit Nachdruck. »So nennt man eine bestimmte Epoche. Die Eisenzeit. Sie ist so weit weg, das kannst du dir noch gar nicht vorstellen.«

«Jetzt hör auf mit dem ›ich bin so jung, ich kann es mir nicht vorstellen‹.«

»Dreitausend Jahre!«, sagte er.

Diesmal hatte er recht. Das war mir zu viel. Ich konnte mich an Hueskes erinnern, die Lohstraße, das war vier Jahre her. Aber dreitausend?

»Und was haben sie damit gemacht?«, fragte ich meinen Vater, »die Bude warm?«

»Sei nicht so albern«, und er kniff mir ins Ohr.

»Blödmann!«

»Fatzke!«

»Aua!«

»Lass das!«, mischte sich meine Mutter ein.

»Das soll er jetzt hier lernen«, sagte mein Vater. »Das ist wichtig!«, und kniff nochmal.

»Alter Zanker!«

Nochmaliges Kneifen, ich gab auf.

»Ich hör ja schon zu«, sagte ich genervt.

»Also ...«, er sammelte sich. »Das ist ein Hochofen. Schau, da oben taten sie das Erz rein, da unten die Holzkohle und dann haben sie ihn so gebaut, hier am Hang, dass am Abend die Fallwinde durch den Ofen wehten. Dann wurde er so heiß, dass sie die Erze zu Eisen schmelzen konnten.«

Ich war beeindruckt. Hier hatte mich die Vergangenheit direkt angeschaut. Die Laternen-Zeit. Die Zeit vor dreitausend Jahren, als die Menschen noch kein elektrisches Licht hatten.

Ich erzählte es Mohammad, aber er zuckte nur mit den Schultern.

»Du kannst dir gar nicht vorstellen, was wir Perser alles erfunden haben. Da habt ihr hier noch auf den Bäumen gelebt!«

»Wirklich?« Ich war erstaunt. Der Junge kam aus dem Land,

wo die Gewürze herkamen, und angeblich hatten sie schon viel früher vor uns tolle Dinge erfunden, wie konnte das sein?

»Wir haben die Qanate erfunden«, sagte er.

»Granaten?«, fragte ich verwundert.

»Qanate«, sagte er mit Nachdruck.

»Kanate? Was ist das?«

»Das sind Tunnel, die man in die Berge gebaut hat, um das Quellwasser abzufangen. Und man hat sie nach einem Lichtloch-Verfahren gebaut. Von oben in Abständen Stück für Stück heruntergegraben und dann unten Verbindungen gemacht, damit sie sich nicht unter Tage verliefen und aneinander vorbei gruben.«

Ich schaute ihn misstrauisch an.

»Und das ist keine Geschichte aus Tausendundeiner Nacht!«, sagte er zornig.

»Es war so eine technische Leistung, dass die Römer es uns gestohlen haben. Und die haben es dann zu euch nach Deutschland gebracht.«

»Belgier«, sagte ich ihm, »ich komme aus Belgien!«

Er malte mit einem Stock in den Sand, wie sie die Tunnel gebaut hatten, und wie die Deutschen – und auch die Belgier! – noch lange Zeit danach, nach diesem persischen Verfahren, ihre Eisenbahntunnel gebaut hätten. Er überzeugte mich.

»Und wann haben sie das erfunden?«, fragte ich.

»Vor dreitausend Jahren!«, sagte Mohammad und verschränkte die Arme wie ein Feldherr.

Wie wir den Hochofen in der Laternenzeit, dachte ich mir, aber vielleicht kam der ja auch aus Persien. Ich würde meinen Vater noch mal fragen.

Und er, mein Vater, der Stahlwerksdirektor, erzählte mir die Geschichte der Eisengewinnung, von den Persern über die Griechen zu den Römern und uns.

Perser und Römer, dachte ich mir, tolle Hechte! Was die alles erfunden hatten!

Aber von seiner Erzählung über die Griechen war ich nicht so überzeugt. Die Griechen schrieben Sagen auf, veranstalteten mit nackten Jungs Olympische Festspiele und hatten ansonsten Freizeit. So wie Alexis, der war ein fauler Hund gewesen, hatte nichts gelernt und sich darauf gefreut, wieder in Patras in der Sonne zu liegen. Wie Diogenes. In der Tonne, in der Sonne liegen, und warten, bis man einen tollen Einfall hatte. Bis die bösen Buben von Corinth kamen und einen den Abhang runterrollten, das hatte ich bei Wilhelm Busch gelesen, mit lustigen Bildern versehen, und sehr gelacht.

Ich dachte an den griechischen Kapitän auf der Nolleplaat Sandbank bei Vlissingen. So schnell konnte es vorbei sein und ein Schiff in drei Teile.

Das kam davon, wenn man zu viel in seiner Tonne lag! Statt Hochöfen zu erfinden.

Der Sommer war schön gewesen, Middelkerke hatte mich wieder zehn Zentimeter größer werden lassen, der Herbst zog ins Land und eines Sonntagsmorgens war es so ruhig in Siegen, wie ich es noch nie erlebt hatte. Ich schaute aus dem Fenster und dicker Schnee bedeckte die Dächer, die Bäume, die Straßen; kein Auto fuhr mehr. Es fühlte sich an wie das Ende der Welt.

Ich kroch zu meinen Eltern ins Bett. Dann nahm ich allen Mut zusammen und fragte meinen Vater: »Die Menschen, die den Hochofen gebaut hatten. Aus der Laternenzeit, den wir gesehen haben.«

»Was ist mit ihnen?«, fragte mein Vater.

»Wo sind die jetzt?«

»Tot. Schon lange tot! Ich hab dir doch gesagt, es war in der Latêne-Zeit und wie lange ist die her? Ich hab's dir erklärt.«

»Dreitausend Jahre«, sagte ich.

»Und kannst du dir ausrechnen, wie lange sie dann schon tot sind? Wie alt wird denn ein Mensch?«

»Was weiß ich«, sagte ich, »älter als Ida und Karl bestimmt. Na, vielleicht sowas an die ... 80 Jahre?«, rechnete ich aus.

»Sie lebten vor vielen Generationen«, sagte mein Vater.

»Länger her als Louises Großvater? Der, der Napoleon gesehen hatte?«

»Viel länger her.«

»Und dann sind sie für immer weg?« Mir wurde bang.

»Dann sind sie für immer weg«, sagte mein Vater. »Ihre Seelen sind da, aber wir können sie nicht sehen. Sie sind oben im Himmel, und sie schauen auf uns herab.«

»Was ist der Himmel?«, fragte ich.

»Die Ewigkeit da oben, wo nur die Seelen der Verstorbenen sind«, sagte mein Vater.

»Blödmann«, sagte ich spontan.

»Was soll das denn jetzt?«, fragte er wütend.

»Weil du Blödsinn erzählt! Du willst mir erklären, da oben sind nur die Verstorbenen, mutterseelenallein?«

»Aber natürlich, es ist der Weltraum, ewige Weiten, der Himmel des Friedens!«, sagte mein Vater.

»Und was machen dann die Amerikaner da oben, auf dem Weg zum Mond?!?«

Da war er bass erstaunt und konnte nichts mehr dazu sagen.

Aber tief in mir spürte ich, dass er Recht hatte mit seiner Erzählung, und dass ich das mit den Amerikanern nur gesagt hatte, um mich von dem Gedanken an den Tod und die Ewigkeit abzulenken. Ich drehte mich in die Decke ein, schaute auf den fallenden Schnee, dachte an Ida und Karl und eine große Traurigkeit überkam mich.

Die Autobahnbrücke wuchs höher und höher in den Himmel, Deutschland mobilisierte, und auch wir hatten jetzt einen Zweitwagen. Es war ein wunderschöner Karmann Ghia, schnittig, fast wie ein Rennwagen, elfenbeinfarben, mit schwarzem Top. Meine Mutter, die immer ängstlich auf dem Beifahrersitz gesessen hatte, wenn mein Vater über die flämischen Landstraßen gerast war, fuhr jetzt selbst flott mit dem Karmann durch

Siegen und das Umland und machte die Straßen unsicher. Diesmal war ich es, der verkrampft auf dem Beifahrersitz saß, nicht angeschnallt, denn Gurte gab es noch nicht.

So fuhren wir einmal auf einen Ausflug, im Sommer nach Middelkerke und manchmal zu Ida und Karl nach Krefeld.

Es war der Sommer '66, es war der 30. Juli, und wir brausten das Siegtal hinab. Ich rutschte unruhig auf dem Sitz hin und her.

»Was ist los?«, fragte meine Mutter. »Ist dir wieder schlecht?«

»Nein, aber ...«

»Was ist denn?«, fragte sie und hatte Angst, dass ich ihr den Wagen vollkotzen würde. »Soll ich anhalten?«

»Nein, mir ist nicht schlecht, aber, aber ...«

»Ja, was denn aber?«

»Mensch, Mutti, das Endspiel! Wir verpassen es! Deutschland gegen England. Ich muss es sehen!«

»Aber du hast doch gesagt, du willst gar nichts mehr mit Fußball zu tun haben?!«

»Aber das hier, da geht es um alles«, sagte ich. »Da kommt ein Gasthof. Lass uns anhalten, bitte! Ich muss es sehen!«

»Wenn es dir so wichtig ist«, sagte sie.

»Ja, es ist mir wichtig, unendlich wichtig.«

Wir parkten den Wagen vor dem kleinen Gasthof, einige andere Autos standen auch dort, und wir gingen hinein.

Aus dem Saal hörten wir lautes Geschrei, dann einen unendlichen Jubel. Hatten wir gewonnen? Wir kamen rein und konnten vor lauter Rauch weder die Männer noch den Fernseher erkennen. Was ist passiert, fragte ich den Erstbesten.

»Weber!«, brüllte er immerzu. »Weber! Ein wahrer Held!«

Weber? Der war doch ein Verteidigungsspieler. Was hatte er denn gemacht?

»In der letzten Minute!«, schrie der Mann. »In der letzten Minute hat er den Ausgleich geschossen!«

»Ausgleich?«, fragte ich.

»Ja, jetzt geht es in die Verlängerung!«

Es stand 2:2, es war also noch alles drin! Ich setzte mich hin. Meine Mutter versuchte, bei der Kellnerin einen Kaffee und für mich eine Limonade zu bestellen, aber die Kellnerin rannte immerzu mit einem schwankenden Tablett voller Biere durch den Raum und beachtete uns nicht. Die Männer waren verschwitzt, rauchten nervös an ihren Zigaretten, ihren Pfeifen, ihren dicken Zigarren. Das Spiel wurde wieder angepfiffen und ich fieberte dem deutschen Sieg entgegen.

»Endkampf!«, sagte einer neben mir.

»Jetzt geht es um die Wurst!«, ein anderer.

»Ran wie Blücher, Jungs!«, ein dritter.

»Weltmeister!«, ein vierter, »wir werden Weltmeister!«

»Weltmeister!«, stimmte der ganze Männersaal an und es klang wie eine Drohung.

Ich versuchte, etwas auf dem schwarz-weißen Bildschirm zu erkennen, der klein am Ende des Saales auf einem Tisch stand, aber durch den Rauch, die dicken Männer, das Rudern ihre Arme – während sie aufgeregt die Spielzüge kommentierten – ließen sich nur manche und dann schemenhafte Bewegungen erkennen.

Und dann passierte es, das, was bis heute diskutiert wird und – ich habe es nicht gesehen! Ich hörte nur die unglaublichen Schreie der Männer, die brüllten.

»Kein Tor! Kein Tor, niemals und nimmer!«

»Auf der Linie, der war auf der Linie!«, sagte der Weber-Fan neben mir.

Ich sprang auf, stellte mich auf den Stuhl. Gott sei Dank war ich am Ende des Saals und versperrte keinem die Sicht.

Und dann sah ich mein einziges Bild, das ich an diesem Tage sah: Wie der Linienrichter ruhig auf den Schiedsrichter zuging, etwas sagte, dann folgte eine atemlose Stille im Gastraum; der Schweizer Schiedsrichter zeigte auf das Tor und – gab es!

Es war unglaublich. Es war der Dritte Weltkrieg.

»Ein Soffjet!«, brüllte der erste.

»Die Russen!«, der nächste, »ist doch klar!«

Wieder einer meinte verbittert, da hätten sich die alten Verbündeten also wieder gefunden.

Ich verstand es nicht richtig, fragte den Mann von vorhin, der immerzu »Weber« gebrüllt hatte, und der sagte mir mit hochrotem Kopf, so als würde er gleich platzen: »Der Linienrichter! Junge, der Linienrichter! Ein Soffjet! Alles klar? Merk dir das, mein Junge, so werden wir Deutschen betrogen, immerzu, bis in alle Ewigkeit!«

Und er schüttete sich das Bier ihn einem Zug rein.

»Schiebung!«, brüllten sie jetzt immer lauter im Saal, einer schmiss wütend sein volles Bierglas gegen die Stirnwand, es krachte und zerplatzte hinter dem Fernseher. Die Kellnerin ging in Deckung und flüchtete aus dem Saal.

Drei zu zwo für England also, und so wie es weiterging, sah es nicht gut aus. Ich hatte Angst vor den wütenden Männern und ging nach draußen auf den Parkplatz. Dann hörte ich den dumpfen Aufschrei aus dem Saal, und ich wusste, dass es jetzt endgültig vorbei war. Das nächste englische Tor war gefallen und wir hatten verloren, 2:4, das Spiel war aus.

Ich stand am Ufer der Sieg, wollte heulen, dann aber überlegte ich es mir anders.

Das hatten sie nun davon! Die Herrenmenschen hatten mich als Belgier beschimpft, aus der Nationalmannschaft ausgeschlossen und waren jetzt von einem sowjetischen Linienrichter schnöde um ihren Sieg gebracht worden. Recht so!

Ich wurde frohen Mutes und dachte mir, das Erste, was ich zuhause tun würde, wäre, die Fußball-Sammelbildchen in den Müll zu werfen.

Ich lachte, hähä, ein bisschen so wie mein Vater, dann fuhren wir nach Krefeld.

Die Kurzschuljahre beschleunigten die Zeit und ich war gerade acht, als ich bereits auf der nächsten Schule war. Es gab wieder neue, mir fremde Mitschüler, aber wenigstens saß Mohammad neben mir und wir gingen jeden Morgen gemeinsam den weiten Weg über die Oberstadt und Unterstadt zum Städtischen Gymnasium. Mein Vater ließ für uns ein Haus bauen, auf den Hügeln hinter Weidenau, unterhalb des Monte Schlacko, wie sie die alte Halde der Eisenhütte nannten. Sie war dunkel und steil und sah aus wie ein gefährlicher Vulkan. Ich wollte da nicht hin, nicht schon wieder weg von meiner gerade vertraut gewordenen Umgebung, nicht weg von Mohammad. Aber zu all dem kam es nicht mehr.

Mein Vater hatte sich mit dem Besitzer des Röhrenwerks verkracht und von einem Tag auf den anderen gekündigt, ihm die Papiere auf den Tisch geknallt, wie er sagte und war ab nach Duisburg, zu Klöckner. Wir saßen da, meine Mutter und ich, zurückgeblieben in Siegen, bis das Schuljahr beendet war.

Theo fuhr vor, und die Möbel machten sich wieder auf den Weg – nach Krefeld! Und wir hinterher, mit dem Karmann – und einmal wären wir vor Hennef fast aus der Kurve geflogen, so schnell fuhr sie.

Von Duisburg aus hatte mein Vater, Horst, ein Reihen-Eckhaus im Krefelder Norden gekauft, es war noch nicht fertig gebaut, und so würden wir in der Übergangszeit in der Souterrain-Wohnung auf der Roonstraße wohnen, dort, wo er mit Dieter und Bodo seine Kindheit verbracht hatte.

Bodo mit seiner Frau und den Kindern würden auch da sein, sie wohnten oben im zweiten Stock. Und meiner Großmutter erfüllte das Leben noch einmal ihren größten Wunsch – dass ihre Kinder mit den Enkeln in ihrem Haus leben würden. Dieter würde vorbeikommen; er hatte keine Kinder und deshalb war es nicht so schlimm, dass er nicht dort wohnte, sondern in der Werkssiedlung.

Opa Karl, den sie alle Charlie nannten, ertrug den unerwarteten Trubel stoisch. Er war kein Freund von Gesellschaft und verbarrikadierte sich in seinem Herrenzimmer, das er nach Möglichkeit nur zur Tagesschau verließ. Dieter folgte ihm manchmal zurück in das für uns Kinder verbotene Reich.

Krefeld hatte mich wieder und sobald wie möglich wollte ich zu Anton Hueskes gehen. Dem würde ich was erzählen, er mit seinen gefälschten Fritten! Ich bog schon in die Lohstraße ein, da sah ich seine vier kräftigen Söhne, mit schulterlangen Haaren, seltsam ondulierten Locken, sogenannten Minipli, in Pelzmänteln und jeder mit zwei Mädchen im Arm – die wenig trugen außer luftigen Blusen und Minirock. Sie stiegen in ihre Ami-Schlitten, mit denen sie majestätisch über die Rheinstraße und den Ostwall kutschierten. Die Motoren gaben dazu schlürfende Geräusche von sich. Sie sahen aus wie Rock 'n Roll Sänger, die aber statt der Gitarre lieber den Vorschlaghammer benutzten, und ich dachte mir, es wäre vielleicht klüger, dem Hueskes nichts zu sagen, und drehte wieder ab.

Wenig später begann die Schule, der Tag startete wie ein Morgen vor der Hinrichtung. Ich ließ die Arme hängen und ging mit meiner Mutter hinaus in die feindliche Welt.

Wir vernahmen ein schrilles Lärmen, als wir dort ankamen. Viel zu viele Kinder in übervollen Räumen.

»Jetzt kommen die Babyboomer!«, wie die Erwachsenen sagten, und die Schulbehörden und das Ministerium hatten es schlichtweg verpennt. Es gab zu wenig Klassen und es gab zu wenig Lehrer. Keiner wusste, was zu tun war.

Ich sah den übervollen Klassenraum, kriegte Panik und kotzte ihnen gleichmal die Bude voll. Die Lehrer meinten, es wäre besser, wenn ich – der ich die Kurzschuljahre durchgemacht und keine fünfte Klasse gehabt, vier Schulen, drei Schulsysteme in zwei Sprachen hinter mir hatte und das alles in weniger als vier Jahren – doch lieber noch mal die Sexta wiederholen sollte. Ich sagte teilnahmslos »von mir aus«, und von da ab verlor ich jegliche Lust am Unterricht und lernte für mich das, was ich am besten konnte: Träumen.

Ich hasste es, das neue Gymnasium, dachte an die Vlaams School, die mir anfangs so fremd, und dann doch so vertraut und in der ich so gut gewesen war. Dachte an die liebe, unglückliche Frau Brodt, die Siegener Kinder, mit denen ich nie warm geworden war, aber am Ende doch ein bisschen. Dachte an Mohammad, den ich auch verloren, sowie an Leon, dem ich nicht mehr geschrieben hatte und von dem auch keine Briefe mehr aus Antwerpen gekommen waren.

Mein Vetter zog mich morgens vom großelterlichen Haus in die unerbittliche Lehranstalt, die wie eine feindliche Festung der preußischen Besatzungsmacht das Viertel beherrschte und am Moltkeplatz lag. Alle nannten es nur »das Moltke«. Die anderen Kriegsherren, Roon und Bismarck, die Hohenzollern, alle von Siebzig-einundsiebzig, liehen den Straßen des prächtigen Finde-Siecle-Viertels ihre Namen.

Ich saß im Unterricht, gleichgültig, hörte nicht mehr zu und dachte an Napoleon und seine Schulzeit in Brienne. Der hatte auch was mitgemacht und dann die Welt beherrscht! Aber nach der Beherrschung der Welt war mir nicht, und die Liste der zehn wichtigsten Berufe hatte sich vor meinen Augen in Luft aufgelöst. Ich würde durch die Wolken schweben, ein nutzloses Mitglied der Gesellschaft werden, ihr zum Dank vielleicht ein paar lyrische Verse schmieden, im Übrigen gingen die Mathematik und das Deutsch, in dem ich mich im Schreiben immer noch schwertat und mit schlechten Noten bestraft wurde, an mir vorbei. Am Arsch, dachte ich mir, am Arsch vorbei.

Ich schaute in den weiten Himmel über der Stadt und dachte bei den großen Wolken, die vom Meer zu uns herüber segelten, an die schönen Schiffe im Antwerpener Hafen. Und wenn ich einen Satz hasste, dann war es der »Wie-war-es-in-der-Schule?«-Satz, den mein Vater mir, getrieben vom Stress seines neuen Jobs, formell und uninteressiert entgegen nuschelte.

Die einzige Freiheit war der Rhein. Der große Strom, an dem ich geboren worden und dessen Sohn ich war. Ein Sohn des Vaters Rhein.

Am Deutschen Rhein

Ich fieberte dem Samstag entgegen, denn am Wochenende ging es auf den Campingplatz von Onkel Dieter! Mein Vater spottete über ihn.

»Vom Blockwart zum Platzwart«, sagte er. »Tolle Karriere!«

»Blockwart?«, fragte ich, aber er blieb mir eine Antwort schuldig und konnte nicht aufhören, über seinen älteren Bruder herzuziehen.

»Faltbootfahrer!«, sagte er verächtlich. »Der Dieter und sein Kanu-Wander-Club! Ts!«

Und vielleicht dachte Horst dabei an seinen verunglückten Bootskauf und die blöde Kapitänsmütze aus dem Andenkenladen, die er damals, bei der Rückfahrt von Veere nach Antwerpen, wütend aus dem Autofenster geworfen hatte.

Mir war fast schlecht vor lauter Vorfreude, aber ich riss mich zusammen, schleuderte die Schultasche in die Ecke und stand, lange vor den anderen, abfahrbereit unter den großen Kastanienbäumen vor dem Haus. Dann ging es los, mit meinem Cousin, den Cousinen und der Tante, in Onkel Bodos kleinem Käfer, er qualmend am Steuer, über die holprigen Straßen durch die kleinen Dörfer mit den lustigen Namen.

»Gellep, Strümp, Stratum, Lank-Latum; Langst, Nierst, Kierst.« Wir sagten es auf wie ein lustiges Kindergedicht. Und dann über den Winterdeich – da spürten wir schon den brackigen Geruch – weiter über den Sommerdeich durch den großen Schwarzpappel-Saum am Ufer zum Campingplatz.

Dann waren wir da, am großen Vater Rhein, der nach altem Mann stank, wie Opa Charlie. Und wir liebten es.

Alles war bereits aufgebaut. Kleine Zelte, mittlere Zelte, Hauszelte, es sah aus wie Wallensteins Lager. Dieter war in seinem Element, sprang über den Platz, gab Anweisungen für den Latrinenbau und versammelte die Mannschaft zum Fahnenappell. Eben noch war er Werkmeister bei Bayer gewesen und jetzt mussten seine Untergebenen ihm am Wochenende weiter Gehorsam üben und machen, was er wollte. Dieter, der Faltbootfahrer! Und er war glücklich, denn jetzt war er wieder »im Felde«, wie früher.

Die blau-grauen, mit gummiertem Stoff überzogenen Boote waren von Klepper. Es gab Einsitzer, Zwei- und Dreisitzer; jetzt wurden sie zusammengebaut, um eine erste Runde über den Rhein zu paddeln. Immer schön am Ufer, damit man nicht in die gefährliche Strömung geriet – oder schlimmer, von talwärts fahrenden Rheinschiffen in den Sog gezogen wurde. Bodo nahm uns mit, Klaus und ich hinter ihm sitzend, und wir mussten im Takt paddeln, so wie Bodo es militärisch knapp vorgab. Bei der Langster Fähre überholten wir sogar Dieter und Irmingard. Klaus und ich legten uns daraufhin noch mehr ins Zeug. Hier waren wir, an der niederrheinischen Riviera, und gegenüber lag die alte Kaiserpfalz in Kaiserswerth, das Haus des Dichters Herbert Eulenberg, und es war das Paradies.

Das große Lagerfeuer wurde aufgebaut, denn heute Abend war die Sonnenwendfeier. Mein Vetter und ich erkundeten die Landschaft und stromerten durch die Pappelwälder, gingen auf die Buhnen am Rhein und fühlten uns wie am großen Mississippi, weit weg im Herzen Amerikas. Tante Erika hatte Kartoffelsalat vorbereitet und Bockwürstchen, und alles schmeckte fast so gut wie die Fritten in Middelkerke an der Frituur. Gott sei Dank gab es Senf und nicht überlagerte Mayonnaise vom Vorjahr.

Am Abend dann wurde das große Feuer entzündet. Alle saßen im Kreis herum und es wurden Lieder gesungen, manche aus grauer Vorzeit, manche aus einer Zeit mit einer anderen Farbe. Als das Feuer etwas runtergebrannt war, begann Onkel Bodo uns Geschichten zu erzählen.

Und das konnte er! Er war ein begnadeter Geschichtenerzähler, und ob das alles stimmte, was er sagte, das war uns vollkommen egal, denn wir hörten ihm gebannt zu – vor allem bei der Geschichte vom Martin Graf Schenk von Nideggen!

Der war ein Säufer, Raufbold und Weiberheld gewesen – das war ganz nach unserem Geschmack und wir konnten gar nicht genug bekommen.

»Los, Bodo, erzähl!«, spornten wir ihn an.

»Nun, gut, der Schenk. Dann haltet euch mal fest!«, und wir waren gespannt wie die Streben der Faltboote, die glänzend am Ufer in der letzten Abendsonne lagen.

Der Schenk, erzählte Bodo, war der uneheliche Sohn einer Wäscherin aus Goch und des berühmten Grafen von Nideggen gewesen, durfte das Wappen nur durchgestrichen tragen, bekam aber eine Apanage und machte sich dann selbstständig als Kriegsunternehmer. Er bot jedem seine Dienste an und half dem Erzbischof von Köln, dem Gebhard Truchsess von Waldburg. Der war auch ein schlimmer Finger und hatte sich in die Stiftsdame Agnes verliebt.

»Mit der hatte er ein Fistanöllchen!«, sagte Bodo und wir liebten diesen rheinischen Ausdruck.

»Fistanöllchen!«, riefen wir entzückt.

»Sie hatten sich immer wieder beim Grafen Adolf in Moers für ihre Schäferstündchen getroffen«, sagte Bodo, »und der Kaiser bekam Wind davon. Statt die Verbindung zu beenden, heiratete der Bischof Truchsess sie vom Fleck weg und dann gab es Krieg!«

»Weiter, weiter«, feuerten wir Bodo an.

Und er erzählte, wie der Truchsess den Schenk zu Hilfe holte und der dann die kaiserlichen Truppen in die Flucht geschlagen hatte. So ging es über zehn Jahre, der Schenk war mal hier, mal dort, belagerte die Stadt Bonn an Heiligabend, plünderte sie und ich stellte mir vor, wie er den Bonner Kindern womöglich die Weihnachtsgeschenke geklaut hatte.

Er schlug alles zu Klump, was ihm im Wege war, Hüls, sogar das schöne Uerdingen, direkt hier unterhalb am Fluss. Am Ende hatte der Truchsess aber doch verloren und floh mit seiner Agnes in die Niederlande.

»Schenk suchte sich andere Aufgaben und paktierte fortan mit den Spaniern«, sagte Bodo.

»Oh ja, die Spanjaarden!«, rief ich, »das sind gefährliche Leute!«

»Ja«, sagte Onkel Bodo. »Er kämpfte mit ihnen gegen die Holländer, wechselte dann aber die Seiten und kämpfte mit den Holländern gegen die Spanier, ein wüster Vogel!«

Dann erzählte Bodo, wie der Schenk mitten im Rhein eine große Schanze gebaut hatte, dort an der Stelle, wo der große Fluss begann, sich in viele Arme zu teilen, um gemächlich dem Meer entgegenzuströmen.

»Schenkenschanz«, sagte Onkel Bodo, »so nannten sie es dann, Schenkenschanz, und es steht heute noch da.«

»Mitten im Rhein?«, fragte ich.

»Wenn der große Fluss wieder Hochwasser hat, ja, dann steht es wieder mitten im Rhein«, antwortete mir Bodo.

Bodo erzählte, wie der Schenk immer wüster wurde, sich überschätzte, bei der Belagerung von Nijmegen durch die Spanjaarden flüchten musste und dann, mal wieder besoffen, in seiner Ritterrüstung in den Fluss fiel und ertrank. Die Spanier fischten seine Leiche heraus, vierteilten sie und hängten die Körperteile zur Abschreckung an die Stadttore. Wir hörten mit offenem Munde zu. So ging man also früher mit Missetätern um!

»Jahre später«, sagte Onkel Bodo, »wurde er dann von seiner Frau auf Schloss Bleijenbeek beerdigt. Und wiederum hunderte

Jahre später, 1945, wurde es bei Montgomerys Rhein-Offensive durch einen Luftangriff zerstört und steht bis heute als Kriegsruine in der Nähe von Goch. Aber das ist dann der Zweite Weltkrieg. Und ...«

»Ja,« sagte ich, »dafür sind wir noch zu jung.«

»Genau«, sagte Bodo.

Die Cousinen waren mittlerweile eingeschlafen und die Tante hatte sie ins Zelt gebracht. Ich dachte an mein neues Faible für die Dichtkunst und spontan sang ich: »Da Maartens Schenk van Nijdeggen, dä wuor en staadse Mann! Dann fiel er in die Maas – das war's!«

Klaus lachte und wir sangen es zusammen, dreimal hintereinander.

»Aber es war nicht die Maas!«, sagte Bodo bestimmt, »es war der Waal!«

»Der Waal? Was soll das sein?«, fragte ich.

»So nennen sie den Rhein hinter Schenkenschanz, den Hauptstrom. Waal.«

»Nicht Rhein?«, fragte ich verstört.

»Nein. So nennen sie den nördlichen Abfluss. Nederrijn. Von ihm geht ein weiterer Arm ab, den nennen sie Ijssel. Und später heißt der Nederrijn Lek.«

Ich war empört. Was machten die Holländer da mit unserem Deutschen Rhein?

»Dann gibt es noch den Kromme Rijn, den Leidse Rijn und den Oude Rijn. Der fließt dann als kleines Rinnsal bei Katwijk in die Nordsee«, sagte Bodo.

Waal, Lek, Ijssel, dachte ich. Und am Ende lassen sie ihn als Oude Rijn an einem Ausflugsstrand verenden. Wie gemein!

Ich wurde wütend. Vielleicht sollte ich doch einen anständigen Beruf ergreifen, Politiker! Und dann würde ich mein Leben der Aufgabe widmen, dem großen Vater Rhein, dem Deutschen Strom, sein Recht zu geben, bis zum Meer seinen angestammten Namen zu tragen. Rhein, Rhein, nur du allein!

Das Feuer wurde kleiner, aber der Horizont plötzlich glutrot; das waren die Hochöfen von Duisburg und ich dachte an meinen Vater, der jetzt da drüben bei Klöckner saß und zusehends seine Gesundheit ruinierte. Wenn er doch nur einmal mit uns hier wäre und Bodos tollen Geschichten lauschen würde! Aber er war gefangen in den Klauen der Europäischen Wirtschaftsgemeinschaft, die immer mehr wollte und forderte, und er musste dieses Mehr liefern. Er, allein in seinem Büro, bis tief in die Nacht, mit dem ratternden Fernschreiber.

»Noch was, Onkel Bodo«, baten wir, »noch eine Geschichte!«

»Ach was«, sagte er, »euch fallen doch schon die Augen zu. Beim nächsten Mal.«

»Nein, jetzt!« sagte ich flehentlich, »bitte!«

»Na gut. Ich gebe euch einen Vorgeschmack aufs nächste Lagerfeuer. Dann erzähle ich euch die Geschichte von eurem Urahn.«

»Jetzt, Bodo, jetzt!«, schrien wir und die Tante zischte aus dem Zelt und forderte Ruhe ein.

Bodo begann zu flüstern.

»Ich werde euch die Geschichte von Karolus Konejung erzählen.

Er kam aus dem Dänischen und war Schmied. Dann kam der Dreißigjährige Krieg und er fuhr mit einem großen Wagen und seinen drei Söhnen der schwedischen Armee hinterher und versorgte die Landsknechte mit frischen Schwertern.«

»Ein Kriegsunternehmer!«, sagte ich und Onkel Bodo musste an seinen älteren Bruder denken, meinen Vater.

»Am Ende des Krieges kam er hierher, ganz in die Nähe, bei Wevelinghoven, da war die letzte Schlacht, kurz vor dem Frieden. Dort hatte er von Solingen gehört, dem Zentrum der deutschen Klingenindustrie. Er gab das Kriegshandwerk auf, ließ sich dort nieder, und so steht er als erster Konejung im Stadtbuch.«

Klaus war lange eingeschlafen, ich versuchte noch, die Augen aufzuhalten, aber das letzte, was ich mitbekam, war der rote

Schein am Horizont. Aber diesmal waren es nicht die Hochöfen von Krupp, es waren die Vorboten der Sonne, die den kommenden Tag bescheinen würde. Dann schlief ich ein und Bodo trug mich, liebevoll wie er war, in das Hauszelt.

Am späten Sonntagnachmittag fuhren wir, reich an Geschichten, glücklich und sonnenverbrannt, zurück in die Stadt. Meine Mutter rümpfte die Nase, steckte mich in die Badewanne und wusch die Sachen dreimal in der Waschmaschine. Es roch doch alles nach Rauch, igitt!

Im Broich

Das Haus wurde nicht fertig. Es gab Probleme mit dem Untergrund, wir waren am Niederrhein, und der große Strom hatte über die Zeit so manche wilden Verrenkungen veranstaltet. Eigentlich saßen wir alle auf Fluss- und Schwemmland. Die Straßen hießen Dyks, so wie der Zeedijk in Middelkerke, waren alte Knüppeldämme, und das Bruch war ein Broich, ein Sumpf, und die Broicher hatten seit dem Mittelalter einige davon trockengelegt. Die hier aber nicht. Es waren und blieben Sümpfe, Reste alter Rheinarme, und der große Fluss zeigte seine Macht, noch tausende Jahre später.

In ihrer Bauwut und Gier hatten die Geldgeber und Unternehmer einfach vergessen, wo sie waren. Und der Vater Rhein zeigte ihnen jetzt eine Nase und manchmal, nach schweren Gewittern, kam er zu Besuch in die Keller der Häuser, die viele Kilometer weit ab vom Strom entfernt lagen, so wie die Schelde es getan hatte, seine wilde Nichte.

So blieben wir noch eine Weile auf der Roonstraße. Der schöne Frühsommer am Rhein und der Hochsommer an der See verabschiedeten sich und mit den fallenden Blättern legte sich eine große Schwermut über das Haus an der Roonstraße.

Denn Ida ging es immer schlechter, die Folgen der Tortensucht hatten sie eingeholt.

»Nie mehr«, hatte sie immer gesagt, »nie mehr werde ich auf sie verzichten, nach all den Kriegen und all der Not.«

Sie stürzte sich seit Jahren auf all die wunderbaren Sahnetorten, die ihr begegneten, keine war vor ihr sicher. Einmal holten wir ihre Freundin ab; Ida verschwand verdächtig lange in deren Wohnung. Erst nach einer halben Stunde kamen die beiden Damen vergnügt zum Auto, in dem mein Vater ungeduldig wartete.

Einmal hatte er sogar gehupt und meine Mutter hatte zu ihm gesagt: »Die Nachbarn!«.

Auf der kurvenreichen Strecke passierte es dann, diesmal war es nicht ich, sondern Ida – und große rote Stücke und Flüssigkeit brachen aus ihrem Mund hervor.

»Blutsturz!«, schrie mein Vater, bremste scharf; alle waren hilflos und ich schaute entsetzt auf die Katastrophe, die sich vor meinen Augen abspielte.

Immer mehr der blutigen Masse sprudelte aus ihrem Mund!

»Ist doch nur die Erdbeertorte«, sagte Ida trocken und erbrach den letzten Rest neben den Mülleimer auf dem Wanderparkplatz.

»Bürger! Haltet Eure Anlagen sauber!« stand auf einem Schild daneben.

Mein Vater schimpfte seine Mutter aus. »Unverantwortlich«, sagte er, »unverantwortlich. Die ganze Torte, mal eben in einem weggemampft. Du mit deinem Zucker! Das wird dich noch umbringen!«

Das war nur zwei Jahre her. Und jetzt besiegte sie der Zucker und sie lag im Sterben.

Karl wurde noch einmal zum verliebten jungen Mann und einmal hörte ich, wie er an ihrem Bett sagte, Ida, Ida, verlass mich nicht.

Dann war sie tot.

Ich weinte bitterlich, so wie ich noch nie geweint hatte, und jetzt wusste ich, wann es galt, die Tränen nicht zurückzuhalten.

Sie würde jetzt da oben sein, da, wo die Amerikaner versuchten, zum Mond zu fliegen. Und ich würde sie lange nicht wiedersehen, solange, bis auch ich eines Tages da oben sein würde.

Danach versank ich in meine Träume, dachte an sie und weinte um sie.

Und ich wusste, dass meine Kindheit vorbei war.

II.

WATERLOO MDCCCXV

L'Expiation

Waterloo ! Waterloo ! Waterloo ! morne plaine !
Comme une onde qui bout dans une urne trop pleine,
Dans ton cirque de bois, de coteaux, de vallons,
La pâle mort mêlait les sombres bataillons.
D'un côté c'est l'Europe et de l'autre la France.
Choc sanglant ! des héros Dieu trompait l'espérance ;
Tu désertais, victoire, et le sort était las.
Ô Waterloo ! je pleure et je m'arrête, hélas !
Car ces derniers soldats de la dernière guerre
Furent grands ; ils avaient vaincu toute la terre,
Chassé vingt rois, passé les Alpes et le Rhin,
Et leur âme chantait dans les clairons d'airain !

Waterloo! Waterloo! Waterloo, triste Ebene!
Wie eine Welle, die in einer überfüllten Urne kocht,
In deinem Kreis aus Wäldern, Hängen und Tälern,
Der bleiche Tod mischte die dunklen Bataillone.
Auf der einen Seite Europa, auf der anderen Frankreich.
Blutiger Zusammenstoß! der Helden Gott täuschte die Hoffnung;
Du desertiertest, Sieg, und das Schicksal war müde.
O Waterloo! Ich weine und halte inne, ach!
Denn jene letzten Soldaten des letzten Krieges
Waren groß; sie hatten die ganze Erde besiegt,
Zwanzig Könige verjagt, die Alpen und den Rhein überschritten,
Und ihre Seele sang in den ehernen Trompeten!

(Victor Hugo)

NAPOLEONS HUT

»Morne Plaine«

Wir waren angekommen, Horst, Michael und ich. Mein Vater hatte den Wagen kurz vor dem kleinen Dorf geparkt. Jetzt war es ein Mercedes 280er in Silber-metallic, mit belgischem Nummernschild, denn Horst war wieder in Antwerpen, lebte dort während der Woche und leitete seine Firma, die er von einem alten Geschäftskunden gekauft hatte. Er war wieder ganz in seinem Element und die Fernschreiber ratterten. Und tatsächlich, obwohl er so eingespannt war, hatte er Michael und mich nach Belgien mitgenommen.

Michael wohnte schräg gegenüber, dort, wo jetzt unser neues Haus stand, im Norden der Stadt. Die Häuserzeile gegenüber war zwischendurch in den Sumpf des ehemaligen Rheinarms gesunken. Die Bewohner mussten ins Hotel, die Häuser wurden mit großen Betonfundamenten, die tief in den Boden gerammt wurden, abgestützt. Zwei Jahre hörten wir das Wummern der Bohrer. Wir selber hatten Glück gehabt, wir standen auf festem Grund.

Ich hatte zwei neue Freunde, Michael und Frank; wir gingen in die gleiche Klasse und im letzten Frühjahr hatten wir drei den monumentalen Waterloo-Film von Sergej Bondartschuk im Kino gesehen. Wir brauchten uns keine Schnurrbärte anzumalen, denn wir waren mittlerweile vierzehn, alt genug. Ich hatte meinen Vater daraufhin angefleht, uns an den Ort der Schlacht zu fahren, und schließlich hatte er sich dazu bereit erklärt. Frank durfte nicht mit, seine Mutter hatte Angst um ihn, und auch Michaels Mutter war besorgt.

»Wenn mal nichts passiert!«

Mein Vater beruhigte sie, in seinem dicken Mercedes wären wir sicher, und er ein besonnener Fahrer. Dabei musste ich mich feixend in ihrem Flur verstecken.

Und so waren wir in den Herbstferien mit ihm über die alten Landstraßen wieder nach Antwerpen gefahren, hatten in Horsts neuer Wohnung übernachtet und fuhren am nächsten Morgen über die A12 nach Mechelen und Boom durch Brüssel durch. Dann bog er Richtung Charleroi ab und schließlich waren wir auf der Anhöhe von Mont-Saint-Jean angekommen.

Michael und ich überquerten die Straße und stellten uns an den Feldsaum, und vor mir öffnete sich die Welt der Vergangenheit. Ich vergaß alles um mich herum, denn nun sah ich sie zum ersten Mal vor mir, die mit stummen Klagen und Wehgeschrei erfüllte Ebene. Sie lag da im frühen Dunst eines ruhigen Oktobertages, flacher, sanfter und weiter als im Film.

Ich sah in der Ferne die blinkenden Adler der französischen Regimenter, die aufblitzenden Kürasse der französischen Reiterei und das Mündungsfeuer der »Belle-fille de Napoleon«, der französischen Kanonen, die alle auf mich gerichtet waren.

Ich hörte ihre Rufe, das »Vive l'Empereur!«, und die Musik ihrer Marschkapellen. Von da kam mir »Le Champ d'Honneur« entgegen, von dort der »Marche de la Garde Consulaire à Marengo«; und dann schlugen Sie den Pas de Charge – und über allem klang ihre Siegeshymne, »La Victoire est à Nous«.

»Auf den Hügel«, forderte ich, »auf den Hügel!«, und Michael und mein Vater folgten mir. Wir erreichen die Treppen zum »Butte de Lion«, dem Löwenhügel.

»L'accès à l'escalier avec des frites est interdit!«.

»Betreten der Treppe mit Fritten verboten!«, übersetzte ich und lachte.

Das war Belgien, wie ich es kannte. Und Fritten? Da waren wir hier richtig! Jetzt die Treppen hoch, ich konnte es kaum erwarten, oben zu stehen – unter dem großen Löwen, der mutig nach Frankreich schaute. Seine rechte Pranke ruhte auf einer Kanonenkugel, auf dem granitenen Sockel stand »MDCCCXV«.

»1815«, erklärte ich. »Den Löwen haben sie aus den erbeuteten französischen Kanonen gegossen, so hat man es mir erzählt. Und unter uns, in dem Hügel, da sollen an die 50.000 Tote ruhen.«

Ob das wirklich stimme? fragte mich Michael, und ich versicherte ihm, es in meinen kommenden Forschungen herauszufinden.

Und dann öffnete sich vor uns das Panorama über das Schlachtfeld, und ich war jetzt ganz der Guide, der meiner Truppe die Landschaft, die Geschichte, und die Örtlichkeiten präsentierte.

»Ganz hinten, links, schaut her, dort sind La Haye, Frischermont und Papelotte, ein wichtiger Anker von Wellingtons linkem Flügel. Und von dort kamen auch am späten Nachmittag des 18. Juni die Preußen!

»Und hier ... «, ich zeigte nach unten, ganz in die Nähe unseres Hügels, »la Haye Sainte, der Meierhof, der von Soldaten der Deutschen Legion gehalten wurde. Solange, bis sie keine Munition mehr hatten. Nur etwa 50 Überlebende konnten sich zurückziehen.«

Auch mein Vater, der sich noch nie so wirklich für die Schlacht von Waterloo interessiert hatte, hörte jetzt gebannt zu.

»Dahinten in der Ferne der Gasthof Belle Alliance, links davon hatte Napoleon seinen zweiten Beobachtungspunkt.«

Ich zeigte jetzt in die Landschaft, wie der Feldherr auf dem Bild in der Burg Linn, das sich mir so früh in meinem Leben eingebrannt hatte.

»Und da war es auch, am Ende der Schlacht, wo sich Wellington und Blücher trafen. Und dahinter, da müssen wir unbedingt hin, Vati, da ist das Monument mit dem verwundeten Adler. Und die Victor-Hugo-Säule!«

»Und was ist das da rechts?«, fragte Michael.

»Das da, das ist das Golgatha der Schlacht! Le Chateau d'Hougoumont. Das Schloss von Hougoumont.«

»Ah! Das im Film so brannte!«, sagte Michael.

»Ja«, sagte ich. »Während der Schlacht wurde es von Engländern, Hannoveranern und Nassauern verteidigt. Jerome, Napoleons Bruder, sollte einen Scheinangriff auf das Schloss führen, damit Wellington Reserven vom linken Flügel abziehen würde. Aber es entwickelte sich zur Schlacht in der Schlacht, bis zum Schluss hielten Wellingtons Truppen die Position. Durch den französischen Beschuss mit Granatmörsern geriet es in Brand und bis heute steht es dort als Ruine und stummer Zeitzeuge des 18. Juni 1815, dem Tag, der die Weltgeschichte veränderte.«

Jetzt war ich stolz auf meine neue Rolle als Guide, die ich soeben an historischer Stätte gefunden hatte.

Durch die Baumreihen konnten wir die Gebäudereste erkennen.

»Seht nur, hinter uns«, sagte ich, »dort liegt der Bauernhof von Mont-Saint-Jean. Er wurde zum Feldlazarett während der Schlacht. Und da, nur 8 km weit weg, das Dorf Waterloo und dahinter der Wald von Soignes. Der Wald, der Wellington im Rücken stand.«

»Es sieht wirklich aus wie vor über hundertfünfzig Jahren«, sagte Michael. »So weit, so leer und doch so klein.«

»Es steht unter Denkmalschutz. Seit 1913 darf hier kein Gebäude mehr gebaut werden. Und es ist tatsächlich eines der originalsten Schlachtfelder der napoleonischen Kriege in Europa.«

Wir schauten lange auf die stumme, klagende Ebene.

»Und jetzt«, sagte ich, »auf ins Panorama!«

Es lag direkt am Fuße des Löwenhügels, ein großes, rundes, steinernes Gebäude aus der Zeit nach der Jahrhundertwende. Mein Vater löste die Tickets, wir eilten voran, waren nicht zu halten, rannten die Treppe hoch auf die Plattform, von der aus man auf das Rundgemälde schaute.

Den ersten, den wir sahen und erkannten, war der Marschall Ney auf seinem Pferd, mit gezogenem Säbel, zusammen mit den Generälen Kellermann und Milhaud. Sie ritten direkt auf uns zu, hinter ihnen die gesamte französische Kavallerie.

Das Bild erschlug Michael, erschlug mich. All das, was ich eben noch vor meinem geistigen Auge gesehen hatte, die Uniformen, das Schlachtgetümmel, war hier jetzt bunt, zum

Greifen nah, fast wie in Wirklichkeit. Rechts war Hougoumont, und es brannte lichterloh. Ich musste an die Wellen auf den Bildern in der Burg Steen denken, mit den sinkenden Schiffen. Dieser Maler hier hatte bestimmt in der Antwerpener Wellenschule gelernt, dann aber auf Flammen umgesattelt und war dort zum Meister geworden.

Weiter drehte ich mich im Schwung der angreifenden Kavallerie nach rechts, und ich sah, wie sie auf die englischen Karrees zustürmten, mutig und nicht zu stoppen. Einige Artilleristen, an ihren charakteristischen Raupenhelmen erkennbar, rannten – ihre Kanonen zurücklassend – vor ihnen weg und suchten im nächstbesten Geviert Schutz. Es war das Karree, in dem sich auch Wellington befand. Fast alle Soldaten trugen die scharlachroten Uniformen der englischen Armee, manchmal auch Schottenröcke, und Michael meinte »Scotland the Brave« zu hören, so hatte ihn das Panorama ergriffen.

»›Cogadh no Sith – War or Peace‹, spielt er, was sonst?«, antwortete ich ihm. Ich wusste es, denn kurz, nachdem wir den Film gesehen hatten, hatte ich begonnen, Dudelsack zu lernen, bei einem echten Schotten, in den Barracks auf der Kempener Allee.

»Und die grünen Soldaten da, wer sind die?«, fragte Michael, »Chasseurs?« »Nassauer!«, sagte ich. »Auch wenn hier alles so schön rot ist, es waren nicht nur Engländer dabei, sondern auch Niederländer, Belgier, Nassauer, Braunschweiger, Lüneburger, Hannoveraner, Des Königs Deutsche Legion. Schau! Da hinten ist der Prinz von Sachsen-Weimar!« – und ich zeigte ins übernächste der Karrees, die die Soldaten Wellingtons zum Schutz vor dem französischen Kavallerieangriff geformt hatten.

»Und seht nur da«, sagte ich aufgeregt zu Michael und meinem Vater, »der Hohlweg! Der Hohlweg von Ohain!«

Kaum hatte ich ihn auf dem Gemälde entdeckt, war ich auch schon ein wenig enttäuscht, denn er sah gar nicht so dramatisch aus, wie vom großen Meister Hugo beschrieben, und nur wenige Reiter stolperten in ihn hinein. Die Masse der Kavallerie

Napoleons aber rollte unerbittlich wie eine Sturmwelle über ihn hinweg, mit ihren blitzenden Eisenpanzern, wehenden Rosshaarmähnen am Helm, den gezückten Säbeln. Sie sahen aus wie die auferstandenen Reiter Alexanders in der Schlacht von Issos. Drei-drei-drei, Issos-Keilerei. Das hatten wir tatsächlich noch so in der Schule beigebracht bekommen, auch wenn der Lehrer es uns mit einem Augenzwinkern gesagt hatte.

Einige Kürassiere im Vordergrund waren aus Holz ausgeschnitten und verliehen dem Panorama eine weitere Tiefe. Dort lag einer, vom Pferd gefallen, offensichtlich eine Puppe, und zwischen uns und der Leinwand war eine sandige Fläche mit Kanonenkugeln, Waffen und einem weiteren Verletzten. Was er genau abbekommen hatte, war nicht erkennbar, denn der Staub der Zeit hatte ihn und seine Verletzungen gnädig eingehüllt.

Überhaupt gab es erstaunlich wenig Tote auf dem Panorama zu sehen, kein Blut, keine Gedärme, die hervorquollen. Appe Arme und appe Beine? Fehlanzeige. Und zermanschte und zerfetzte Leiber gab es schon gar nicht. Dafür war es wild, großartig, bewegend. Helden standen sich grimmig gegenüber und entschieden über die Zukunft der Welt! Sie kämpften um die Sandgrube und den Meierhof La Haie Sainte, im Hintergrund konnten wir durch die Pappeln an der großen Straße die herannahenden Preußen erblicken. Jetzt war Eile geboten, das Ringen zu entscheiden und schon sahen wir, kurz hinter dem Bauernhof, ihn.

Er.

Napoleon!

Er ritt auf einem weißen Schimmel, umgeben von seinen Marschällen und Generälen. Neben ihm ein einfacher Mann, ein Bauer, Paysan, auf einen Gaul gefesselt. Das sollte wohl Decoster sein, der Flame, den sie gefangen genommen hatten und der unfreiwillig Napoleons Guide geworden war. Hinter dem Kaiser die Alte Garde, zum Angriff, zu allem bereit.

Mein Vater wollte jetzt gehen, aber wir standen wie angewurzelt da, und nach einer Weile gingen wir im Uhrzeigersinn die Plattform entlang, versuchten, uns alles einzuprägen.

Beim abermaligen Anblick stieg die Frage in mir hoch – wenn das hier wahr war, wenn so die Schlacht an ihrem Höhepunkt aussah – warum, warum nur hatte Napoleon sie dann verloren? War vielleicht doch Zauberei am Werk gewesen, wie er selbst es auf Sankt Helena immer wieder seinen vier Aposteln diktiert hatte? Der nahe Sieg mit einem Male von Geisterhand entrissen? Jetzt, da die Straße nach Brüssel fast offenstand und Wellington schon in einem Karree seiner Soldaten Schutz suchen musste?

Mein Vater wurde ungeduldig, wie immer, wenn sein Zeitplan aus den Fugen zu geraten drohte.

»Meine Herren!«, sagte er mit barschem Ton.

»Zeit, Fourage aufzunehmen!«

Das war ein Wort, und ich dachte an das Schild an der Löwenhügeltreppe.

»Auf geht's«, sagte ich, und wir marschierten zum »Bivouac de l'Empereur«.

So standen wir, mein Vater, Michael und ich, jeder mit einer spitzen Tüte Fritten mit dick Mayonnaise drauf, neben einer grob gefertigten Werbestatue von Napoleon, auf dem Hügelrücken von Mont-Saint-Jean, dort, wo Wellington im Karree gestanden hatte, und nahmen unser Proviant ein.

Fritten mit Napoleon, dachte ich mir, endlich! Wie lang hatte ich darauf gewartet! Seit jenem Tag, an dem ich hörte, dass Hueskes diese tolle Erfindung Napoleons aus dem Kriegsgefangenenlager in Aube mitgebracht hatte, und sich dann herausgestellt hatte, dass alles Betrug war, dass er einfach längst geschnittene Bratkartoffeln verkauft hatte, dass die Belgier eigentlich die Fritten erfunden hatten, dass Napoleon wiederum sie über den Hafen von Antwerpen nach Belgien gebracht hatte. Und jetzt war ich hier, am Ort, den er so gerne eingenommen hätte, wo sein Weg zu Ende gegangen war, im Schatten einer billigen Pappstatue von ihm, und aß, tief in Gedanken versunken, Fritten mit Napoleon!

Wir schauten mampfend auf die umliegenden Gebäude, das war der Hameau du Lion. Mit dem Ende der Schlacht waren die ersten Touristen gekommen und jetzt hatte sich über 150 Jahre ein richtiges Touristendorf entwickelt. Es erinnerte mich an die Ausflüge mit Tante Louise nach Königswinter – und so wie am Fuß der Zahnradbahn gab es auch hier Andenkenläden, Postkartenständer, und mehr, sogar ein kleines Wachsfigurenkabinett, in dem Napoleon mit seinen Generälen am Vorabend der Schlacht in seinem Quartier Generale im Le Caillou die Karte studierte. Und alle sahen sehr echt aus.

Alle Lokalitäten hier waren nach Napoleon, Wellington oder sogar dem General Cambronne benannt und auf der anderen Straßenseite konnte man sich in einer gemalten Wand porträtieren lassen, so wie am Drachenfels, aber nicht in einem Flieger – man saß auf Pferden, in einer Gruppe mit Napoleon.

Unsere Bude hieß aber nur »Friture«, so wurden sie hier geschrieben, denn wir waren im wallonischen Teil des Landes. Das musste ich Michael erklären, denn weder wusste er, was wallonisch, noch was flämisch war. So fungierte ich den ganzen Tag als sein Dolmetscher.

»Du kannst es ganz einfach erkennen«, sagte ich zu ihm, »da, wo ›Friture‹ steht, mit ›e‹ am Ende, da ist es Wallonie. Und da, wo ›Frituur‹ steht, mit zwei ›u‹ und einem ›r‹ am Ende? Na, dann bist du im flämischen Teil.«

»Ach so«, sagte er. »Na, kann ich mir gut merken, aber verstehen tue ich nichts.«

»Das glaube ich«, sagte ich, »denn als Westfale tust du dich hier schwer. Wir Niederrheiner nicht. Weißt du was?«

»Nein«, antworte er.

»Wir können einfach so quatschen, wie uns der Schnabel gewachsen ist, und ein bisschen davon verstehen sie.«

»Ist das nicht gefährlich?«, fragte Michael, fast so ängstlich wie seine Mutter, die sich immer Sorgen machte, wenn ihr Junge nicht in ihrer Obhut war.

»Wieso gefährlich?«, fragte ich.

»Naja, wenn du so auf niederrheinisch redest, vielleicht verstehen sie auch mal was falsch?«

»Oh ja«, sagte ich, »kann passieren! Dann hauen Sie dir einen auf die Nase. Dann weißt du, dass du falsch gelegen hast.«

»Ruppige Sitten ...«, meinte Michael.

»Sie hauen dir aber auch einen auf die Nase, wenn du den Falschen mit der falschen Sprache ansprichst.«

»Wie das denn?«

»Wenn du einen Wallonen mit Flämisch ansprichst und umgekehrt. Dann gibt es Krawall!«

»Seltsames Land«, bemerkte Michael.

»Oh ja«, sagte ich, »da kann ich dir ein Lied von singen.«

Es gab noch eine Cola. Wir verdauten Napoleons Fritten und dann flehte ich meinen Vater an.: »Horst, fahr uns bitte zur Belle Alliance. Und zum Adler. Wir müssen ihn sehen!«

Mein Vater schaut auf die Uhr, dann auf uns.

»Alles kann ich euch hier aber nicht erfüllen! Es ist schon später Nachmittag, und bald fängt es an zu dämmern. Ihr habt noch so viel auf dem Programm, also entscheidet euch.«

»Und die Sandgrube«, sagte ich, »wir müssen in die Sandgrube!«

»Das auch noch?«, fragte mein Vater ungeduldig.

»Die dürfen wir nicht verpassen.«

»Na gut«, sagte mein Vater und dachte sich: Auf was habe ich mich da nur eingelassen? Er erinnerte sich an die vielen Fernschreiben, die auf ihn warten würden. Und dann – in einer sentimentalen Eingebung –, dass er auch mal jung gewesen war.

»Dann mache ich euch einen Vorschlag. Ich fahr euch am Adler, der Hugo-Säule und der Belle Alliance vorbei. Und dann halten wir kurz an der Sandgrube, und ihr erledigt da euren Auftrag. Aber schnell, verstanden?«

Wir stiegen wieder in den silbermetallischen Mercedes und fuhren los. Michael und ich klebten an den Autofenstern und schauten heraus.

Dort hatte der Kaiser gestanden!

Dort hatten sich Blücher und Wellington getroffen!

Es hing sogar noch eine alte Plakette über dem Eingang der Belle Alliance. Wir fuhren weiter. Links war die Hugo-Säule, ordentlich ramponiert und in schlechtem Zustand, gegenüber der »Club Privée Victor Hugo«, ein Gebäude mit rotem Licht am Eingang und leicht bekleideten Damen im Fenster.

Mittlerweile wusste ich, was das ist. Das kannte ich vom Antwerpener Hafen und ich dachte daran, was mein Vater jetzt sagen würde: »Dann kamen die Engländer, umstellten die Garde und dann war Ruhe im Puff!«

Und so war's dann auch. Rechts, hinter dem Bordell war der verwundete Adler. Er hielt noch eine zerfetzte französische Fahne in der Hand. Seine linke Schwinge war durchlöchert und er blickte wehklagend in die traurige brabantische Ebene.

Wie gerne wären wir hier ausgestiegen und noch stundenlang an diesem Ort, wo die lange Reise von Napoleon zu Ende gegangen war, geblieben, aber mein Vater mahnte zur Eile. Auf der Höhe von La Haye Sainte bog er rechts auf einen kleinen Parkplatz ab und sagte:

»So Jungs, und jetzt macht schnell! Wenn ihr nicht in einer halben Stunde ein Ergebnis habt, dann fahr ich allein weiter!«

Ich hatte vom Middelkerke zwei kleine Sandschippen mitgebracht, und jetzt begannen wir, in der berühmten Kiesgrube, die von den Hannoveranischen Soldaten verteidigt worden war, in der Böschung im sandigen Boden zu graben, zu buddeln, so lange, bis wir sie finden würden. Unsere Kanonenkugel! Schon bald kam etwas Rötliches aus dem Hang. Wir nahmen es erwartungsvoll in die Hand, aber es zerbröselte unter unseren Fingern. Je weiter wir suchten, desto tiefer sank die Sonne im Westen und umso ungeduldiger wurde mein Vater.

«Wenn ihr sie bis jetzt nicht gefunden habt, dann werdet ihr sie nie finden!«, rief er. »Ich fahre los!«

Uns blieb nichts anderes übrig, als ihm zu folgen. Wir stiegen ein. Der Benz schnurrte in Richtung der Nationalstraße.

»Ach, Mensch, Horst, hätten wir nicht noch was suchen können?«

»Immerhin halte ich für euch am Wellington-Museum in Waterloo! Also ...«

»Danke Horst, danke!«, sagte ich begeistert.

Das Museum roch nach belgischem Bohnerwachs, ein Geruch, den ich mein Leben lang nie vergessen habe. Es hieß, es wäre besonders gut, und ich dachte mir, wahrscheinlich mischten sie den geheimnisvollen Geruch nur rein, damit es keiner fälschen konnte. Stand »Belgisches Bohnerwachs« drauf, roch es aber anders, klickten die Handschellen.

Benebelt vom geheimnisvollen Wachsgeruch gingen wir stumm auf das Portrait des Eisernen Herzog zu. Ein älterer Mann, scheinbar der Leiter des Museums, kam auf uns zu, überrascht, zwei deutsche Jungs zu sehen, die sich für das Thema interessierten, und fragte uns aus.

Michael blieb stumm. Ich aber antwortete auf flämisch, der ältere Mann guckte beleidigt, da wusste ich Bescheid und fuhr auf Französisch fort, da erhellte sich sein Gesicht.

Michael hatte die Situation erkannt und dachte, wie merkwürdig diese Belgier doch seien.

»Du kommst also hierher, weil du dich für Napoleon interessierst und um den Ort seiner letzten Schlacht zu erforschen!«, sagte er zu mir.

Da fühlte ich mich geehrt und erzählte ihm, was ich schon gelesen hätte, dass mich Napoleon Zeit meiner frühesten Kindheit verfolgen würde. Er meinte, ob es dann nicht gut sei, wenn ich seinem Verein beitreten würde.

»Welchem Verein?«, fragte ich.

»Dem Verein der Studien der napoleonischen Geschichte!«

Was für ein Angebot!

»Aber ja«, sagte ich artig und bedankte mich.

Er führte uns nun durch die Räume.

»Hier ist das Zimmer, in dem der Herzog die Nacht vor und die Nacht nach der Schlacht verbracht hat! Und der Tisch, auf dem er die berühmte Depesche geschrieben hatte.«

Es wirkte alles so echt, gar nicht wie ein Museumsraum, sondern so, als hätte es der Herzog gerade erst verlassen und würde jederzeit zur Tür hereinkommen, weil er sein Federmäppchen vergessen hatte.

»Und hier der Tisch, auf dem man dem Lord Uxbridge das Bein abschnitt.«

Michael und ich erinnerten uns an den Film; kurz vor Ende der Schlacht zerfetzte eine Kanonenkugel »dem Lord sein Bein«, wie wir immer niederrheinisch sagten. Es war ihm dann hier in Wellingtons Hauptquartier amputiert worden.

»Und da«, sagte der Vorsitzende der napoleonischen Studien bedeutungsvoll, »hängt die Säge!«

Michael und ich schauten mit leichter Abscheu auf das scharfzackige Instrument, das nicht nur Rostflecken, sondern auch andere braune Flecken trug, über deren Herkunft wir nicht zu spekulieren wagten.

»Werdet ihr noch hinübergehen?« fragte der alte Mann.

»Wohin?«

»Zum Bein!«

»Zum Bein?«, fragte ich.

Michael wusste nicht, worum es ging. Er konnte ja kein Französisch, kein Wallonisch und Flämisch schon gar nicht.

»Das Bein des späteren Marquess of Anglesey!«, sagte der Museumsleiter.

»Was meint er?«, fragte Michael.

»Er fragt uns, ob wir das Bein sehen wollen.«

»Welches Bein???«

»Vom Uxbridge! Es ist da drüben auf der anderen Straßensei te beerdigt!«

»Dem Lord sein Bein? Ich weiß nicht ...«

»Monsieur«, sagte ich, »wegen dem Bein, also da müsste ich meinen Vater fragen. Aber ich glaube, er möchte nach Hause.«

Mein Vater war mittlerweile in den hinteren Räumen des Museums verschwunden. Dort gab es ein paar nette, zeitgenössische Bilder von der Straße Charleroi – Brüssel mit seinen vielen Spelunken, Cabarets und leichten Damen.

Mein Vater war froh, dass auch wir jetzt im Kopfe voll und müde waren, das Bein wollte er auf keinen Fall sehen, wir auch nicht. So verabschiedeten wir uns artig vom Monsieur und Horst kaufte jedem von uns am Ausgang die Museumsbroschüre. Ich steckte sie zum Heft mit den Bildern vom Dumoulins Panorama, die ich dann wie einen Schatz hütete, ein Leben lang.

Wie immer im Herbst stieg der Abendnebel aus den saftigen brabantischen Wiesen und die Landschaft verwandelte sich in eines der Aquarelle, die ich neuerdings malte. Verwaschen, mit ineinander verlaufenen Farben und schemenhaften Konturen, keine Linien mehr, nur verschwommene Umrisse – und dazu blendeten uns die perlenden Lichter der Autoscheinwerfer.

Wir fuhren zurück nach Antwerpen, wo wir für heute übernachteten. Es ging durch Brüssel, vorbei am Atomium, dem Überbleibsel der Weltausstellung von 1958. Ich zeigte es Michael und er war beeindruckt.

»Verrücktes Land!«, sagte er. »Fritten statt Bratkartoffeln, keiner spricht die gleiche Sprache und dann stellen sie ein Atom, das kleinste Element, wattet gibt, in riesengroß auf ’ne Wiese! Kerl, ey!«

Er war ganz in seinen westfälischen Dialekt versunken, der ihm hier, im fremden Land, Heimat gab.

»Und schau dir diese Autobahn an!«, sagte ich.

Wir rumpelten über die A12, Boom, Mechelen, Kontich.

»Es ist die ehemalige ›Route Impériale No.2‹, und Napoleon hat sie gebaut«, sagte ich ihm.

»Was, der auch?«

»Was auch?«

»Der hat auch Autobahnen gebaut, so wie Hitler?«

»Nein, natürlich nicht. So ist sie nach dem Krieg entstanden.«

Sie war wirklich verrückt, die A12. Sie war vierspurig, und dann gab es noch mal jenseits der Spuren links und rechts parallellaufende kleine Straßen. Und wenn man gerade richtig beschleunigt hatte, kam aus dem Nichts eine Ampel.

Natürlich sprang sie auf Rot, mein Vater trat in die Eisen, weiter hinter uns schepperte es, Glas klirrte.

»Kerl, Mensch, ey, Ampeln auffe Autobahn! Watt für Bekloppte, die Belgier!«, schimpfte Michael.

Hinter Boom kam das gefährlichste Stück der Straße, da wurde sie dreispurig. Die mittlere Spur gehörte jedem, und die Führerschein-losen Belgier machten das James-Dean-Spiel, fuhren beim Überholen so lange auf der dritten, bis der andere nachgab. Oder eben nicht. Gut, dass Michaels Mutter von dieser Todesstrecke nichts wusste!

Diesmal gab es nur drei schwere Unfälle auf der Fahrt, die Trümmer und die Toten lagen am Straßenrand und ich schaute nicht hin, das hatte ich mir so angewöhnt. Nach dem Tag in Waterloo brauchte ich keine wirklichen Leichen und zerfetzten Körper.

Wir fuhren stockend durch den Herbstnebel und die Dunkelheit auf Antwerpen zu.

Ich sagte zu Michael: »Gleich kommt der Panzer!« – aber er war eingeschlafen.

So endete mein erster Besuch auf dem Schlachtfeld zwischen Belle-Alliance und dem Hügel von Mont-Saint-Jean, bei dem kleinen belgischen Dorf Waterloo.

Der Weg nach Waterloo

Wie war es nur dazu gekommen? Wie war es passiert, dass er, Napoleon dort angekommen war, auf den Höhen von Rossomme, und dann so kläglich gescheitert war, in der Ebene vor dem Hügelrücken – und es nicht bis Mont-Saint-Jean geschafft hatte, dort, wo wir im Schatten seiner Pappfigur Fritten gegessen hatten? Stattdessen war der Höhenzug sein Golgatha geworden, sein Ende, sein Untergang. So endgültig, so schmachvoll für ihn und für die Grande Nation, dass der Name Waterloo vier Jahrzehnte in Frankreich nicht ausgesprochen wurde.

Die Fragen brannten uns auf der Seele, mir und Michael, nachdem wir vom Besuch des Schlachtfelds zurückgekehrt waren. Und Frank wollte es auch wissen. Wir durchsuchten die Broschüren, die uns Horst in Waterloo geschenkt hatte, fragten den Geschichtslehrer, der sich erstaunlich ahnungslos zeigte und uns lediglich auf die Schulbibliothek verwies. Gleich verschafften wir uns Zugang, und tatsächlich, in deren hinteren Ecke, dick verstaubt, fanden wir Bücher aus grauer Vorzeit, Ollechs »Geschichte des Feldzuges von 1815«, gedruckt 1876. Der Achte Band von Clausewitz: »Der Feldzug von 1815 in Frankreich«, gedruckt 1862. Der Heilige Gral! Niemand hatte in sie reingeschaut, bestimmt nicht seit den Nächten, als die Briten den Luftraum über Krefeld unsicher gemacht hatten, das zeigten die Ausleihzettel. All die Energie, die uns in den wichtigen Fächern nach vorne hätte bringen können, sie versank jetzt in der Erforschung von Napoleons Untergang.

Wir waren verschwunden, verschluckt, lasen auf verstaubten Dachböden, schauten in die Keller der Großväter, um mehr zu finden, und trugen alles zusammen, was wir an Schriftgut finden konnten. Und so stellten wir die Fragen, auf die wir uns selber die Antworten geben, ja, die wir erforschen mussten, zusammen.

Wann und wie begann sein Abstieg? In Aspern, 1809, seiner ersten großen Niederlage? Oder nach Moskau? An jenem 13. Oktober 1812 fing es an zu schneien. Und er führte jetzt nur noch die Reste der fast 600.000 Mann starken Grande Armee, die er immer weiter nach Osten getrieben hatte, zurück. Ganze 95.000 Mann. Dann kam die Beresina. Und übrig blieben 40.000.

1813 hatte Napoleon noch mal neue Soldaten ausgehoben, die Preußen hatten in Tauroggen die Seiten gewechselt, es begannen die Befreiungskriege. Es kam zur Völkerschlacht von Leipzig – und 1814 zeigte Napoleon im eigenen Land, auf den Feldern der Champagne und in der Nähe seiner ehemaligen Kriegsschule in Brienne noch einmal sein ganzes Talent. Er schlug die Invasoren einzeln, aber am Ende tränkten die Russen ihre Pferde in der Seine, standen die Preußen am Montmartre, die Österreicher in Versailles. Da war der Krieg verloren, und er musste abdanken.

»Vorbei, verschütt, sein Kaiserreich entzwei«, bemerkte Michael trocken.

»Oh ja,« sagte Frank. »Und morgen ist Klassenarbeit!«

Ich schluckte. Die altbekannte Übelkeit stieg in mir hoch und ich überlegte kurz, ob ich morgen bei Schulbeginn in die Klasse kotzen sollte, dann wäre ich vorübergehend gerettet. Denn unsere napoleonischen Etüden hatten mich komplett von den schulischen Lernzielen abgebracht. Klassenarbeit! Ich war auf nichts da morgen vorbereitet.

Wir verstreuten uns an diesem Nachmittag, jeder wollte nochmal schnell den Stoff, den wir verpennt hatten, nachholen. Mathe! Ausgerechnet Mathe! Mir fiel Cambronne ein.

»Scheiße!«, schrie ich laut. Und legte mich darauf ins Bett, mit Sieburgs »Napoleon – die hundert Tage« – und las bis zwei Uhr morgens.

In der Nacht schlief ich schlecht, dachte an meine Noten, die aber-so-gar-nicht-gut-standen und die Androhung meines Vaters, dass, wenn es nicht bald besser würde, ich nach Belgien auf ein Internat müsste.

Verbannung, ging es mir durch den Kopf, Verbannung! Am Ende würde ich das Schicksal des Kaisers teilen.

»In Elba saß er da und spürte, wie er langsam verfettete. Widmete sich der Bienenzucht. Er wurde unruhig, ihm wurde zugetragen, wie revolutionär die Stimmung in Frankreich, der Hass auf die Wiederkehr der Bourbonen war. Am 1. März landete er mit seiner Garde, keine 1000 Mann stark, in Juan-les-Pins. Dann musste er über Umwege nach Paris, denn die Straßen über Marseille waren nicht sicher, und so schuf er für spätere Generationen die Route Napoleon und den Anrainern damit ein kleines Einkommen, durch den sich später dort entwickelnden Tourismus.«

»Mensch, Achim. Toller Vortrag! Wie hast du dir das nur so schnell draufgeschafft?«, fragte Michael staunend.

Ich machte ungeduldig weiter:

»Ludwig, der XVIII. floh nach Gent, der Wiener Kongress verhängte die Acht über Napoleon und die Armeen von Portugal, Spanien, Italien, Österreich, die deutschen Bundesheere und die Russen marschierten aus allen Richtungen auf Frankreich zu.«

»Sag mal«, fragte mich Frank, »geht's dir eigentlich wieder besser?«

»Wieso?«

»Die Kotzerei von gestern war nicht übel!«

»Kerl ey«, sagte Michael. »Dem Lehrer ist sogar selber dabei schlecht geworden!«, und lachte sich einen.

»Die Klassenarbeit ...«, versuchte Frank ernst einzubringen.

»Mann, jetzt lass mich mit deiner scheiß Klassenarbeit in Ruhe und lass mich meinen Vortrag halten!«, sagte ich wütend.

»Na ja, die wirst du schon nachholen müssen!«, meinte Frank.

»Danke für deine Fürsorge«, sagte ich, und schaute ihn an wie der Kaiser nach der verlorenen Schlacht von Aspern seine Marschälle.

»Komm ey, mach weiter«, forderte Michael, »echt spannend!«

»Also, hm. Die schnell ausgehobenen Truppen, die Napoleon

zur Verfügung standen, wurden in alle Richtungen ins Land geschickt, dazu gab es noch einen Aufstand in der Vendée, wieder mal. Ihm selbst blieb nur die 130.000 Mann starke Armee Du Nord, kampferprobte Soldaten, mit der er seinen Kriegsplan verwirklichen wollte. Denn da waren noch zwei Heere, im Norden, kennt ihr ja. Wellington und Blücher. Die wollte er getrennt schlagen, um dann auf Brüssel zu marschieren und mit diesem Achtungserfolg im Rücken um Frieden zu bitten.«

Meine beiden Freunde waren begeistert und verabschiedeten sich, denn es gab noch Schularbeiten zu erledigen. Beim Hinausgehen nahm ich Frank beiseite.

»Äh, Frank, könntest du mir in was helfen?«

»Klar, immer, sagte er, »in was denn?«

»In Mathe.«

Das Wetter

Ich vergrub mich immer mehr in meine Studien und so nahm meine Geschichte ihren Lauf, wie die Geschichte der Hundert Tage ihren Lauf genommen hatte.

Wenn ich auf die Schule angesprochen wurde, von Onkeln, Tanten, meinem Vater, meiner Mutter, erzählte ich lieber vom Feldzug in Belgien. Dann kam von ihnen: Ja, dort, in Waterloo, dort hätten die Engländer die Franzosen geschlagen. Und ich musste meinen Unmut verbergen und ihnen erklären: Nein! So war es nicht! Das war nicht England gegen Frankreich. Waterloo, das war kein Fußballspiel! Da fiel kein ominöses Wembley-Tor! Es war eine Schlacht, bei der es um alles ging. Und es gab nicht die englische Armee allein, und wenn, dann wäre es die britische gewesen. Engländer, Waliser, Schotten, Iren. Der Duke selber war ja Ire! Es war aber noch nicht mal die britische Armee unter Wellington. Es war das niederländisch-belgisch-deutsch-britische Heer, das Wellington befehligte. Eine Vielvölker-Armee. So!

Und so, dachte ich, würde ich es schreiben, für die Aufnahme in den »Verein der Studien der napoleonischen Geschichte«:

Am 15. Juni, blitzschnell, hatte Napoleon bei Charleroi die Sambre überquert, einen Keil zwischen die Alliierten geschlagen und – zu allem entschlossen – den Feldzug begonnen.

Am Tag darauf kam es zur Doppelschlacht. Napoleon griff Blücher in Ligny an und hielt die Preußen am Abend, nachdem er die Alte Garde eingesetzt hatte, für geschlagen. Nur 10 Kilometer nordwestlich war Marschall Ney an der Straßenkreuzung Quatre Bras von einer niederländischen Einheit gestoppt worden. Später kamen weitere Truppen und am Ende Wellington selbst an die Kreuzung und es entwickelte sich auch hier eine Schlacht.

Das Korps d'Erlon marschierte Richtung Ligny. Napoleon sah es, hoffte darauf, dass dieser jetzt den Preußen in die rechte Flanke stoßen würde. Aber das Armee-Korps, das alle dort am Horizont in den Weizenfeldern sahen, drehte plötzlich wieder ab und verschwand im Abendlicht. Ney hatte es zurückgerufen und so kam es übermüdet nach langem Marsch in Quatre Bras an – zu spät, um noch eingreifen zu können.

Und einige der Offiziere in Napoleons Umfeld merkten bereits, dass hier nicht alles rund lief. Am Vortag war der General Bourmont mit seinem Stab zum Feind übergelaufen. Kein gutes Omen.

Und was machte Napoleon nach der Schlacht? Er fuhr zurück nach Fleurus und begab sich in sein Quartier. Das war der erste Tag der Schlachten.

Am nächsten Morgen begab sich Napoleon mit seiner Kutsche erst gegen 8:00 Uhr in Richtung des Schlachtfelds vom Vortag, kurz vorher stieg er auf sein Pferd um. Es war der 17. Juni, kurz vor dem längsten Tag im Jahr. Es wurde um 3:15 Uhr bereits hell und der Tag ging gegen 20:15 Uhr zu Ende, le coucher du soleil, der Schlaf der Sonne. In dieser Zeit musste man als Kriegsherr sein Geschäft erledigt haben, denn bei Nacht waren alle Uniformen grau. Doch die Sonne von Austerlitz ließ er vier wertvolle Stunden verstreichen und auch auf dem Schlachtfeld zeigte er keine große Eile. Tatsächlich war er der erste Schlachtenbummler, der die Kampfzone von Ligny besuchte! Er, der das Gemetzel angerichtet hatte, war jetzt am Ort des Blutbads und begutachtete sein Werk. Er ritt mindestens drei Stunden über das Schlachtfeld, sprach mit verwundeten preußischen Offizieren, sorgte sich darum, dass sie behandelt wurden, sprach mit eigenen verletzten Soldaten. Der Kaiser hielt kleine Paraden ab und schaute sich immer wieder die Orte der Kämpfe vom Vortag an.

Ich fragte mich, was ihm dabei durch den Kopf ging. Wäre ich doch nur ein großer Schriftsteller wie Tolstoi! Aber ich war nicht Tolstoi, ich hatte den großen Dichter nur gelesen, und so stellte ich mir vor, in seinen Worten, wie es in Napoleons Kopf zugegangen sein könnte, am Vormittag jenes Samstages auf dem blutigen Feld bei Ligny. So wie Tolstoi es in Krieg und Frieden geschrieben hatte, als er in Napoleons Gedanken eindrang, nach der Schlacht von Borodino.

Ich stellte mir vor, wie Napoleon, müde vom Krieg, über das Schlachtfeld ritt und die Frage nach dem Sinn des Krieges stellte, da, wo er in die aufgerissenen Augen der Toten blickte, die offenen, toten Augen. Wie er auf die zerfetzten Leiber in der Dorfstraße von St. Amand, über die Pferdegespanne mit Bagagewagen und Kanonen gerollt waren, schaute und was für ein grässlicher Anblick es sein musste!

Napoleon sah sein Werk. Und vielleicht, dachte er, seht her, ich wollte es nicht. Ich habe euch Frieden angeboten, aber ihr habt ihn nicht angenommen! Immer wieder habt ihr mich gezwungen, mich mit Waffengewalt zu wehren, meine Herrschaft über Frankreich zu verteidigen. Ich, der ich der Verfechter der Errungenschaften der französischen Revolution bin! Ich, der den Code Civil und die Freiheit zu den Völkern gebracht hat! Ich, den man den Usurpator schimpft und der ich doch der Bringer des Lichts bin!

Das da, die Toten, die Verwundeten, das blutige Elend der Schlacht, das war nicht ich. Das ist die Schuld meiner Feinde, die mich nicht in Frieden regieren lassen. Nicht den Frieden zu den Menschen bringen lassen, nicht die Errungenschaften der großen Nation, der größten, die die Welt je gesehen hat. Das da, das ist das Werk derer, die die Völker unterdrücken, das Werk der Reaktion, des Absolutismus. Die, die glauben, von Gott gesandt zu sein, als Könige mit ihrem Geschlecht auf ewig die Welt regieren zu können. Das ist ihr Werk. Und nicht das meinige!

Napoleon wandte sich von den zerfetzten Leichen ab und ritt zur Mühle von Brye. Und wieder passierten seltsame Dinge. Seine Marschälle waren da, Soult, Grouchy mit den Generälen La Bedoyère, Gérard und Drouot, und er redete über die politischen Vorgänge in Paris. Er gab keine Handlungsanweisungen, keine Marschorder für die Regimenter. Nichts. Und nahm überhaupt keine Notiz davon, dass sich eine große Katastrophe anbahnte, das Unwetter, dass ihn und seine Armee hinwegspülen würde.

An jenem 17. Juni war es ab den Vormittagsstunden unangenehm schwül und jeder, der eine Ahnung von Wetter hatte, wusste, was sich da zusammenbraute. Und Napoleon, der seine besten Meteorologen im Stall hatte, müsste vor Ihnen gewarnt worden sein, den gefährlichen, brabantischen Gewittern.

Am Ende würde er sagen, würden die Marschälle sagen, die französischen Historiker, die Dichter und Bewunderer des Kaisers: Es war das Wetter! Wenn man verliert, war es immer das Wetter. Das Wetter ist immer schuld. Nein.

Es war nicht das Wetter. Es war derjenige, der keine Ehrfurcht und keine Demut vor der Natur hatte, der meinte, über ihr zu stehen. Napoleon war nicht immer so. In Austerlitz, da gewann er die Schlacht mit dem Wetter. Und auch spätere Schlachten. Mit dem Wetter. Erst dann, als er seinen Machthunger nicht mehr zügeln konnte und wegen einer Frage der Ehre nach

Moskau marschiert war, schlug er zunehmend alle Warnungen in den Wind. Sprichwörtlich. Die größte Warnung war der bitterkalte Winter, der gar kein Winter war, sondern ein verschneiter, bösartiger Herbst, in jenem Schicksalsjahr 1812. Das hatte ihm nicht gereicht. Er stand jetzt auf dem verwüsteten Schlachtfeld von Ligny, mit all den Toten, mit den Verletzten, mit schreienden, mit klagenden Opfern seines Krieges. Das Gewitter braute sich zusammen, für jeden sichtbar. Und er? Ignorierte es.

Erst gegen Mittag gab er Grouchy den Befehl, mit einem Drittel seiner Armee den Preußen nachzustellen. Der fragte nur, perplex, wohin nachstellen? Sie könnten in alle Richtungen marschiert sein – und Napoleon war wütend darüber und warf ihm ein paar Unverschämtheiten ins Gesicht. Und wir alle wissen, dass eine solche Behandlung von Untergebenen sich später einmal rächt. Und so war es auch. Grouchy ließ sich den Befehl dann noch mal schriftlich geben und trug ihn fortan wie eine Monstranz vor sich her. So hat es der Kaiser mir gesagt, so werde ich es tun. Erst spät am Nachmittag, als der vermisste Blücher nach seinem Sturz wieder aufgetaucht war, Gneisenau bereits den Befehl zum Rückzug nach Wavre gegeben hatte, zog er mit seinen 40.000 Soldaten los.

Napoleon war mit dem Rest seiner Armee Richtung Quatre Bras aufgebrochen; er war wütend auf Ney, weil der alles an der Straßenkreuzung vermasselt hatte, zu unschlüssig gewesen war und das Korps d'Erlon zum unnützen Wanderverein degradiert hatte. Herr je! Dieser Ney! Jetzt musste er, der Kaiser, wieder den Karren aus dem Dreck ziehen, wie immer. Auf nichts konnte er sich verlassen!

Die Straßenkreuzung, an der noch immer gekämpft wurde, kam in Sicht, sie lag nur zwei, drei Marschstunden von Ligny entfernt. Und dann passierte das, was sich seit Stunden angekündigt hatte – der Himmel dräute dunkel, die Luft war zum Bersten und die Spannung, die in ihr lag, war größerer Natur als die des Krieges.

Der Kaiser sah die englischen Truppen auf der Straßenkreuzung vor sich, links den Teil seiner Armee unter dem Kommando von Ney.

Und gab seiner Artillerie Befehl zu schießen.

Die Geschütze wurden abgeprotzt, geladen. Der erste Schuss fiel – und fast im gleichen Moment des Kanonendonners riss der Himmel auf, ein Blitz schoss herab, die Wolkendecke zerbrach und ein sintflutartiger Regen setzte ein.

Im Regen verschwanden die roten Uniformjacken der Briten, die blauen und grünen der Niederländer, die schwarzen der Braunschweiger, der Regen wurde stärker und noch stärker und von Ney war nichts mehr zu sehen. Die Engländer zogen sich im Schutz des Unwetters zurück.

Napoleon gab Befehl, ihnen nachzusetzen, aber in kürzester Zeit waren die Wege unpassierbar, nur noch die schweren Geschütze durften sie befahren, und die Grenadiere und die Infanteristen mussten über die aufgeweichten Felder gehen, sanken immer tiefer ein. Es war der Vorbote der endgültigen Katastrophe, die jetzt nur noch 24 Stunden vor ihnen lag.

Für die kurze Entfernung von der Straßenkreuzung bis le Caillou, wo Napoleon dann sein Hauptquartier aufschlug, gerade mal 10 Kilometer, brauchten die Fußtruppen bis zu 10 Stunden.

Den Berichten von damals zufolge, den Tagebucheinträgen der Teilnehmer, ließ der Starkregen die kleinen Bäche vier und noch mehr Meter anschwellen, zerstörte Brücken und machte Furten unpassierbar.

Die Soldaten waren bis auf die Knochen durchnässt, das Wasser lief die seichten Abhänge hinunter. Die Senken füllten sich meterhoch. Das Pulver war nass, die Stiefel hinüber; das galt für alle, Franzosen, Preußen und Wellingtons Soldaten. Aber der Eiserne Herzog stand jetzt auf einem Hügel bei Mont-Saint-Jean und hatte die bessere Position, auch wenn Napoleon meinte, dass sie die schwächere wäre, weil er den Wald im Rücken hatte. Der hätte wohl seinen Caesar nicht gelesen! Aber Wellington wusste, was er tat. Ein Jahr zuvor war er auf der Rückreise vom Wiener Kongress, von Charleroi kommend, hier an dieser Anhöhe vorbeigekommen und hatte sich gesagt, wenn ich noch einmal eine Schlacht zu schlagen hätte, gegen ihn, gegen Bonaparte, dann würde ich es hier tun.

In dieser flachen Gegend war es die einzige Anhöhe, die in Teilen steil anstieg – und hinter dem Hohlweg und der Straße nach Ohain fiel das Gelände wieder sanft ab. Würde man hier Truppen positionieren, wären sie dem Schussbereich der Artillerie entzogen – in der Napoleon so meisterlich war und für die ihn alle fürchteten.

Das war der Tag und der Abend vor der großen Schlacht von Waterloo. So, wie ich es mir nach dem, was ich gelesen hatte, vorstellte.

Und so wie ich jetzt in der Schule, dachte ich mir, hatte auch Napoleon im Vorfeld der großen Klassenarbeit alles verpennt.

Die Schlacht

Napoleon war guter Dinge und hatte sich einen Tisch und einen Stuhl aus dem Bauernhof von Rossomme bringen lassen und auf der anderen Straßenseite auf das Trimotiou-Plateau stellen lassen. Dort war er 15 m höher als Wellington auf seinem Hügelrücken.

Den ganzen Mythos um die hinter dem Kamm versteckten englischen Truppen, die ohnehin auch noch scharlachrote, weithin sichtbare Uniformen trugen – und die angeblich vor Napoleons Augen versteckt waren – kann man also in die Tonne kloppen.

Und dann war da noch der Turm! Was für ein Turm? Nun, es war einfach ein topographischer Turm, den der König Wilhelm I. für die Kartografierung des auf dem Wiener Kongress neu errichteten Königreiches der Niederlande hatte errichten lassen.

Er war wiederum mit anderen Türmen in Sichtweite verbunden, und über die Triangulation konnte man die Landschaft topographisch vermessen.

War Napoleon da oben? Decoster, Napoleons unfreiwilliger Führer, sagte, der Kaiser hätte ihn nicht betreten, bestätigte aber die Existenz des Turmes. Und die wird auch bestätigt durch die vielen Aquarelle und Zeichnungen, die unmittelbar nach der Schlacht angefertigt wurden. Warum war Napoleon nicht da oben? Vielleicht weil er körperlich dazu nicht mehr in der Lage war – wenn man die Zeichnungen genau studiert, dann sieht man, dass es sehr schmale wackelige Leitern waren, die auf diesen immerhin über 35 m hohen Turm führten. Aber er wird mit Sicherheit seine Adjutanten dort hochgeschickt haben; diese werden ihm von da oben Meldung gemacht, Skizzen und Lagepläne angefertigt haben. Und somit hatte Napoleon entgegen den Aussagen einen genauen Überblick über das Britisch-Deutsch-Niederländisch-Belgische Heer auf den Höhen vor ihm. Wer immer da oben war, konnte sogar die Spitzen der Kirchtürme von Brüssel sehen.

Wie konnte es sein, dass die Geschichte von dem Turm sehr bald verschwand und er auf keinen Zeichnungen mehr auftauchte? Ganz einfach, weil er im folgenden Jahr, 1816, bei einem starken Wintersturm umgeweht wurde. Da die Vermessung abgeschlossen war, wurde er nicht mehr aufgebaut und verschwand im strengen Jahrtausendwinter in den Kaminen der frierenden Wallonen und so für immer aus der Geschichte.

In ein paar Jahrzehnten, zu einem runden Jubiläum, wird man ihn mit Sicherheit neu entdecken, wieder aufbauen und für ein Entgelt besteigen können.

»Genießen Sie den Blick auf das vollkommene erhaltene Schlachtfeld von Waterloo – mit Napoleons eigenen Augen!«

Die Schlacht von Waterloo begann, nachdem der Regen sich am Morgen gelegt hatte, um 11:35 Uhr. Andere sagen um zwölf, wiederum andere meinen erst um 13:30 Uhr am Nachmittag.

Da haben wir sie also, die womöglich weltberühmteste aller Schlachten. Sie ist gar nicht mal so lange her und wir haben keine korrekte Uhrzeit? Wie kann das sein? Hatten die keine Uhren? Natürlich hatten sie Uhren! Wellington, Napoleon, Blücher, sie alle hatten eine Breguet, die damals wohl beste aller Uhren. Der Feldherr bestimmt die Zeit und woran orientiert sich der Feldherr? Nach der Zeit seiner Hauptstadt. Wir wissen, dass die Engländer ihre Londoner Zeit mitgebracht hatten, die Franzosen ihre Pariser. Hatten die Preußen die Zeit von Köln mitgebracht, oder sogar die von Berlin? Vielleicht war es auch die Lütticher, oder die unmittelbare, die gab es ja auch noch. Der Pfarrer las sie an der Sonne ab, nach der er dann die Kirchturmuhr stellte. Bim-bam, Bim-bam. Zwei Uhr! So einfach konnte es sein.

Das ist die Ursache der verschiedenen Uhrzeiten der Schlachten des Feldzugs der Hundert Tage und das ist der tiefere Grund, worum es bis heute immer so viele Widersprüche in der Zeitangabe gibt – es gab einfach keine einheitliche Uhrzeit.

Die Schlacht begann also um »viertel vor necke Fott, minge Uhr is kapott«, wie der Niederrheiner sagt. Und sie begann mit dem Scheinangriff auf das Schloss von Hougoumont, und dann mit dem großen Infanterie-Angriff des Korps d'Erlon, des Korps, das zwei Tage zuvor umsonst durch die belgische Botanik zwischen Ligny und Quatre Bras gestapft war. Der wurde mit einem Reiterangriff der Scots Greys beantwortet, der wiederum mit einem Gegenangriff der polnischen Lanzenreiter. Napoleon war sich seines Sieges sicher, die Chancen stehen acht zu zehn für uns, das alles ist nur eine Sache eines Frühstücks, hatte er fröhlich gesagt. Dann wurde ihm ein gefangener preußischer Meldeoffizier vorgeführt, und wenig später sahen der Kaiser und seine Marschälle durch ihre Fernrohre Truppen aus dem Bois de Paris heranmarschieren, Grouchy! Aber nein, es war nicht das Blau des Empire, es war Preußischblau, es war das Korps Bülow! Quelle Malheur, die Fröhlichkeit verschwand. Ab jetzt lief die Uhr und alles schief. Zwar wurde La Haye Sainte eingenommen, aber Ney begann den großen Kavallerieangriff viel zu früh, da waren die Truppen des Eisernen Herzogs noch lange nicht geschlagen – und als die Preußen schon überall mit ihnen in Kontakt und den Franzosen ins Gefecht getreten waren, schickte Napoleon die Mittlere und die Alte Garde, la Dernière Cartouche, die letzte Patrone im Lauf, um das Zentrum Wellingtons zu zerschlagen. Der Angriff scheiterte, und jetzt war es klar, dass die Truppen im Rücken nicht Grouchy waren, wie man den Soldaten erzählt hatte, sondern die Preußen – und es passierte etwas, dass selten in der Kriegsgeschichte in aller Dramatik so geschah wie jetzt: Mit den Rufen »Rette sich, wer kann!«, »Die Preußen!«, »Die Alte Garde weicht!«, brach eine Massenpanik aus, und die Franzosen rannten vom Schlachtfeld. Die Garde formierte mehrere Karrees, der Kaiser ging mit seinen Getreuen auf die Flucht nach Paris. Wellington befahl seiner Armee den Generalangriff und dann umstellten die Engländer die letzten beiden Karrees der tapferen Grenadiere, der Grognards, die mit Napoleon zu den Sternen gestürmt waren und jetzt vor der Ewigkeit standen. Und es fiel der berühmte Spruch, der bis heute im Raum steht. »Die Alte Garde stirbt, doch sie ergibt sich nicht!«, den General Cambronne den Engländern entgegen schleuderte, als er zur Kapitulation aufgefordert wurde.

Oder wie andere Quellen es sagen, schlicht: «Merde!«

Die Engländer sanken erschöpft auf dem Schlachtfeld nieder, aber die Preußen verfolgten die Franzosen unerbittlich, und es begann die Mordnacht von Rossomme bis Bon Villers, mit einer deutschen Unerbittlichkeit, die böse Zeichen in die Zukunft schrieb.

Der Hut ist weg!

Wenn es doch nur um den Hundert Tage Feldzug ginge, im Unterricht in dem verhassten Gymnasium! Dann wäre ich jetzt der Beste in der Klasse, so wie ich auf der Vlaams School der beste in Moedertaal gewesen war.

In Französisch ging es einigermaßen. Das war immerhin die Sprache des Kaisers gewesen, auch wenn der Korse gewesen war, so aber doch die Sprache seines Reiches, dessen Teil wir, der Niederrhein, doch auch gewesen waren. War ich Untertan des belgischen Königs gewesen, als ich mich als Flame fühlte, so war ich jetzt der Untertan Napoleons, als ich mich als Rheinfranke fühlte, aus dem Arrondissement de Crévelt im Département de la Roer.

Den Lehrern war meine geistige Abwesenheit schon aufgefallen, aber aufgrund ihrer Überlastung mit den viel zu großen Klassen, die sie betreuen mussten, kümmerten Sie sich nicht weiter um mich. Also gab ich mich weiter meinen Träumereien hin. Die in meiner Vorstellung großartigen Untersuchungen würde ich bald in Waterloo dem »Verein der Studien der napoleonischen Geschichte« vorstellen, dessen Mitglied ich werden würde. Statt Schularbeiten zu machen, statt dem Unterricht zu folgen, vertiefte ich mich lieber in die wahren weltbewegenden Fragen:

Warum hatte Napoleon die Schlacht verloren, obwohl er doch so kurz vor dem Sieg gestanden hatte? Wie kam es, dass ihm der Sieg in letzter Minute von Geisterhand geraubt worden war? Welche Kräfte waren da am Werk gewesen?

Wenn es etwas Magisches war, dachte ich mir, wo kam es her? Wo steckte der böse Zauber?

Und dann fiel es mir wie Schuppen von den Augen. Ich dachte an seine Erscheinung. Sein Markenzeichen. Wenn jemand einen bösen Zauber einpflanzen wollte, was würde er nehmen? Seinen Hut!

Es war der Hut.

Das ganze Unglück kam vom Hut!

Und ich vertiefte mich sofort in meinen Aufsatz über die Rolle von Napoleons Hut.

Ich rekapitulierte. Was wäre Napoleon denn ohne seinen Hut gewesen? Ein Feldherr ohne Hut, das ginge nicht! Also nahm er den Hut der Schule von Brienne, setzte ihn sich falsch auf, gerade statt seitlich, und machte ihn zu seinem Markenzeichen. Napoleons Hut! Den hatte er sich und dann ganz Europa aufgesetzt. Man sah ihn Kilometer weit, dort, wo immer er war, auch dort, wo ihn Großtante Louisens Großvater gesehen hatte, beim Einmarsch in Düsseldorf.

Böse Zungen, auch und gerade in meinem Umfeld, behaupteten, er hätte nur den großen Hut getragen, weil er so klein war. Papperlapapp! Napoleon war gar nicht klein. Er war 1,68 groß, also vollkommen der damalige Durchschnitt. Die Tatsache, dass er oft im Kreise seiner Garde-Grenadiere, den Grognards, stand, mit ihren übernormalen Körpergrößen, nach der sie ausgesucht waren, und mit ihren großen Bärenfellmützen, das machte ihn natürlich kleiner. Das hatten die fiesen Engländer, bekannt für ihren sarkastischen und beißenden Humor, erkannt und malten ihn als einen Stiefel mit Kopf und seinem Hut auf. Little Boney', sagten sie. Eine alte Art, den Gegner durch Karikaturen verächtlich und kleiner zu machen.

Das Bild war in der Welt, und so glaubten es die meisten bis heute – und auch Tante Margret glaubte es.

Sie warf die Hände in die Höhe und sagte: »Und so ein kleiner Mann! Und so ein kleiner Mann! Und dann wollte er die ganze Welt erobern. Dann schneite es und schon war es vorbei mit der Größe!«

»Aber ich dachte, du meintest, er wäre klein gewesen?«, fragte ich Tante Margret.

»Die Größe der Macht, Achim, darum geht es. Und die Kleinen wollen immer am mächtigsten sein. Also hüte dich vor Ihnen.«

Der Hut wurde angefertigt von Poupart & Cie, Paris, und es heißt, Napoleon habe davon an die 150 gehabt. In meinem Aufsatz stellte ich mir vor, wie Napoleon morgens aufstand, in seinen Hut-Raum ging und dann die großen Schränke, die mit poliertem Eichenholz aus eroberten deutschen Landen vertäfelt waren, öffnete und sich den geeigneten Hut für den richtigen Moment aussuchte. So tat er das zu Hause und so tat er es auch im Felde. Der Kammerdiener musste immer mit einer Kutsche voller Hüte hinter ihm her reiten und morgens vor der Schlacht sagte Napoleon zu ihm:

»Monsieur, Mein Hut!«

Der Kammerdiener musste dann von den Lippen des Kaisers ablesen, welcher Hut es heute denn sein könnte – und vielleicht sagte er dann:

»Sire! Den von Jena? Oder den von Auerstedt?«

Und der Kaiser würde lächeln und sagen, da gibt es doch nur einen. Und die Marschälle lachten dazu.

Und ich stellte mir vor, dass Napoleon gerade an so einem wichtigen Tag wie dem der Schlacht von Waterloo, bei der Hut-Auswahl genau darauf achten würde, welcher es sein müsste. Und ich stellte mir vor, wie der Kammerdiener vor Napoleon antreten müsste und der Kaiser ihm sagen würde:

»Monsieur, mein Hut! Den von Austerlitz!«

Und dann dachte ich mir, wie der Diener verlegen in gebückter Haltung dem Kaiser gegenübertreten und ihm dann sagen würde, stotternd:

»Sire, es ist mir unverzeihlich. Mon Dieu, Mon Dieu! ...aber ...«

»Was aber?«, würde der Kaiser streng fragen.

»Der Hut von Austerlitz– er ist nicht da. Er ist in Paris zurückgeblieben... Mon Dieu, Mon Dieu.«

Der Kaiser würde erschrecken, als wäre ein Blitz neben ihm in den Boden gefahren. Der Hut! Nicht da! Ein böses Omen! Der Hut von Austerlitz, der, der ihm jetzt den Sieg bringen sollte! Zuhause in Paris! Quelle Malheur!

Blitzschnell würde der Kaiser die peinliche Situation überspielen und sagen: »Naja, es ist doch nur ein Hut« – und verlegen dabei lächeln, stärker lächeln, allen sein Lächeln zeigen.

»Es ist doch nur ein Hut!«, würde er in die Runde der Marschälle rufen, und sie würden auch alle derb lachen, aber mit einem inneren Wissen, dass sich hier ein Unheil anbahnte. Und es würde ein Geflüster geben bei den Ordonnanzen, der Hut, sagten sie, der Hut von Austerlitz ist weg! Und bald schon würde es bei den einfachen Soldaten die Runde machen, Gerüchte, der Kaiser habe heute den Hut nicht auf, und »wenn das mal gut geht« und die Gerüchte würden womöglich zu der berüchtigten Massenpanik führen; am Ende waren es gar nicht der Schlamm, der zu späte Angriff, die weichende Garde, die herannahenden Preußen statt Grouchy, am Ende war es der fehlende Hut gewesen, der jetzt das Unheil über die Armee gebracht hatte und sie einfach wegrennen ließ! Der Kammerdiener würde deshalb, die Scharte auswetzend, mit einem anderen Hut kommen und – der Kaiser würde ihn laut, für alle verständlich, ironisch ansprechen: »Sagen Sie nicht, dass es der Hut von Moskau ist!« – und dabei noch auffälliger lachen.

»Nein«, würde der Kammerdiener sagen, und stotternd dem Kaiser mitteilen, dass...

»Dass was?«, würde der Kaiser fragen.

Dass – es der Hut von Aspern sei!

Für einen Moment würde der Kaiser erschrecken, als habe er seinen eigenen Tod gesehen, dann den Kammerdiener mit seinem Blick töten wollen, schließlich aber sich fassen und fröhlich spielend behaupten: »Aspern --- Nicht die schlechteste Schlacht, die wir geschlagen haben, oder?«

Und nach einer Pause: »Oder?? Meine Herren?!?«

Und die Marschälle würden strammstehen und wie auf Kommando lachen wie die Äffchen in einem dieser neuen Spielautomaten von Fabergé.

Aber einer, ganz hinten, La Bédoyère, würde leise flüstern: »Hélas! Aspern! Der arme Marschall Lannes. Beide Beine weg, und dann starb er noch an Wundbrand. Aspern! Hélas, hélas.«

Der Kaiser aber würde es nicht gehört haben. Oder so tun, als hätte er es nicht gehört. Denn der Kaiser hörte alles!

Meine Geschichte nahm Form an.

»Aspern!«, sagte der Kaiser bestimmt. »Na gut, dann soll es dieser sein. Der Hut von Aspern!«

Napoleon setzte ihn sich feste auf und ritt in die Schlacht. Aber sicher war er sich seiner Sache nicht mehr. Nicht der bevorstehenden Entscheidungsschlacht, nicht der Frage, ob er den richtigen Hut aufhätte.

»Scheiße!«, dachte er sich. »Der Hut von Aspern. Ausgerechnet. Merde!«

Ich schrieb meine Gedanken wie im Fieber auf, strich die alte Überschrift, »Wie Napoleon die Schlacht von Waterloo verlor«, durch und ersetzte sie mit dem neuen Titel: »Der Fluch des Huts«.

Das Drama entwickelt sich vor meinen Augen wie bekannt, die Grenadiere verschossen ihre letzten Patronen. Napoleon flüchtete mit seinem Stab zur Kutsche, als die Preußen aus dem Wald hervorbrachen. Ein Pferd wurde schnell herbeigebracht, Napoleon sprang auf, da flog ihm der Hut vom Kopf! Mühsam rettete er sich, geführt von Decoster, mit seinem Stab bis hinter Genappe – und weiter ritten sie Richtung Charleroi, um die rettende Sambre zu erreichen.

Die preußischen Soldaten machten sich über die Kutsche her, fanden Münzen und eingenähte Diamanten und einer fand den Hut, überreichte ihn seinem Offizier – und er landete im Zeughaus in Berlin, wo ich ihn jetzt hätte sehen können, wenn dort nicht die Zone gewesen wäre.

Der Hut von Aspern, der dem Kaiser so viel Pech gebracht hatte!

Der Kammerdiener eilte Napoleon hinterher, durch die von Blitz und Donner erschütterte Nacht, fand den Marshall Bertrand; und dann sah er, bei Quatre Bras, den Kaiser mit einigen Soldaten am Rande der Straße an einem Lagerfeuer stehen. Der Kaiser weinte bitterlich. Er weinte und weinte.

»Alles ist verloren«, stammelte er, »alles ist verloren.«

Er war barhäuptig, seine Haare nass vom Regen, der wieder schüttete wie in der Nacht vor der Schlacht. Um ihn herum lagen die gefledderten, geplünderten Leichen des Gefechts vom 16. Juni und der Regen lief über ihre nackten geschundenen Körper. Der Kammerdiener hatte seine Ausrüstung gerettet und er zog einen Hut aus der Aufbewahrungskiste und brachte ihn aufgeregt und außer Atem dem Kaiser.

»Sire! Ihr Hut! Ich habe ihn doch noch gefunden.«

»Welchen Hut?«, fragte Napoleon verwirrt.

»Ihn«, sagte der Kammerdiener keuchend. »Den Hut von Austerlitz!«

»Zu spät«, sagte der Kaiser, »zu spät«, und weinte wieder bitterlich.

Eine preußische Trommel war in der Ferne zu hören. Höchste Zeit für den Aufbruch! Der Kaiser und seine ihm verbliebenen Marschälle ritten eiligst weiter nach Süden, der Hauptstadt entgegen, in der weiteres Unheil drohte.

Als sie über die Sambre-Brücke eilten, machte es unvermittelt: »Peng!«

Ein Schuss, direkt auf ihn, den Kaiser, war abgegeben worden! Alle gingen in Deckung, ich fieberte, suchte mit nach dem Heckenschützen.

»Peng!«

Ein zweiter Schuss ertönte, jetzt unmittelbar vor mir.

Ich schaute erschrocken hoch und »Peng!« machte es zum dritten Mal.

Es war Herr Schlottmann, der Erdkundelehrer. Er hatte mit dem großen Lineal auf den Schultisch geschlagen und sagte fassungslos: »Wo sind Sie, Konejung? Wo – sind – Sie?«

»An der Sambre«, sagte ich geistesabwesend. »An der Sambre.«

Herr Schlottmann kannte die Sambre, wusste, wo sie lag. Er war schließlich Erdkundelehrer! Aber von den großen Zusammenhängen wusste und verstand er nichts. Nichts von der Sambre, nichts von Napoleon und nichts von seinem Hut.

NACH DER SCHLACHT

Der Name der Schlacht

Dann kamen ABBA und sangen »Waterloo«, sie hatten gerade ihren großen Sieg beim »Grand Prix Eurovision de la Chanson européenne« davongetragen, mit ihrem Hit, der jetzt überall rauf und runter genudelt wurde, auch auf Radio Veronica, dem Piratensender, der draußen in internationalen Gewässern lag und dessen Ätherwellen bis nach Middelkerke reichten.

»Uoderluh!«, kam es aus allen Ecken und Winkeln. »Uoderluh!« Und wenn ich einem Erwachsenen, zum Beispiel Onkel Helmuth, erzählte, dass ich das Schlachtfeld besuchen würde, Waterloo, dann sagte er: »Uoderluh!«, und fing an zu summen.

»Nein!«, sagte ich dann genervt, »es heißt – Waterloo!«

»Nicht – Uoderluh?«

»Nein! Wa-ter-loo. So, wie man Bad Oldesloe, oder Venlo sagt. Es ist ein alter niederdeutscher Name und es meint eine mit Wasser gefüllte Senke. Wa-ter-loo!«

»Dann viel Spaß in ›Uoderluh!‹, meinte Helmuth – und ich sagte, mehr zu mir, dann hab du mal viel Spaß »aan de Tsee ...«

ABBA kamen sogar zum Hameau de Lion und ließen sich in ihren Schlaghosen vor der Friture fotografieren. Sie sangen und sangen, einen Hit nach dem anderen. Und immer wieder »Uoderluh!«. Aber am Ende ihrer vorläufigen Karriere kam ihr womöglich bestes Lied, vor dem Hintergrund der Trennung zwischen Björn und Agnetha, »The Winner Takes It All«. Und das fand ich wirklich gut und es ließe sich auch gut auf die Schlacht von Waterloo anwenden.

Der Sieger der Schlacht bestimmt den Namen der Schlacht, The Winner Takes It All! Und so war es auch hier. Wellington schrieb die Waterloo-Dispatch auf jenem Tisch, den wir im Museum gesehen hatten, die Depesche erreichte London mit zwei Tagen Verzögerung, ein ungeheurer Jubel brach aus, die Glocken läuteten und der Name Waterloo war gefunden. Waterloo! Waterloo! Waterloo! (oder eben, nach Onkel Helmuth: »Uoderluh!«)

Waterloo! Der größte Sieg der englischen Geschichte! Der Aufstieg zum Empire! Bald würde die Eisenbahn kommen, dann könnte man Bahnhöfe danach benennen. Die Brücke, die über die Themse führen würde, würde man Waterloo Bridge nennen. Alles war Waterloo, Waterloo, Waterloo! Städte mit dem Namen wurden gegründet, in Lancashire und Merseyside, Ontario, Neuseeland, New South Wales, Iowa. Der Name gehörte jetzt ihnen, den Angelsachen, die anderen gingen leer aus.

Die Franzosen wollten von der Schlacht eh nichts wissen. Sie nuschelten, wenn überhaupt, »labbateidemongsängdschon«, dass sollte heißen: »La Bataille de Mont-Saint-Jean« – und kümmerten sich nicht weiter um das, was geschehen war, es war zu dunkel, zu böse, zu traurig.

Blücher aber stand am Abend des Sieges frohgemut vor dem Gasthof an der Wegkreuzung, traf Wellington und zeigte mit Feldherrengeste auf das Gasthausschild und meinte: »La Belle Alliance«, das sei doch der treffende Name für die Schlacht. Die Gute Allianz, die Schöne Allianz, mit der sie den Sieg über den Usurpator, den Korsen, den »Bonnapart« erreicht hätten.

Wellington und sein Stab blickten auf das große Gasthofschild, und seine Adjutanten kicherten in Blüchers Rücken. Da war ein alter Mann mit einem hässlichen, dicken Mädchen abgebildet und das also sollte die Schöne Allianz sein, diese eindeutige – Messalliance! Das Ganze war eine Satire und sprach für ein zweifelhaftes Etablissement, aber Blücher erkannte es nicht. Vielleicht war es auch einfach zu dunkel, und er hatte den derben brabantischen Witz nicht verstanden. Da war er nicht allein, denn viele Autoren und Historiker haben gnädig den Mantel des Schweigens über diesen anrüchigen Ort gelegt und niemals darauf hingewiesen, dass dieses Lokal ein »Cabaret« gewesen war, so eingetragen in der Ferraris-Karte von 1777. Also eine Lokalität mit Musik, Getränken und weiblicher Begleitung, ein Animierschuppen, ein Maison Close, ein Bordell!

Und das wäre ja wohl was gewesen, wenn sie den Namen verwendet hätten – die Schlacht am Bordell der schönen Allianz! Bis heute würden die geschlagenen Franzosen in ihrer Wut darüber lachen und den Siegern die Nase zeigen. Blüchers Vorschlag wurde von Wellington, der all das blitzschnell erfasst hatte, mit einer Handbewegung vom Tisch der Geschichte gewischt.

So hatte die Schlacht also drei Namen, Waterloo, Mont-Saint-Jean und Belle Alliance. In Preußen wurden Straßen und Plätze danach benannt, in Frankreich gar nichts – und in England stand der Name Waterloo in flammenden Lettern über dem Empire, in dem die Sonne jetzt niemals unterging.

Mit der Dunkelheit hörten die Kämpfe endgültig auf. Captain Cavalié Mercer, der Kommandeur der »G« Troop, Royal Horse Artillery, hat seine Eindrücke im »Waterloo Journal« hinterlassen, ein unbedingt lesenswertes Buch. Ich musste mit meiner Mutter und der Schauspieler-Tante nach England fahren, um es mir zu kaufen. Und musste vernünftig Englisch lernen, um es lesen zu können. Da gab es wenigstens mal eine gute Wechselwirkung zwischen Waterloo und meiner schulischen Laufbahn.

Unmittelbar nach der Schlacht fielen er und seine Männer in einen tiefen Schlaf, erst gegen Mitternacht wachten sie wieder auf. Der Mond war durch die Wolken gebrochen. Mercer sah die Toten, hörte die Schreie der Verwundeten, sah den Schein der Fackeln, mit der die Plünderer, die nun über das Schlachtfeld streiften, um die Toten und Verwundeten auszurauben, ihren Tatort beleuchteten.

Jede Armee führt einen Haufen Gesindel in seinem Tross. Huren, Zuhälter, Kriegsgewinnler, Strauch- und Tagediebe, die zu allem bereit sind. Ich würde ihnen bei Viktor Hugo in den »Miserables« wieder begegnen.

Das Schlachtfeld, der blutige Ort des Gemetzels, war für sie ein reich gedeckter Gabentisch. Erst nahmen sie die Uhren, das Geld, die Ringe, den Schmuck. Dann die wertvollen Waffen, Säbel, Orden und Auszeichnungen. Ab und zu fiel ein Schuss und Mercer konnte sehen, wie die Fackeln über das dunkle Feld tanzten, die Plünderer wie aufgeschreckte Raben flüchteten, nur um sich wenig später an einem entfernteren Ort zu sammeln, um ihren Raubzug fortzusetzen.

Sie machten vor nichts Halt. Wenn ein Verwundeter sich wehrte, wurde er kurzerhand ermordet. Ja, das Morden ging weiter, die ganze Nacht nach der Schlacht von Waterloo. Die

Preußen mordeten auf ihrer Jagd die Franzosen, die Plünderer die Verwundeten auf dem Schlachtfeld, egal ob Freund, ob Feind, denn solche Kategorien existierten für sie nicht.

Verwundete riefen nach Wasser. Es gab nichts zu trinken, und der Morgen war noch gar nicht angebrochen. Mercer wunderte sich über die unglaubliche Stille, die sich nun über das Schlachtfeld gelegt hatte. Aber dann wurde ihm klar, dass es gar keine Stille war. Über 700 Schuss hatten seine Kanonen abgefeuert und jetzt war er taub. Vor seiner Batterie lag ein Berg von Leichen, und es muss ein seltsames Gefühl gewesen sein, zu wissen, dass dies da seine Toten waren, die Grenadiere der Mittleren Garde, die er mit Kartätschen und Schrapnell aus nächster Nähe ins Jenseits befördert hatte.

Wieder fielen Schüsse, wieder sah er die Fackeln tanzen und dunkle Gestalten wie Geier auf dem Schlachtfeld aufflattern und in der Dunkelheit verschwinden.

Andere Schüsse galten den verletzten Pferden, die die Soldaten von ihren Qualen erlösten, an die Achttausend – es gibt auch die doppelte Zahl – sollen bei der Schlacht getötet worden sein. Mercer schrieb:

»Ein armes Pferd erregte mein schmerzhaftes Interesse – es hatte, glaube ich, beide Hinterbeine verloren; und dort saß es die ganze Nacht über auf seinem Schwanz, umherblickend, als ob es auf kommende Hilfe wartete, von Zeit zu Zeit lange und langgezogenes trauriges Wiehern ausstoßend. Obwohl ich wusste, dass es sofort zu töten, Barmherzigkeit wäre, konnte ich nicht einmal den Mut aufbringen, den Befehl zu geben. Genug Blut hatte ich in den letzten sechsunddreißig Stunden vergossen, gesehen und wurde allein beim Gedanken daran krank.«

Dann fiel Mercer wieder in den Schlaf.

Die Morgendämmerung setzte ein, kurz nach drei, und nun zeigte sich das ganze Ausmaß der Kämpfe am vorherigen Tag. Bis weit ans Ende des Feldes, bis weit nach Papellotte und Frischermont, und bis weit auf die Höhen von Rossomme sah man die Toten liegen, viele noch in Formation, so als würden sie nur auf den Befehl des Kaisers warten und wieder zum Angriff marschieren. Auf der englischen Linie gab es scharlachrote Vierecke aus Leichen, dort wo die Karrees während des Kavallerie Angriffs gestanden hatten.

Es hatte lange gedauert, bis ich Mercers Buch für mich übersetzt hatte. Aber jetzt endlich hatte ich eine Ahnung, was sich hinter den bunten Bildern, die ich bislang gesehen hatte, in der Burg Linn, den Museen in Antwerpen und im Panorama von Waterloo, wirklich verbarg. Das hier! Das war der Krieg! Das war das Grauen! Die Gemälde waren Propaganda, aber die Tagebücher verrieten mir, was die Soldaten erlebt hatten. Ich konnte nun die Angst in ihren Augen sehen, den Mut der Verzweiflung. Aber eins musste ich noch herausfinden. Wie roch der Krieg?

Ich fand die Untersuchung einer Universität und die Behauptung: Ich müsste mir nur den Dunst von Pferdeleder, nasser Erde und menschlichem Schweiß vorstellen, dazu den frischen Duft von Rosmarin, Bergamotte und Bitterorange.

»Denn das war das Parfüm Napoleon Bonapartes, der jeden Tag eine ganze Flasche des Acqua Mirabilis genannten Wunderwassers auf seinem Körper verrieb.«

Ich war sprachlos. Das sollte der Geruch des Krieges sein? Das Schlachtfeld roch nach Kölnischwasser? Wirklich? War Napoleon überall, auch bei den englischen Linien, sogar den Preußen, nur aus dem Grund gewesen seinen angenehmen Duft zu versprühen, sein Parfum? Womöglich als Werbeträger von 4711?

Was für ein unglaublicher Unsinn, auf den nur Leute kamen, die sich nie mit Krieg beschäftigt hatten! Nein, dachte ich mir, stelle es dir vor, mach dir einen Reim! Wonach riecht ein Schlachtfeld? Nach Scheiße! Nach Kotze! Nach Pisse! Nach Angstschweiß! Nach Blut! Nach Schwarzpulver! Nach Schwefel!

Ja, es stinkt und riecht wie aus der Hölle.

Und würde man in allen Kriegsmuseen der Welt die Besucher gleich am Eingang hinter der Kasse mit dem Geruch des Krieges konfrontieren, dann hätten sie eine Ahnung von seiner

Gewalt. Aber ich befürchtete, dass die meisten sofort umdrehen und schreiend weglaufen würden. »Igitt! Igitt!«, würden sie rufen, wie meine Mutter, und wie vor imaginären giftigen Vogelspinnen flüchtend durch die Stadt laufen, der Krieg hinter ihnen her.

Mir schoss eine Idee durch den Kopf, für das beste Antikriegsmuseum der Welt: Das Museum des Geruchs des Krieges!

»Erleben Sie die Welt der Scheiße! Der Kotze! Erleben Sie die Welt von Blut und Gedärmen! Hereinspaziert, meine Damen und Herren! Kriegskrüppel und Kinder halben Eintritt!«

Dazu würde ich mit dem großen Zylinder des Mannes, der die Dampfkalliope gespielt hatte, an einer Drehorgel stehen, wie ein Koberer die Leute animieren und in das Schreckenskabinett locken.

»Hereinspaziert, hereinspaziert! Appe Arme! Appe Beine! Das Blut fließt in Strömen! Sehen Sie das Schlachtfeld mit dem originalen Duft von Tod, Blut und Verderben. Und – dem Parfum von Napoleon! Echt Kölnischwasser!«

Aber leider würde diese meine Geschäftsidee nicht gut ausgehen. Die Leute würden sich ekeln und schimpfen: »Krieg ja! – Aber so nicht! So nicht, junger Mann! Wir wollen keine Verunglimpfung!«

Und ich würde mir denken, verunglimpfen? Kann man den Krieg wirklich verunglimpfen? Nur, weil man ihn so darstellen will, wie er ist? Stinkend, dreckig, elend?

Es gibt ein Gemälde von John Heaviside Clark, das den Morgen nach der Schlacht wie in einem Wimmelbild zeigt: «The Morning after the Battle of Waterloo« – ich fand es in einem Buch und studierte es in allen Details. Mit einer Lupe! Clark war Augenzeuge gewesen und hatte seine Eindrücke in Zeichnungen festgehalten, aus denen das spätere Bild entstanden war. Und was ich sah, deckte sich mit den Informationen, die ich bereits über die Schlacht und seine Folgen hatte.

Auf dem Kupferstich sah ich im Hintergrund die weite Ebene und die Wälder Richtung Charleroi, über ihr ein Gewitter; ein Blitz schoss durch die Wolken.

Die »Morne Plaine« war übersät von Toten; je weiter ich in sie hineinschaute, desto mehr nackte Leichen kamen zum Vorschein. Sie wurden bereits geplündert, weiter vorne sah ich Bauern, die die noch brauchbaren Uniformteile an sich nahmen, hinter ihnen Lumpensammler, die die blutigen Fetzen den Körpern entrissen, um sie an eine Papierfabrik zu verkaufen. Und ich dachte mir: das ist der Krieg! Der Tote auf dem Schlachtfeld ist dienstbar und nützlich bis zur Ewigkeit: Sein Hab und Gut speist den Landmann und seine Familie, sein Körper düngt den Boden und seine Waffen führen den nächsten Krieg. Am Ende kommen grobe Männer und brechen seine Zähne aus dem bleichen Mund, um sie in England für viel Geld als Prothesen zu verkaufen. Und Pfaffen werden in Trauer bekunden, welch Held er war.

Flache Mulden waren zu sehen, die von den Bauern ausgehoben wurden, um die Toten zu beerdigen. Die alte Regel galt auch hier, dass der, der das Schlachtfeld im Besitz hat, es aufräumte. Es war Sommer, es war heiß und schwül, also musste es schnell gehen, denn wenn die Toten zu lange in der Sonne lagen, blähten sie auf und platzten. Das wäre kein schöner Anblick und der Geruch noch schlimmer als der, den ich beschrieben hatte.

Und die Leichen waren eine Gefahr für die Moral, für das ethische Empfinden – und für die Gesundheit, denn Seuchen könnten ausbrechen.

Die Bauern hatten keine große Lust, die eklige Arbeit auszuführen, und sie mussten mit Waffengewalt dazu gezwungen werden. Auch hier zeigte der Krieg seine böse Natur und Unbarmherzigkeit: Erst hatte man ihre Gebäude zerstört, ihre Felder zertrampelt, die Ernte geplündert oder verbrannt. Und jetzt mussten sie die Überreste und die Opfer des Krieges, Menschen und Pferde, beseitigen und bestatten. Da war es ihnen nur recht, dass sie sich bereicherten, wo sie nur konnten. Und wenn es noch überlebende Franzosen gab, dann schlugen sie sie einfach tot und raubten sie aus. Sie wussten, dass sie goldene Napoleon Münzen in ihre Uniformjacken eingenäht hatten.

Rechts sah ich die noch rauchenden Ruinen von Hougoumont, davor weitere Bauern, die nackte Leichname zu den Gruben schleiften, daneben ein verletztes Pferd, das, vielleicht aufgeschreckt durch Blitz und Donner, über die Verletzten floh und dabei weitere Opfer unter den Überlebenden forderte.

Im Vordergrund waren fast ausnahmslos Engländer und Schotten, denn die Position des Zeichners war die an Wellingtons berühmter Ulme. Links wurden wieder Gruben ausgehoben, von Bauern in typischer Tracht. Und dann sah ich eine Frau, die gestützt werden musste, denn sie hatte ihren verwundeten Mann auf dem Schlachtfeld gefunden. Und diese Darstellung war auch keine Übertreibung, denn es gab sogar ein Buch darüber: »A Week at Waterloo in 1815 by Lady Magdalene De Lancey«. Sie hatte in Antwerpen den Kanonendonner gehört, bekam Nachricht, dass ihr Mann verwundet worden sei, war nach Waterloo geeilt, um ihn dann in einer Scheune bei Mont-Saint-Jean zu finden. Sie pflegte ihn, bis er wenige Tage später in ihren Armen starb. Ihr Buch ist ein herzzerreißendes Zeitdokument; sie schrieb das auf, was außer ihr vielen anderen Frauen im Gefolge der britischen Armee in Belgien geschah. Ich hatte es gelesen, ebenfalls auf Englisch.

Und dann war da noch der gut gekleidete Herr in der Mitte des Bildes, einen Zylinder tragend, vielleicht ein Brüsseler Bürger, mit seinem Sohn. Zu ihm sprach ein Bauer in Tracht mit typisch brabantischer Zipfelmütze. Der Bauer zeigte auf das Feld und schien dem Herrn und seinem Sohn die Ereignisse des Vortages zu erklären. Die Figur sah aus wie Jean-Baptiste Decoster, der Cabaretier von der Puffstraße, den Napoleon zu seinem Guide auserkoren hatte.

Ich sah in diesem Bild eine realistische Darstellung eines Schlachtfeldes am Tag nach dem Ereignis. Das, was man uns in der Schule nie beigebracht hatte, drei-drei-drei, Issos Keilerei, und dann zogen die Soldaten weiter. Klappe zu, Affe tot. Vielleicht hatten wir mal gehört, in der Ilias oder anderswo, wie morsche Knochen auf den Feldern des Ruhms in der Sonne bleichten oder ähnlichen Kokolores. Aber vom grausamen Nachspiel einer Schlacht hatte man uns weder in der Schule noch anderswo erzählt. Das war tabu.

Montag, der 19. Juni 1815, war der Tag, an dem der neuzeitliche Schlachtfeld-Tourismus erfunden wurde, denn sobald es richtig hell war, kamen bereits die ersten Schaulustigen, Gaffer und Schlachtenbummler.

Mercer schrieb in sein Journal: »Wir hatten unser Mahl noch nicht beendet, als eine Kutsche aus Brüssel auf das Gelände einfuhr, deren Insassen ausstiegen und begannen, das Feld zu untersuchen. Als sie in unserer Nähe vorbeikamen, war es amüsant zu sehen, mit welchem Entsetzen sie unsere schrecklichen Gestalten betrachteten; sie zogen jedoch alle ihre Hüte ab und verneigten sich vor uns. Einer, ein smart gekleideter Mann mittleren Alters mit einem hohen Zylinderhut, kam zu unserem Kreis und begann ein Gespräch mit mir über die Ereignisse von gestern. Er näherte sich und hielt ein zartes weißes parfümiertes Taschentuch vor seine Nase; dabei trat er vorsichtig um die Leichen herum (auf die er ängstliche Blicke warf, während er vorbeiging), um die glänzenden seidenen Strümpfe zu schonen, die seine Beine bedeckten.«

Das Reisen war gerade erst erfunden worden, da kamen schon die Kriegstouristen, die zu den antiken Stätten und den Orten der englischen Siege fuhren, von Blenheim über Grecy bis nach Agincourt. »Rule Britannia!«

Aber nach Waterloo, da reisten sie nicht. Da pilgerten sie!

Und bald, dachte ich mir, wussten auch die Anwohner Europas: Wenn eine Schlacht vor ihrer Haustür stattfand, mal bloß schnell nachher die Sachen einsammeln, um später ein Museum zu eröffnen. Man konnte ein kleines Geschäft betreiben, mit dem Gasthof zur Kanonenkugel, oder dem Hotel zum Kaiser – und den aufgeregten Gästen, wenn man ihnen die Koffer aufs Zimmer getragen hätte, erklären, dass die abgeschabten Stellen am Ende des Bettes von den Stiefelsporen des Großen Korsen seien. In seiner letzten Nacht, vor seiner letzten Schlacht, seiner größten Niederlage! Und die Gäste würden mit offenem Mund ein großes »O« formieren, und man selber würde, zurückhaltend und vornehm, aber trotzdem nachdrücklich fordernd, die Hand aufhalten und mit einem schmierigen Lächeln das Trinkgeld entgegennehmen.

Man würde als Guide die Menschen über das Schlachtfeld führen, Anekdoten und Denkwürdigkeiten berichten.

Und ich stellte mir vor, wie ich jetzt Er wäre, Jean-Baptiste Decoster, und großen Bericht erstatten würde.

»Monsieur! Sagen Sie mir, wie hat denn Napoleon geschaut, als ihm gesagt wurde, dass die Preußen kommen?«

Und ich, Decoster, würde in die Runde der Engländer schauen und ein Gesicht machen, voller Verwunderung, und würde, den imaginären Hut von Aspern mit meinen Händen nachbildend, sagen:

»So! So hat er geschaut!«

Und die Engländer wären begeistert und würden gut zahlen.

Decoster machte es, auf Anraten des berühmten Dichters Walter Scott, zu seinem Beruf und starb, elf Jahre nach der Schlacht, die sein Leben so nachhaltig verändert hatte, mit einem kleinen Vermögen.

Was war überhaupt über ihn bekannt? Er kam aus dem Flämischen, ließ sich dann dort, kurz hinter der Belle Alliance, nieder und betrieb – was sonst! – ein kleines Etablissement, in der roten Straße nach Brüssel mit den leichten Damen. Es hieß, er sei sogar selbst auf seiner kleinen Rumpelbühne aufgetreten, mit Bänkelliedern, ja, sogar mit Spottversen über Napoleon! Ein Kabarettist, ein Bänkelsänger, ein Vorfahr meiner Zunft, der ich mich bald zuwandte. Und der, ein lustiger Vogel, Betreiber eines Animierlokals, der hatte das Schicksal Europas bestimmt, in dem er dem Kaiser genauso verwehte Angaben gemacht hatte wie später den englischen Touristen.

»Und jener Weg dort?«, hatte ihn der Kaiser gefragt.

»Das ist der Weg nach Ohain!«, hatte der Flame ihm geantwortet und den gefährlichen Hohlweg, der des Kaisers Kavallerieschwadronen verschlucken sollte, verschwiegen.

Die Rache des kleinen Mannes, die Rache des Liedermachers, die Rache der Kleinkunst!

Er sei ein Mann des Volkes, ein einfacher Mann, ein Mann des Friedens. Er habe nicht um diesen Krieg gebeten, sagte er auf dem Totenbett.

Die Verwundeten waren noch immer nicht alle geborgen, die Toten bedeckten unbekleidet das Schlachtfeld, da stapften sie herum, klaubten Souvenirs auf, speisten in der Belle Alliance, leicht verwundert über das merkwürdig weiße Fleisch, dass sie aßen, böse Ahnungen habend. Die belgischen Bauern, ihre Frauen und Kinder verkauften den Engländern alles, was sie gefunden hatten, Waffen, Uniformen, Orden, Tschakos, und vor allem, das teuerste Souvenir, ein echter Kürass eines französischen Reiters. Dazu gab es eine böse Karikatur von Daumier: ein Bauer, der einem englischen Schlachtfeldtouristen eine Kanonenkugel verkaufen will.

»Die, die Picton getötet hat!«

Der Englishman meint trocken: »Die haben sie mir schon letztes Jahr verkauft! Jetzt will ich die Kanone, die sie abgefeuert hat!«

Und im Hintergrund auf dem Hügel ist von Daumier – wie gemein! – der brabantische Löwe auf dem Hügel als belgisches Mastschwein dargestellt.

Es gab unzählige gedruckte Reiseberichte, die alle diese Geschichten beinhalteten. Ich las sie. Fast alle beschrieben den entsetzlichen Gestank, der über dem Schlachtfeld lag, die auf dem Feld verwesenden Leichen, und alle Schaulustigen waren ergriffen und fühlten sich, als wären sie »dabei gewesen«.

Alle erwähnten Decoster, hatten seinen Namen von wiederum anderen Reisenden bekommen, wussten, wo sie ihn aufsuchen und finden konnten, und er konnte sich vor Führungen nicht retten. Decoster, der Vater aller Battlefield-Guides, der erste seiner Zunft.

Und je weiter sich die Schlacht entfernte, desto verwegener wurden die Angebote der Souvenirs. Die belgischen Kinder pulten Gewehrkugeln aus den Bäumen, später gruben sie Skelette aus und verkauften Totenschädel. Es gab sogar kleine Manufakturen, in denen gefälschte Gewehrkugeln hergestellt wurden.

Dichter in Waterloo

Die Leichen waren noch nicht ganz verrottet und verwest, noch nicht in Brabanter Erde verscharrt, die Verwundenen darbten noch immer in den Hospitälern Brüssels und viele starben noch an Infektionen, an Wundstarrkrampf, an Sepsis – da kamen schon die ersten Dichter, um Englands neue Größe zu feiern.

Allen voran Robert Southey, der Poet Laureate, der Lorbeer gekrönte Dichter des britischen Königshauses, eine Einrichtung, die bis ins 15. Jahrhundert zurückreichte. Er beschrieb in

»The Poet's Pilgrimage To Waterloo« seine Reise dorthin, den Verlauf der Schlacht und das Schlachtfeld, wie er es vorfand.

Walter Scott, der große schottische Nationaldichter und Autor von Ivanhoe, der in der Nomination zum Laureatus Southey schmachvoll unterlegen war, packte, kaum hatte er gehört, dass sein Rivale nach Waterloo aufgebrochen war, seine Koffer und eilte ebenfalls nach Brüssel.

Nach der Schlacht begann jetzt die Schlacht um die Deutungshoheit – und der nächste Krieg war im Entstehen: der Dichterkrieg von Waterloo.

Als Scott das heilige Feld der Ehre, so wie es jetzt gesehen wurde, erreichte, war es bereits Herbst.

Dann passierte Scott die berühmte Ulme, den Baum, unter dem Wellington die Schlacht geleitet hatte. Dieser solle bis in alle Ewigkeit für Englands Größe stehen! So der Wunsch des Dichters, so der Wunsch der anderen Dichter, so der Wunsch der Nation – der aber nicht in Erfüllung gehen sollte, denn 1818 machte sich ein findiger britischer Geschäftsmann mit zwei vierschrötigen Brüsseler Gestalten, einer Axt und einer Säge nach Mont-Saint-Jean auf und – Klabumm! – hauten sie die Ulme um. Er ließ sie nach London transportieren und bei Chippendale Möbelstücke draus anfertigen. Oh englische Krämerseele! Perfides Albion, dem schnöden Mammon ganz verfallen! Die Möbel gibt es bis heute, einen Sekretär, einen Sessel, sogar einen Melkschemel und viele andere Gegenstände. Der Baum war scheinbar so ergiebig, dass er eine schier nicht endend wollende Möbelproduktion erlaubte, das Rätsel der sonderbaren Holzvermehrung, dem Wunder von Mont-Saint-Jean – den Rest konnte ich mir denken. Vielleicht war es aber für die Ulme gar keine so schlechte Verwendung, denn mittlerweile wäre sie ohnehin abgestorben, dem rätselhaften europäischen Ulmensterben geschuldet.

Vorbei an der Ulme pilgerten die Dichter. Und alle pilgerten zu Hougoumont. Scott stand wie angewurzelt vor den historischen Mauern, der Ruine mit den Brandspuren, er schaute sie an.

Er sah die Schießscharten in den Mauern, die den Park befriedeten, blickte auf das Gärtnerhaus mit dem Südtor, sah die sich verschiebenden Perspektiven, war irritiert und merkte erst dann, dass er langsam in den Boden sank.

Er stand genau auf der großen Grube, in die man viele der Leichen geworfen hatte, um sie zu verbrennen. Aber da die brabantischen Bauern in ihrer Unlust das nasse Holz obendrauf statt daruntergelegt hatten, hatte sich unter der oberen Schicht eine breite Fettmasse aus gekochtem Menschenfleisch gesammelt, in die er jetzt langsam hineinsank und aus der sich eine graue Hand ihm entgegenstreckte.

Das war nichts für Scott! Vielleicht für Edgar Allan Poe, aber der fuhr nicht hin. Bestimmt hatte er einige dieser Gedichte und Reiseberichte gelesen, und so war vielleicht, aus dem Horror der Schlacht und der verlustreichen napoleonischen Kriege, das neue Genre der Gothic-Horror-Novel entstanden.

Scott reiste wieder ab und schnitt sich sein Souvenir aus der Ulme; statt Poe kam Lord Byron, der den Ball der Herzogin von Richmond am Vorabend der Schlacht von Quatre Bras in Childe Harolds Pilgerfahrt besang.

Mit dem Aufkommen der Eisenbahnverbindung Ostende-Brüssel-Aachen-Köln eröffnete sich dem gehobenen britischen Tourismus die große europäische Sommerreise, die von Thomas Cook angeboten wurde. Schon ab 1838 fuhren die Reisenden mit der Fähre rüber, stiegen jenseits des Kanals in Ostende in den Zug und nach dem Diner in Brüssel war's dann so weit: Auf den Spuren der großen Dichter auf das Schlachtfeld von Waterloo!

»Mit Guide und Besuch aller Sehenswürdigkeiten. Kauf von Souvenirs möglich!«

Am nächsten Tag ging es weiter zum achten Weltwunder, dem Kölner Dom, von dem gemunkelt wurde, dass er jetzt doch fertiggestellt würde, jetzt, da Köln den Preußen gehörte. Dort stieg man in das große Dampfschiff der Köln-Düsseldorfer und ließ sich, von Radschaufeln angetrieben, den Rhein hinauffahren.

Und wenn die Briten wieder nach Hause kamen und in den feuchten kalten Winterabenden in London in ihren Salons oder Clubs saßen, dann erzählten sie von der großen Reise durch Europa, und jeder Zuhörer kannte die Dramaturgie, die die Topografie und Geografie vorgegeben hatte: The English Channel, Ostend, Brussels and?

» ...dann kamen wir nach Waterloo.«

Und alle würden fiebrig schauen, und die Heimkehrer würden vom Besuch des Schlachtfeldes erzählen, als wären sie selber bei den Kämpfen dabei gewesen, und sie würden vormachen, wie Napoleon geschaut hatte, als ihm die Ankunft der Preußen gemeldet wurde, nämlich – so! Und sie würden dabei seinen Hut mit den Händen nachformen und nochmal ihre Zuhörer anschauen, und die Leute würden erschaudern, und sie würden fragen:

»Und woher wissen sie das so genau, Mylord?«

»Es ist verbürgt«, würde der Mylord sagen, »von jemanden, der am Tag der großen Schlacht von Waterloo, dem Sieg des Empires über den kleinen Korsen Bonaparte, direkt neben ihm stand und es mir erzählt hat!«

»Wer, Mylord? Wer was es?«

»Boneys Schlachtfeldführer! Der große Jean-Baptiste Decoster!«

DIE MÖBLIERUNG DES SCHLACHTFELDS

Die Denkmäler

Ist eine Schlacht vorbei, dann muss das Schlachtfeld inszeniert und möbliert werden, mit Denkmälern des Heroismus, der nationalen Identität, der Glorie und den Abbildern der Sieger, Anführer und Könige. Das ging mir durch den Kopf, als ich zu meiner zweiten Pilgerfahrt nach Waterloo aufbrach, diesmal allein, wenige Jahre, nachdem ich mit Horst und Michael im Schatten Napoleons die ersten Fritten auf dem Schlachtfeld gegessen hatte.

Ich war mittlerweile natürlich kleben geblieben, musste das Schuljahr wiederholen, neue Klasse, neue Nachbarn. Aber das Exil blieb mir verschont, denn ich hatte mich kurzfristig angestrengt, die Leistungskurve steil hochgefahren, bevor sie am Ende des Schuljahres wieder bedrohlich zu sinken begann. Aber jetzt waren Ferien, ich war versetzt, nur weg von da, nach Waterloo!

Ich hatte die Karte dabei, die mir mein Vater damals geschenkt hatte, und mir vorgenommen, die wichtigsten Orte auf der Ebene abzuwandern. Ich begann meinen Rundgang am ehemaligen Standort des Wellington-Baumes; der, der jetzt in Chippendale-Möbeln weiterlebte.

Direkt unterhalb, rechts der Straße und vor der Haye-Sainte, lag das Gordon-Denkmal. Es wurde 1817 im neoklassizistischen Stil, in Form einer abgebrochenen Säule, in Erinnerung an Sir Alexander Gordon von seinen Geschwistern errichtet. Gordon war der Aide De Camp Wellingtons gewesen, wurde an ungefähr dieser Stelle tödlich verwundet und starb noch in derselben Nacht in Wellingtons Hauptquartier in Waterloo.

»In des Herzogs Bettstatt!«, wie uns der Maître de Maison bei unserem damaligen Besuch mit wichtigen Gesten erklärt hatte.

Eine Treppe führte mich von der Brüsseler Chaussee zum Denkmal hoch, denn es stand und steht bis heute noch auf der alten Höhe der Ebene von Mont-Saint-Jean, von der ein großer Teil einige Jahre später für den Bau des Löwenhügels abgetragen worden war. Von dort – der Gedenkstätte für einen einzelnen Mann einer Schlacht, die so viele Opfer gefordert hatte und deren sterbliche Überreste bis heute auf rätselhafte Weise verschwunden sind – hatte ich einen weiten Blick auf die Ebene. Mein Blick schweifte über die wenigen Landmarken der Schlacht, ich sah in der Ferne Hougoumont, die Belle Alliance, die Höhen von Rossomme, dort, wo der Kaiser am Morgen die Schlachtaufstellung überwacht hatte. Und rechts natürlich der belgische Mischling auf seinem künstlichen Hügel. Auf der anderen Straßenseite der Obelisk der Hannoveraner.

Es hatte Jahre gebraucht, bis ich herausfand, was es genau war: »Le Memorial des Hanovriens« stand auf dem Schild an der Abfahrt, in etwa da, wo Michael und ich die Kanonenkugel gesucht hatten. Also »Denkmal der Hannoveraner«. Tatsächlich aber wurde es im Jahr 1818 durch hannoversche Offiziere der King's German Legion (»Des Königs Deutsche Legion«) errichtet. Es erinnert an 42 deutsche Offiziere, die bei der Verteidigung von La Haye Sainte getötet worden waren. Also eigentlich deutsche Fremdenlegionäre und keine regulären hannoveranischen Soldaten, die es ja auch noch gab.

Übrigens waren die Offiziere der King's German Legion sehr umtriebig: sie ließen 1832 in Hannover die Waterloo-Säule in Erinnerung an den großen Sieg errichten und achteten peinlich darauf, dass sie auch ja einen Meter höher wurde als der belgische Löwenhügel.

Die Straße entlang Richtung Charleroi ging ich zum 1819 eingeweihten Schinkel-Tabernakel. Es befand sich an der Stelle, von der aus die napoleonische Artillerie das angreifende Korps Bülow beschossen hatte. Ich sah, wie nah die Position zu Napoleons Beobachtungspunkt war, kein schönes Gefühl für den Kaiser, dachte ich mir, die Preußen so nah in seinem Rücken zu wähnen!

»Das von Schinkel entworfene Denkmal wurde in Form eines gotischen Tabernakels durch die Königlich Preußische Eisengießerei gestaltet und wird bekrönt von einem Eisernen Kreuz«, stand im Führer. Da musste ich an meinen Großvater denken, was der dafür gegeben hatte, um den Orden, den es auch in späteren Kriegen gab, angesteckt zu bekommen. Sein Auge, sein Ohr.

Später einmal sah ich das ebenfalls von Schinkel entworfene »Nationaldenkmal für die Befreiungskriege« auf dem Kreuzberg in Berlin, im Viktoriapark. Der gleiche Stil, natürlich nur viel größer, »dit iss Bahlin!« Es hatte sogar die Bauwut der Gründerjahre und den Zweiten Weltkrieg überlebt. Das Schinkel-Taberbakel in Plancenoit sollte aber ein anderes Schicksal erwarten.

Und das hatte mit dem Löwenhügel zu tun.

Der Löwenhügel

Der Hügel war von Anfang an ein Skandal. Ein Skandal für die Engländer, die es nicht ertragen konnten, dass er in Erinnerung an den verwundeten Prinzen von Oranien errichtet wurde – und der Löwe auf seiner Spitze nicht der Löwe Britanniens, sondern der von Brabant war. Für die Franzosen, weil der Löwe mit aufstehenden Schweif Richtung Frankreich brüllte; die Regierung forderte, ihn umzudrehen.

Die Niederländer hatten auch nicht lange was von ihrem Denkmal, denn 1830 kämpften die Belgier für die Neutralität und dann gehörte er Ihnen und sie machten aus ihm den belgischen Löwen.

Als die Franzosen den Belgiern 1832 militärisch zu Hilfe eilten, kampierten ihre Armee-Einheiten auf dem Schlachtfeld von Waterloo, 17 Jahre nach der bitteren Niederlage. Soldaten stürmten den Hügel, brachen dem Löwen den Schwanz ab, schlugen ihm die Zähne aus und versuchten, ihn den Hügel herabzustoßen. Erst die Intervention der Offiziere und vor allem des Generals Gérard, ja, der, der bei Wavre gesagt hatte, »Grouchy, wir müssen in Richtung des Kanonendonners marschieren!«, stoppten den Vandalismus. Es handele sich immerhin um das Eigentum des neuen Staates, den man jetzt unterstütze. Wollten sie ihr Mütchen kühlen, so sei das preußische Denkmal in Plancenoit, nahebei, der bessere Ort! So geschah es und das Schinkel-Tabernakel wurde von ihnen zu Klump gehauen.

Das alles blieb nicht folgenlos. Bei der Londoner Konferenz 1830 wurde die Gründung Belgiens – mit einem König aus dem deutschen Haus Sachsen-Coburg, Leopold I. – besiegelt, bei der zweiten, 1838–39, die immerwährende Neutralität des neuen Königreichs, mit den Schutzmächten England, Frankreich, Österreich, Russland, der Niederlande und Preußen. Die Preußen forderten, so sagt die Legende, die neue belgische Regierung auf, das Denkmal wiederherzustellen und die Kosten für einen schmiedeeisernen Zaun zu übernehmen, der es seitdem vor weiteren Attacken schützt.

»De Kroonprins gekwetst«, hieß es auf einem populären Kupferstich, der nach der Schlacht von Waterloo massenhaft gedruckt wurde, der Kronprinz verwundet. Und es war vor allem diese niederländische Propaganda, die die Briten rasend machte. Ihrer Meinung nach war der Prinz, 22 Jahre alt, viel zu jung, um den Posten eines Generals und Korpsführers einzunehmen, und er hätte durch sein ungestümes Verhalten viel zu hohe Verluste in den ihm unterstellten Bataillonen zu verantworten gehabt. Und die Verwundung? Na ja! Tage später, bei der Siegesparade, ritt er, den Arm in einer Schlinge, durch Brüssel.

»Nur eine Fleischwunde!«, raunten sich die Briten zu, »noch nicht mal amputiert!«

Und Wellington meinte in einer privaten Konversation kühl: »Er ist ein tapferer junger Mann, aber das war's dann auch.«

Andere meinten, bei ihm sei zwar das Licht an, aber niemand zuhause und in den »Sharpe«-Büchern von Bernard Cornwell und der gleichnamigen TV-Serie wird der Prinz von Oranien bis heute als blasierter Upperclass-Idiot dargestellt.

Und der bekam jetzt, auf Befehl seines Vaters, König Wilhelm I. der Niederlande, diesen riesigen Hügel, im Mittelpunkt des Schlachtfeldes! Der wünschte sich ein weithin sichtbares Monument, eine Säule war ihm zu klein, es musste etwas Große her.

Die ursprünglichen Pläne sahen eine Pyramide vor, aber dann setzte sich der königliche Architekt Charles Vander Straeten mit der Idee eines Tumulus durch, nach dem Vorbild der keltischen Grabhügel aus der Zeit der Gallischen Kriege.

Die Bauarbeiten begannen 1824. Mehr als 290.000 Kubikmeter Erdreich wurden zwischen dem Meierhof Haye-Sainte und dem späteren Standort abgetragen, in der Mitte entstand eine 40 Meter hohe Säule aus Feldbrandsteinen, die später den Löwen tragen sollte, drumherum wurde die Erde aufgeschüttet.

Der Hohlweg verschwand und mit ihm die ursprüngliche Topografie. Wellington soll gesagt haben: »Man hat mir mein Schlachtfeld gestohlen!« Wann aber, ist nicht bekannt, auch das vielleicht eine Legende der lokalen Guides, Victor Hugo hat sie selbstverständlich in seine Beschreibung übernommen. Tatsächlich war der Herzog noch mehrere Male auf »seinem« Schlachtfeld, mit König Georg IV, mit seiner Tochter, somit wohl der profundeste Battlefield-Guide seiner Zeit.

1826 wurde der bei Cockerill in Lüttich gegossene Löwe auf den Sockel gehievt, ein Jahr später das Denkmal eingeweiht. Ob wirklich aus erbeuteten französischen Kanonen gegossen, wie Michael gefragt hatte? Ach was, lassen wir das. Auf jeden Fall stand er jetzt, die Tatze auf einer Kanonenkugel ruhend, brüllend Richtung Frankreich. Der aufstehende Schweif, von den Grenadieren Frankreichs wütend abgebrochen, wurde ersetzt – durch einen angelöteten, eingekniffenen Schwanz. Der klassische belgische Kompromiss!

Dann wurde es erstmal ruhig, der Tourismusstrom der unmittelbaren Nachkriegsjahre versiegte, England und Frankreich wurden im Krimkrieg zu Verbündeten, die alte Feindschaft verstummte.

Erst 1863 bekam der Hügel die heutige Treppe, die Aussichtsplattform kam ein Jahr später. Dann, mit den schnelleren Eisenbahnverbindungen, begann der Tourismus wieder zu florieren, der Hügel wurde zum Anziehungsmagnet, solange, bis die Deutschen kamen. Und die kamen nicht als Touristen!

Obwohl – einige schon. Denn mit der deutschen Besetzung Belgiens 1914 kamen auch viele Oberstudienräte und Kunstschützer nach Brügge-Brüssel-Waterloo, allesamt empört – es steht in ihren Reiseberichten – über den britischen Löwen da oben auf dem Hügel!

»Perfides Albion!«

»Gott strafe England!«

»Ja, er strafe es!«

Und natürlich hatten sie alle Karl Bleibtreu gelesen: »Englands große Waterloo-Lüge«. Aber kein Franzose war da, ihnen zu erklären, dass es doch nur ein belgischer Mischlingspudel sei.

In den Zwischenkriegsjahren 1919-39 wurde der Hügel zur weithin sichtbaren Landmarke für den Weiler zu seinen Füßen, in dem jetzt – in den schmierigen Herbergen, die sich aber mutig »Grand-Hotels« nannten – vornehmlich Amerikaner und Briten übernachteten, am Beginn ihrer großen Westfront-Tour, die sie weiter nach Ypern, die Somme, Belleau Wood und St. Mihiel bringen sollte. Auf den Spuren des neuen, viel größeren Krieges, der gerade erst zu Ende gegangen war, mit ganz anderen Zahlen und Zerstörungen.

Und der nächste ließ nicht lange auf sich warten. Belgien wieder besetzt, wieder von den Kartoffelkäfern, wie sie uns teutonische Nachbarn auch nannten. Und die Landser von Kursk und Orel bekamen Fronturlaub in Belgien, um sich mal wieder richtig aufzupäppeln, mit Schweinefleisch und Fritten, und fuhren natürlich auch nach Waterloo. In Wehrmachtsuniform, frisch zurück vom Grauen der Ostfront, standen sie staunend auf dem Hügel und im Panorama und schauten dem Marschall Ney bei seinem großen Kavallerieangriff ins Antlitz. Was für ein schöner, bunter Krieg!

Dann bauten sie noch eine Funkmessstation auf den Hügel, die hielt, bis die Briten Anfang September 1944 das Land befreiten. Mit den Engländern, die wieder Herr über das Schlachtfeld waren, kam ein zeitgenössischer Heerführer, Nachfahre der großen Männer von Waterloo, zum Löwen – und auch er ließ sich, mitten im Krieg, über das Schlachtfeld führen. Auf den Hügel, ins Panorama und nach Hougoumont. Es war Monty, oder, mit vollem Titel »Field Marshal Bernard Law Montgomery, 1st Viscount Montgomery of Alamein«.

30 Jahre später kam ich und ging in etwa den gleichen Weg.

Musée Cotton

Gegenüber vom Löwenhügel entstand gegen Mitte des 19. Jahrhunderts das erste Gebäude im Zentrum des Schlachtfelds, das Hôtel du Musée mit der Sammlung von Sergeant Major Edward Cotton. Der war Veteran der Schlacht gewesen und hatte an jenem 18. Juni bei den 7. Husaren gekämpft. Nach dem Ende seiner Militärzeit 1828 kam er einige Jahre später nach Waterloo zurück und wurde Battlefield-Guide, sprach mit vielen Mitkämpfern über die historischen Ereignisse und fertigte daraus sein Buch »A Voice from Waterloo«. Er schuf eine reichhaltige Sammlung von Devotionalien, die unter anderem die silbernen Sporen Napoleons beinhalteten – ab 1855 wurden sie im Hôtel du Musée ausgestellt.

Folgt man Cottons Buch, so war er mit Sicherheit ein glaubwürdigerer Guide als viele vor und noch mehr nach ihm. Er hatte nicht nur seine ganz eigene Erfahrung, er hatte, siehe oben, tatsächlich mit vielen, meist britischen Überlebenden der Schlacht gesprochen und ihre Erlebnisse mitverarbeitet. Cotton starb sechs Jahre, bevor das Hotel mit seiner Sammlung eröffnete, und wurde auf eigenem Wunsch hin im Garten von Hougoumont beerdigt.

Das Hôtel du Musée war quasi die Mutter aller Schlachtfeldtourismus-Herbergen, die die Waterlooer Dreifaltigkeit anbot: Hotel-Museum-Schlachtfeldführer. Und es wuchs und wuchs und wuchs, ein Anbau hier, neue Betreiber dort, später wurde das Gebäude baulich gespiegelt, noch größer.

Cottons Sammlung verstreute sich im Laufe der Jahre, ein Teil geriet in die Hände der Familie Brassine und wurde im Wachsfigurenkabinett ausgestellt, ein anderer ins Armeemuseum nach Brüssel, wo man die Exponate noch heute bewundern kann.

Hameau du Lion

Über die Jahrzehnte war die Schlacht für die Einwohner von Mont-Saint-Jean ein lukratives Geschäft geworden. Sie bauten Restaurants, Hotels, arbeiteten als Schlachtfeldführer und steckten sorgfältig ihre Claims ab. Von der Kreuzung des Hohlweges von Ohain mit der Straße Brüssel-Charleroi bis hinauf zum Löwenhügel zog sich eine Kette von Gebäuden. Die

Blütezeit begann mit dem neuerlichen Interesse an dem großen historischen Ereignis ab Ende des 19. Jahrhunderts. Adolphe Thiers war dort gewesen, Charras, der ehemalige Kriegsminister der II. Republik, George Barral und andere Autoren der Schlacht. Victor Hugos epische Beschreibung der Schlacht als »Ruhmreiche Niederlage« führte zunehmend französische Reisende und nationalistische Wallonen – sogenannte Wallinganten, die eine Wiedervereinigung mit Frankreich forderten – in die Ebene.

Und bald kamen die Vorortzüge nach Braine L'Alleud, zu dem das Schlachtfeld gehörte, und sogar die Tram, die nicht nur zum, sondern sogar über das Schlachtfeld fuhr, mehr und mehr Touristen bringend.

Ich war, nach dem Besuch der Gordon-Stele und dem »Monument aux Hanovriens«, den Weg zum Hameau du Lion heraufgekommen, durch den jetzt halbierten Hohlweg; rechts war die Böschung noch da, links, wir wissen warum, war sie verschwunden. Ich hatte auf der Route du Lion alle passiert, die Gebäude mit ihrer wechselhaften Geschichte:

Das »L'Estaminet de Joséphine«, aus dem später das »A la Vue de l'arbre de Wellington« wurde, »Zur Aussicht auf den Wellington-Baum«, den es aber schon lange nicht mehr gab. Dann war es das »Au Wellington«, dann »Le Wellington«. Und jetzt, tatsächlich, hieß es wieder »l'Estaminet de Joséphine« und richtete sich mehr an die Liebhaber deftiger belgischer Küche statt britischer Hausmannskost.

Daneben das Café-Restaurant von Martin Pirson, auch er ein berühmter Guide – er warb auf seiner Carte de Visite damit, dass er noch selber die Verwundeten geborgen und die Toten beerdigt und dem berühmten Historiker Adolphe Thiers als Guide zur Verfügung gestanden hatte. Dann hieß es »Café-Restaurant des Nations«, noch zu seinen Lebzeiten? Ich wusste es nicht. Er wurde auf jeden Fall noch als Besitzer aufgeführt und müsste somit der längst lebende Zeitzeuge der Schlacht gewesen sein!

Einer lokalen Aussage nach soll es später das »Café-Restaurant du Chemin Creux« von Henri Brassine geworden sein. Auf dem Gebäude, einer alten Annonce zufolge, prangte in großen Lettern »A la vue générale du champ de bataille«, meinte also, dass man von hier die allgemeine Aussicht auf das Schlachtfeld habe.

Die Namensliste ließe sich fortsetzen, das »Hôtel des Monuments« mit dem »Grand Musée du Chemin Creux«, anspielend auf den berüchtigten Hohlweg in Hugos Schlachtbeschreibung – die große Erfindung der kleinen Vertiefung in der Landschaft, die dem Kaiser zum Verhängnis geworden war. Später hieß es schlicht »Le 1815«. Millkatresongkähns.

Ich hatte Hunger und strebte dem Weiler des Löwen entgegen, genauer gesagt dem »Cambronne«, wo ich damals schon die Fritten gegessen hatte. Die Andenken in den Läden waren grauenhaft und billig, aber Fritten? Das konnten sie, die Belgier! Wie auch immer sie es hinbekamen, sie hatten diesen typischen Geschmack. Es war wie das Geheimnis ihres Bohnerwachses. Sie mischten da was rein, und sie hüteten das Geheimnis wie einen nationalen Schatz. Wahrscheinlich lag es vergraben in einem alten Bergwerksstollen bei Lüttich, wo es Archäologen anderer Sonnensysteme in Jahrtausenden finden würden.

Ich aß verträumt meine Frites und hatte nicht versäumt, mir dick Mayonnaise drauf zu bestellen. Es lauerte keine Gefahr, ich war jetzt abgehärtet. Da konnten sie mir vorsetzen, was sie wollten, diese Belgier. Ich hatte es einmal überlebt, und ich würde es wieder überleben, vor allem hier in Waterloo, wo ich wieder Fritten mit Napoleon aß. Mit ihm, dem Kaiser, der windschief neben der Friture stand.

Warum hieß es eigentlich nicht »Friture de l'Empereur?« Und warum »Cambronne?« Nach dem hätten sie vielleicht die öffentlichen Klos benennen können, aber die Frittüre? Cambronne, ja, der hätte es gerne hier hoch geschafft, aber da hinten, weit hinter dem Löwenhügel, da war die Reise der Grande Armee nach 20 Jahren zu Ende gewesen. Gar nicht weit von

Jourdans großem Sieg in Fleurus. Und er, Cambronne, hat, soll – vielleicht, vielleicht doch nicht – auf die Übergabeaufforderung von Lord Hill einfach nur »Scheiße!« geschrien haben. Scheiße! Das Soldatenwort per se – scheiße. Hat er? Oder hat er vornehm gesagt »Die Alte Garde stirbt, doch sie ergibt sich nicht!«?

Wer Soldaten kennt, der weiß, dass sie in einer solch ausweglosen Situation bestimmt nicht zu druckreifen Aphorismen greifen. Oder doch? Ich versuchte, es mir vorzustellen. Vielleicht, hm, so?

Lord Hill fängt an: »Tapfere Franzosen! Ergebt euch!«

Cambronne erwidert: »Moment, Lord Hill!«. Er denkt nach.

»Was denn? So geben Sie doch auf, die Alte Garde ist umzingelt!«

»Ja, aber, warten Sie, Mylord!«, ruft Cambronne.

»Was gibt es da zu warten?«, fragt Lord Hill ungeduldig.

»Ich will was sagen, an das die Nachwelt noch in 200 Jahren denkt! Ah! Ich hab's! Die ... die ... die Alte Garde kämpft ... ich korrigiere!«

Der Lord ist verärgert und unterbricht: »Ich zähle bis drei, dann pusten wir Ihnen die Gehirne weg! Eins!«

» ... die Garde stirbt, doch sie ... Äh, wie, was?«

»Zwei! Geben sie auf!«

»Sie pusten uns wirklich die Gehirne weg?«, fragt Cambronne ungläubig.

»Drei!«

Cambronne ist in der Anspannung der zweite Teil des Spruchs entfallen. Also bleibt ihm nur: » ...scheiße!«

Dann schießen die Engländer.

Und so, oder so ähnlich, stellte ich mir vor, war das mot de Cambronne entstanden. Merde. Scheiße.

Er selbst hat sich nie dazu geäußert. Er hatte das Massaker überlebt und starb erst 1842 in Nantes, in seinem Bett. Und bis zu seinem Todestag schwieg er eisern. Er wusste, warum.

So ließ ich beim Imbiss, der den Namen des Generals trug, meinen Gedanken freien Lauf.

Mein nächster kam gezwungenermaßen: Warum, verdammt, war es bei den spitzen Tüten immer so, dass, je tiefer man in das Bergwerk der Fritten eingedrungen war, sie umso kleiner wurden? Ich fragte mich, wie die Frittenmänner und -frauen der Welt diese Stapelkunst hinbekamen, die kleinen nach unten, die großen nach oben. Oder war es nur ein Zufallsprodukt, Ergebnis der Schwerkraft, reine Physik?

Ich wusste es nicht. Ich wusste nur: War man auf dem Boden der Tüte angekommen, wurden die Fritten kleiner, kälter und härter, und »Knacks!« war auch noch der blöde Plastik-Piekser abgebrochen und dann landete der Rest mit der Tüte im Müll.

Auf dem Weg zum Mülleimer, einer stilisierten Trommel der Garde Imperiale, billig angemalt, sah ich ihn. Nein, nicht den Kaiser. Nicht N-apoleon B-onaparte. Sondern N-orbert B-rassine, N-Punkt, B-Punkt. In der Uniform der Grenadiere der kaiserlichen Garde. Der letzte Grognard, der Verwalter seines Erbes in Belgien, der Herrscher über das Fritten-Imperium vom Hameau du Lion – der Anton Hueskes von Waterloo!

Brassine war sein bester Werbefachmann, für sich und seine Rotisserie. Überall, in seinem Wachsfigurenkabinett, im Eingang des Musée de Cire, in seinen Restaurants, hingen Fotos von ihm in der Uniform des Grenadiers der Alten Garde. Brassine auf dem Weg nach Austerlitz. Brassine auf dem Marsch von Juan-les-Pins am 150. Jahrestag der Hundert Tage nach Waterloo. Brassine als Botschafter des Friedens in Verdun. Brassine marschiert auf Borodino zu. Brassine, der Frittenmann des Friedens!

Ständig erfand er sich neu, der Reihe nach: Nach dem Krieg, 1949, kaufte er, zusammen mit seinem Sohn, das ehemalige »Hôtel du Musée«, in dem sein Großvater Henri Brassine bereits gearbeitet hatte, zusammen mit den Resten der Sammlung Edward Cotton. Als erstes gründete er dort ein Wachsfigurenkabinett, dessen zentrale Szene den Abend vor der Schlacht in Napoleons Hauptquartier in der Ferme Le Caillou darstellte. Und Brassine machte seine Sache gut: Die Wachsfiguren ließ er tatsächlich im Musée Grevin in Paris anfertigen, dort, wo Madame Tussaud gearbeitete hatte, bevor sie vor der Revolution nach London geflohen war. Zur Eröffnung ließ er den berühmten korsischen Sänger und Schauspieler Tino Rossi einfliegen, hatte eine große Presse und aufwärts ging's! 1954 baute er neben dem ehemaligen Cotton-Museumshotel, das er jetzt »Palais de l'Empire« nannte, das »Bivouac de l'Empereur«. Es war voller Devotionalien, Nippesfiguren, Napoleon-Statuetten und gefälschten Bildern. Dazu gab es rot karierte Tischdecken.

Ich drückte mir die Nase an der Scheibe platt, schaute auf die Speisekarte, das Steak stand mittlerweile bei 75, das konnte ich mir nicht leisten. Und: Die Beilage kostete extra! Zum Beispiel die »Pommes Bataille«, 15 Francs.

Pommes Bataille, was war denn nur das schon wieder? Wie ich erfuhr, waren es geschnittene Kartoffeln, die gebraten wurden. Moment mal, dachte ich mir, hatte Hueskes am Ende doch recht?

Nach seinen »Botschafter des Friedens«-Touren war Brassine in aller Munde, hatte behauptet, ein direkter Nachfahre des großen Korsen zu sein, und fand Eingang in die Zeitungen der Welt. Seine Läden florierten und er veränderte sie weiter und weiter. Aus dem »Palais de l'Empire« wurde das »Musée de l'Empereur«, dann kreierte er das »Naporama«, das erste sprechende Museum, »Das schönste und wahrhaftigste didaktische Museum der Welt!«

Natürlich war es nur eine einfache Rumpelkammer, mit allem, was dazu gehört, ein echtes autodidaktisches Kriegsmuseum. Echt im Sinne von unecht. Im Eingang hing eine abgenutzte Bonnet à Poil, die Bärenfellmütze der Gardisten, und für mich wirkte sie im ersten Moment, als hätte ihr Träger noch das »Merde!« von Cambronne in den Ohren gehabt. Vielleicht war sie aber auch nur aus einem alten Mottenteppich geknüpft worden. Ein »Cinema« gab es auch, es war alles in Schwarzweiß und es gab eine Szene, in der einer der alten Grenadiere tödlich getroffen wurde und dickes Kunstblut seine Stirn herunterrann.

Der Film hatte nur 20 Minuten, dann war der Kaiser auf der Flucht.

An das Palais, jetzt Musée mit »Naporama«, hatte Brassine das »Cambronne« angekletscht, und daneben noch mal die Friterie. Alles in typisch windschiefer, belgischer beziehungsweise hueskianischer Architektur, ganz wie auf der Carnotstraat in Antwerpen. Daneben war die Napoleon-Statue und auf dem Parking eine Windmühle, die aber eher aussah wie die vom Moulin Rouge, nur kleiner.

»Sie kommen als Fremder und gehen als Freund«, hatte ich mal in der Umgebung des Moulin Rouge in Paris gelesen.

Was auf Napoleon in Waterloo so nicht zutraf.

Als das »Musée de Caillou« am Ort des letzten Hauptquartiers des Kaisers eröffnete, gab es vermehrt kritische Stimmen von Gästen, dass der Name von Brassines Restaurant ja so nicht stimmen könne. Napoleons Biwak? Der hatte die letzte Nacht vor der Schlacht bestimmt nicht inmitten der englischen Linien verbracht, das wisse man jetzt! Dann wies er darauf hin, dass er das Biwak in »›Le Bivouac‹ de l'Empereur« ja schließlich in Gänsefüßchen gesetzt hätte, die sollten sich nicht mal so haben, die Touristen, was würden die schon wissen? Er sei schließlich der letzte Grognard, der letzte Grummelnde der Alten Garde, die hier untergegangen sei, in einem Blutbad!

Und später schrieb er trotzig in großen Lettern über den Eingang »l'Auberge Historique«!, »Die historische Herberge«, und stellte sich keinen weiteren kritischen Nachfragen mehr.

Überhaupt! Diese Touristen! Verrohende Sitten, oh Wandel der Zeiten! Wenn sie zu wenig Trinkgeld gaben, sang er alte Grenadierlieder, »Veillons au salut de l'Empire«, und keiner traute sich zu gehen, ohne verschämt etwas in die aufgehaltene Hand des Sängers zu drücken. Dann schickte er sie mit seinem tiefen Bass und in kaiserlichem Befehlston zu seinem Andenkenladen, nebenan. Hier war das Reich der Madame Brassine und sie herrschte neben Postkarten und Broschüren über alles, was zuhause keiner mitgebracht bekommen wollte. Den Löwen groß, den Löwen klein, mal als Briefbeschwerer, mal als Spardose, aus Gips, aus Blech, aus Stahl. Und natürlich das Manneken Piss. Mit Spritzfunktion!

Touristen, ja bitte schön, dachte er sich, aber hier war nun mal er der Kaiser! Der Kaiser vom l'Empire de l'Hameau du Lion! Sollen sie alle kommen, wenn sie bei mir speisen. Ich kann sie alle leiden. Nur nicht die Flamen!

Ja, er war ein schlimmer Wallingant. Als 1969 der große Sprachenstreit um Brüssel ausbrach und die wallonische Volksseele hochkochte, beschloss er, in napoleonischer Uniform einen Aufruf zu verkünden.

»Wallonen von altem Stamm, ich halte die Wallonie für ein Stück französischen Bodens, das vom Mutterland abgerissen wurde.

WALLONEN, diese FLAMEN, die wir nicht hassen, aber die uns fremd sind, wollen uns beherrschen, heimlich übernehmen.«

Dann rief er, dass Waterloo der gleiche heilige Boden für die Wallonen sei wie das Schlachtfeld der Marne für die Franzosen und endete mit:

»La Patrie est en danger!«

Das Vaterland ist in Gefahr!

War sein Restaurant zu leer, warf er sich wieder in seine Grenadiers-Uniform, besprang den ersten ankommenden Touristenbus und bot jedem Gast eine Tasse Kaffee gratis an. Natürlich aus der berühmten »Grognarde«, der »rollenden Cafetière, die die Feldzüge von Waterloo, Austerlitz und Wagram mitgemacht hat.« So wurde sie auf Postkarten, die es in Madame Brassines Laden zu kaufen gab, ruhmvoll beschrieben. In Wirklichkeit war sie nur ein altes Bierfass mit zwei verrosteten Rädern darunter, ganz nach der Art des Maîtres der napoleonischen Bratbude.

Dann zog er, Hugo-Verse rezitierend, mit den Gästen – ähnlich dem Flötenspieler von Hameln – ins »›Bivouac‹ de l'Empereur«, das jetzt auch noch den Zweitnamen »Taverne des Braves« trug. Kneipe der Tapferen! Und mitten durch die enge Gasse – zwischen den Nippesläden, den Frittüren und kleinen Grand-Hotels – fuhr die Tram, machte aufgeregt »Deng, Deng!«, und erschreckte unaufmerksame Schlachtenbummler, die auf der Suche nach dem Kaiser waren.

Der Weiler hatte sich nach dem Ersten, dann vor allem nach dem Zweiten Weltkrieg immer weiterentwickelt. Da war das »Hôtel des Allies«, später sogar »Grand Hôtel«. Der Name sprach nun alle die neuen Verbündeten an, die Deutschen kamen eh (noch) nicht. Ab 1950 gab es einen Grand parking pour 300 voitures, noch später ausufernde Umbauungen mit weiteren Frittüren, Auto-Park und ebenfalls einem »Cinema«. Da kamen sogar die ABBAs hin!

Auf der Ecke daneben lag das »Hôtel des Touristes«, ab den 20ern auch als »Grand Hôtel« geführt, mit gefühlten 110 Quadratmetern. Später wurde es ein Andenkenladen, das »Grand Hôtel« hatte sich wohl als solches nicht durchgesetzt. Das »Hôtel du Grand Musèe du Lion« warb sogar in großen Lettern auf der Fassade, dass der Besitzer ein »Ancien combattant de la Guerre 1914-1918« sei, ein alter Kämpfer des Krieges 14-18. Amerikaner, Briten und Franzosen welcome, bienvenue, Deutsche off limits.

Später wurde es abgerissen und dort das »Centre du Visiteur« gebaut, mit animiertem Schlachtfeld-Relief und natürlich mit Shop und Souvenirs.

Die Familie Brassine erweiterte ebenfalls, kaufte das Café Bruxellois, die Tochter macht daraus das Restaurant »Le Sabretache« und 1978 wurde es sogar zu einer Disco, das »Cotton2«.

Und dann noch, gegenüber dem berühmten Panorama, die Herberge mit dem treffenden Namen »Hôtel de la Paix«!

Das »Panorama de la Bataille de Waterloo, ouvert toute l'année«, ganzjährig geöffnet, war und ist bis heute das zentrale Gebäude des Hameau du Lion und neben dem Hügel der größte

Touristenmagnet. Das vom Architekten Franz Van Ophem entworfene Rotunde wurde 1912 eingeweiht, mit 35 Metern Durchmesser und dem runden 110 Meter langen Gemälde von Dumoulin ist es, neben Gettysburg und Borodino, eines der letzten großen Schlachtenpanoramen der Welt. Das Gemälde wird von oben mit Tageslicht beschienen, was, bei dem typischen Brabanter Himmel – durch den die von seewärts gejagten Wolken ziehen – für dramatische Momente sorgen kann. Ist es eben noch trüb, wird im nächsten Augenblick der Kaiser auf seinem Schimmel strahlend erleuchtet. Und mancher hat hier so seine Napoleon-Epiphanie erfahren.

Das Dörfchen am Löwen, l'Hameau du Lion, Teil der Gemeinde Braine l'Alleud, war der womöglich lebendigste Weiler Belgiens. In den Sommermonaten überfüllt, mit einer Mischung aus Schlachtenbummlern, historisch Interessierten, Napoleon-Fans, grölenden Engländern (ja, sorry, war so, lads!), oder einfach nur Ausflüglern, Familien, Schulklassen und Pfadfindergruppen.

Aber mit dem Dorf sollte es ein böses Ende nehmen, und diesmal waren es nicht die deutschen Flugzeuge, Bomber oder Panzer.

Diesmal waren es die Belgier selber. Wir werden es sehen.

Bauernhöfe

Das Panorama von Dumoulin hatte mir den Weg gewiesen, und ich fand seine gemalte Landschaft, in der ich jetzt stand, trefflich wiedergegeben – bis auf den einen Schönheitsfehler: Dumoulin hatte die Straße nach Charleroi mit großen Pappeln bestückt, die es aber 1815 noch nicht gab. Das machte einen entscheidenden Unterschied, denn so konnte er die herannahenden Preußen gnädig hinter Laub verstecken. Das schonte die Nerven des Kaisers – und machte auch weniger Arbeit beim Malen.

Im Zentrum lag La Haye Sainte, der Bauernhof, der die wichtigste Rolle in der Schlacht gespielt. Es war kaum zerstört worden, die wenigen Schäden wieder hergerichtet – und so stand es als mächtiger Meierhof in der Landschaft, wie eine fränkische Trutzburg mit den weißgekalkten Ziegeln, dem großen Einfahrtstor und der Umfriedung. Wer einmal durch Brabant gefahren ist, sieht überall diese fast baugleichen, riesigen Höfe.

Und es war kein Museum drin, man kam da nicht rein und das Tor stand nicht einen Spalt offen. Lediglich ein paar Erinnerungsplaketten waren angebracht. Davor brauste der Verkehr auf der Nationalstraße 5 – und die Ferme stand da, als würde sie sagen, was interessiert mich schon die Schlacht? Ich war vorher da, ich bin jetzt da. Sollen die Touristen doch da hingehen, wo sie meinen, die großen Geschichten zu finden. Ich biete Ihnen keine!

Und so war es auch in den Reisebeschreibungen der Engländer, unmittelbar nach der Schlacht. Sie beschrieben, wie sie zur Ulme gingen, zur Belle Alliance und nach Hougoumont. Kaum einer aber beschrieb den Zustand von La Haye Sainte, wie es drinnen aussah, oder ging hinein. Vielleicht war ja die Familie, die es besaß, die beste Verteidigerin des Hofes? Denn so ist es bis heute. »Keep out!«

Für die Schlachtenbummler war der Weg von der ehemaligen Ulme und der Gordon-Stele zur Belle Alliance, dann nach Hougoumont, der klassische Rundgang gewesen. Ich dagegen ging querfeldein, die Geschichte des Bodens aufsaugend, versuchte die Stimmen zu hören, das Klagen in der Ebene. Aber ich stolperte über keine Kanonenkugel, keinen Knochensplitter, keinen Uniformknopf. Denn der Boden war gut gepflügt worden, von den Bauern – und von den Souvenirjägern. Er war leer.

Dann, nach einer Weile, erreichte ich die berühmte Mauer mit den Schießscharten. Ich stand vor Hougoumont, dem

Schloss, der Ruine, die alle so in ihren Bann gezogen hatte – Scott, Turner, die großen Dichter, die großen Maler. In unzähligen Lithographien waren ihre Belagerung und Zerstörung festgehalten worden. Und von weitem sah ich die drei großen Zeitzeugen, die sich schwarz und kahl vor dem Horizont abzeichneten: Les trois châtaigniers – Die drei Kastanien.

Sie hatten tatsächlich noch die Schlacht erlebt, ihre Baumstämme und Äste waren mit Löchern durchsetzt, aus denen die belgischen Kinder die Gewehrkugeln herausgepult hatten, um sie den Touristen zu verkaufen. Mittlerweile waren sie 250 Jahre alt, abgestorben, aber sie standen noch immer da und sahen aus, als würden sie mit ihren großen Armen das Gefecht um Hougoumont erzählen.

Ich versuchte, hineinzukommen, aber was mich abhielt, war das Schild »Propriété privée – Accès interdit!«. Passend dazu bellte ein Hund aus dem Inneren. Ich schaffte es, durch den Spalt des Südtores einen Blick in das Innere zu ergattern. Da war sie, die Kapelle mit dem angekokelten Jesus! Einer Legende nach wütete der Brand um das Schloss und drang schließlich in die Kapelle ein. Der Fuß des Jesus wurde angesengt, aber just beim Knöchel stoppten die Flammen – und so wurde sie als einziger Teil des zentralen Schlosses verschont. Un miracle!

Daneben der Brunnen, in den einer anderen Legende zufolge nach den Kämpfen 300 Tote hineingeworfen worden waren und man noch Tage danach Stöhnen aus ihm gehört haben will. Wahrscheinlich eine weitere Schauergeschichte der Local Guides, die sie auch Hugo erzählt hatten, der sie nur zu gerne in sein Repertoire aufnahm.

Plötzlich hörte ich Schritte, das Bellen des Hundes wurde lauter und jemand, den ich nicht sehen konnte, schloss wie von Geisterhand vor meinen Augen das Tor.

Ich ging um das zum Teil wieder aufgebaute Gehöft herum, sah die Löcher der Kanonen- und Gewehrkugeln in den Mauern und erreichte das berühmte Nordtor, durch das einige Franzosen eingedrungen waren. Auch dieser Moment der Schlacht war auf unzähligen Bildern festgehalten worden, dramatisch mit den sich durch einen Spalt drängenden Franzosen, angeführt von Sous Lieutenant Legros. Wellington soll gesagt haben, dass das Schließen des Tores der entscheidendste Moment der Schlacht gewesen sei. »Closing the Gates at Hougoumont, 1815«, nannte der schottische Maler Robert Gibb 1903 sein furioses Bild, und setzte den Riesen namens Legros in die Bildmitte. Ein Riese namens Legros, auf deutsch »Der Große«, eine Geschichte, zu schön, um wahr zu sein. Und den ›Riesen Legros‹ hat man bis heute in keiner erhaltenen Regimentsliste gefunden.

Dass Nassauer, Lüneburger und Hannoveraner das Chateau mit verteidigten, wurde nirgendwo erwähnt, und so wurde auch hier am Mythos der heldenhaften britischen Armee, allen voran der Coldstream Guards, gewebt, die tapfer und allein einer französischen Übermacht trotzten. Und die Preußen? Die kamen ja erst spät in der Nacht – obwohl sie sich in Wirklichkeit ab drei Uhr nachmittags aus dem Bois de Paris Richtung Plancenoit vorgekämpft hatten.

Ich ging einmal um das Schloss herum, schaute durch die Schießscharten in den ehemaligen Obstgarten, sah zwei steinerne Gräber und im Schatten eines Baumes ein Denkmal, zu weit weg, um es entziffern zu können. Das mitgeführte Heft der »Société belge d'études Napoléoniennes« gab mir Auskunft:

»Den französischen Soldaten, die am 18. Juni 1815 in Hougoumont starben. 18. Juni 1815.«

Und weiter hieß es: »Das Denkmal für die französischen Toten von Goumont im Obstgarten des Anwesens wurde im Jahr 1912 (sic!) auf Initiative von Hector Fleischmann von der historischen Gesellschaft ›Les Amis de Waterloo‹ errichtet.«

Und am Sockel stünde, so die Broschüre, der Ausspruch Napoleons: »Die Erde schien stolz darauf zu sein, so viele Tapfere zu tragen.«

Damit war die Richtung gesetzt, denn dieses Denkmal erinnerte nicht nur an die Kämpfe in Hougoumont, es markierte auch eine Wende in der Schlacht um die Erinnerung. Standen bislang die Engländer im Vordergrund, als zahlungskräftige Besucher und Nachfahren der Kämpfer, so manifestierten sich jetzt die Franzosen auf dem Schlachtfeld, unterstützt von ihren Verbündeten, den militanten belgischen Wallonen, die vom »Heim ins Kaiserreich« träumten – siehe Norbert Brassine.

Der Sprachführer und Präsident der »Les Ami de Waterloo« war der belgische Schriftsteller und Historiker Hector Fleischmann, sein Spezialgebiet war unter anderem die Französische Revolution. Er schrieb Bücher über »Robespierre und seine Frauen«, »Napoleon und die Liebe«, »Der König von Rom und seine Frauen« und den angeblichen unehelichen Sohn von Napoleon I. Zusammen mit Lucien Laudy begann er ab Ende der Jahrhundertwende das Schlachtfeld für die Franzosen zu erobern. Sein Meisterwerk war sicherlich der verwundete Adler und die Säule Victor Hugo, zu denen ich gleich gehen würde.

Bewegt von der großartigen Ruine, die nur vergleichbar war mit den antiken Resten von Theben und Troja, ging ich – vorbei an den toten Kastanien – tief bewegt den Weg hinauf zur Belle Alliance. Ich sah die Plakette über dem Eingang, die an das Treffen Wellingtons und Blüchers am Ende der Schlacht erinnerte, dachte an das satirische Schild der Kneipe, das Blücher so missverstanden hatte. Ich hörte, wie die preußische Marschkapelle »God Save the King« spielte, sah, wie alle niederknieten und sich die Engländer dabei höchst geehrt fühlten – und nicht erkannten, dass die Preußen eigentlich die deutsche Volksweise »Heil dir im Siegerkranz« spielten! Und ich lachte darüber, wie viele ironische Wendungen und lächerliche Nebensächlichkeiten die Geschichte doch parat hielt. Aber natürlich wollten sie davon im Gymnasium am Moltkeplatz im Geschichtsunterricht nichts wissen. Da ging es immer noch um die Daten und Zahlen der Siege und Niederlagen, drei-drei-drei, und nie darum, wie diese gefeiert, betrauert, beeinflusst, gedreht und umgestaltet wurden. Und vielleicht war es ja auch ganz anders gewesen, das alles, wer weiß es.

Ich ging weiter zur Ferme de Caillou, dem letzten Hauptquartier Napoleons, »Le Dernier Quartier Générale de Napoleon«.

Es war ein ruhiger Ort; das schöne, helle Gebäude hatte freundliche, französisch anmutende Fensterläden. Es war nicht großartig besucht, und es wirkte ähnlich dem Musée Wellington, das wir – Horst, Michael und ich – ein paar Jahre zuvor besucht hatten. Da stand das Feldbett Napoleons, dort eine Büste von ihm. Eine Muskete hing an der Wand, ein Porträt des Kaisers – und es roch wieder nach dem geheimnisvollen belgischen Bohnerwachs. Im Garten war ein Ossuaire mit Gebeinen, das einzige auf dem Schlachtfeld überhaupt. Es war vom Historiker Lucien Laudy und seinem Freund Hector Fleischmann aufgestellt worden. Laudys Ehefrau, die Comtesse de Villegas, hatte ihm die Ferme de Caillou 1905 gekauft, und er begann, sie in eine bonapartistische Wallfahrtstätte umzuwandeln. Nach seinem Tod 1948 wurde die Ferme an die »Société belge d'études napoléoniennes« verkauft, kurz darauf wurden der Hof mit Garten und Dépendancen als historisches Denkmal eingestuft. Seit 1972 gehört Le Caillou der Provinz Brabant und war nun ein offizielles Museum.

Neben dem Eingang, unscheinbar, war der Rest eines Balkons – und erst, als ich genauer hinschaute, erkannte ich, dass es sich um den Balkon vom Hôtel des Colonnes in Mont-Saint-Jean handelte. Der Balkon, auf dem der große Meister gesessen hatte und das Waterloo-Kapitel im Buch Cosette der »Miserables« geschrieben hatte! Der Balkon, auf dem Baudelaire bei seinem Besuch gestanden hatte! Jetzt waren seine Reste unscheinbar hier untergebracht, denn das Hotel war 1964 im Zuge der Straßenerweiterung abgerissen worden. Sic Transit Gloria Mundi.

Dann ging ich wieder in Richtung Westen, vorbei an der Stelle, an der Decosters Haus gestanden hatte, auch das abgerissen, hin zur Colonne Victor Hugo und dem verwundeten Adler, die sich gegenüberstanden.

Der »L'Aigle blessé« des Bildhauers Gérôme glänzte warm in den milden Strahlen der Abendsonne, aber trotzdem schaute er wütend, aufschreiend, mit durchschossenem Flügel, die Fahne in den Klauen haltend, dem brabantischen Löwen entgegen. Ganz so wie es Fleischmann und die Amis de Waterloo sich gewünscht hatten.

Bei der Einweihung am 28. Juni 1904 wurden von Hector Fleischmann wieder große Worte gesprochen, von der Gloire und der Patrie, mit der sich die Wallonen so verbunden fühlten. Mehreren Zeitungsberichten zufolge sollen an die 100.000 Menschen an diesem Tag zur Feier gepilgert sein, eine Demonstration der wallonischen Separatisten und ihrer Verbundenheit zu ihm, dem Kaiser. Flankiert wurden die Redner von einer Ehrenwache der belgischen Garde zu Pferde, die die Bonnets à Poil trugen, die Bärenfellmützen, gleich den Grenadieren der Vieille Garde.

Wellington und Blücher mochten gesiegt haben, aber nur mithilfe unsichtbarer Mächte, einer Wolke, einem Regenschauer, dem Schicksal. Napoleon aber blieb der moralische Sieger!

Und darum musste jetzt, das war Fleischmanns nächster Schritt, ein Hougoumont-Denkmal, eine Säule für den größten Dichter aller Zeiten her, Victor Hugo, dem französischen Shakespeare. Und mit dem gallischen Hahn auf seiner Spitze, von nun an die Morne Plaine dominierend!

»À bas le lion! Nieder mit dem Löwen!«

»Vive l'Empereur! Es lebe der Kaiser!«

»Vive la France! Es lebe Frankreich!«

Neben der viel befahrenen Straße nach Brüssel stand ich vor ihr, kurz vor der Heimfahrt. Ich schaute auf das Konterfei des Meisters, einem bronzenen Relief, und die Worte aus der »Expiation«, dem zehnten Vers der »Chatiments«, die in großen Lettern auf dem Sockel standen: »Waterloo! Waterloo! Waterloo! Morne Plaine...«

Die Geräusche um mich herum erstarben und ich hörte eine französische Stimme das Gedicht deklamieren.

»Du desertiertest, Sieg, und das Schicksal war müde.

O Waterloo! Ich weine und halte inne, ach!«

Die Errichtung der Säule war Fleischmanns letzte Initiative gewesen. Die Grundsteinlegung hatte er noch miterlebt, dann war er, viel zu jung, mit 31 Jahren gestorben, kurz vor dem Beginn des Ersten Weltkriegs. Der Große Krieg, de Groote Orlog, La Grande Guerre, hatte allen weiteren Installationen auf dem Schlachtfeld ein vorläufiges Ende gesetzt. Und am Ende hatte der brutale Schützengrabenkrieg von 14-18 mit Millionen von Toten die letzte Schlacht des Kaisers zum einfachen Scharmützel degradiert.

Erst nach dem Zweiten Weltkrieg wurde die Säule schließlich fertiggestellt und am 24. Juni 1954 mit großem Pomp eingeweiht, einer weiteren wallonischen Manifestation im großen Sprachenstreit. Den Hahn obendrauf, den Gallischen zumal, hatten sich die Flamen verbeten. Auch sie kämpften um die kulturelle und sprachliche Hoheit im Lande.

Er findet sich, verschämt, in der Säule versteckt.

Ich nahm den Bus. In der Dämmerung kam ich am Denkmal für die Belgier vorbei, das hatte ich fast vergessen, und jetzt war es zu spät. Ich sah nur aus dem beschlagenen Fenster den markanten Gedenkstein, der im März 1914 aufgestellt worden war.

Die Inschrift suchte ich mir später aus der Broschüre heraus: »Den am 18. Juni 1815 gefallenen Belgiern, die für die Verteidigung der Fahne und die Ehre der Waffen kämpften.«

Welche Fahne, fragte ich mich, und wessen Waffenehre?

Und verschämt gab mir die Broschüre zu verstehen: Belgier hätten nun mal auf beiden Seiten der Linien gestanden, bei ihm, dem Kaiser von Frankreich, und ihm, dem König der Vereinigten Niederlande und dessen Sohn, dem Prinzen von Oranien.

Ich stellte mir vor, wie das Komitee Monate lang um Worte gerungen hatte – jedem wohl und niemandem weh –, wie sie erbittert gekämpft und diskutiert hatten um jede Formulierung, damit sich am Ende jeder Bürger in diesem Denkmal wiederfinden konnte. Die Verteidigung der Fahne und die Ehre der Waffen. Da war er wieder, der klassische belgische Kompromiss.

Ich wandte mich Brüssel zu, und dann zur Heimat, dort, wo die Schule böse auf mich lauerte. Was hätte ich zu erzählen! Von großen Dingen, die sie nicht wissen wollten.

Die Bilder ließen mich nicht los.

VICTOR HUGO

Notre Dame

Alle liebten Esmeralda und auch ich liebte Esmeralda, die schöne Tänzerin, die barfüßig auf dem Platz vor der großen Kathedrale tanzte.

Dann war da noch der Glöckner, vor dem fürchteten wir uns ein bisschen. Aber auch er hatte sie geliebt, und er hatte sie gerettet. Und deswegen fanden wir ihn gut. Wenn wir Unfug treiben wollten, liefen wir, mit dem Pulli über den Hinterkopf gezogen, über den Schulhof und riefen: »Asyl! Asyl!«, so wie er, Quasimodo, als er Esmeralda vor der Hinrichtung rettete, mit ihr in die Kirche flüchtete, sich auf in die Glockentürme schwang, und von da oben die Angreifer mit siedendem Blei übergoss.

Es gab gute Figuren, es gab böse Figuren, aber sie alle waren vielschichtig gezeichnet und beschrieben. Auch die Bösen, wie der Archidiakon Claude Rollo, zeigten eine andere, bessere Seite ihres Charakters, und es war ein Genuss, dieser großartigen Comédie humaine auf der Mattscheibe beizuwohnen.

Am Ende zog sich ein Vorhang vor die Szene, wie in einem Puppenspiel. Es war ganz großes Theater, es war ganz großes Kino. Es war ganz große Literatur. Der Glöckner von Notre-Dame.

Ich überredete die Lehrerin, Frau Förschges, den Roman von Victor Hugo im Französischunterricht im Original durchzunehmen. Und diesmal folgte sie mir. Beim Napoleon hatte sie nur den Kopf geschüttelt, aber Hugo? Der ja! Frau Förschges war nicht so glutäugig wie Esmeralda, oder genauer gesagt, Gina, »Die Lollo!«, aber sie hatte etwas Anmutiges, etwas Französisches, obwohl sie nur die Französischlehrerin war und selber, wie ihre Familie, vom Niederrhein kam. Das konnte man ja schon am Namen hören. Frau Förschges, aus Kempen gebürtig – und ich war ein bisschen verliebt in sie. Die anderen Schüler nannten sie manchmal Madame Fröschkes, dann wurde ich wütend und prügelte mich mit ihnen.

Mit einem blauen Auge und einer dicken Lippe lauschte ich dann ihren Ausführungen über den großen Meister.

Wie er die französische Literatur neu erfunden hatte, in der Ära der Zeitungsromane, in der die Dichter ellenlange Manuskripte abliefern mussten, die dann täglich, portionsweise für die Abonnenten und Käufer der Tageszeitungen abgedruckt worden waren. Und die Autoren mussten die Technik der verwobenen Handlungen beherrschen, Figuren erschaffen, mit denen sich die Leser, das neue Bürgertum, identifizieren konnten. Und sie mussten die Technik des Cliffhangers beherrschen, damit die Kunden süchtig auf den nächsten Tag, die nächste Ausgabe warteten.

Alexandre Dumas, der Ältere und der Jüngere, Balzac, Stendhal, und natürlich allen voran, Victor Hugo. Sein Roman, »Notre Dame de Paris«, erschienen 1831, hatte die Franzosen nicht nur unterhalten, er hatte ihnen den wichtigsten Teil ihres kulturellen Erbes wiedergegeben: die gotischen Kathedralen.

Denn die waren vergessen worden. In der französischen Revolution wurde Notre-Dame zum Weinlager, der Dom Saint-Étienne in Metz demoliert und geplündert, die Kathedrale von Nantes zum Pferdestall umfunktioniert. Jetzt standen sie verwahrlost und fast vergessen in den Zentren der Städte. Bis Viktor Hugo kam und ihnen ihre Ehre und Würde zurückgab und sie zu neuer Blüte fanden.

Und so kam es, dass wir uns bei Frau Förschges mit dem großen Roman des Glöckners von Notre-Dame beschäftigten. Und dem großen Dichter Viktor Hugo ebenso.

Der war nicht nur Dichter, ein Homme de Lettres, sondern auch ein Homo Politicus und begleitete den Abstieg Frankreichs nach Waterloo mit seiner Feder und seinen Reden.

Denn Frankreich hatte eine schwierige Zeit durchgemacht. Nach Napoleon waren die Bourbonen endgültig wieder an die Macht gekommen. Ludwig XVIII, der vor Gewicht kaum laufen konnte, hatte es trotzdem aus Gent zurückgeschafft, natürlich per Kutsche. Nach seinem Tod 1824 kam sein jüngerer Bruder an die Macht, als Karl X. wollte er das Rad der Monarchie noch weiter zurückdrehen, auf die Zeit vor der Revolution, auf die Zeit vor der Erstürmung der Bastille. Das sollte ihm nicht gut bekommen!

1830 erlebte Frankreich die Julirevolution, zu deren Ehren später die Säule auf der Place la Bastille errichtet wurde, mit dem Génie obendrauf. Zwei Jahre später, während der Regentschaft des Bürgerkönigs Louis Phillips, kam es zum Juniaufstand der Republikaner, und es war dieses Ereignis, das Hugo zu seinem großen Werk »Die Elenden« inspirierte, an dem er von da ab die folgenden drei Jahrzehnte arbeitete.

Im Hintergrund lief sich Charles Louis Napoléon Bonaparte warm, der Neffe des großen Kaisers. Der Sturmwind der Revolution wehte 1848 durch Europa, wehte die französische Monarchie hinweg, und wehte auch ihn aus dem Londoner Exil über den Kanal. Da war er nun wieder, in Paris, wurde Präsident der Zweiten Republik – und Victor Hugo, seit diesem Jahr Abgeordneter der Nationalversammlung, sein intimster Feind.

»Was! Nach Augustus, Augustulus! Was! Weil wir Napoleon den Großen hatten, müssen wir Napoleon den Kleinen haben!«, sagte er dort in einer flammenden Rede.

Kurz vor dem Ende seiner Amtszeit am 2. Dezember 1851 führte der Präsident einen Staatsstreich durch und krönte sich zum Kaiser Napoléon III. Er versuchte in die Fußstapfen seines

Onkels zu treten, die, wie sich bald herausstellen sollte, zu groß für seine tollpatschigen Füße waren.

Karl Marx schrieb in »Der achtzehnte Brumaire des Louis Bonaparte« trocken: »Hegel bemerkt irgendwo, dass alle großen weltgeschichtlichen Tatsachen und Personen sich sozusagen zweimal ereignen. Er hat vergessen hinzuzufügen: das eine Mal als große Tragödie, das andre Mal als lumpige Farce.«

Und Viktor Hugo musste daraufhin vor der Verfolgung durch das »Augustinchen« ins Exil flüchten, ging nach Brüssel, und so kam er zum ersten Mal nach Waterloo.

Die Bestrafungen

»Ich lebte inmitten der hohen flämischen Giebel;
Den ganzen Tag über, in der Dämmerung,
Auf den alten rauchenden Dächern
Sah ich die großen betrunkenen Wolken vorbeiziehen.«

(V. H.)

In Brüssel angekommen wohnte Victor Hugo erst in einem Hotel, dann in einer Dachwohnung am Grande Place. Der eng mit ihm befreundete belgische Dichter André van Hasselt organisierte für die Gruppe der französischen Exilanten Treffen, Salons, sorgte für angenehme Unterhaltung. Zur Runde gehörten unter anderem Alexandre Dumas, Émile Deschanel, Paul Challemel-Lacour, Étienne Arago und Hugo, sowie sein Sohn Charles. Allesamt Autoren, die sich mit dem neuen Kaiser, der in zu großen Schuhen herumlief, angelegt hatten.

Das erzählte ich Frau Förschges, denn ich wollte sie dazu überreden, die »Misèrables« als Unterrichtsstoff zu übernehmen. Und natürlich würde ich dann die große Waterloo-Beschreibung im Buch Cosette mit meinem Hintergrundwissen füllen.

»Wo hast du das alles her?«, fragte sie mich neugierig. »Das habe ich alles noch nie gehört. Und wo soll das stehen?«

Ich erzählte ihr, wie ich bei meinem letzten Besuch im Städtchen Waterloo, nahe des Wellington Museums, ein kleines Antiquariat gefunden hatte, und dort das vergilbte Buch:

»Victor Hugo, Waterloo, Napoléon. Documents Recueillis, Publiés Et Annotés de Hector Fleischmann.«

»Und das hast du alles gelesen, auf französisch?«

»Komplett!«, sagte ich stolz.

»Ich glaube, du lernst die Sprache nur, weil Du unbedingt die Geschichte der Schlacht erfassen willst. Ihr Jungs seid komisch! Würdest du dich mit Beethoven beschäftigen, wärst du schon längst ein guter Pianist.«

»Beethoven hat immerhin ›Wellington's Sieg bei Vittoria‹ geschrieben. Für Orchester, Musketen und Kanonen!«, sagte ich.

»Hauptsache Puff-Peng-Knall«, meinte Frau Förscheṣ lakonisch.

»Und gut Klavier spiele ich auch!«, entgegnete ich.

»Wir sind nicht in Musik! Was steht drin, in deinem Heft?«

»Na, wie Victor Hugo das erste Mal und das zweite Mal nach Waterloo kam. Und wie er dort das große Werk der ›Miserables‹ mit der Schlachtbeschreibung vollendete.«

»Erzähl!«, forderte sie mich auf. »Dann überleg ich mir, ob wir es reinnehmen.«

Ich hatte jetzt schon Übung mit meinen Vorträgen, wollte Schlachtfeld-Guide werden und schulte meine fachliche Autorität, die unumgänglich war bei solchen Führungen, bei jeder Gelegenheit.

»Also: Im Mai 1852 organisierte van Hasselt eine Landpartie auf die Höhe von Mont-Saint-Jean, dem Schlachtfeld von

Waterloo, dem Hugo sich bei seiner großen Rhein-Reise 1838 noch verweigert hatte, ja sogar geschworen hatte, es nie zu besuchen. Als Sohn eines napoleonischen Generals war für ihn die Ebene von Mont-Saint-Jean der Tiefpunkt der französischen Geschichte, der wollte er sich nicht stellen. Aber jetzt, im Exil, in der Enttäuschung über die Abgründe des Bonapartismus mit dem kleinen Epigonen, dem der große Hut des Onkels über die Ohren rutschte, wuchs in ihm der Gedanke, aus der Niederlage des Premier Empire den zentralen Dreh- und Angelpunkt der ›Miserables‹ zu machen.«

»Warum hast du eigentlich in Deutsch eine Vier?«, fragte mich Frau Förschges provokativ und ich bekam rote Ohren.

»Weil ...«

»Weil du ein fauler Hund bist! Nein, schlimmer – ein Träumer! Einer, der es könnte, aber den Weg nicht findet.«

»Ist es... nicht gut, was ich erzählt habe?«

»Zu gut! Es ist zu gut für einen wie dich, den alle Lehrer einen Versager schimpfen.«

Es traf mich ins Herz, ins Innerste meiner Seele, was sie da jetzt sagte. Eine gewaltige Kraft des Zorns wuchs in mir herauf und ich schleuderte ihr entgegen: »Kennen Sie eigentlich die Geschichte meiner Schulkarriere? Ich meine, von Antwerpen bis hierhin? Kennen-Sie-die???«

Ich war so aufgewühlt, dass ich die Förschges jetzt tatsächlich siezte!

»Ja ja. Ich habe davon gehört«, sagte sie kleinlaut.

»Und wissen Sie was, Frau Förschges? Sie kotzt mich an, die Schule! Sie-kotzt-mich-an. Weil ich immer rausgerissen wurde. Weil ich nie Vertrauen aufbauen konnte. Weil ich mich immer als Fremder behaupten musste! Weil ich gar keine Freunde mehr haben wollte, weil ich es nicht mehr aushielt, sie beim nächsten Umzug wieder zu verlieren!«

Ich war jetzt richtig wütend geworden, hatte Tränen des Zorns in den Augen. Sie sah es, nahm mich leicht in den Arm und es tat gut.

»Denk dran, Achim. Da draußen gibt es keine bunten Uniformen, keine Karriere als bonapartistischer General wartet da auf dich. Höchstens die Bundeswehr. Na, vielen Dank auch. Du und Bundeswehr?« Sie lachte.

»Also streng dich an, studiere und werde Historiker! Und jetzt? Erzähl weiter ...«

Ich beruhigte mich und nahm meine Erzählung wieder auf. Wie die Gruppe mit Zug und Kutsche auf das Schlachtfeld gereist war, Hasselt, Hugo, der große Edgar Quinet; sogar der ehemalige Kriegsminister der zweiten Republik war dabei, Jean Baptiste Adolphe Charras, auch er ein glühender Verehrer von Napoleon Bonaparte. Andre van Hasselt erklärte ihnen die Denkmäler und führte sie zum Schloss Hougoumont – und am Ende saßen sie alle im Hôtel de Colonne bei Moules-frites, Muscheln und Fritten.

Und ich erzählte ihr, wie Charras über das, was er jetzt gesehen hatte, irritiert war. Wie sein Glaube an die Version Napoleons, die er seinen vier Aposteln, vor allem Las Casas, auf Sankt Helena diktiert hatte – über die Abläufe jenes Feldzugs in Belgien – ins Wanken geriet. Ihm erschien immer mehr, dass der Kaiser für alle seine Fehler Schuldige gesucht hatte, Ausreden, Ausflüchte, wie die der magischen Kräfte, die mit Zauberhand Gewitter geschickt hätten – just in dem Moment, da doch der Sieg zum Greifen nahe gewesen war. Napoleon erfand in seinem Vermächtnis sogar Befehle, die er in Wirklichkeit nie abgeschickt hatte.

»Ich wollte von Hugo hören, und nicht von diesem Soldaten«, sagte Frau Förschges ungeduldig.

»Es ist aber wichtig, um das alles zu verstehen! Auch für Hugo und den Beginn des Buchs Cosette. Denn in all den Jahren seines Exils in Belgien studierte Charras die Ereignisse von Napoleons letzter Schlacht, ließ sich von seinen Freunden im Kriegsarchiv von Vincennes Abschriften schicken und ging ins niederländische Rijksarchiev in Amsterdam. Am Ende entstand eine der großartigsten historischen Betrachtungen, ja, vielleicht eine der besten der Hundert Tage, die ›Geschichte des Feldzuges von 1815. Waterloo.‹ Und die zog Hugo für ›die Elenden‹ zu Rate.«

»Und was nahm Hugo von diesem Tag mit?«

»Eindrücke, Beobachtungen, die er verarbeiten wollte.«

»Für was?«

»Für sein großes Gedicht. Aber da kam etwas dazwischen.«

»Was?«

»Seine Schmähschrift gegen den Kaiser, vor dem er geflohen war. ›Napoleon le Petit‹. Napoleon der Kleine.«

Frau Förschges lachte.

»Waren die nicht beide klein?«

»Nein«, sagte ich bestimmt. »Der eine war eher klein, aber politisch groß. Der groß gewachsene Neffe, ›le Troisième‹, der war klein, im Kopf. Und hatte kleine Füße.«

Da sie jetzt ganz im Banne meines Vortrags war, erzählte ich ihr, wie Hugo es nicht lassen konnte, die Streitschrift heimlich zu verbreiten. Underground-Literatur. Der beleidigte Napoleon-Darsteller machte Druck auf das kleine Nachbarland Belgien und so musste der große Autor weiter nach London emigrieren. Da war's zu kalt und zu laut, also zog er nach Jersey.

»Und dort schrieb er es dann. 1853.«

»Schrieb er was?«

»Les Chatiments!«

»Voilà«, sagte sie, »die ›Bestrafungen‹! Das große Gedicht!«

»Eh bien«, sagte ich und warf mich in Pose.

»Waterloo ! Waterloo ! Waterloo ! morne plaine !
Comme une onde qui bout dans une urne trop pleine,
Dans ton cirque de bois, de coteaux, de vallons,
La pâle mort mêlait les sombres bataillons.
D'un côté c'est l'Europe et de l'autre la France.
Choc sanglant ! des héros Dieu trompait l'espérance ;
Tu désertais, victoire, et le sort était las.
Ô Waterloo ! je pleure et je m'arrête, hélas !«

»Bravo, le Monsieur Konejung, bravo!« Sie applaudierte.

Dann schaute sie mich liebevoll an und sagte: »Streng dich an, Achim. Du bist zu schade, um vor die Hunde zu gehen. Mensch! Schreib Bücher, halte Vorträge, geh auf die Bühne. Aber lerne vorher hier dein Handwerk. Bitte!«

»Ja«, sagte ich, leicht gequält, bevor ich schnell den Raum verlassen wollte.

»Schreib mir die weitere Geschichte auf. In Französisch. Dann liest du es vor der Klasse.«

»Alles?«

»Ja. Wie er das große Werk der ›Les Misérables‹ beendete. Auf dem Schlachtfeld von Waterloo!«

»Ja«, sagte ich erfreut. »Das ist eine großartige Geschichte.«

»Das gibt 'ne gute Note.«

Ich schaute sie dankbar an.

»Und du weißt ja – das hebt den Durchschnitt!«

»Gemacht«, sagte ich und verschwand.

Die Elenden

»Ich war zwei Monate in Waterloo.
Dort habe ich die Autopsie der Katastrophe gemacht.
Ich habe mich zwei Monate lang
über diesen Kadaver gebückt.«

(V. H.)

Ich hatte einen Auftrag, von der wunderschönen Lehrerin, Frau Förschges, und ich war bis zum Äußersten motiviert. Ich ging zum Philadelphia Grill und bestellte mir eine Portion Fritten. Genauer gesagt, Pommes, denn durch Krefeld ging die

Pommes–Fritten-Isoglosse, die Sprachgrenze, und ich war im Norden der Stadt.

Ich machte mich ans Werk, ging das Buch von Fleischmann durch, las es mehrfach, wollte keine Fehler machen. Bei der Durchsicht kamen mir einige Dinge seltsam vor, vielleicht auch übertrieben – und ich dachte dabei an die Reden von Fleischmann in Hougoumont und am Adler, seine schrägen Bücher über Robespierre und dessen Frauen und die Pulp-Novels über die weiblichen Spione Napoleons. Und dachte mir, na, Geschichten erzählen konnte der, aber ob das alles so stimmte? Egal. Wer könnte das schon nachprüfen? Wenn die Legende so schillert, dachte ich mir, dann schreib die Legende. Et voilà!:

Nach der Version von Hector Fleischmann war Victor Hugo am 7. Mai 1861 in Mont-Saint-Jean angekommen, hatte sich im Hôtel de Colonne bei den Gebrüdern Dehaze ein Zimmer genommen. Das schönste, das über dem Haupteingang des Eckhauses lag, mit dem kleinen Balkon, dessen Aussicht auf das Schlachtfeld und den Löwen führte. Kaum hatte man ihm sein Gepäck auf das Zimmer getragen, begann eines dieser fürchterlichen brabantischen Unwetter, die besonders schlimm waren, wenn sie mit flämischem Gruß von der See heranbrachen. Hugo war fasziniert, hatte das Gefühl, dass Gott für ihn noch einmal die Schlacht aufführen würde. Er zählte über 300 Blitze, und er wunderte sich, dass keiner in den Löwen eingeschlagen hatte. Er war beeindruckt. Er war begeistert. Hier würde er jetzt den Einstieg in »Die Elenden. Zweiter Teil. Cosette« schreiben: »Erstes Buch. Waterloo.«

Er schrieb und begann mit der Erzählung von sich als Wanderer über das Schlachtfeld.

» ... Der Wanderer bückte sich und betrachtete aufmerksam das untere Ende des Gurtpfeilers, wo ihm eine merkwürdige rundliche Aushöhlung auffiel. In demselben Augenblick öffneten sich auch die beiden Torflügel und eine Bäuerin trat heraus.

›Das ist von einer französischen Kanonenkugel!‹, bemerkte sie zu dem Fremden. ›Und das Loch weiter oben, in der Tür, hat eine Kartätschenkugel gemacht. Die ist nicht durchgegangen.‹

›Wie heißt dieser Ort?‹, fragte der Wanderer.

›Hougoumont.‹

Der Fremde richtete sich wieder auf, warf einen Blick über die Hecken und bemerkte am Horizont, durch die Bäume hindurch, eine Art Hügel und auf diesem Hügel etwas, das aus der Ferne einem Löwen ähnlich sah.

Er stand auf dem Schlachtfeld von Waterloo.«

Und nach der umfangreichen Beschreibung der Ruine des Schlosses, der Kapelle und des Brunnens beendete er das Kapitel II, Hougoumont, mit den Worten: »Also Bauduin getötet, Foy verwundet, Brand, Mord, Ströme von französischem, englischem, deutschem Blut, ein Brunnen voller Leichen (...), dreitausend Menschen allein in der alten Baracke Hougoumont niedergesäbelt, -geschossen; -gestochen und verbrannt, und wozu das alles? Damit jetzt ein Bauer zu einem Fremden sagen kann: ›Mein Herr, wenn Sie mir drei Franken geben, zeige ich Ihnen das Schlachtfeld von Waterloo!'«

Mal sah man ihn tagsüber, mal nachts über die Felder streifen. Kam er nicht weiter, ging er hinaus, möglichst bei Mondschein und nahm Zwiesprache mit dem Kaiser, mit Cambronne, mit den Grenadieren der Alten Garde.

Der Hohlweg war nicht mehr da. Er war durch den Löwenhügel verschwunden. Es findet sich keine Carte de Visite eines Führers, der sich damit gerühmt hatte, der zu sein, der den großen Dichter aus Frankreich über das Feld der Ehre geführt hatte. Nicht Martin Pirson, nicht andere, Cotton und Decoster waren schon lange tot.

Aber irgendeiner der Guides wird ihm die Schauergeschichte von dem Hohlweg erzählt haben, in dem nach der Schlacht die Leichen lagen, der randvoll gefüllt war mit den Kürassieren der napoleonischen Armee und aus dem das Blut bis auf die Straße nach Charleroi hinauslief. Noch Tage lang! Diese Guides waren fantastische Leute! Sie konnten die Gesetze der Schwerkraft, der Physik und sogar die Art der Blutgerinnung in ihren Erzählungen so lange beeinflussen, bis dem Zuhörer vor Grauen und Faszination der Mund offenstand und er mit einer Handvoll Kleingeld um Erbarmen bat – und um noch eine Geschichte. Wie die von den toten Soldaten, die noch dicht gedrängt im Karree gestanden hatten, Wochen nach der Schlacht, bleich und verwest.

Hugo sog das alles auf, und er war schlau genug, die Mythen von der Realität zu unterscheiden. Manche Geschichte hat er als Flunkerei hingestellt, ein Komma hier, ein Fragezeichen dort – ganz der große Schriftsteller, der wusste: Die Menschen lesen die Überschrift, nicht den Artikel – das Fragezeichen haben sie später vergessen und nehmen das Erzählte für bare Münze. So wie der Schlachtfeldführer die Münzen gerne annahm und noch eine Schippe Leichen obendrauf packte.

Und dann legte Hugo selber noch eine ordentliche Schaufel Kohlen obendrauf und heizte die Story an. Da war er anders als Tolstoi, der sich als seriöser Historiker gab. Hugo wollte sich nicht, er konnte sich nicht mit der Niederlage abfinden. So schrieb er die große Legende von der ruhmreichen Niederlage. Natürlich war das Wetter schuld. Natürlich war Marschall Ney schuld. Und natürlich war Napoleon nicht mehr auf der Höhe seiner Schaffenskraft. Und vielleicht gab es diese eine magische Wolke, die sich im falschen Augenblick zwischen Napoleon und Brüssel schob. Und vor allem der Guide Decoster, der bösartig den Hohlweg verschwiegen hatte, ganz der perfide Flame, der er war.

Aber es gab noch einen, der den Sieg verhinderte.

Hugo stellte fest: »War es möglich, dass Napoleon die Schlacht gewann? Wir antworten: Nein! Nicht weil er Wellington oder Blücher, sondern weil er Gott zum Feinde hatte. (...)

Er fiel, weil er dem Herrgott im Wege war.«

Ja, man kann es so sehen, wenn es einem hilft. Und tatsächlich half es, heilte es, was er da schrieb. Es half den Franzosen, öffnete ihnen den Blick auf die Version der ruhmvollen Niederlage. Nicht die perfiden Engländer und Wellington, nicht die rachsüchtigen Preußen und Blücher hatten gesiegt, Gott war es. Gott hatte ihn besiegt, den Kaiser. Nicht sie. Dann erst könnte das Volk akzeptieren, dass es dadurch nicht nur die Schlacht, sondern das Kaiserreich und die Errungenschaften der Revolution verloren hatte. Dann erst könnte es das Neue aufbauen und die Kraft aufbringen, den halbseidenen neuen Kaiser rauszuwerfen.

Und der Titan, der das kämpferische Frankreich verkörperte, das war Cambronne, über dessen »Merde!« der Dichter schrieb: »Der Katastrophe eine solche Antwort entgegensetzen, so dem Schicksal heimleuchten, dem zukünftigen Löwendenkmal eine solche Grundlage geben, solch eine Widerlegung dem verhängnisvollen Regen, der tückischen Mauer von Hougoumont, dem Hohlweg von Ohain, der Verzögerung Grouchys, der Ankunft Blüchers entgegenschleudern, im Grabe den Feind verhöhnen, stolz vor der Nachwelt sich wieder aufrichten, nachdem man unterlegen ist, das verbündete Europa mit zwei Silben erdrücken, mit der Schlagfertigkeit des französischen Genius das gemeinste Wort zu dem erhabensten machen, die Waterloo-Tragödie keck mit einem Fastnachtswitz beschließen, Leonidas' Heldenkühnheit mit Rabelaisschem Ulk verquicken, den Sieg der Feinde so kurz und treffend mit einem unmöglichen Wort charakterisieren, das Schlachtfeld verlieren und die Geschichte für sich gewinnen, nach einem solchen Blutbad die Lacher auf seine Seite bringen, – das ist eine ungeheure Leistung. Das ist aeschyleisch!«

Der Erfolg der »Misèrables« begann im Moment der nächsten großen Niederlage, dem zweiten Waterloo, am 2. September 1870 in Sedan. Napoléon III. hatte sich in seinen zu großen Stiefeln im Ufergebüsch der Maas verfangen und war Bismarck und den Preußen auf den Leim gegangen. Und damit war's aus für ihn, es begann die dritte Republik. Der Krieg endete erst 1871 nach der Belagerung von Paris – und dann hatten die Boches der Republik den schmachvollen Frieden von Frankfurt aufs Auge gedrückt. Und sogar ihr Deutsches Kaiserreich im Versailler Spiegelsaal ausgerufen! Wie konnte Frankreich da noch selber in den Spiegel schauen? Indem es an die ruhmreiche Niederlage dachte und daraus die Kraft für die Zukunft zog! So würde es ab jetzt in den Gemälden der Schlacht gezeigt werden. Waterloo – wie sie jetzt jeder in Frankreich nannte. Waterloo! Die Garde stirbt, doch sie ergibt sich nicht. Und die Revanche?

»Toujours y penser, jamais en parler!«, hatte Gambetta ausgerufen.

Immer dran denken, aber nie drüber reden!

Am 30. Juni 1861 schrieb Hugo in sein Tagebuch:

»Ich habe die ›Misérables‹ auf dem Schlachtfeld von Waterloo und im Monat von Waterloo beendet.«

Und das war der Vortrag, den ich vor der Klasse einige Tage später führte, auf französisch. Michael und Frank hatten mit großen Augen und Ohren zugehört. Sie waren auch kleben geblieben und wir somit wieder zusammen, kurz bevor die Klassenverbände durch die Oberstufenreform endgültig abgeschafft wurden.

Nach dem Pausenklingeln zog mich Frank beiseite und sagte mir leise: »Kannst du mir bitte die deutsche Version geben?«

Und Michael fragte mich aufgeregt: »Und wo hattest du die Kanonenkugel her, die du beim Vortrag so dramatisch auf das Pult gelegt hast?«

»Aus dem Sportgeräteraum«, antwortete ich. »Aber sag es keinem weiter.«

Baudelaire in Mont-Saint-Jean

Sie hatte mir eine Eins gegeben. Das würde den Notenspiegel, der an anderer Stelle bereits wieder bedrohlich absackte, etwas auffangen und den Durchbruch ins Bodenlose bremsen. Hoffentlich.

Ich ging zu ihr, in der Pause, um mich zu bedanken und dann sagte ich: »Da ist noch was.«

»Was denn?«, fragte sie.

»Baudelaire.«

»Baudelaire? Willst du jetzt auch noch unter die Dichter gehen?«

»Er war auch da!«

»Wo?«

»Im Hôtel des Colonnes, auf den Spuren von Hugo. Drei Jahre später. Er machte eine Pilgerfahrt dahin, als er in Brüssel war.«

»Wo hast du denn das schon wieder her?«, fragte sie.

»Es gibt einen Autor, Georges Barral, der begleitete ihn dahin.«

»Was trieb ihn ausgerechnet nach Waterloo?«

»Barral schlug ihm vor, das Schlachtfeld, aber vor allem das Hotel und das Zimmer, in dem der große Meister die Misèrables zu Ende geschrieben hatte, zu besichtigen.«

»Baudelaire als Schlachtfeldtourist?« Sie lachte. »Das will ich sehen. Genauer gesagt: hören!«

Sie nahm einen Schluck aus ihrer Thermoskanne, die sie immer bei sich trug.

»Es gibt einen schönen Reisebericht,«, sagte ich. »Ich lese dir mal ein paar Auszüge vor. Barral holte ihn morgens im Hotel ab, ich zitiere: ›Pünktlich zum vereinbarten Treffen um neun Uhr morgens komme ich am ›Hôtel du Grand-Miroir‹ an, gehe schnell zwei Treppen hinauf und klopfe an Baudelaires Tür. Eine raue Stimme antwortet mir: ›Herein!‹ Der Schlüssel steckt im Schloss. Ich öffne und sehe frisch und munter, mit einem Lächeln im Gesicht, Baudelaire aufrecht stehen, mit Hut auf dem Kopf. Er ist bereits seit einigen Minuten bereit. Er reicht mir seine Hand wie ein Bischof. Sofort sagt er zu mir: ›Das Wetter ist perfekt, lass uns schnell losgehen! Lass uns zusammen den 'Pudel von Waterloo' begrüßen.‹«

Marianne hörte gebannt zu, also fuhr ich fort.

»Dann«, sagte ich, »fahren sie mit der Eisenbahn raus, steigen in eine Kutsche und erreichen die spanische Kirche in Waterloo. Dort führt sie einer der schmierigen Führer, die es da gibt, zum Bein.«

»Bein? Was für ein Bein?«, fragte sie.

»Na, das Bein. Vom Uxbridge. Es ist da beerdigt.«

»Makaber!«

»Hat Michael auch gesagt. Ich wollte es nicht sehen, als wir in Waterloo waren.«

»Und Baudelaire?«

Ich lachte. »Der hat sich gleich über die Grabinschrift des Beins mokiert und bemerkte süffisant – ›Wie sehr ich, trotz der Armut in Reimen, folgendes Distichon auf dem Grab des Marschalls von Frankreich, des Grafen von Rantzau, bevorzuge: ›Du besitzt nur eines Teils vom großen Rantzau, die andere Hälfte blieb auf den Schlachtfeldern des Mars.‹«

Dabei hatte ich mich in Dichterpose geworfen.

»Und Baudelaire spottete, der Marschall Rantzau hätte im Verlauf der Kämpfe des Dreißigjährigen Krieges ein Auge, ein Ohr, einen Arm und ein Bein verloren. Etwas mehr als der Lord!«

»Schwarzer Humor!«, kommentierte sie.

»Ganz Baudelaire«, sagte ich. »Les Fleurs du Mal.«

»Dann?«

»Gehen sie ins Hôtel des Colonnes, bewundern den schönen Balkon von Hugo und haben Hunger. Ich zitiere: – ›Hugos übliches Menü‹, ruft Baudelaire. ›Überraschen Sie uns, indem Sie es servieren‹ – ›Das ist sehr einfach, meine Herren‹, antwortet uns Monsieur Joseph Dehaze, der ältere der beiden Besitzer der

Einrichtung. ›Sie sind nicht die ersten, die es verlangen, denn Hugos übliches Menü ist hier zur Tradition geworden. Es wird Ihnen dort serviert werden, zwischen den Fenstern, die auf die Straße blicken. Auf demselben Tisch, an dem Monsieur Victor Hugo seine Mahlzeiten einnahm, wenn er nicht in seinem Zimmer aß.‹ Und dann wird die Tischdecke ausgebreitet, zwei Gedecke, vier Gläser – ein großes und ein kleines – und eine riesige Karaffe mit kristallklarem Wasser. Baudelaire betrachtet letzteres überrascht und wendet sich mit einer Geste des Abscheus ab.‹«

»Oh ja, das glaube ich! Baudelaire und Wasser? Niemals!« rief Marianne Förschges lachend.

»Und dann geht die Erzählung weiter. Und sie dreht sich um – Fritten!«

»Pommes?«

»Fritten!«

»Baudelaire hat Fritten gegessen?«, fragte sie ungläubig.

»Ja, Fritten. An Hugos Tisch!«, sagte ich. »Hör nur zu! Der Barral schreibt: – ›Ohne lange zu warten, wird in die Mitte des Tisches eine große Schüssel gestellt, randvoll mit blonden, knusprigen und gleichzeitig zarten Pommes frites. ›Sie sind köstlich!‹, sagt Baudelaire, während er sie langsam kauend nimmt, nachdem er sie eine nach der anderen mit den Fingern genommen hat. Es ist die klassische Methode. Es ist seltsam, sie mit der Gabel zu picken. Es versteht sich von selbst, dass ich meinen Begleiter imitiere, umso mehr, als dass wir es am Collège Sainte-Barbe auch so gemacht haben, am gesegneten Tag der Pommes Frites, dem Mittwoch. Außerdem ist dies eine typisch Pariser Geste, denn die Pommes Frites sind eine Pariser Erfindung. Monsieur Joseph Dehaze hat uns erzählt, dass Monsieur Victor Hugo sie so gegessen hat.‹«

»Hugo und Baudelaire haben da Fritten gegessen? Irre Geschichte«, bemerkte sie.

»Ja«, sagte ich. »Fritten mit Napoleon«.

»Fritten mit Napoleon?«

»Ging mir gerade so durch den Kopf.«

»Und wieso ›Pariser Erfindung‹? Ich dachte, die kämen aus Belgien?«, fragte Marianne.

»Mir hat mal einer erzählt, der Leibkoch von Napoleon hätte sie erfunden.«

»Wer?«

»Der Hueskes.«

»Der mit der angeranzten Kriegsruine und den fettigen Bratkartoffeln?«

»Ja, genau der. Der sagte, er hätte sie aus der französischen Kriegsgefangenschaft mitgebracht. Aus Aube.«

Marianne Förschges lachte laut auf. »Ich lach mich schlapp. Französische Kriegsgefangenschaft!«

»Hat-er-erzählt!«

»Was für ein Quatsch. Der war bei der Gestapo. Und hat nach dem Krieg lustig in Krefeld weitergemacht.«

»Gestapo? Mensch. Und dann zum Chef vom Schnellimbiss. Und alles gelogen. So ein Schwein.«

»Und jetzt als Spitzel für die Politische.«

Mir wurde ganz anders.

»Lass uns lieber mit Baudelaire weitermachen. Barral, weiter geht`s im Text! – ›Monsieur Dehaze lehrte uns, dass frittierte Kartoffeln in Belgien ziemlich neu sind. Es waren die französischen Exilanten von 1851, die sie nach Brüssel gebracht haben. Vorher wurden sie von den Belgiern nicht gekannt.‹«

Ich unterbrach für einen Moment, stutzte.

»Sowas«, murmelte ich in Gedanken versunken. »Sie essen Fritten. Und das Rezept kam aus... Paris!«

»Was ist? Du wirkst so nachdenklich«, sagte sie.

»Weil sie mich alle... ach was. Was ist wahr oder unwahr? Und was war wahr und was war es nicht? Merde!«

Ich dachte an die ewigen Erzählungen, Mythen und Geschichten um die Fritten von Hueskes, über die Carnotstraat, das Bonapartedok. Und Middelkerke, wo mir so schlecht geworden war. Ich fasste mich, fuhr fort.

»Dann trinken sie sich einen«, sagte ich.

»Klar«, sagte Marianne Förschges. »Baudelaire, die Boddel leer«, und kicherte.

Was war denn bei ihr heute los?, fragte ich mich. So albern kannte ich sie gar nicht.

»Weiter im Text, sagte ich jetzt im Lehrerton. Ich – zitiere! Barral schreibt: – ›Nun gut, sagt Baudelaire, mich dabei anschauend, aber ohne auf meine Zustimmung zu warten, bringen Sie uns eine Flasche Pommard. Nur rechnen Sie nicht damit, dass wir heute Abend etwas übriglassen werden. Wir werden die Flasche leertrinken. Wir sind zu zweit und keine Familienväter!‹«

»Sag ich doch! Boddel leer!«, kicherte sie. »Haben die an dem Tag überhaupt noch was hingekriegt?«

»Der Barral wird da ein bisschen neblig in seiner Beschreibung. Sie schauen sich Hugos Zimmer an. Der Hotelier erzählt die üblichen Geschichten. Die, die auch ich schon im Vortrag verwendet habe. Dann führt Barral Baudelaire übers Schlachtfeld. Aber ich glaube es nicht so wirklich.«

»Wieso?«

»Vom Löwen, über die Höfe von La Haye-Sainte, Hougoumont, Caillou, Belle-Alliance nach Papelotte? Der hätte ihm was gehustet! Da brauchst du lange! Und Barral erwähnt keine Einzelheiten, nur, dass Baudelaire irgendwann sehr müde wurde und zurück nach Brüssel wollte, ins Hotel.«

»Der Pommard«, sagte sie. »Und der Barral hat ihm ein Ohr abgekaut, mit seinen Schlachtbeschreibungen.«

Sie lachte jetzt noch mehr, mir wurde leicht unwohl und ich wurde streng, versuchte, Fassung zu wahren.

»Eins hat er noch erwähnt, bei der Rückfahrt!«

»Was?«

»Baudelaire hätte, in Bezug auf Hugos Lobgesang, den Kaiser als ›Übermensch‹ bezeichnet. 40 Jahre vor Nietzsche! So schreibt er es zumindest.«

Sie konnte sich vor Lachen kaum noch halten.

»Totaler Quatsch! Der Barral und dein Fleischmann, weißt du was? Ich glaube, die haben sich das alles aus den Fingern gesogen. Sie wollten leuchten in der Sonne der Genies. Auch so eine Existenz!«

»Jetzt lass doch mal«, sagte ich genervt. »Dann schreibt er, Baudelaire und er hätten sich wortlos Brüssel zugekehrt.«

»Siehst du! Baudelaire war angefressen.«

»Ja, schon möglich. Denn der letzte Satz von Barral ist: ›Ich verabschiede mich von Baudelaire an der Tür des Hôtel du Grand-Miroir und kehre nachdenklich, verwirrt und verspannt ins Hôtel des Etrangers zurück.‹«

»Na also, verspannt. Überspannt hat er's, den Baudelaire mit dem ganzen Schlachtenscheiß so vollzustopfen.«

Es entstand eine Pause im Raum.

»Kann ich trotzdem einen Vortrag drüber machen?«, fragte ich und bewegte mich vorsichtig zur anderen Seite des Tisches.

»Im nächsten Schuljahr mach ich Baudelaire in der Klasse. Wenn du willst – gerne!«

Und wie sie mich jetzt anschaute, dachte ich an die barfüßige Esmeralda, und mir wurde heiß hinter den Ohren.

Ich versuchte eine Antwort zu finden. Aber ich fand sie nicht. Denn eine plötzliche Angst beschlich mich und schnürte mir den Hals zu. Das Gefühl, das ich nur zu gut kannte. Mir wurde schlecht.

Es war nicht nur die Angst vor meinen Gefühlen. Es war die Angst, dass ich diesen Vortrag nie halten würde. Nicht hier, in diesem Gebäude, dieser preußischen Trutzburg.

Weil es das nächste Schuljahr nie geben würde.

Weil ich jetzt auf Waterloo zumarschieren würde.

Mein Waterloo.

Die Entscheidungsschlacht.

Und wie der Blitz, der Napoleon getroffen hatte, als er erfuhr, dass sein Hut von Austerlitz nicht da war, entfloh ich durch die Tür.

Das Bildnis des Krieges

Die Sommerferien hatten wieder begonnen. Ich befand mich auf der Fähre nach Dover, der Princesse Astrid, dem Schiff, das damals fast vor unserem Panoramafenster in Middelkerke im schweren Sommersturm gesunken war. Diesmal war die See glatt und ruhig und ich genoss die salzige Luft und den Fahrtwind in meinem Gesicht.

Volljährig!, dachte ich mir. Du bist jetzt volljährig. Du kannst machen, was Du willst...

Ich blickte an die Küste. Das, was fast so aussah wie die Klippen von Dover, waren die Hochhäuser von Ostende, Mariakerke und Middelkerke. Die alten Strandvillen im Normandie-Stil, im Stil der Jahrhundertwende, in Art Deco, die waren alle der Bauwut geopfert, dem Erdboden gleichgemacht worden. Es sah jetzt aus wie eine Plattenbau-Siedlung am Meeresstrand. Und die Belgier liebten es.

Die Princesse Astrid hielt Kurs in Ufernähe und ich blickte auf das Sanatorium bei Zuydcoote und die Uferpromenade von Dünkirchen. Es gab ein Fernglas an Deck, ich warf fünf Francs ein, und so sah ich die Rümpfe der Wracks, der Claude London und der Crested Eagle, die jetzt, bei Ebbe, frei lagen. Ich dachte zurück an den alten Mann von der Mole, seine Erzählung und meine Erscheinung.

Ich liebte England, war schon zweimal da gewesen, nach Deutsch, Flämisch und Französisch wurde Englisch meine vierte Sprache. Die Sprache Wellingtons! Wellington? Ja, das war schon komisch mit ihm. Napoleon liebte man, oder fürchtete ihn, hasste ihn. Wellington war der nüchtern kalkulierende Geschäftsmann, der die Schlacht geführt hatte wie andere Leute ihre Kassenbücher. Diese Briten! Immer hatten sie gewonnen. Und nicht nur in Waterloo, auch im Ersten und dem Zweiten Weltkrieg.

In der Ferne, im Dunst, konnte ich den Mont Kemmel sehen, unterhalb lag Ypern. Dort war ich schon als Kind gewesen, dort würde ich wieder sein, an der Westfront, und würde sie besuchen und studieren.

Kurz vor Calais drehte die Princesse Astrid hart nach Steuerbord, bald sah ich die leuchtend weißen Klippen von Dover, hörte die kläffenden Möwen, und nahm mich in Acht, von ihnen nicht angekackt zu werden. Die Rache für The Blitz!, wer weiß? Und ich dachte dabei an die Dünkirchen-Vögel.

I'm a German. But, howgh, I come as a friend!

In Dover musste ich dem Immigration-Officer meinen Pass vorzeigen, da wurde mir klar, dass ich jetzt tatsächlich den Kontinent verlassen hatte und das Vereinigte Königreich betreten würde. Sein strenger Blick verriet mir, dass sie diese Ehre nicht jedem erwiesen.

England war ein merkwürdiges Land. Sie fuhren auf der falschen Seite, drehten ihre Schrauben andersherum rein und schlossen ihre Türen nach links ab. Es dauerte immer ein paar Tage, bis ich merkte, dass ich selber der Trottel, dass ich nun »auf der Insel« war – und versuchte dann immerzu, es nicht zu vergessen, damit ich nicht überfahren wurde.

Auf dem Fußweg zum Bahnhof wehte mir der bekannte Geruch in die Nase, ich nannte ihn »The English Smell«. So roch es an den Gleisen, an den Docks, in der Londoner Tube und in den Aufzügen der Museen und Hotels. Es war der Geruch von Schmiere. Ölige Schmiere, Lubricant, dem Gleitmittel des industriellen Zeitalters. Sie verwendeten es scheinbar überall, für ihre Haustüren, Doppeldeckerbusse. Und natürlich in den Maschinenräumen der Fähren zum Kontinent. Ohne ihre Schmiere wären sie von der Welt abgeschnitten.

In England gab es keine Fritten. Schon gar keine »French fries with Boney«. Sie nannten sie Chips. Fish & Chips! Und auf die Chips kippten sie statt dick Mayonnaise: Vinegar, Essig! Als ich mir ihre anderen Gerichte und Speisen anschaute, hielt ich mich lieber bis zum Schluss meiner Besuche an den Fisch und die Chips, die ohnehin Fritten waren. Den Essig lehnte ich ab, denn Ketchup kam gerade in Mode. Den nahm ich als »Ersatz«. Das liebten die Tommies, dieses deutsche Wort. Die Krauts tranken Schnapps, aßen Ersatz, und waren 45 kaput. Und alles war bei den Huns verboten!

In London gab es an jeder Ecke ein kleines Museum, in der der »Battle of Waterloo« gehuldigt wurde. Das Guards Museum mit liebevoll gestalteten Dioramen, sie zeigten die Wiedereroberung von La Haye Sainte, in 1:72, die Karrees gegen die französischen Kürassiere, die Verteidigung von Hougoumont, alles im gleichen Maßstab. Im nächsten Raum wurde hinter Glas die Menin Road bei Ypern, Passchendaele und der 1. Juli 1916 an der Somme dargestellt. Es sah perfekt und realistisch aus. Der Krieg aus dem Modellbaukasten. Nachher, neben der Kasse, konnte man dann die Plastiksoldaten aller Epochen kaufen, von Cromwell, Marlborough und Wellington bis zu Monty in Normandy und El Alamein. Von Airfix. Und alle im Maßstab 1:72. Der Krieg zum selber basteln.

Im Vorjahr hatte ich sogar im Dover Castle das gigantische Waterloo-Modell von William Siborne gesehen. Es war auch in 1:72, aber beinhaltete genauso viele Zinnsoldaten, wie damals in echt dort gekämpft hatten! Ich eiferte Siborne nach, gab aber nach dem gefühlten tausendeinhundertsten Grenadier, den ich per Hand angemalt hatte, auf.

Dann das Imperial War Museum! Es erschlug mich mit seiner Sammlung; da gab es alles, aus allen Kriegen, die sie je geführt hatten. Sogar das Skelett von Marengo, des Pferdes, das Napoleon bei Waterloo geritten hatte! Es gab Kanonen, Geschütze, Flugzeuge und den Motor von Richthofens Dreidecker, den Captain Brown mitsamt dem Roten Baron an der Somme abgeschossen hatte. »Heute stolz und in der Luft, morgen tot und in der Gruft!«, hatte Ida immer gesagt. Das fiel mir ein, während ich auf die traurigen Überreste deutschen Heldenmuts schaute.

Schäfer und Voß, die waren auch mit ihm geflogen, Jasta 2 und Jasta 11, und auch beide perdue, die Krefelder Jungs – ehemalige Gymnasiasten, die in den gleichen wuchtigen Räumen gelernt hatten, in denen ich jetzt litt. In der NS-Zeit hatten sie das Gymnasium sogar umbenannt, den beiden Fliegern zu Ehren. Keiner unserer Lehrer wollte davon etwas wissen, aber die alten Knacker, die sagten uns, wie aus der Pistole geschossen: »Moltke? Ach was! Schäfer-Voß-Schule! Fabelhaft!«

Und es klang fast wie »Haijtler!«

Bloß hier nicht auffallen, dachte ich mir, als ich mich bei meinen Gedanken ertappte. Du bist in Feindesland.

Ich ging in die London National Gallery, die Kings's Gallery im Buckingham Palace und die Tate. Überall hingen die Bilder der großen Maler der großen Schlacht. Und immer wieder Denis Dighton, der »Waterloo Dighton«. Der hatte das Geschäft seines Lebens mit den Darstellungen des britischen Sieges gemacht und es verwunderte mich nicht, dass man im Vordergrund ausschließlich Rot sah, im Hintergrund aber die im Schock erstarrten Grenadiere der Kaiserlichen Garde in Blau und Weiß, kurz vor dem Weichen, kurz vor der Panik, kurz vor der Flucht.

Und alle waren farbenfroh und faltenfrei. Kein Uniformknopf war abgerissen, keine Stofffarbe nach dem strömenden Regen der Nacht in die weißen Uniformhosen gelaufen, kein Dreck vom dreitägigen Marsch auf ihren Gamaschen. Links war der Iron Duke und wies mit seinem Fernglas in die Richtung von Rossomme, auf den fernen Hügel, wo der Sieg auf ihn wartete. Burg Linn!, dachte ich mir. Sie machten es alle gleich. Ein paar Kämpfer lagen benebelt am Boden, aber keiner von ihnen war wirklich tot, kein Blut, keine zerfetzten Körper. Und der Lord hatte sogar noch sein Bein. Das Motiv vom Moment des britischen Sieges hatte Dighton immer wieder gemalt, schön bunt. Im nächsten Raum hing wieder eins, noch bunter, dann noch eins, dann wurde mir langweilig.

»Zur Tat, zur Tate!«, sagte ich mir. Und mir schoss durch den Kopf, dass das von Onkel Bodo hätte stammen können.

Turner war ganz anders. »The Field of Waterloo«. Ich versank geradezu in sein Bild. Es war die Nacht nach der Schlacht. Es war dunkel, der Vollmond beschien die unheimliche Szenerie und eine Signalrakete erhellte mit ihrem Blitz und Feuerschweif die in der Ferne liegende Ebene. Im Vordergrund des Gemäldes sah man Frauen um eine Gruppe verwundeter und sterbender Soldaten, Freund und Feind vereint im Todeskampf. Ich musste an Lady de Lancey denken. Im Hintergrund das immer noch brennende Hougoumont. Ich konnte das berühmte Nordtor erkennen, durch es hindurch den verrauchten Innenhof mit dem Brunnen. Ein Bild der Trauer, der Empathie, und gar nicht des Heroismus farbenfroher, unbefleckter und unverwundbarer Helden.

Ich schlenderte durch Swinging London, versuchte mich zu zerstreuen, kaufte mir ein Hemd in der Carnaby Street und ging ins Madame Tussauds. Da gab es ein lebensgroßes Diorama, Nelsons Tod bei Trafalgar, es puffte und rauchte von den Schiffskanonen her, der Boden schaukelte im simulierten Wellengang. Und alles war weit weg von Turners dramatischer Szenerie, war Jahrmarkt, Panoptikum, Frau ohne Unterleib.

Da schaute ich mir lieber den echten Nelson an, auf der Säule am Trafalgar Square, und ging weiter ins West End. Denn Theater und Musik, Musical, Blues und Jazz wurden mehr und mehr zu meiner neuen Leidenschaft, nicht Beethoven, den Marianne Förschges mir empfohlen hatte. So stand ich da, vor der Rocky Horror Show, deren Titel mich in blutigen Lettern über dem Eingang anschrie – kam aber nicht rein. Ich blieb chancenlos, denn das Musical war auf Jahre ausverkauft.

Ich fuhr nach Dover zurück, hatte den Geruch der englischen Schmiere in der Nase und die Musik von Sir Edward Elgar aus den Enigma-Variationen im Kopf. Nimrod. Und Land of Hope and Glory, das sie immer so gerne auf den Promenadenkonzerten spielten. Ich bestieg das Schiff, die Taschen mit Büchern, Bildbänden, Jazz-Schallplatten und Noten vollgestopft. Stach hinaus auf die See, stand am Bug des Schiffes, schaute in die Ferne und versuchte, mir vom Wind die Fragen beantworten zu lassen, die mir noch immer auf der Seele brannten – seit jenen Tagen, als der Duft aus Hueskes Schmierbude in mein Kinderzimmer stieg, aus dem heraus ich auf die ausgebrannten Fensterhöhlen des Nachbarhauses sah.

Was war der Krieg? Hatte ich etwas gelernt? Hatte ich sein Wesen erkannt? War ich mehr Dighton oder mehr Turner? War ich fasziniert oder stieß er mich ab? Würde ich etwas daraus lernen? Würde die Menschheit aus den Kriegen lernen, die sie geführt hatte? Oder ging es immer so weiter, von Waterloo an die Somme, nach Verdun, in die Normandie, in den Hürtgenwald, zur Götterdämmerung im Bunker, zu den Raketensilos in Ost und West?

Wer war ich schon. Was konnte ich schon machen.

Die See wurde rauer, das Schiff stampfte gegen den Nordwestwind und die Dünung an. Es begann zu regnen, aber ich blieb da vorne, allein und nur für mich.

Was konnte ich denn?

Ich konnte singen. Ich konnte Klavier spielen. Konnte Blues, Jazz, Ragtime. Ich hatte Songs geschrieben, hatte schon meine erste Band gehabt. Ich konnte die Menschen begeistern.

Auf die Bühne!, hatte Marianne Förschges mir gesagt, auf die Bühne!

Und als in der Abenddämmerung die weißen Klippen wieder zum Vorschein kamen, die Klippen der Hochhäuser an der belgischen Küste, stand mein Entschluss fest.

Ich werde es machen, wie damals Alexis in Antwerpen.

So wie er war ich in die Ferien gefahren.

Und so wie er – kam ich einfach nicht mehr zurück.

III.

DIE REISE NACH VERDUN

Abel und Kain

I

Sohn Abels, du darfst essen, trinken,
Gott schaut dir wohlgefällig zu,

Brut Kains, du sollst im Schlamm versinken,
Ersticken wirst im Kote du.

Sohn Abels, Liebling deines Herrn,
Dein Opfer duftet süß vor Gott,

Brut Kains, verjährte Sünden zerren
Dich täglich wieder aufs Schaffot.

Sohn Abels, sieh die Saat gedeihen,
Rund ist das Vieh, die Traube schwer,

Brut Kains, hörst du den Hunger schreien?
Sind deine Eingeweide leer?

Sohn Abels, wärme dich am Herde,
Füll deinen Wanst mit warmer Kost,

Brut Kains, du schläfst auf kalter Erde,
Der Schakal, horch, er heult vor Frost!

Sohn Abels, du darfst dich vermehren,
Dieweil dein Geld sich auch vermehrt,

Brut Kains, bezähme dein Begehren,
Solch Appetit ist dir verwehrt.

Sohn Abels, saug dich voll an andern,
Du Wanze, stets willkommner Gast,

Brut Kains, du sollst im Staube wandern,
Du findest nirgends Ruh noch Rast.

II

Sohn Abels, Mist nur auf den Saaten,
Zerstieb zu Dung, du und dein Wahn!

Brut Kains, von allen deinen Taten
Sind erst die wenigsten getan.

Sohn Abels, sieh die Schmach sich türmen,
Vergeh in Schanden und in Spott,

Brut Kains, du wirst den Himmel stürmen,
Hinab zur Erde schleudere Gott!

(Baudelaire)

Die Täuschung des Auges

Hinter der Kuppe tauchte ich ein in die Rheinische Bucht, sah die Domspitzen im Dunst. Der Dom, in dessen Schatten ich viele Jahre gelebt hatte, nach Wien, nach Hamburg. Und den ich dann auch verlassen hatte, halt- und heimatlos geblieben, seit jenen Tagen in der Lohstraße, mit Hueskes seinen komischen Fritten. Jetzt fuhr ich zum Hauptbahnhof, um ihn abzuholen, Sonny, den ich so lange nicht mehr gesehen hatte.

Sonny war die gleiche Pfeife gewesen wie ich. Hatte genauso wie ich die Schule abgebrochen. Dann wurden wir Freunde, die besten Freunde überhaupt. Wir wollten, wie die französischen Grenadiere, den Olymp erstürmen, aber unsere Gottheit war nicht Mars, es war die Venus.

Wir fingen an, im Keller an der Lohstraße, auf der anderen Seite der Rheinstraße, dem Keller, aus dem die fremden Klänge gekommen waren, die ich schon als Kind gehört hatte, die seltsame Musik, der Jazz.

Er war seine ganze Leidenschaft, Jazz. Und deswegen hieß Sonny auch Sonny und nicht Klaus-Dieter. Sonny – nach Sonny Rollins. Er hatte schon immer ein Händchen für seine appearance gehabt. Auch wenn er wenig Geld hatte, trug er die schicksten Klamotten. Er sah aus wie einer aus der Traumfabrik Hollywoods. Wenn die Frauen ihn sahen, dachten sie an Woody Harrelson und fielen reihenweise in Ohnmacht. Er sah nicht nur aus wie Woody Harrelson, er sah sogar charmanter aus. Und dazu hatte er die Coolness von Steve McQueen. Wenn ich mit ihm über die Straßen ging, spürte ich seine magische Anziehungskraft, die Aura, die Frauen schwach machte. Und wurde eifersüchtig, denn für mich fiel nichts ab. Die Frauen hatten nur Augen für ihn und wenn er sie nicht erhörte, dann gingen sie weinend weg. Mich beachteten sie nicht.

Wir hatten erste Erfolge und unser nächstes Ziel war die Carnegie Hall in New York. Dort würden wir auftreten. Alle würden uns zuhören, würden uns kennen, ja, wir würden weltberühmt! Das war unser Ziel. Und dann? Kam Yoko Ono. Sie hieß aber nicht Yoko Ono, sondern einfach nur Petra Lafers und er verliebte sich in sie und sie hingen aneinander, unzertrennbar, knutschten sich die Ohrläppchen ab. Ich schlug den Klavierdeckel zu, packte meine Sachen und ging nach Hamburg.

Da haben wir uns noch mal kurz gesehen, sie mit ihm, Arm in Arm, die siamesischen Zwillinge. Sie verabschiedeten sich von mir, würden nach Amerika auswandern. Er war der Typ, der sich einfach so in fremdes Wasser stürzte, nahm sie bei der Hand, und sie zogen nach Kalifornien, mit keinem Cent und keinem Dollar in der Tasche. Dort würde er Maler werden. Wieso Maler? Weil Sonny und ich 1979 in der großartigen Max-Ernst-Ausstellung in München gewesen waren. Die Ausstellung, die das Haus der Deutschen Kunst, in dem die Propagandaschau der »Entarteten Kunst« stattgefunden hatte, endgültig gereinigt hatte. Und da hatte er entschlossen, Maler zu werden. Surrealismus, das war ab sofort sein Ding. Und jetzt also Kalifornien, auf den Spuren des Meisters; Sonny, der neue Max Ernst – und so verloren wir uns aus den Augen.

Ich war beleidigt, fühlte mich ausgestoßen, fühlte mich verlassen. Ganz die Gefühle, die ich kannte, die mich von Anfang meines Lebens an begleitet hatten. Freunde, die ich gewonnen hatte und die im nächsten Moment wieder weg waren. Das nahm ich ihm sehr übel.

So hatten wir uns fast zwanzig Jahre nicht gesehen, bis er eines Tages wieder in Deutschland auftauchte. Zu Besuch. Er hatte sich von Petra getrennt. Es war ein fürchterliches Drama gewesen. Dann hatte er noch mal geheiratet, wegen der Green Card, wie er sagte. Er hatte keine Lust mehr, ewig als Klandestiner in den USA zu leben und alle sechs Monate nach Mexiko über die

Grenze zu gehen und dann wieder, lässig, wie er nun mal war, mit seiner Steve-McQueen-Attitüde einfach so durch die Grenze wieder ins Land einzureisen. Niemand hatte ihn jemals kontrolliert, blond, blauäugig, schlaksig wie er war.

Wir trafen uns also wieder, in einer Nürnberger Bratbude mit Sauerkraut und Wörscht, und ließen die alten Zeiten aufleben. Wie die Feldjäger mich mitten von der Bühne weg festgenommen hatten. Wie ich mich in der Bundeswehr danach sehnte, am Freitag nach Dienstschluss in Hamm in den Zug zu springen und zu ihm nach Nürnberg zu fahren. Wie ich spät abends, manchmal in der Nacht, ankam und wir Jazz spielten und durchtranken bis Sonntagabend. Wie ich nach schlaflosen 48 Stunden zurückfuhr und morgens zum Antreten in der Kaserne ankam, immer pünktlich. Solange, bis die 15 Monate rum waren.

Unser Wiedersehen in Nürnberg war, als hätten wir uns nur einen Tag nicht gesehen. Mein Zorn war verraucht. Ich ging ans nächste Klavier, er ans Saxofon. Wir spielten, als hätte es nie ein Dazwischen gegeben. Dann flog er wieder zurück in die Staaten und meine Telefonrechnungen stiegen von da ab in die Höhe – die neuen elektronischen Medien, Skype, WhatsApp, die gab es noch nicht.

Und jetzt, im Jahre 2015, würde ich ihn wieder treffen, nach weiteren zehn Jahren.

Sonnys Reise hatte einen Hintergrund. Mit seiner Malerei war das nämlich so eine Sache – er malte Bilder, so wie er sie wollte, die wollte aber keiner sehen, geschweige denn kaufen. Also malte er stattdessen Wände an, denn dafür zahlten sie. Und eines Tages bat ihn eine seiner Auftraggeberinnen um eine kleine Landschaft in ihrem Living-Room, direkt auf die Wand. Und damit hatte er sein neues Business entdeckt – er wurde der Meister des Trompe-l'œil! Der Täuschung des Auges! Er hatte die nützliche Anwendung des Surrealismus gefunden. Er malte ihnen italienische Landschaften in die Badezimmer, Putten in die Schlafzimmer, fast echt wirkende Säulen. Ob griechisch, römisch oder dorisch? Das war seinen Auftraggeberinnen egal. Und ihm war es ein besonderer Spaß, geheime Botschaften in die täuschenden Aussichten unterzubringen.

Dann wurde er gehijackt, von Nora. Ihr Mann war Multimillionär, Geld spielte keine Rolle, Sonny wurde so mit Auftragen überschüttet, dass er nur noch für sie da war, zum Leidwesen der übrigen Ladies. Noras Mann hatte ihr eine Ranch gekauft, die ließ sie jetzt umbauen. Wenn ihr etwas nicht passte, die sündhaft teuren Holzböden zum Beispiel, ließ sie sie einfach wieder rausreißen. Wenn die Umfriedung ihr nicht gefiel, musste Sonny ran, musste sie im Stile einer italienischen Stadtmauer des Seicento anmalen. Das passte ihr auch wieder nicht, also pinselte er sie im Stil einer mexikanischen Hazienda um. Solange Nora jede Woche aufs Neue über die Gestaltung der Ranch nachdachte, hatte Sonny Arbeit und endlich mal Geld im Leben. So hoffte er, dass der Umbau der Ranch so lange dauern würde wie der Bau des Doms zu Köln. Aber auch der war nach 623 Jahren am Ende eingeweiht worden und bald neigten sich auch die Arbeiten auf der mexikanischen Hazienda im Norden Kaliforniens dem Ende zu. Was jetzt? Sonny wäre nicht die Katze mit den sieben Leben gewesen, wenn nicht eine neue Wendung des Schicksals sein Glück vorangetrieben hätte.

Und die kam in Form von Noras Mann. Den hatte Sonny in Frisco und auf der Ranch immer in einem abgedunkelten Raum gesehen, in dem auf die Stirnwand projiziert unendliche Zahlenkolonnen liefen – es sah aus wie in der Matrix. So wie Sonny es erzählte, hatte Noras Mann die Formel zur Beherrschung der Welt gefunden. Den Algorithmus der Macht. Den, auf dem das Imperium aus Silicon Valley aufgebaut war. Und er, Noras Mann, war einer der drei Herrscher.

Wie jeder Mächtige hatte er einen Spleen. Er war ein »WWI-Addict«, ein fanatischer Sammler von Tötungsinstrumenten aus dem Ersten Weltkrieg. Vom berüchtigten MG 08/15 angefangen, über das Hotchkiss und das Lewis Maschinengewehr der

US-amerikanischen Truppen. Er hatte Pistolen, Gewehre, Minenwerfer, Kanonen aller beteiligten Länder. Hatte Uniformen, Stiefel, Stahlhelme in allen Variationen und – eine Spezialabteilung mit Gasmasken! Er hatte sogar einen Nachbau des roten Dreideckers des Barons von Richthofen, den er »Ricktoffen« aussprach. Einen Samoa-Panzer, einen Mathilda, sogar einen deutschen Sturmpanzerwagen A7V, von dem es weltweit nur drei Stück gab. Er hatte alles! Jetzt wollte er die Sammlung der Öffentlichkeit zugänglich machen. Auf dem Grundstück der Ranch entstand eine große Halle, in der sie präsentiert werden sollte. Und Sonny, das war der Auftrag, sollte diese Halle mit einem Panorama ausmalen, dem Panorama der Schlacht von Verdun.

Sonny hatte vom Ersten Weltkrieg, geschweige denn Verdun, nicht die geringste Ahnung. Genauso wie sein Auftraggeber von den politischen Hintergründen des Großen Krieges. Die waren dem egal. Ihm ging es nur um die Waffen und die Ausrüstung. So schickte er Sonny nach Europa, um sich kundig zu machen, um Inspirationen aufzunehmen für das große Werk. Und Sonny nahm den Auftrag dankbar an, denn er hatte ja mich.

Mein Handy klingelte, mitten in der Nacht.

»Morgen um 15:20 Uhr lande ich in Frankfurt Airport, nehme den Zug nach Köln und du holst mich dann am Dom ab. Alles klar?«

So war Sonny. Verlies sich einfach auf mich. Erzählte dem reichen Google-Gönner, dass ich ihn als Guide nach Verdun führen würde. Führte mich als Fachmann an, der zum Centenaire tief in die Materie eingetaucht war, Touren gemacht hatte, Dokumentarfilme, Bücher. »The man I need!« Und war losgeflogen.

Zumindest hatte er diesmal nicht hochgestapelt. Ja, ich war im Thema drin. Hatte nach drei Jahrzehnten, in denen ich über die Bühnen Deutschlands getourt war, von Nord nach Süd, von West nach Ost, den Brettern die kalte Schulter gezeigt und noch mal von vorne angefangen.

Diesmal war ich derjenige, der die Sache in die Hand genommen hatte. Ich ließ mich nicht noch mal irgendwo hin verfrachten, in ein neues Land, in eine neue Stadt, oder wie damals in eine neue Schule, wo ich mir meine Freunde wieder von Neuem aussuchen musste. Diesmal war ich derjenige, der den Beruf, in dem ich preisgekrönt war, hatte sausen lassen und wohnte nun in der Einsamkeit am Fuß des Gebirges.

Und machte das, was ich schon seit Waterloo wollte: Ich wurde Schlachtfeldführer, Battlefield-Guide, der Jean-Baptist Decoster des Rheinlands. Hatte Reisegruppen an den Westwall geführt, über die Schlachtfelder des Ersten Weltkriegs, Ypern, Somme, Verdun. Und einmal war ich tatsächlich mit einer Gruppe aus der Erwachsenenbildung in Waterloo gewesen und hatte mit ihnen am Ende des Tages Fritten beim Cambronne gegessen, der alten Bude von Norbert Brassine, der da schon lange tot war.

Und jetzt also – mit Sonny nach Verdun!

Ypern

In der Frühe fuhren wir los, auf die flandrischen Felder, nach Ypern. Meine Frau hatte uns Schnittchen geschmiert und eine Thermoskanne mitgegeben. Diese Schnittchen, die nannte sie Hasenbrote – und ich freute mich, wenn ich sie dabeihatte, auf den Touren mit den Volkshochschulen und den Bildungseinrichtungen. Sie gaben mir immer ein Stück Heimat mit, egal auf welchem Schlachtfeld ich mich gerade befand. Hasenbrote! Wie auf dem Schulausflug. Jetzt also mit Sonny.

Ich freute mich unendlich, ihn wiederzusehen. Hatte innerlich gelacht, als ich ihn am Vortag im Café Reichardt entdeckt hatte, schick wie immer, mit seiner appearance, dem Hut und dem großen Instrumentenkoffer, in dem sein Heiligtum war, das Saxofon. Und natürlich schon mit zwei netten jungen Frauen, die ihn, Woody, um ein Autogramm gebeten hatten und gar nicht enttäuscht gewesen waren, dass er nicht der berühmte Schauspieler war – sondern ein echter Künstler, Maler, Surrealist. Aus Kalifornien, dem Land der Träume! Und sie wurden ganz traurig, als ich ihn entführte.

Seine Ankunft in meinem kleinen Dorf hatte sich wie ein Lauffeuer herumgesprochen und die Grünen Witwen aus der Nachbarschaft waren, wie zufällig, mit Kuchen vorbeigekommen. Er zog sich aus, nackt bis auf die Badehose, und sprang mit dem Kopf voran in den Pool. Wie ein Delphin in Barnums Greatest Show on Earth zog er unter Wasser seine Runden, sprang auf, tauchte wieder hinab und die grünen Witwen jauchzten vor Vergnügen, der Rosé tat sein Übriges dazu. Kurz vor der Dämmerung ermahnte ich ihn, meinem Schlachtplan für die kommenden Tage beizuwohnen; die Frauen zogen wehmütig von dannen, schworen aber, nach unserer Rückkehr aus Verdun wieder zu erscheinen.

»Wir machen die Tour de France«, sagte ich ihm. »Von Ypern über die Somme, den Chemin de Dames, Reims nach Verdun!«

»So viele Orte?«, fragte er erschrocken. »Können wir nicht einfach direkt nach Verdun, und das war's?«

»Also!«, sagte ich streng. »Willst du das Thema erfassen oder nicht?«

»Wenn du meinst.«

»Ich meine nicht nur, ich sage: Verdun? Das ist nur ein Symbol! Ein Mythos! Es ist nicht die schlimmste Schlacht des Ersten Weltkriegs. Wenn du mir folgst, in die Picardie, die Champagne und dann mit mir zum Beinhaus auf dem Douaumont kommst, dann wirst du es verstehen. Vertraue mir. Ich weiß, wovon ich rede.«

Und er stimmte zu, auch wenn ich das Gefühl hatte, dass er die Dimension seines Auftrages nicht verstanden hatte. Und ich fragte mich, ob er überhaupt in das Thema des Krieges eindringen könnte, so wie ich in das Thema eingedrungen war, seit über fünf Jahrzehnten.

Wir hatten die Maas überquert, fuhren weiter westwärts.

»Da rechts geht's nach Waterloo«, sagte ich, »falls du das Panorama sehen willst.«

»Nope«, sagte er. »War schon in Gettysburg.«

»Du hast dir das Philippoteaux-Panorama angeschaut? Erzähl!«

»Es ist nicht anders als das hier. Ich hab's mir im Internet angeguckt. Aber Gettysburg, da muss man vor Ort gewesen sein. Ist 'n Rummelplatz, sag ich dir. A national fair, eine nationale Kirmes.«

»Kirmes ist das hier auch«, sagte ich.

»Es ist wahnsinnig besucht und dann reenacten sie die Schlacht. Auf den Originalschauplätzen! Little Round Top, Pickett's Charge, der ganze Kram.«

»Das machen sie dieses Jahr in Waterloo auch, nächste Woche! Das Bicentenaire. Es kommen mehr Zuschauer als 1815 Soldaten da waren.«

Das Land wurde flacher, der Geruch der See drang in meine Nase, da war ich wie ein altes Schlachtross, das den Pulverdampf witterte und nochmal loszog. Wir hatten die alte Tuchmacherstadt Ypern erreicht.

»Am besten gehen wir gleich zum Markt, da können wir erst mal einen Kaffee trinken und dann gehen wir in das Flanders Fields, das neue Museum.«

Dann erzählte ich ihm, wie ich das erste Mal in Ypern gewesen war – da war ich noch ein Kind gewesen, zehn Jahre alt. Ich konnte gar nicht verstehen, dass da eine große Schlacht stattgefunden hatte, denn die Stadt war schön und sah aus wie Brügge. Da war kein Loch in den Mauern, keine Kanonenkugel und es gab keine ausgebrannte Kriegsruine. Tatsächlich hatten sie die Stadt eins zu eins nach alten Fotos und Gemälden wieder aufgebaut. Churchill wünschte sich die Ruinen als Mahnmal und dass die Stadt an andere Stelle wieder aufgebaut würde, aber die Einwohner ließen sich da nicht reinreden und packten an.

Als ich da war, gab es das Flanders Fields nicht. Es gab nur ein privates Museum am Hoogekrater. Trotzdem konnte ich schon damals spüren, dass die Landschaft voller Toter war. Die Landschaft, das war das Besondere an Flandern. Die Landschaft. Und als hätte Sonny meine Gedanken erraten, fragte er mich: »Warum haben Sie eigentlich immer in Flandern gekämpft?«

»Weil die Eroberer hier immer durchmussten, auf ihren Feldzügen. So, wie Caesar, der auf die Insel drüben wollte. Gegen Ende des Gallischen Kriegs kam er hierhin, in die Sümpfe – damals schwappte das Meer noch weit ins Land rein. Dann schaffte er es rüber, mit einem Erkundungstrupp. Aber er hatte einen kundigen Führer, der ihm das Wetter im Kanal beschrieb, die einsetzenden Stürme, nach der Tag- und Nachtgleiche. Und Cäsar? Der hörte auf ihn. Und auf das Wetter. Nicht wie Napoleon in Belgien. Cäsar wollte nicht vom Nachschub abgeschnitten werden, rief die Truppen zurück und verschob das große Landemanöver auf das nächste Frühjahr. Und hatte Erfolg.«

»Den richtigen Guide und die Nase fürs Wetter«, sagte Sonny.

Ich erzählte von den Franzosen, den Spanjaarden, sie alle wollten zu den reichen Städten im Norden, nach Brügge, Gent, Antwerpen, Amsterdam – und wenn man sie stoppen wollte, dann hier, in den Marschen, den Sümpfen Westflanderns.

»Es sieht saftig aus, grün, prächtig und trächtig. Aber nicht wie ein Sumpf«, bemerkte Sonny.

»Das liegt daran, dass sie es über zweitausend Jahre urbar gemacht haben, mit Kanälen, Entwässerungsgräben und einem komplizierten Schleusensystem zum Meer. 1914 spielte das eine zentrale Rolle.«

Und ich berichtete, wie die zwei deutschen Korps nach der siegreichen Belagerung von Antwerpen nach Ypern marschiert waren, um die sich entwickelnde Frontlinie von der Marne ans

Meer zu überflügeln. Wie der belgische Schleusenwärter kurz vor dem Eintreffen der preußischen Ulanen die Schleusentore geöffnet und somit das Land zwischen der Stadt und dem Meer, das Land an der Ijzer, unter Wasser gesetzt hatte.

»So, wie die Geusen zwei Jahrhunderte zuvor das ›Verdronken Land von Saeftinghe‹ geschaffen hatten, als sie Antwerpen vor den Spaniern verteidigten«, sagte ich.

Ich erklärte Sonny, wie eine Schlacht der anderen gefolgt war. Die erste Flandernschlacht, die zweite Flandernschlacht, das war die, bei der sie Giftgas eingesetzt hatten, im April 1915.

»Eine ganz besonders große Idiotie«, sagte ich. »Giftgas einzusetzen, das aus Flaschen abgeblasen wird, an einer Front, an der der Wind meistens von West-Südwest weht. Kam Wind auf, wurden die Gaswolken auf die deutschen Gräben zurückgetrieben. Aber jetzt war die Büchse der Pandora geöffnet und die Entente-Mächte nutzten es ebenfalls. Es wurde zur neuen heimtückischen Waffe.«

»Oh Yes. Ich denke an meinen Boss. Seine Leidenschaft sind – Gasmasken!«

»Wenn du alte Fotos findest, bei deinem Google-Gönner im Archiv, kannst du leicht feststellen, ob sie vor oder nach April 1915 entstanden sind!«

»Woran?«, fragte er.

«Wenn sie einen Vollbart tragen, ist es vorher. Sind sie glattrasiert oder tragen nur einen kleinen Schnurrbart, so wie Hitler? Dann ist es nach dem ersten Giftgas-Angriff. Wegen der Masken, damit sie schließen.«

»Wow, das werde ich ihm erzählen. Ich bin sicher, die Story kennt er noch nicht. Er interessiert sich nur für die Masken.«

Im Flanders Fields gab es Plexiglas-Hauben, dahinter standen lebensgroße Soldatenfiguren, die Gasmasken aufhatten – und in regelmäßigen Abständen strömte grüner Dampf in die Hauben. Wir wussten nicht, ob es gut war, den Kindern den Krieg so zu veranschaulichen. Die kleinen Jungs waren aber davon begeistert und nicht angewidert wie wir.

»War dein Großvater nicht hier?«, fragte mich Sonny.

Ich hatte seine Geschichte gerade im Buch »Das Rheinland und der Erste Weltkrieg« erzählt und Sonny hatte es scheinbar nicht gelesen.

»Nein, mein Großvater Karl, der Vater meines Vaters, der war hier nicht, aber der Vater meiner Mutter. Es gab die Geschichte, er habe hier vor einem Schloss gelegen, den Kronleuchter an der Decke während der Schlacht abgemalt und ihn sich dann anfertigen lassen. Der, der später bei uns im Wohnzimmer hing.«

»Eine Kriegstrophäe!«, sagte Sonny.

»So ganz glaubte ich die Geschichte nicht«, sagte ich. »Aber dann, stell dir vor, habe ich vier Bilder gefunden von ihm. Nur vier! Und durch sie konnte ich herausfinden, dass er bei der schweren Artillerie war. Er war da drüben bei Langemark, in einem kleinen Dorf. Vijfwegen. Weißt du, wer da auch war?«

»Tell me!«

»Hitler!«

»Du und deine Familie! Ich wusste, dass es da braune Geheimnisse gibt!« Und Sonny lachte.

»Naja, es gibt keinen Beweis, dass sie sich da getroffen haben«, versuchte ich die Story zu entkräften. »Vijfwegen war ein Etappenort. Und ein Jahr später, 1916, war er wieder am Rhein. Da gibt es einen Scherenschnitt von ihm und ein paar Zeilen auf der Postkarte. Aus seinem Porträt und dem kurzen Gruß konnte ich herauslesen, dass er zum Leutnant befördert worden und Ausbilder bei der Fußartillerie war. Auf dem Schießplatz in Köln-Wahn. Ich vermute mal, dass er den Krieg gar nicht mehr gesehen hat.«

»Dann hat er Glück gehabt!«, sagte Sonny.

»Und ich auch!«

»Wieso du?«

»Weil – unsere Großväter, die können den Krieg nur überlebt haben – sonst wären wir ja gar nicht da! Wie soll das gehen?

Generationstechnisch ist es nur so möglich. Die Großväter waren im Krieg und kamen zurück und dann zeugten sie unsere Väter. Unsere Väter sind alle aus den Zwanzigern, wenn nicht Dreißigern. Also ist es gar nicht möglich, dass unsere Großväter im Krieg gestorben sind. Wir sind die Enkel-Generation der Überlebenden. Und wie wir alle wissen – die Überlebenden der Kriege, das sind die, die intelligent waren. Die sich umgeschaut haben, wie sie den Wahnsinn überleben könnten. Und nicht die, die dumm-dämlich, heldenhaft dem Feind entgegengestürmt sind. Ja, die gab es auch. Jünger beschreibt, wie er sie schon an der Nasenspitze erkannte. Wenn ganz besonders Mutige an die Front kamen. Es machte bumm-peng-paff, Kopfschuss. Und dann war Ende des angewandten Heldentums.

Wenn sie Glück hatten, bekamen sie ein Grab. Wenn nicht, blieben sie irgendwo in der Landschaft liegen und für immer verschwunden.«

Wir gingen durch die Stadt. Sie war lebhaft, voller britischer Touristen. Die Frauen gingen in die Boutiquen, die ganz nach ihrem Geschmack waren, oder kauften Geschenke in der Chocolaterie. Ihre Männer saßen mit roten Köpfen bei Ale, manche warteten auf das Fahrzeug, dass sie auf die Schlachtfelder fahren sollte. Wir gingen in Richtung des Menin-Gates.

»Das müssen wir noch sehen, bevor es weitergeht«, sagte ich. »Es hat mit dem zu tun, was dann passierte, 1917.«

»Was geschah?«, fragte Sonny.

»Passchendaele. Die dritte Flandernschlacht.«

»Nie gehört«, sagte Sonny.

»Da bist du nicht der Einzige. Kennt so gut wie keiner, außer den Briten natürlich.«

Wir kamen an das große weiße Tor und ich nahm es als Kulisse für meine Erzählung – von der großen Schlacht, die den Großen Krieg mit einem Mal beenden sollte, aber am Ende Hunderttausende Menschenleben forderte und den Krieg nicht einen Tag verkürzte.

»Field Marshall Haig war jetzt der große Mann der Briten, der Oberbefehlshaber. Nach der Niederlage der Franzosen am Chemin des Dames wollte er beweisen, dass er mit einem Schlag die deutschen Linien durchbrechen könnte. Und dann, durch die Bresche, würde man die deutschen U-Boot-Stützpunkte in Ostende und Zeebrügge erobern, mit der Kavallerie an den Rhein, und er bekäme das große Siegerdenkmal.«

»Hat er sein Denkmal bekommen?«, fragte Sonny.

»Das ja«, sagte ich. »Aber die Historiker streiten sich noch immer über ihn.«

»Warum?«

»Weil die Schlacht ein Desaster wurde. Die Vorbereitungs-Offensive auf den Höhenzug von Messines lief glänzend. Sie zündeten 19 Minen unter den deutschen Gräben. Angeblich sollen dadurch 12.000 deutsche Soldaten in der ersten Minute getötet worden sein.«

»By God! Was sind denn das alles für Zahlen? Mehr als in Gettysburg! Und das kennt bei uns jedes Kind. Und hier reden wir vom ersten Tag einer Offensive.«

»Und die kam viel zu spät. Die Deutschen waren gewarnt. Und mit dem Angriff begann das Wetter. Das schlechteste Wetter, das man sich vorstellen kann. Es verwandelte das ganze Land in eine Schlammwüste. Wir kennen das aus der Geschichte. Das Wetter. Es ist immer das Wetter. Aber es ist nie das Wetter allein. Es war das Wetter und die Landschaft.«

»How comes – die Landschaft?«, fragte Sonny.

»Beide Kriegsparteien hatten über drei Jahre das Gelände beschossen und das komplizierte Abwassersystem war zerstört. Die Tonschicht zwischen dem oberen Humus und der unteren Kreideschicht war durchlöchert, so dass das Grundwasser nach oben drang. Es kommunizierte sogar mit Ebbe und Flut.«

»Cäsar und die Marschen. Das Geheimnis des Untergrunds!«, sagte Sonny und versuchte sich vorzustellen, wie das Wasser aus dem System, das über Jahrhunderte angelegt worden waren, jetzt zum Teil der Schlacht wurde.

Ich fuhr fort: »Das Schlachtfeld wurde zum Sumpf. Die Briten, Neuseeländer, Kanadier mussten Stege bauen, um sich vorwärts bewegen zu können. Die Pferde versanken bis zum Bauch im Schlamm, die Soldaten bis zur Brust. Es war wie die Nacht vor Waterloo, aber tagelang, wochenlang. Die Deutschen, seit der gescheiterten Marneschlacht im Westen in der Defensive, waren auf den Höhen im Vorteil. Die Beschreibungen der Überlebenden sind einfach nur der Wahnsinn. Die Verwundeten, die man nicht sofort retten konnte, versanken im Schlamm. Wenn man später auf die versunkenen Körper trat, platzten sie auf. Die Briten sagten, sie hätten am Gestank unterscheiden können, ob es eine deutsche oder eine britische Leiche war. Die deutschen stanken nach vergorenem Kohl.«

»Mann, Dude! Was für Bilder des Horrors! Und die Leichen im Schlamm, hat man sie jemals geborgen?«

»Nein«, sagte ich. »Du stehst auf ihnen. Die ganzen Wiesen und Weiden hier, darunter liegen sie. Nur ihre Namen sind geblieben. Sie stehen auf den Memorials. 54.896 hier auf dem Menin Gate, über 35.000 auf dem großen Gedenkstein auf dem Tyne Cot Cemetery.«

»Und unsere?«, fragte Sonny.

»Americans?« Ich war irritiert.

»Oh, sorry, fühlte mich gerade als Deutscher,« korrigierte er sich.

»Ok, Kraut!«, antwortete ich. »Die Deutschen werden genauso viele verloren haben. Zusammen sind es an die 200.000, wahrscheinlich aber noch mehr, die für immer im Schlamm verschwunden sind. Im Morast der flandrischen Rasputiza, der Schlammperiode.«

»Haben die Deutschen die Verschwundenen auch verewigt?«

»Nein. Nur die, die man gefunden hat. Sie liegen in Langemark oder Esen.«

Dann zeigte ich ihm die Namen auf den Wänden des Menin Gate Memorial.

»Jeden Abend blasen vier Ehrenamtliche der Yperner Feuerwehr auf ihren Trompeten den Last Post, den Zapfenstreich. Ein Name wird verlesen. Jeden Tag ein anderer. Die Nachkommen des Toten reisen aus England an, erzählen persönliche Dinge von ihm. Es ist eine sehr bewegende Zeremonie.«

Wir gingen schweigend zum Auto. Der Plan war verdammt eng, dachte ich mir. Und Sonny wirkte mitgenommen von dem, was ich ihm erzählt hatte, was er gesehen hatte. In der schönen alten Tuchmacher-Stadt, die bis auf das große Gedenktor, die Andenkenläden und das In Flanders Fields Museum wenig an den Krieg erinnerte.

Ich startete den Motor und sagte zu Sonny: »Ich hoffe, du kriegst eine Ahnung, warum Verdun nicht die schlimmste Schlacht ist. Nicht des Ersten Weltkrieges. Jede Schlacht an der Westfront hat etwas Besonderes. Und jede Schlacht ist gleich verlustreich. Du wirst es sehen. Wir fahren zur Lorettohöhe.«

Loretto

Wir kamen vorbei am britischen Soldatenfriedhof »Essex Farm«. Hier, in der Advanced Dressing Station, dem vorderen Verbandsplatz, hatte der kanadische Arzt John McCrae das berühmte Gedicht geschrieben: »In Flanders Fields«.

»In Flanders fields the poppies blow
Between the crosses, row on row,
That mark our place; and in the sky
The larks, still bravely singing, fly
Scarce heard amid the guns below.«

(In Flanderns Feldern weht der Mohn
Zwischen den Kreuzen, Reihe um Reihe,
die unseren Platz markieren, und am Himmel
Fliegen die Lerchen, die noch tapfer singen
Kaum zu hören inmitten der Kanonen unten.)

Die Mohnblume wurde zum Symbol der Kriegstoten. Schon Hugo hatte sie beschrieben, als er über das Schlachtfeld von Waterloo gewandert war.

»Hat er überlebt, McCrae?«, fragte Sonny.

»Nein. Er starb kurz vor Ende des Krieges an einer Lungenentzündung.«

»Lungenentzündung? Hey, Dude, that's awesome!«

»Ja«, sagte ich. »Der Erste Weltkrieg war der erste moderne Krieg, in dem mehr Soldaten an den Schussverletzungen, den Granaten, den unmittelbaren Folgen des Krieges starben als an seinen Begleiterscheinungen – Sepsis, Wundbrand, Infektionen aller Art, durch verdorbene Lebensmittel, durch verdorbenes Wasser. Im deutsch-französischen Krieg war es noch andersrum gewesen, eins zu sieben. Aber mittlerweile hatte die Medizin große Fortschritte gemacht – und das Töten effektiver. McCrae war einer von Ihnen, der es trotz Verwundungen vier Jahre durch die Hölle geschafft hatte. Und dann, am Ende? Von einer einfachen Infektion hinweggerafft.«

»Man, that's heavy! Traurige Geschichte«, sagte Sonny und er schaute dem Friedhof noch eine Weile nach.

»Dann gab es Wilfried Owen. Auch er schrieb ein berühmtes Gedicht:

›Dulce et Decorum est‹
Gas! GAS! Quick, boys! -- An ecstasy of fumbling,
Fitting the clumsy helmets just in time;
But someone still was yelling out and stumbling
And floundering like a man in fire or lime. --
Dim, through the misty panes and thick green light
As under a green sea, I saw him drowning.

(Gas! GAS! Schnell, Jungs! – eine ekstatische Fummelei,
Um die plumpen Helme rechtzeitig aufzusetzen.
Aber jemand schrie da noch und taumelte
Und zappelte wie ein von Feuer oder Ätzkalk Verbrannter.
Undeutlich, durch die beschlagene Scheibe und trübes grünes Licht
Wie in einem grünen Meer, sah ich ihn ertrinken.)«

Ich dachte an die Installation, vorhin im Museum, die uns angewidert hatte.

»Und Owen?«, fragte er.

»Fiel eine Woche vor dem Waffenstillstand in der Nähe von Le Cateau. Da, wo die Briten 1914 ihre ersten großen Gefechte geführt hatten, gegen die deutschen Armeen, die Richtung Paris vorstürmten.«

»Scheiß-Krieg«, sagte Sonny, »Scheiß-Krieg. Du machst alles mit und dann, Zack-peng, war's das.«

»Ja genau, so einfach war's – Du hast dich vier Jahre lang in der flandrischen und französischen Erde festgeklammert, hast dir in die Hose geschissen, wenn die Deutschen dich mit ihrem Gas und den Granaten eingedeckt haben; sahst das Ende des Krieges nahen, musstest noch mal raus, die Hunnen verjagen, zurück an den Rhein, und? Zack-peng. Schluss, aus, Ende.«

»Scheiß-Krieg«, sagte er noch mal.

»Scheiß-Krieg«, sagte jetzt auch ich.

»Gab es auch deutsche Kriegsdichter?«, fragte er mich.

»Oh ja«, sagte ich, »jede Menge. Aber die Gedichte sind kaum zu ertragen. Ein schwülstiger Nationalismus. Sie sind nicht so künstlerisch wie die englischen. Das hat aber damit zu tun, dass sie vor allen Dingen im Überschwang des ersten Augenblicks stattfanden. Später lässt die Produktion deutlich nach.«

»Naja, nach Verdun war ihnen die Lust am Dichten wohl vergangen!«, sagte Sonny.

»Kann man so sagen. Aber es waren auch nicht alle hurrapatriotisch. Es gab einen jungen Dichter, Leutnant Siegfried

Schlösser. Seine Freunde veröffentlichten seine Verse unter dem Titel ›Sonette aus dem Schützengraben‹.«

»Sonette aus dem Schützengraben, mein Gott, Hammer-Titel!«

»Ich habe sie gelesen, und das letzte Gedicht hat mich tief bewegt. Ich fühlte, dass der Autor eine Todesahnung hatte. Es heißt 'Morgenritt':

Zur Blume hab' ich mich gebückt.
Und habe sie mir abgepflückt
Und leise an den Mund gedrückt –
Hol' aus mein Pferd, hol' aus,
Was soll das tolle Jagen sein?
O Tod, du holst uns immer ein!
Hol' aus mein Pferd hol' aus!
Die Blum' ist mein, ja, ja, Freund Hein,
Käm' ich auch tot nach Haus,
Ja, käme ich tot nach Haus!

Das Gedicht ist kurz vor der Offensive an der Somme entstanden und genau an deren ersten Tag, dem berüchtigten 1. Juli 1916, fiel er. In Beaumont-Hamel. Wir werden dort hinkommen.«

»Mann, so wie Marc«, rief Sonny, »wie Franz Marc! Reitet noch mal am Abend aus, vor seiner Abreise aus Verdun. Und wird von einer verirrten Granate tödlich getroffen.«

»Du kennst die Geschichte von Franz Marc?«, fragte ich erstaunt.

»Klar! Als Maler natürlich! Und dann will ich sehen, wo sein Freund gestorben ist, August Macke.«

»Kommen wir hin«, sagte ich. »Übermorgen.«

Wir fuhren weiter über das belgische Menen, ließen Lille links liegen und kamen in Armentières nach Frankreich hinein.

»Jetzt sind wir im Land der Ch'tis«, sagte ich.

»Was sind die Schtiehs?«, fragte Sonny. »Sowas wie – die Schlümpfe?« Und er lachte dabei.

»Naja, die Franzosen würden sie wahrscheinlich so bezeichnen. Es sind die Ureinwohner hier. Die Ch'tis sind die Nachfahren der Eburonen, die, die Caesar im Gallischen Krieg ausrotten wollte. Und die Nachfahren von Chlodwigs Rheinfranken, den Salfranken, den Salzfranken – aus den vom Meerwasser getränkten Marschen. Sie fühlen sich immer noch als Flamen, obwohl ihr Land längst von Frankreich erobert wurde, unter Ludwig XIV. Sie haben ihre eigene Kultur behalten. Und ihr eigenes Bier. Und sie sprechen eine eigene Sprache. Das Ch'ti!«

»Und wie geht das?«, fragte Sonny.

»Naja – versuch mal französisch auf rheinisch Platt auszusprechen. Dann kommst du so ungefähr in die Richtung.«

»Und ihre eigene Kultur behalten! Die Indigenen… Eburonen… die Schtiehs«, sinnierte Sonny.

»Ja, und deswegen essen Sie hier alle Fritten. Schau, da ist schon die erste Bude. Friture! Auf geht's!«

»Okay, Dude«, rief Sonny und ich fuhr den Wagen auf den Parking.

Nach dem Imbiss – die »French Fries« waren der Hammer, hatte Sonny bemerkt – fuhren wir weiter über La Bassée Richtung Loos, alles Ortsnamen, die sich in die Geschichtsbücher eingebrannt hatten.

»Was ist das für ein riesiges Monument, da hinten am Horizont?«, fragte Sonny.

»Das ist ›Mother Canada‹. Sie betrauert ihre toten Söhne. Die, die auf dem Höhenzug da fielen, Vimy Ridge.«

»Gibt es hier eigentlich überall nur Krieg? Nur die alten Schlachtfelder?«, fragte Sonny.

»Das ist nur das, was du oberflächlich siehst«, sagte ich. »Der Krieg fand aber nicht nur über Tage statt, er fand auch unter Tage statt, in den Stollen, die sie gegraben hatten. Für die Minen! Diese Minen gibt es teilweise noch heute – im Juli 1955 ging noch eine durch Blitzschlag hoch, bei Ploegsteert. Nur eine Kuh kam ums Leben, die Stelle war ansonsten unbebaut. Über den Verbleib der restlichen drei weiß man nichts. Sie schlummern noch immer im Boden.«

»Ganz schön gefährliche Landschaft«, bemerkte er.

»Und überall gibt es noch diese alten Stollen, die sie gegraben haben. Manchmal stürzt einer von ihnen ein, dann finden sie auf einen Schlag hunderte von Toten, die dort verschüttet waren.«

»Bergleute?«

»Nein, Kriegstote. Soldaten, die in den Stollen gekämpft hatten. Kannst du bei Jünger nachlesen, der war auch hier.«

»Ich dachte an der Somme.«

»Da auch, da auch.«

Die fettigen Fritten lagen mir schwer im Magen, als wir mit dem Wagen über die kleinen D-Straßen fuhren.

»Sie suchen weiter nach den Toten. Können sie eventuell sogar identifizieren, jetzt, wo es DNA-Analysen gibt.«

»Der unbekannte Soldat in Arlington ist auch weg«, sagte Sonny.

»Oh, ja?«

»Eine Familie hatte eine DNA-Untersuchung angefordert. Und? Bingo! Es war ihr Angehöriger. First Lieutenant Michael Blassie, US Air Force. Fiel in Vietnam.«

»Und jetzt gibt es keinen ›Unknown Soldier‹ mehr?«, fragte ich.

»Doch. Sie haben ja noch den aus den aus dem Ersten, dem Zweiten und dem Koreakrieg. Drei reichen.«

»Da biste tot, aber dann geht der Zirkus weiter. Nie kriegt man seine Ruhe!«

Links und rechts der Straßen tauchten immer wieder die kleinen Friedhöfe mit den weißen Grabsteinen auf.

»Die Commonwealth-Friedhöfe liegen genau entlang der ehemaligen Westfront. Du musst nur von einem zum nächsten fahren, dann weißt du, wo sie verlief. Sie haben sie sogar nach den Schützengräben benannt. Frankfurt Trench Cemetery, Munich Trench Cemetery, Ten Tree Alley, und so weiter.«

»Wieviel gibt es denn von denen?«

»So....« Ich versuchte mich zu erinnern, musste ja immer die Zahlen für meine Touren parat haben – doch danach waren sie wieder weg, auf der Festplatte im Kopf nach hinten gerutscht.

»An die 175 in Flandern. Und 155 in Frankreich. Glaube ich.«

Sonny schluckte. »So viele?«

»Nur Erster Weltkrieg, später gab's noch mehr.«

»Eine Landschaft des Todes«, sagte er mitgenommen.

»Sie legen sogar wieder neue an, weil auf den anderen kein Platz mehr frei ist, für die Toten aus den Stollen. Die Steinmetze müssen ihre Arbeit neu erlernen, denn sie sollen im gleichen Stil errichtet werden wie die hunderte, die bis heute die Frontlinie markieren. Mit Steinen aus Portland. Jeder einen eigenen Grabstein. Und mit der Inschrift, die Rudyard Kipling vorgeschlagen hatte: ›Their name liveth for evermore‹. Sein Sohn fiel hier im Kampf.«

Wir fuhren durch Lens, dem alten Kohlerevier. Im Oktober 1918, kurz bevor die Deutschen den Waffenstillstand im Eisenbahnwaggon von Compiegne unterzeichneten, ließen sie die Gruben absaufen.

»Ganz schön fies von den Boches!«, sagte Sonny.

»Ja, das fanden die Franzosen überhaupt nicht nett und deswegen waren sie auch so streng im Vertrag von Versailles. Das will natürlich bei uns keiner wissen. Aber die Franzosen sagten: Ihr habt die Gruben vier Jahre ausgebeutet und dann, als ihr wusstet, dass ihr den Krieg verlieren würdet, habt ihr sie auch noch zerstört, sodass wir sie bis heute nicht benutzen können! Und jetzt werft ihr die Notenpresse an und wollt die Reparationen nicht bezahlen. Also kommen wir zu euch und holen uns die Kohle – in Form von Kohle, eurer Kohle.«

Und ich dachte wie immer, wenn ich hier vorbeikam, an die französische Unerbittlichkeit nach 1918. Sie kam vor allem durch das Unternehmen Alberich, des Rückzuges auf die Hindenburg-Linie. Die Deutschen schufen eine 150 km lange und bis zu 40 km tiefe Zone der absoluten Verwüstung. Vergiftete Brunnen, gefällte Obstgärten, niedergerissene Dörfer, gesprengte Kulturdenkmäler, Schlösser und Kirchen. Dazu stellten sie Zeitbomben, Booby Traps, in die wenigen erhaltenen Gebäude. Es war die reine Barbarei! Und unsere Vorväter sagten achselzuckend, das ist die Rache für Mélac, des Mordbrenners von der Pfalz. Und so schaukelte sich der Hass weiter auf, wie schon seit Jahrhunderten. Selbst Jünger war die Zerstörungsorgie zuwider.

»In den Staaten, da hassen sie uns Deutsche nicht«, meinte Sonny.

»Klar, warum auch? Wir haben ihre Städte nie bombardiert. Wir haben ihr Land nie verwüstet. Wir haben keinen Schützengraben von 900 km Länge durch Texas gebaut. Und die Mehrheit der Doughboys, und später der G.I.s, die haben den Krieg in der Etappe erlebt. Neun von zehn. Und viele kamen in das Land ihrer Vorväter. Dann hat man ein anderes Verhältnis zu ihnen, den Jerries.«

Wir fuhren die Straße zur Lorettohöhe hoch.

»Fällt dir was auf?«, fragte ich Sonny.

»Schön renoviert hier«, sagte er, »für ein altes Bergarbeiterviertel.«

»Genau. War total runtergekommen. Dann kam Präsident Hollande, um die neue Gedenkstätte da oben zu eröffnen. Also haben sie das hier mal ganz schnell mit frischer Tünche angepinselt. Schöner Gruß von Potemkin. Sie sind alle gleich.«

Wir kamen auf die Höhe, ich parkte den Wagen und wir gingen auf die Nécropole Notre-Dame-De-Lorette.

»Warum nennen sie die eigentlich ›Nekropolen‹?«

»Es sind Totenstädte. Die Soldaten wohnen in Totenstädten. Aber eigentlich sind es Kasernen. Sie liegen dort in Reih und Glied und müssen bis an den jüngsten Tag auf Kommando gehorchen. Und strammstehen – nein, liegen! –, wenn ein Politiker kommt und einen Kranz auf sie wirft. Sie sind dienstbare Leichen«, sagte ich verbittert und fuhr fort: »Für das Vaterland, für den Fremdenverkehrsverein, für die Agence de Tourisme.

Niemand gibt ihnen ihre zivile Identität zurück. Sie liegen da mit Dienstrang.«

Sonny war erschlagen von dem Anblick der vielen weißen Betonkreuze. Hier lagen mehr als 43.000 französische Soldaten, die bei den Kämpfen im Artois ihr Leben gelassen hatten.

»Und das ist es, was ich meinte, Sonny. Es geht nicht nur um Verdun. Es geht um den ganzen Ersten Weltkrieg. Es geht um alle Kriege. Lass uns rübergehen. Der neueste Scheiß der Erinnerungskultur, direkt nebenan. Das Gefallenen-Denkmal von Notre-Dame. Gerade eröffnet!«

Wir betraten ein riesiges Oval, in dem die Namen von 560.000 Gefallenen auf bronzenen Tafeln aufgeführt wurden.

»Ist ja echt wie in Washington«, sagte Sonny. »Das Vietnam Memorial!«

»Exactly«, sagte ich. »Noch nicht mal da haben Sie sich was Neues einfallen lassen ...«

»560.000 Tote? Ich dachte, in Verdun wären um die 360.000 gefallen? In der Schlacht des Jahrhunderts! Hier sind es mehr?«

»Totenkonkurrenz, nichts anderes. Seht her! Wir haben mehr Tote als Verdun! Gebt uns das Geld, liebe EU. Gebt uns die Subventionen, für neue Wege der Erinnerung, für neue Museen, für Virtual Reality. Die ganz neue Art, das Schlachtfeld zu erleben, jetzt fast-wie-in-echt. Taste the Experience! Dann stellen sie noch ein paar Infotafeln auf. Und am Ende? Werden drei Wärter eine Anstellung finden und vielleicht anderthalb Historikerinnen.«

Ich blies Dampf ab wie eine alte Lok, die den Anstieg hinter sich gelassen hatte.

»Wirst du immer so zynisch, was das Thema betrifft?«, fragte mich Sonny, irritiert über meine Erregung.

Ich sammelte mich, dann sagte ich ihm: »Du weißt, dass ich von frühester Kindheit an mit dem Thema konfrontiert wurde. Als Deutscher in Belgien und als Belgier in Deutschland. Ich hab mal gedacht, die meinen das ernst, die Erwachsenen, wenn sie über das Andenken an die Toten reden. Aber es ist nur ein Geschäft. Remember-Rummel mit Reenactment-Showbiz und Panzerparaden, nichts anderes. Das hier, das sind nur Tafeln. Und weißt du was?«

»Was?«, fragte Sonny.

»Sie haben so lange die Toten aus der Region auf eine Liste geschrieben, bis sie die 560.000 zusammen hatten, damit Hollande sein großes Denkmal hier einweihen konnte. Jeder französische Präsident braucht ein Memorial zum Ersten Weltkrieg. Genau so war es mit Sarkozy in Meaux und Mitterand in Verdun.«

Ich geriet in Rage, war nicht mehr zu bremsen.

»Und jetzt stehen hier Tafeln mit den Namen der 560.000 Toten. Aufgestellt im Namen des Präsidenten, für den Präsidenten. Damit er eine Schere nehmen kann, um das Band zu zerschneiden. Für das schöne Foto von ihm. Aber die Namen der Disparus, der Verschwundenen, die haben sie vergessen. Es gibt auch hier über 250.000, die man nie gefunden hat. Hättest du mir den Auftrag gegeben, ich hätte auch ihnen Tafeln aufgestellt. In der Größe, dass man sie mit den 250.000 Namen, die man angeblich nicht kennt, hätte füllen können. Das man sie sehen könnte. Vor dem eigenen Auge. Dann hätte man ihnen wenigstens einen Teil ihrer Würde zurückgegeben. Aber so sind die Verschwundenen hier das, was sie seit hundert Jahren sind: weg, verschütt, vergessen. Das kotzt mich an. Lass uns gehen. Ich muss hier weg.«

Hinter dem großen Oval schauten wir von der Anhöhe der Heiligen Madonna von Loretto auf die wellige Ebene, die wir bis zum Tal der Somme überblicken konnten. Vor uns lag das nächste große Gräberfeld – die deutsche Kriegsgräberstätte in Neuville-St.-Vaast. Dort war der Autor der Schützengraben-Sonette beerdigt, Leutnant der Reserve Siegfried Schlösser, Todesdatum 1. Juli 1916, Endgrablage: Block 5, Grab 140.

Somme – Chemin des Dames

Die Madame in der Bar hatte diese gewisse Anmut, die ich von Marianne und von Paris kannte. Der Charme, der hier im Lande beheimatet war, bei ihnen, den französischen Frauen. Das Bistro lag nicht zufällig neben demInstitute de Beauté. Sie lächelte bei jeder Bestellung und machte Sonny Augen.

»Le monsieur vient des États-Unis? Fantastique!«

Ja, er war aus den USA. Ich, l'Allemand, der Deutsche, ging leer aus.

Als wir das Bistro hinter dem mächtigen Hotel de Ville verließen, wehte uns eine steife Brise ins Gesicht. Ich roch die Seeluft.

»Nimm dir morgen die Regenjacke«, sagte ich.

»Aye, aye, Captain!«, antwortete er mir.

Dann gingen wir in das kleine Hotel am Place des Héros. Der Rathausplatz war mit schönen Gebäuden umsäumt. Sie hatten Säulengänge vor den luftigen Fassaden, aus hellem Kalkstein, der in den Steinbrüchen unter der Stadt gewonnen worden war. Arras sah aus wie Brügge, Veurne, Saint Omer – aber es war im Krieg dem Erdboden gleichgemacht worden. Das hatten wir auf einem Foto, das bei der Madame im Bistro an der Wand hing, gesehen, und sie hatte mich streng angeschaut, als ich es betrachtete.

Am nächsten Morgen war Markt, wir schlenderten noch kurz an den Ständen vorbei. Da gab es alles, was man sich vorstellen konnte. Ich versank in Gedanken. Ich dachte an Saint-Exupéry, »Flug nach Arras«, das Drama 1940, nur 22 Jahre, nachdem die Stadt ein rauchendes Trümmerfeld gewesen war. Dachte an die Rückkehr des Schreckens, der Panik vor den Boches und den strengen Blick der Madame.

»S'il vous plaît, Madame, un autre Affligem!«, hatte ich schnell gesagt, noch eines der belgischen Biere bestellt, dachte an meinen Vater und sein »Howgh! Wir kommen als Freund!«

Aber die D-Mark, die gab es nicht mehr, mit der war nicht anzugeben. Pas de Chance bei der Madame, dachte ich mir, und so ging es weiter auf unserer Tour entlang der Westfront.

»Arras lag vier Jahre mitten in der Frontlinie, die Briten hatten in den unterirdischen Steinbrüchen Kasernen, Lager und Hospitäler eingerichtet. Die kann man sogar besichtigen.«

Ich startete den Motor. Sonny antwortete nicht. Er war in Gedanken, und ich bemerkte schnell: »Passt eh nicht in den Zeitplan. Wir fahren jetzt an die Somme und dann zur Drachenhöhle!«

»Drachenhöhle?« Er war aus seinen Träumen aufgewacht. »Sounds amazing!«

Wir fuhren durch die verregnete Landschaft der Picardie, bald kamen wir nach Douchy-lès-Ayette, den Ort, in dem Jünger eine Freundin gehabt hatte. Rechts lag Monchy-au-Bois, wo er nach seinen Schäferstündchen die Stellung halten musste.

Ich erklärte Sonny, wie man an den Dörfern erkennen konnte, wo hier die Kämpfe gewütet hatten. Sie waren alle aus der Zeit der Reconstruction. Die Häuser im gleichen Stil, aus roten Ziegeln wieder aufgebaut, mit Walmdächern. Und die Kirchen sahen aus wie steinerne Granaten. Dann kamen wir nach Puisieux. Direkt hinter dem Ortseingang ging es rechts nach Gommecourt, aber ich fuhr weiter geradeaus und sagte nur lapidar:

»Da liegt das Wäldchen 125. Es gibt ein Buch von Ernst Jünger, wie er die Kämpfe dort beschreibt. Es ist unbedingt lesenswert. Wenn du etwas über den Krieg erfahren willst, dann musst du Jünger lesen.«

»Aber ich dachte, er wäre so ein fürchterlicher nationalistischer Schriftsteller?«

»Kann sein«, sagte ich, »aber seine Beschreibungen sind die besten, die ich kenne, sein sezierender Blick. Der mag einen abstoßen, aber er beschreibt das Grauen des Krieges. Ganz konkret. Ganz nackt.«

»Und was ist mit Remarque?«, fragte er.

»Er gibt mir immer vor, was ich zu glauben habe, über den Krieg. Er beschreibt nicht, er wertet, und er war nicht dabei. Nicht wirklich.«

»Aber hallo? Er wurde doch verwundet, dachte ich. Er war dabei, vorne im Schützengraben!«, widersprach Sonny.

»Nein, war er nicht. Er war Schanzsoldat, in Ypern, kurz vor der Schlacht von Passchendaele. Beim Bau der Dritten Flandernstellung von Langemark nach Middelkerke. Er wurde durch mehrere Granatsplitter verletzt, kam nach Duisburg ins Lazarett. Nach seiner Genesung wurde er dort Schreibkraft, hat die Soldaten ausgefragt, hat Interviews mit ihnen geführt und zehn Jahre später daraus seinen Roman geschrieben, ›Im Westen nichts Neues‹. Ja, ein tolles Buch! Ein toller Roman! Und er war der erste, der mit den Beschreibungen aus dem Ersten Weltkrieg Erfolg hatte und den Markt dafür öffnete. Bis die Scheiß-Nazis kamen, das Buch verbrannten und ihn verjagten. Aber es sind Stories. Zusammengewebte Stories. Geschichten, die er selbst nicht erlebt hat. Bei Jünger ist das anders. Wenn du ›Das Wäldchen 125‹ liest, wenn du die ›Stahlgewitter‹ liest, kannst du beim Lesen jeden Ort vor dir sehen. Du nimmst dir die Karten von deinem Google-Gönner, schaust rein und siehst, wo es war. Du spürst bei ihm das Grauen, das er erfahren hat, auch wenn er kalt dabei wirkt. Aber das war nur sein Schutz, um nicht unterzugehen.«

Wir fuhren weiter nach Serre.

»Jetzt schau dir das an! Da stehen schon wieder zwei große Granaten am Wegesrand!«, rief Sonny erstaunt.

»Ist normal. Die Bauern finden sie beim Pflügen, stellen sie an die Ecke, und einmal in der Woche kommt der Munitionsdienst und holt sie ab. Wie der Milchmann die leeren Kannen.«

»What the fuck! Ist das nicht gefährlich?«

»Manchmal geht eine hoch, wenn der Pflug sie am Zünder trifft. Berufsrisiko.«

»Oh Yes, dangerous country, sag ich doch!«

Am britischen Friedhof Serre Road Cemetery No.1 bog ich nach links auf einen Feldweg. »Jetzt sind wir mitten auf der Frontlinie der Deutschen. Rechts ist der Heidenkopf.«

»Heidenkopf?«, fragte Sonny.

»Hat nichts mit Religion zu tun«, sagte ich. »Ist der Name des Kommandanten, der den Frontvorstoß zur Festung ausbauen ließ. Hier war ein Schwerpunkt des Angriffs am 1. Juli 1916. Sechshundert Tote allein auf diesem kleinen Acker da! Weißt du, wer unter ihnen war? Siegfried Schlösser. Der, der die Sonette geschrieben hatte. Beerdigt in Neuville-Saint-Vaast.«

Wir fuhren auf dem Höhenrücken weiter nach Süden, die Friedhöfe der Briten markierten wieder die ehemalige Frontline. Auf den wenigen hundert Metern gab es vier weitere, Serre Road No.2, Redan Ridge, eins bis drei. Wir spürten, wie geschickt die Deutschen die Topografie der Landschaft für sich genutzt hatten und wie es dazu kam, dass der Angriff vom 1. Juli so fürchterlich gescheitert war und warum die Briten über 19.000 Tote an diesem Morgen allein zu beklagen hatten. Und sich die Offensive hier weiterzog, bis zum Ende des Jahres.

Wir kamen jetzt in ein kleines Tal, nach Beaumont-Hamel. Dort fuhr ich wieder rechts und parkte den Wagen.

»Auf zum Hohlweg, zur Sunken Lane!«

Wir gingen an dem kleinen Denkmal vorbei, den Hohlweg hinein, der leicht den Hang hoch führte.

»Kurz vor dem Angriff am 1. Juli versammelten sich hier Soldaten der Lancashire Fusiliers. Mitten im Niemandsland. Sie waren durch einen Tunnel hierhin gekrochen. Und warteten, um dann über die Böschung auf das Dorf vorzustürmen. Malins hat sie gefilmt.«

»Wer ist Malins?«, fragte er.

»Geoffrey Malins, der Kameramann des Films ›The Somme‹. Es sind die ersten Aufnahmen der Filmgeschichte, die wirklich unmittelbar aus einem Kampfgebiet stammen. Er filmte sie hier, und man sieht ihre aufgeschreckten Augen. Man sieht die Panik in ihren Gesichtern. Man sieht das Adrenalin, das in ihnen hochschießt. Man muss diese Aufnahmen gesehen haben. Es sind die erschütterndsten Filmbilder, die ich kenne. Denn fast alle, die er mit der Kamera festhielt, waren 20 Minuten später tot. Sie stürmten aus dem Hohlweg raus und verendeten, krepierten, verbluteten im Maschinengewehrfeuer der Deutschen.«

»Scheiß-Krieg. Immer wieder Scheiß-Krieg!«, empörte sich Sonny. »Und wir spazieren jetzt hier friedlich rum. Als Kriegstouristen, als Schlachtenbummler.«

Ich schaute auf die verwundete Landschaft, die ich schon so oft besucht hatte, und fühlte mich als Trauernden, als Pilgerer – und nicht als Schlachtenbummler, wie Sonny es meinte.

»Dort lagen sie auf dem Feld, verwesten, bis Ende November die britische Armee Beaumont-Hamel eingenommen hatte. Da, wo man sie gefunden hatte, wurden sie beerdigt. Auf dem kleinen Friedhof. Lass uns hingehen. Es ist wichtig, diese Friedhöfe zu sehen. Die Friedhöfe, die die Linie des Grauens von 14-18 markieren.«

Wir gingen auf den gepflegten, kleinen Beaumont-Hamel British Cemetery und es gab dort sogar einen Grabstein für einen unbekannten deutschen Soldaten.

Du bist ein Trauernder, sagte ich mir. Kein Kriegstourist.

Wir kehrten zum Auto zurück. Ich zeigte ihm die Stelle, von der aus Malins die Explosion der großen Mine gefilmt hatte, eine berühmte Aufnahme, die immer wieder in Dokumentationen gezeigt wird. Sie hatten sie unter die deutschen Linien gepflanzt, da oben am Hawthorn Ridge, und dann ging sie hoch, schlug eine Bresche in die deutsche Befestigung. Aber der Angriff der Briten kam zu spät. Die Deutschen hatten sich wieder gesammelt, die Maschinengewehre aufgestellt und dann ging es wieder los.

Ra-ta-ta-ta-tat! Ra-ta-ta-ta-tat! Ra-ta-ta-ta-tat! Der Rhythmus des Mordens, der Takt des Todes, und sie schossen sie nieder. »To strafe«, nannten es die Engländer, niedermähen, vom deutschen Wort Strafe abgeleitet. »Gott strafe England. Ja, er strafe es!«

Malins hat auch das gefilmt, und es sind die frühesten Aufnahmen, in denen man Soldaten wirklich sterben sieht.

Sonny ging immer mehr in sich, es war ihm unbehaglich, das, was wir hier sahen.

Wir fuhren zum Neufundland-Besucherzentrum, mit seiner kleinen Ausstellung über die Soldaten des britischen Dominions, die dort gekämpft hatten – zu ihrer Erinnerung war der Gedenkpark errichtet worden. Die Schützengräben waren noch alle da, aber jetzt mit Gras bewachsen, und Schafe weideten zwischen ihnen. Die Schafe, die man zur Schlachtbank führt, schoss es mir durch den Kopf. Wir kamen bis zum »Danger Tree«, dann sagte Sonny: »Ich habe Hunger«, und ich antwortete: »Für Fourage ist gesorgt! Let's go!«

Wir fuhren am weithin sichtbaren Memorial von Thiepval vorbei, auf dem die Namen der 72.090 Vermissten der Battle of the Somme standen. Die Briten vergaßen sie nicht, ihre verschwundenen Toten.

Wir kamen nach Pozières.

»Siehst du da die kleinen Holzbaracken?«, fragte ich ihn.

»Ja«, sagt Sonny.

»Die haben die Briten und die Amerikaner für die Bewohner gespendet. Hier war alles weg, hier war nichts mehr. Dann erst kam die Rekonstruktion. Hast du ja gesehen, vorhin.«

In Pozières bogen wir rechts auf die große Straße von Bapaume nach Albert und erreichten das Tommy-Café. Natürlich hatte ich das in meinem Plan eingebaut. Der Laden war einfach der Hammer. Da ging den Engländern, den Tommies, das Herz auf.

»Musst du gesehen haben«, sagte ich.

»Geht das jetzt eigentlich immer so weiter?«, fragte Sonny besorgt. »Immer nur Zerstörung, Vermisste und Tote?«

»Du wolltest den Krieg erfahren!«, sagte ich und wurde streng wie mein Vater, damals, wenn mir im Auto schlecht geworden war. »Jetzt sind wir hier. Ich tue nur das, was du bei mir bestellt hast. Krieg ist Krieg! Und: Denk an deinen Auftrag!«

»Ok, Chief!«, quittierte er und stieg aus dem Wagen. Also rein da. Kaum war er drinnen, fiel ihm die Kinnlade runter. Es war alles mit Union Jacks verhangen, an den Wänden Fotos von Soldaten, Andenken, Waffen, Briefe unter Glas. Und im Garten hinter dem Haus verlief noch ein echtes Stück Schützengraben. Das hatte der Besitzer des Tommy-Cafès mit allem, was er in der Gegend gefunden hatte, bestückt. Überall standen Granaten herum, lagen rostige Helme, Gewehrläufe, direkt neben uns stand ein Minenwerfer. Und inmitten dieses Kriegsschrotts aßen wir nun an einem klapprigen Tisch Fritten. Fritten bei Tommy. Es gab Ketchup in schmierigen Plastikflaschen und Vinegar, keine Mayonnaise. Das kannte ich noch aus England. Fish & Chips gab es auch, die hatte Sonny sich bestellt.

Beim Essen beschaute ich die absurde Szenerie, vor allem die grinsende Schaufensterpuppe im Schützengraben, die einen deutschen Stahlhelm trug und mit einem 08/15 Maschinengewehr auf mich zielte. Ich dachte zurück an Norbert Brassine, den Rotisseur des Kaisers in Waterloo. Es war überall die gleiche Show. Fritten mit Napoleon, Fritten mit Tommy.

Ich mahnte zur Eile, wir müssten hier noch richtig Gas geben, damit wir das alles hinkriegen würden.

»Gas geben ist gut, Dude!«, sagte Sonny und lachte. »Two Krauts on the Battlefield, yeah, man!«

Wir besuchten noch den Lochnagar-Krater, eine der großen Minen, die vor dem Angriff hochgegangen waren. Dort lagen viele Gestecke aus roten Kunst-Mohnblumen, mit Zetteln, die Besucher geschrieben hatten, und einige feierten Ernst Jünger. Und die waren nicht von Deutschen abgelegt worden, denn die gab es hier kaum – außer uns. Die waren von Briten, Australiern, Neuseeländern, die hier auf den Spuren ihrer Vorfahren hinkamen. Jünger! Die Franzosen erwähnten ihn auch immer wieder. L'auteur Erneste Jungaire, sagten sich die Franzosen, den muss man gelesen haben. Damit man die Deutschen versteht. Ein für alle Mal.

Die britischen Soldatenfriedhöfe wiesen uns den weiteren Weg. Es hatte zu nieseln aufgehört, die Sonne brach durch die Wolken. Es waren die typischen, rasch wechselnden Wetter der Picardie Die Friedhöfe strahlten jetzt hell und weithin sichtbar, wirkten fast freundlich, wie kleine Gärten. Aber es waren Gärten des Todes.

»Wo sind die Deutschen?«, fragte Sonny?

»Die meisten haben sie umgebettet. Nach Neuville-Saint-Vaast, da, wo auch Schlösser liegt.«

»Ich muss mindestens einen sehen. Steht im Auftrag. Muss eine Skizze machen.«

»Wir werden noch einen deutschen Friedhof sehen, mach dir keine Sorgen. Den, auf dem August Macke beerdigt ist«, sagte ich.

Dann fuhren wir über den breit und langsam dahin mäandernden Fluss, die Somme.

»Dahinten ist die Monacu-Ferme«, sagte ich und zeigte nach Osten.

»Wassen' da schon wieder?«, fragte mich Sonny, der kurz vor dem Einnicken war.

»Otto Dix. Er war da. Hat die Albträume in seiner Mappe ›Der Krieg‹ verarbeitet. Was Jünger in der Literatur, ist Dix in der Malerei.«

»Muss ich sehen«, sagte Sonny.

»Kannst du sehen«, sagte ich. »Ich habe sie zuhause, in der Bibliothek. ›Leuchtkugel erhellt die Monacu-ferme‹, heißt die Radierung. Es ist das, was man sehen muss, um all das hier zu verstehen. Dix. Sonst nix.«

Dann nahm ich die Autobahn, um das Reisetempo zu beschleunigen.

Hinter Soissons kamen wir an die Aisne, fuhren den Höhenzug hoch und erreichten die Drachenhöhle. Unser Guide kam aus der Grenzregion von Alsace-Lorraine und sprach gut Deutsch. Ich stellte uns vor, den Grund unseres Besuches, und als ich erwähnte, dass mein Freund den weiten Weg aus den États-Unis auf sich genommen hätte, um all das hier zu sehen, wurde er lebhaft.

»Woher aus den États-Unis?«, fragte uns Pierre Vonck, so hatte er sich uns vorgestellt.

»Oakland, Kalifornien«, antwortete Sonny und der Museumsführer war nicht mehr zu halten.

»Dann müsst ihr noch zum Plateau! Das Plateau de Californie!«

»How comes?«, fragte Sonny, »dass sie das hier so nennen?«

»Es war im 19. Jahrhundert ein Etablissement mit einem amerikanischen Saloon, ein Ausflugslokal.«

Ich dachte an die Häuser mit den roten Laternen nahe des Schlachtfeldes von Waterloo.

»So hat sich der Name eingebürgert. Eigentlich ist es ja der Chemin des Dames, der Damenweg, wie ihn die Deutschen nannten. Benannt nach den Töchtern Ludwigs XIV., für die er diesen Weg hatte bauen lassen.«

Vom mächtigen Höhenrücken hatten wir einen großartigen Blick in die unendliche Landschaft Frankreichs, weit in das Pariser Becken hinein. Vor uns lag die Aisne, der Schicksalsfluss. Nach dem »Wunder von der Marne« und dem Rückzug hatten sie sich deutschen Heere hier oben tief eingegraben. Hatten die unterirdischen Steinbrüche, die Kavernen für sich benutzt. Es gab noch viele andere, aber die hier war als einzige für das Publikum zugänglich: die Caverne du Dragon, die Drachenhöhle. Pierre gab uns einen Überblick über die Historie:

Nach der erfolgreichen Verteidigung von Verdun 1917 war der General Nivelle der große Mann geworden. Er war der neue Oberbefehlshaber, Nachfolger des großen Joffre, dem Helden der Marneschlacht, der aber jetzt ausgezehrt war. Es musste neuer Schwung her und Nivelle hatte, wie er selbst sagte, nun die Formel, die Formel für den endgültigen Durchbruch, den endgültigen Sieg.

Man müsse nur diese Höhe stürmen, die deutschen Linien zerschmettern und dann die Kavallerie vorschicken. Weite Vorstöße in das vom Feind besetzte Gebiet, das es zu befreien galt, und dann im Momentum dieses Angriffs bis zum Rhein vorstoßen. Der große Sieg, der Ruhm, er wartete dort auf den Höhen!

Und ich stellte mir vor, wie Nivelle die Richtung wies – wie der Feldherr auf dem bunten Bild in der Burg Linn. Da war sie wieder – die alte Geschichte, die alte Leier, das alte Bild.

Pierre Vonck fuhr fort: Wie alle großen Pläne, die die großen Generale und Marschälle im Ersten Weltkrieg machten, auf allen Seiten, scheiterte auch dieser Plan kläglich. So wie Falkenhayn in Verdun gescheitert war, die Briten in Loos und Ypern, so scheiterte auch die Nivelle-Offensive, ähnlich blutig wie der Angriff der Briten an der Somme. 40.000 Tote in den ersten 48 Stunden? Die Zahlen schwanken, aber sie sind schrecklich. Es würde ein bitteres Nachspiel haben. Es würde zu den großen Meutereien führen und der Name Nivelle würde in Schande untergehen.

»Gehen wir in die Höhle«, sagte Pierre Vonck, und ich eilte ihm nach.

Sonny schien abwesend, ich fand, er war müde.

»Der Jetlag«, sagte er. »Jetzt hat er mich voll erwischt.«

Ich sagte zu ihm: »Komm, die Höhle noch, und dann fahren wir nach Reims ins Hotel.«

»Na gut.«

Die Höhle des Drachen war wie eine Festung ausgebaut worden. Sie hatten sich dort Wochen lang bekämpft, auf kürzestem Abstand. Wir sahen die Inschriften in den Kalkwänden, die die Soldaten eingeritzt hatten. Die Höhle war in weiten Teilen noch im ursprünglichen Zustand und vermittelte, wie alles, was vom Krieg im Original geblieben war, den Hauch des Todes. Zwei Stunden dauerte die Führung, Sonny machte schlapp. Wir bedankten uns bei Pierre und ich erzählte ihm noch von meiner Arbeit im Hürtgenwald; wir verabredeten uns auf später einmal.

»Wir sind ja erst 2017 dran, im Kalender des Gedenkens, 100 Jahre. Dann musst du kommen«, sagte Pierre zum Abschied und drückte mir fest die Hand.

Ich überlegte, ob ich Sonny noch die beeindruckende Ruine des Klosters von Vauclair zeigen, ob ich ihm noch Ailles zeigen sollte, das verschwundene Dorf, von dem nur ein paar Fundamente übrig waren, in der rote Zone. Dort, wo zwei Wochen lang mein Großvater Karl stationiert war, in Ruhestellung – die Jungs sollten sich von den Anstrengungen in den Karpaten mal erholen, Fronturlaub. Ob ich ihm noch erzählen sollte, wie er nur drei Tage vor der großen Schlacht mit seiner Einheit wieder abkommandiert wurde. Was gut war, weil ich sonst nicht hier wäre. Auf diesem Plateau. Auf diesem Planeten.

Aber ich hatte das Gefühl, dass das alles jetzt für Sonny zu viel wurde. Also fuhren wir auf dem Höhenweg Richtung Osten, und da stand er.

Napoleon!

Sonny wachte auf, sah den kleinen Hügel mit der großen Statue, sah den Hut des Kaisers – und erschrak. Er wähnte sich in einem Traum und erschrak noch mehr, als er merkte, dass der Napoleon da echt war! Er schaute mich an, sah in mir ein Monster, das ihn in Geiselhaft genommen und, während er schlief, heimlich nach Waterloo entführt hätte.

»Aber nein, Sonny! Das ist nicht Waterloo, hier war sein letzter großer Sieg! Die Schlacht auf dem Höhenzug bei Craonne«, sagte ich. »Da hinten steht das Denkmal der Marie-Louisen und der Poilus, die sich die Hand geben, an der Ferme de Hubertise.«

»Wo?«

»Da drüben! Der Soldat des Jahrgangs 1814 und der Bärtige des Jahres 1914.«

Wir kamen an den Ruinen von Craonne vorbei. Ruinen? Es waren eigentlich nur Mulden und Trichter. Das heutige Dorf war weiter unten, an neuer Stelle wieder aufgebaut. Ich legte eine CD ein und spielte ihm das »Chanson de Craonne« vor.

»Adieu la vie, adieu l'amour,

Adieu toutes les femmes
C'est bien fini, c'est pour toujours
De cette guerre infâme
C'est à Craonne sur le plateau
Qu'on doit laisser sa peau
Car nous sommes tous condamnés
Nous sommes les sacrifiés«
Und frei übersetzte ich ihm:
»Leb wohl das Leben, Leb wohl die Liebe,
Leb wohl an alle Frauen
Es ist vorbei, wir sind für immer
in diesem schändlichen Krieg
Es ist in Craonne auf dem Plateau
Dass man seine Haut lassen muss
Denn wir alle sind verdammt
Wir sind die, die man opfert.«

»Was ist das?«, fragte Sonny. »Schöne Melodie. Traurig. Bewegend.«

»Es ist das berühmte Lied, das während der Meutereien entstanden sein soll. Der Autor ist unbekannt. Es basiert auf einem Schlager aus der Vorkriegszeit, war verboten, bis lange nach dem Zweiten Weltkrieg. Die Meutereien sind immer noch ein heikles Thema in Frankreich. Jetzt erst fangen sie an, es aufzuarbeiten.«

Und ich erklärte Sonny, wie die französische Armee 1917 fast zusammengebrochen wäre, aber dann war es Petain, der Held von Verdun, der sie wieder aufgerichtet hatte. Aber an den erinnerten sich die Franzosen auch nicht gerne.

»Warum?«

»Naja, der ›Marechal‹. Vichy, die ›Collaboration‹! Fast hätten sie ihn zum Tode verurteilt, aber dann wurde er zu lebenslanger Festungshaft begnadigt, in der er starb. Wir werden ihm begegnen.«

»Wo?«, fragte Sonny.

»In Verdun.«

Ich ließ den Wagen den Abhang hinunterrollen. An der großen Straße von Berry-au-Bac, wo wir die Aisne überquerten, lagen rechts und links wieder Soldatenfriedhöfe. Jetzt waren es französische, erkennbar an den weißen Betonkreuzen. Dann sahen wir endlich die großen Türme der Kathedrale und erreichten Reims.

Wir checkten im Hotel ein, machten noch eine kleine Runde, aber Sonny musste für heute seinen Jetlag kurieren. Morgen früh würde es weitergehen. Ich hatte das Gefühl, dass ihm davor graute, was ihn noch alles erwarten würde. Dabei waren wir noch gar nicht in Verdun angekommen!

Ich beruhigte ihn damit, dass der nächsten Morgen friedlich beginnen würde. Mit dem Besuch der großen Kathedrale.

Reims – Belleau Wood – Champagne

Es war ein wunderschöner Morgen mit einem typisch französischen Himmel – und die vom Champagner beschwipsten Wolken segelten über uns hinweg, in Richtung Osten.

»In die Kathedrale«, sagte ich.

Jetzt sahen wir die Stadt erst richtig. Wir sahen die schönen Häuser, alle modern und aus der Zeit des entre-deux-guerre. Und schon standen wir vor dem Krönungsort, dem französischen Nationalheiligtum.

Das wir geschändet hatten! Die Boches! Die Hunnen!

Und ich erklärte Sonny die Geschichte der Kathedrale von Reims und ihre Zerstörung durch die deutschen Barbaren.

»Nach der Marne-Schlacht hatten sich die deutschen Heere auf die Höhen hinter der Aisne zurückgezogen und als die französischen Truppen wieder in die Stadt kamen, begannen sie von da oben Reims zu beschießen und trafen prompt die Kathedrale; sie geriet in Brand und wurde schwer beschädigt. Ein Aufschrei ging durch die westliche Welt, ein weiterer Beweis für die Unkultur der Invasoren – nach dem Brand der Bibliothek von Löwen, den Massakern an der Zivilbevölkerung in Belgien und Nordfrankreich. Das war die Handschrift der Hunnen aus dem Osten, mit ihrem Anführer, dem schrecklichen Kaiser Wilhelm, dem Mann im Leopardenfell, der jetzt die französische Kultur schändete! So wie in der Zeichnung von Raemaekers, die ich als Kind gesehen hatte – und von dem es weitere Karikaturen gab, die Kaiser Wilhelm mit einer Brandfackel in der Hand zeigten, wie er die Kathedrale von Reims in Flammen setzte, wie Jesus ihn verdammte und wie er erschrocken dasaß und merkte, dass er zum Paria der Menschheit geworden war.

Die Deutsche Heeresleitung versuchte sich rauszureden. Ein feindlicher Artilleriebeobachter habe auf dem Turm gestanden, es hätte einen Scheinwerfer auf dem Mittelschiff gegeben, die Franzosen seien selber schuld, und so weiter. Kurzum – sie standen im Loch und gruben sich immer tiefer ein. Und dann kam noch der ›Aufruf an die Kulturwelt‹. Das war dann der Tiefpunkt der deutschen Geisteswelt. ›Es ist nicht wahr, dass…‹ begann jede ihrer 93 Thesen, nach dem Vorbild Luthers. Und so hatte das Deutsche Kaiserreich, bereits im September 1914, den Krieg verloren. Moralisch.«

»Was glaubst du, Achim, haben sie sie absichtlich in Brand gesteckt?«

»Nein«, sagte ich. »Ich glaube nicht. It's war and shit happens. Heute nennt man es Kollateralschaden.«

»Oh yes, indeed. Irak, Afghanistan. Don't mention it.«

»Nach fünf Wochen im Kampf waren die Rohre der Artillerie ausgeleiert. Da kannst du gar nicht mehr genau zielen. Eine Granate traf das Gerüst, das am Fuße des Turms aufgestellt war. Es fing Feuer, und so nahm das Unheil seinen Lauf. Und der deutsche Ruf war im Arsch.«

»That's quiet a story«, sagte Sonny. »Wie sind sie denn da nur wieder rausgekommen?«

»Eigentlich ganz gut«, antwortete ich. »Sie machten gleich noch einen Krieg, hauten diesmal alles richtig zu Klump und dann unterzeichneten sie da drüben, ein paar Straßen weiter, am 7. Mai '45 die Kapitulation.«

»Nicht in Berlin?«

»Da wurde sie nur noch mal wiederholt, weil Stalin es so wollte. Die wahre Kapitulation wurde hier unterschrieben. Unweit der Kathedrale.«

»Und dann?«

»Die Sühne und die Versöhnung. Adenauer und de Gaulle. Die europäische Wirtschaftsgemeinschaft kam und dann musste die deutsch-französische Freundschaft her, der Élysées-Vertrag. Er wurde von De Gaulle und Adenauer in einer feierlichen Zeremonie besiegelt, hier, wo der Rheinfranke Chlodwig als erster katholischer König des Merowinger-Reiches getauft worden war. Und so wurde die Kathedrale vom Symbol des Hasses und der Feindschaft zu einem Symbol der Verbrüderung. L'amitié franco-allemande, die Deutsch-Französische Freundschaft.«

»Du und deine Vorträge!«, meinte Sonny.

»Macht 5 Euro«, sagte ich.

»Oder ein Champagner, heute Abend?«

»Gebongt!«

»Und jetzt?«

»Fahren wir an die Marne, Chateau Thierry. Der Ort, wo die Amerikaner gekämpft haben, deine Leute.«

»Die Doughboys!«, rief Sonny.

»Yes, your right man«.

»Come on Dude, let's go!«

Am Ausgang waren ein paar Bilder ausgestellt, historische Fotografien aus den 20er Jahren, teilweise in Farbe. Sie zeigten das zerstörte Reims, mittendrin der angeschlagene Kirchenbau. Es sah aus wie Köln 1945. Ich dachte zurück an Arras, das Bistro und den strengen Blick der Madame.

Eine knappe Stunde später standen wir an der Marne. Zweimal hatten die Deutschen hier gekämpft. 1914 waren sie gescheitert. 1918 versuchten sie es noch mal, standen wieder kurz vor Paris, aber die US-Truppen waren mittlerweile im Kampf, und so begannen die langen, unendlich verlustreichen Rückzugskämpfe.

Über uns thronte das amerikanische Ehrenmal, wir fuhren hoch, standen vor dem imposanten Bauwerk.

»Sieht aus wie eine Underwood!«, sagte Sonny.

»Die sehen alle so aus, die Bauten im Neoklassizismus«, sagte ich.

»Das Lincoln Memorial, klar.«

»Und das Gymnasium am Moltkeplatz. Erinnere mich nicht dran.«

Ein amerikanisches Ehepaar stand auf der rückwärtigen Seite und bat uns um ein Foto. Sonny tat ihm den Gefallen. Ich bemerkte, dass er sie mit deutlich deutschem Akzent ansprach.

»Was sollte das denn?«, fragte ich, als er zurückkam, »mit dem deutschen Akzent?«

»Wenn sie merken, dass du aus den Staaten bist, kriegst du sie den Rest des Tages nicht mehr vom Hacken. Sie sind wie Kletten. Amis fern der Heimat, you know?«

Ich betrachtete das Monument, es stand in mildem Morgenlicht, machte ein paar Fotos.

»Du solltest die Schreibmaschine da in Öl malen, für deinen Boss. Fürs Schlafzimmer. Dann geht ihm einer ab!«

»Da wird Nora ihm aber den Marsch blasen«, lachte Sonny.

»Der war gut, ›Marsch blasen‹!«

Wir pubertierten und schlugen uns auf die Schenkel.

»Dann lass uns Gas geben«, sagte ich. »Belleau Wood!«

Wir fuhren weiter und erreichten bald den Aisne-Marne American Cemetery. Er lag in einem Halbrund unterhalb des berühmten Hügels.

Es war Rasenmäher-Tag, wie immer, wenn ich meine Touren machte. Sie fuhren mit den großen Maschinen ein Ballett um die Kreuze der Toten, haarscharf an den Männern mit den kleineren Rasenmähern, die die Ecken bearbeiteten, vorbei. Dann gab es die Männer mit den Kantenschneidern, auch deren Geräte brummten, alles war motorisiert. Ich wollte es Sonny erklären, aber neben uns schnitt einer lautstark die Hecke – buräām, buräām! – und der Qualm des Zweitakters stieg uns in die Nase.

»Lass uns auf den Hügel gehen!«, brüllte ich zu Sonny über den Lärm – und wir sprangen zur Seite, als einer der großen Traktoren an uns vorbeiraste.

Oben war es ruhiger. Wir standen im Memorial Park.

»Sieht aus wie in Gettysburg«, sagte Sonny, »der gleiche Stil.«

Ein paar Kanonen standen herum, Minenwerfer, alles sauber lackiert und konserviert, friedlich. In der Mitte ein Denkmal, das mit dem Marine.

»Ist so eine Geschichte hier«, sagte ich. »Der Gründungsmythos des US-Marine Corps.«

»Stimmt mal wieder alles nicht?«, fragte Sonny.

»Frag die Historiker – ich als Kraut verbrenn mir hier nicht die Finger! Hier sollen sie auch von den Deutschen ihren Nickname bekommen haben, Teufelhunden!«

»Teufel –– hunden? Mit ›n‹ am Ende?«

»Genau! Klingt schon falsch. Ist auch falsch. Alles Lüge. War wohl die Erfindung eines Journalisten.«

Hoffentlich würden die amerikanischen Touristen nicht wieder auftauchen, dachte ich, und uns um ein Foto bitten. Wie sollte ich ihnen in die Augen schauen, hier am Ort der Lüge?

Von oben hatten wir eine weite Aussicht. Drüben lag ein kleines Wäldchen, das war der deutsche Friedhof Belleau mit 8633 Toten.

»Wie kann es sein, dass da auf dem kleinen Friedhof so viele liegen? Und hier, auf dem riesigen Halbrund nur 2200?«, fragte Sonny.

»Während des Krieges legten die deutschen Heere in der Etappe ihre Friedhöfe an. Es gab Pläne, sie nach dem Sieg zu sogenannten Heldenhainen umzubauen. Mit Tumuli, ähnlich dem Löwenhügel von Waterloo. Weithin sichtbar sollten die Totenstätten die neue Grenze des Reiches im Westen markieren!«

»Eine Grenze aus Toten. Ganz schön makaber!«, sagte Sonny.

»Bekanntermaßen kam es dazu nicht. Die Franzosen wollten die Deutschen weghaben. Vier Jahre hatten sie das Land besetzt, sie wollten nicht von den Leichen ihrer Feinde belästigt werden. Also lösten sie die vielen kleinen deutschen Friedhöfe auf und betteten die Toten um. Auf Sammelfriedhöfe. Ein Viertel unter Kreuzen, jeweils vier an einem Kreuz, der Rest ins Massengrab. Das machten sie nicht sonderlich sorgfältig und so gingen nochmal viele Namen verloren. Aus Toten, die bereits bestatten worden waren, wurden in den 20ern plötzlich wieder Vermisste und Unbekannte.«

»Die Geschichte mit den Vermissten und Unbekannten, die bekomme ich immer noch nicht ganz hin«, bemerkte Sonny.

»Stell es dir so vor: Man weiß nicht, ob der Soldat tot ist und ob er begraben ist. Dann ist er vermisst. Man findet Knochen, aber weiß nicht, wem sie gehören. Dann ist er unbekannt. Und alle Vermissten wurden in den späten Zwanzigern für tot erklärt. Schon wegen der Witwenrente. In Deutschland wurden sogar Kenotaphe aufgestellt, Scheingräber, mit den Namen der Toten und Vermissten. Damit die Angehörigen einen Trauerort hatten. Sie konnten ja nicht nach Frankreich damals. Wir nennen sie Kriegerdenkmäler, aber sie waren mehr. Eine materielle Verbindung zu den Männern, die im Nichts verschwunden waren.«

Plötzlich waren die Rasenmäher verstummt. Wenig später schlug eine Glocke, es war 12 Uhr. Die heilige Mittagspause der französischen Grabpfleger begann, sie gingen zum Bistro Chez Paul. Als wir den Weg vom Hügel herunterkamen, begann das Glockenspiel des im neogotischen Oxford-Stil erbauten Friedhofturms und spielte When Johnny Comes Marching Home. Sonny wusste jetzt wirklich nicht mehr, wo er war. In Gettysburg, in Frankreich, oder in seinen Jetlag-Visionen, die ihn immer wieder übermannten. Wir gingen ebenfalls in das kleine Bistro, gegenüber der großen Park-ähnlichen Grabanlage. Das Glockenspiel verfolgte uns, und mir kam die Melodie der Höhlenkinder in den Sinn. Die Todesmelodie.

Auf der Weiterfahrt zu den Feldern der Champagne wurde Sonny lebhafter. Der Wein im Chez Paul hatte ihn aufgemuntert.

»Mann ey, 'ne riesige Mannschaft haben sie da zusammen, nur um den Friedhof zu pflegen. Und wer war der Mann, der einsam am Katzentisch saß?«

»Der mäht bei den Deutschen«, sagte ich. »Mit dem reden sie nicht.«

»In echt?«

Ich lachte. »Kommt schon drauf an, wo du mähst! Die Amis zahlen am besten. Aber die Engländer sind auch nicht schlecht. Bei denen darf der Cricket-Rasen nicht höher als 12 Millimeter stehen. Ist Vorschrift. Und wenn's viel regnet, bist du jeden zweiten Tag draußen.«

»Rasen mähen für den Frieden!«, bemerkte Sonny.

»Die Franzosen haben zu viel Kies zwischen den Betonkreuzen. Da gibt es nicht so viel zu tun. Und bei den Deutschen verdienst Du am wenigsten.«

»Wieso?«

»Weil die Friedhöfe abseits liegen, und so werden sie nur einmal die Woche gemäht. Oder noch weniger.«

»Dann lass dich nicht mit den Krauts ein. Gilt wohl noch heute«, sagte Sonny.

»Und wenn dein Dorf auf der Feindseite lag«, fügte ich hinzu, »geht der Tourismus an dir vorbei. Denk an die Somme. In Albert ist Hully Gully, in Peronne tote Hose!«

»Gedenktourismus mit Boutiquen für die Frauen und Pale Ale für die Männer. Ich hab's mir gemerkt«, sagte Sonny.

»War in Waterloo schon so«, konterte ich. »Lass sie das machen. Wir haben sie überfallen. Wir haben das Land zerstört. Und jetzt leben sie davon, von den Nachwehen des Krieges. In den öden Dörfern, weit weg von Paris, weit ab vom Schuss. Sie leben von den Toten. Vom Rasenmähen.«

Wir fuhren der Champagne entgegen, weitere Denkmäler und Friedhöfe zogen an uns vorbei. Sonny war aufgekratzt.

»Und jetzt ---«, sagte er.

»Was jetzt?«, fragte ich.

»Wieso hast du dich auch noch in den Ersten Weltkrieg eingearbeitet? Hat dir Waterloo nicht gereicht? Du hast mich schon damals damit genervt. Napoleon statt Jazz. Du bist 'n echter Nerd!«

»Weil sie mich dazu gezwungen haben«, sagte ich.

»Ge-zwun-gen???«, fragte Sonny überrascht.

»Als Kind wollte ich alles wissen, und sie haben mir nichts erzählt. Also habe ich es mir selber draufgeschafft. Kaum konnte ich Napoleon, kamen sie mit dem Ersten Weltkrieg und haben versucht, mich in die Enge zu treiben.«

»Wer?«

»Mein Vater, Onkel Jochen, mein Großvater. Tödliche Weihnachten.«

»Tödliche --- Weihnachten?«

»Jedes Jahr bei der Fondue wurde der Schlieffenplan aufs Neue diskutiert. Hätte, hätte, Luftballon. Darüber gerieten sie so in Streit, dass sie mit ihren Fleischpieksern aufeinander losgingen wie die polnischen Lanzenreiter auf die Scots Greys in Waterloo. Ich versuchte, mich einzumischen, dann drehten sie die Spieße um und ich war dran.«

»Den Spieß umdrehen? Da kommt's her!«, sagte Sonny lachend.

»Am Ende wurde die Diskussion so blutig wie das Rindersteak, das wir in das siedende Öl tunkten.«

»Hier tobte die Schlacht und ihr führt zwei Generationen später Familienkrieg am Fonduetopf! Dabei haben sie sich doch hier sogar verbrüdert, oder? The Christmas-Truce! Der Weihnachtsfrieden!«, sagte Sonny.

»Ja, aber nur zwischen den Tommys und den Feldgrauen«, sagte ich. »Oben, in Flandern. Hier fand die Winterschlacht in der Champagne statt, und zwar genau an Weihnachten. Da gab's Granaten statt Christbaumkugeln.«

»Tod unterm Tannenbaum«, bemerkte Sonny trocken.

Wir fuhren durch Suippes. Links lag das Centre Documentaire, aber Sonny meinte, das Memorial in Verdun, das würde er sich noch anschauen, aber bitte keine weiteren Museen mehr bis dahin. Na gut, dachte ich mir, dann nur die Friedhöfe und die Hinterlassenschaften. Da war das Denkmal für die vier hingerichteten französischen Soldaten. Hingerichtet, um ›die Moral wieder herzustellen‹. Ein Verbrechen. Die Geschichte, auf der Kubricks Film basierte, »Wege zum Ruhm«.

»Wenn du einen Film sehen willst, zum Ersten Weltkrieg, dann den. Es gibt keinen besseren!«, sagte ich. »Kirk Douglas in seiner besten Rolle. Am Ende tritt ein gefangenes deutsches Mädchen auf. Sie ist verschüchtert. Die durch den Krieg verrohten Soldaten fordern sie auf, ein Lied zu singen. Und dann? Singt sie den ›Treuen Husar‹. Alle Strophen. Auf Deutsch.«

»Ich dachte, das wäre so ein Humbawumba-Karnevalslied?«, sagte Sonny.

»Ist es nicht. Ein tieftrauriges Lied aus dem 18. Jahrhundert. Es geht um Liebe, Treue und den Tod. Am Ende wird er hingerichtet, weil er desertiert war. Um sie noch einmal zu sehen. Um sie zu begraben.«

»Wie konnten sie daraus so ein blödes Stimmungslied machen?«, fragte Sonny.

»Frag Millowitsch!«, sagte ich verärgert.

»Und weißt du, wer es sang, im Film? Die spätere Mrs. Kubrick. Er verliebte sich spontan in sie, auf dem Set, bei dem Take.«

Ich bog von der D-Straße nach rechts ab.

»Man hat sie alle rehabilitiert, die Hingerichteten.«

»Schön für sie, nachdem man sie erschossen hatte! Durften sie dann wieder auferstehen?«, bemerkte Sonny zynisch.

»Ja, es klingt wie blanker Hohn. Aber für die Familien war es wichtig. Und für die Witwenrente. Scheiß-Krieg.«

»Scheiß-Krieg. Scheiß-Krieg. Scheiß-Krieg«, sagte Sonny immer wieder.

»Wir steigen aus«, sagte ich.

»Was ist hier?«, fragte Sonny.

»Macke. Sein Todesort.«

Wir gingen auf einen metallischen Zaun zu; Warntafeln wiesen uns darauf hin, dass hier das Camp de Suippes, das Militärgelände beginnen würde. Er wollte es fotografieren und ich riet ihm sofort, die Kamera erst gar nicht aus der Tasche zu holen.

»Ich bin da mal fast verhaftet worden«, sagte ich, »ein Stückchen weiter in Beine-Nauroy. Als ich den Film vorbereitete, mit der Schulklasse, mit der ich hier hinfuhr, auf den Spuren der Liebesgabenfahrt. Konnte mich gerade noch so rausreden.«

»Sind sie so streng?«, fragte Sonny.

»War der Militärförster«, sagte ich. »Ja, der war streng. Erst als ich ihm mit meinem besten Französisch erklärte, dass ich zum Centenaire eine Dokumentation vorbereiten würde, ›avec les filles sur les traces de leurs arrière-grands-pères‹, mit den Mädchen auf den Spuren ihrer Urgroßväter, da erhellte sich sein Gesicht. Da solle ich mal rein, in das Gelände! Erst gestern hätten sie noch einen Deutschen gefunden, an der ehemaligen Kirche. Aber kannst du vergessen, da reinzukommen. Impossible!«

»Wo ist der Todesort von Macke?«, fragte Sonny ungeduldig.

»Das ist das Problem. Dahinten ...«, und ich zeigte durch den Zaun, » ...da liegt Perthes-les Hurlus. Da fiel er, am 26. September 1914.«

»Kriegsfreiwilliger ...« murmelte Sonny.

»Nein, stimmt nicht. Wird immer gesagt, war er aber nicht. Er war Einjährigen Freiwilliger, das ist was ganz anderes.«

»Was ist der Unterschied?«

»Er hatte sich freiwillig zu einem Jahr Dienstzeit verpflichtet. Damit entgehst du deiner Einberufung, sonst wärst du zwei

Jahre dran. Und dann machst du die Offizierslaufbahn. Im August 14, bei Kriegsbeginn, wurde er einbestellt, das war Jahre nach seiner Ausbildung. Er war im Infanterie Regiment 160, Bonn, Diez, Euskirchen. Das, dem die drei Euskirchener Bürger hinterherfuhren, um die Liebesgaben an die Front zu bringen.«

»What the hell are Liebesgaben?«, fragte Sonny verwundert.

»Schnaps, Socken, Zigarren. Alles, was die Leute für ihre Soldaten so gesammelt hatten. Und die drei Honoratioren haben es natürlich gemacht, um sich den Krieg mal von näher aus anzuschauen.«

»Schlachtenbummler«, bemerkte Sonny trocken.

»Genau. Frühe Kriegstouristen. Als sie ankamen, war Macke schon tot. Beerdigt auf dem kleinen Kirchfriedhof dahinten. Perthes-les-Hurlus.«

Sonny versuchte durch den Zaun etwas zu erkennen.

»Du wirst es nicht glauben. Aber hinter der Absperrung ist noch alles da, das ganze Schlachtfeld von 14-18. Original, wie vor hundert Jahren. Es ist so durchsetzt von Pikrinsäure, Chemikalien und Kampfgas, so durch die Granaten umgewühlt worden, dass keine richtigen Pflanzen dort wachsen. Nur so komische Mondgewächse. Du kannst die Schützengräben auf den Karten deines Google-Gönners erkennen.«

»Mondgewächse auf dem Schlachtfeld. Es ist der Surrealismus des Krieges. Dazwischen die Toten.« Sonny ging in sich.

»Die Amerikaner kamen den ganzen Weg von der Marne hier hoch, dann gab es noch ein Panzergefecht. Auf dem kleinen Kirchfriedhof, September 18. Von Perthes war am Ende nichts mehr übrig.«

»Und die Gebeine? Von Macke?«

»Sollen angeblich auf dem deutschen Friedhof liegen, in Souain. Fahren wir hin.«

Sonny drehte sich noch einmal um.

»Die Gebäude dahinten? Was sind die? Panzergaragen?«

»Nein. Da lagern bis heute die Giftgasgranaten, die übrig waren. 200 Millionen, glaube ich.«

»Surrealismus«, sagte Sonny nochmal, stieg gebeugt ins Auto und ließ sich von mir zum Friedhof fahren.

So kamen wir nach Souain-Perthes-les-Hurlus. Das Dorf mit dem Doppelnamen. Die hatten sie hier alle. Beine-Nauroy, Sommepy-Tahure. Ich erklärte ihm, dass der erste der Name des Wiederaufgebauten, der zweite der des Verschwundenen war, das in der Roten Zone lag. Auch der Friedhof war doppelt. Le Crouée war der französische Teil, weithin sichtbar, oben, hinter der Kuppe schloss sich der Cimetiere Allemand an. Auf der Tafel über dem Massengrab fanden wir Mackes Namen. Ob er wirklich da unten lag, wussten wir nicht, wusste keiner. Only known to God.

Auf dem Weg nach Sommepy kamen wir zur Ferme de Navarin. Den Bauernhof gab es nicht mehr, aber die große Pyramide, das Beinhaus, das Ossuaire mit den Knochen der Toten, markierte den Schwerpunkt der Kämpfe von 14 und 15. Obendrauf drei überlebensgroße, zu allem entschlossene französische Soldaten, schwer bewaffnet, die nach Osten stürmten. Martialisch. Furchterregend. Das Gelände um die Pyramide war mit alten Schützengräben durchzogen, so, wie in den abgezäunten Militärcamps. Hier konnten wir sehen, wie der Krieg sich im Boden verewigt hatte. Konnten sehen, wie der Bewuchs in den kreidigen Feldern die alten Frontverläufe nachzeichnete. Konnten die Orte sehen, an denen die französische Armee vom August 1914 – mit den fröhlichen, jungen Männern in roten Hosen und blauroten Képis, den Reitern mit den blitzenden Kürassen– untergegangen war.

Georges Hugo, der Enkel des großen Dichters, hatte hier gekämpft und das Elend der Grabenkämpfe in seinen Zeichnungen festgehalten.

Wir schauten in das weite Rund der Landschaft. Den mittleren Westen. Die Silos am Horizont.

»Sag mal, Achim, wie viele Tote liegen denn noch unentdeckt im Boden?«

»An die 800.000«, antwortete ich. »Peut-être. C'est ce qu'on dit.«

Eine lange Pause trat ein.

Sonny war still geworden, sagte nichts mehr.

»Alles okay?«, fragte ich.

»Ich hab die Willies«, sagte er.

»Die Willies?«

»I'm depressed, Dude! De-pres-sed.«

Sonny stand neben sich, drehte sich von mir weg, dann kam er wieder auf mich zu und sagte: »Ich weiß gar nicht, ob ich noch nach Verdun will. Das reicht mir hier alles schon. Der Krieg, was für eine Scheiße. Wie tief er noch in der Landschaft steckt. Wie voll sie mit dem Klagen der Toten ist. Ich kann es hören. Ich kann es spüren, ich kann es fühlen.«

»Das ist gut«, sagte ich, »dass du es spüren kannst. Du bist der einzige, mit dem ich jemals hier war, der es so spürt wie ich. Ja, so ist es. Das ist das Grauen und das ist der Krieg. Das ist die Unerbittlichkeit, mit der er von den Menschen entfesselt wird – und dann die Menschen verschlingt. Der Oger.«

»Der Oger von Goya«, sagte Sonny.

»Ja, genau der.«

Wir stiegen schweigend ins Auto, ich drehte den Wagen. Wir fuhren nach Westen, in den Sonnenuntergang. Zwei Cowboys, lost in history. Zu jedem Ort, den wir noch passierten, hätte ich zig Geschichten auf Lager gehabt. Wir passierten das Café de la Place in Bétheniville, im Zweiten Weltkrieg ein Wehrmachts-Casino namens »Zum schweren Brocken«. Hier hatten sie die Artilleristen für die Ostfront ausgebildet. Das Foto hatte mir der Wirt gezeigt, der freundlich anmerkte, dass wir, ich und meine Reisegruppe, die ersten Deutschen in seinem Lokal seien seit 1944.

Wir fuhren auf der Höhenstraße durch das Camp de Moronvillers, rechts und links war das alte Schlachtfeld sichtbar. Ich brauchte nichts zu sagen, ich sah, dass er es sah.

Es hatte zu nieseln begonnen, er bat mich, anzuhalten, musste pinkeln, stieg aus und stand im Kreideschlamm der Champagne, konnte sich kaum bewegen. Der Schlamm, in den sich die Deutschen vier Jahre festgekrallt hatten. Und wer immer sich aus der Hölle hatte retten können, dessen Seele steckte da noch drin, tief in der Kreide. Lause-Champagne, La Champagne crayeuse, La Champagne pouilleuse.

Türme kamen in Sicht, aber es war nur ein weiteres der riesigen Silos, die hier standen, so wie im mittleren Westen, in den States.

Wir kamen an einen Bahnübergang. Die Schranke senkte sich, wir mussten anhalten und ein langer Zug mit Getreide zog an uns vorbei. Kadank, kadank, kadank, kadank, machten die Waggons, ratterten die Räder, und es klang wie aus alten Zeiten. Das Geräusch der Schienen und der Waggons zog durch meine Gedanken. Auf diesen Gleisen hatte man sie in den Tod geschickt. Auf diesen Gleisen. Die Schranke öffnete sich nach einer Ewigkeit und wir nahmen Kurs auf Reims.

Kaum angekommen, stürzten wir uns ins Getümmel, die Stadt war überfüllt. Es war die Woche des »Rentrée«. Es gab keine Kneipe, in der wir Platz fanden, überall standen große Trauben von Schülern, die aus den Ferien zurückgekommen waren und zu berichten hatten. Es war lebendig, es war laut, es war schön. Aber überall zu voll. Also gingen wir in die Brasserie Flo, bestellten das teuerste Menü, natürlich mit einem Dutzend Austern – für jeden! – und Sonny haute das Geld des Google-Gönners auf den Kopf.

»Champagner! Wenn wir schon in der Champagne sind. Wie Gott in Frankreich. Für irgendwas muss die Reise gut sein!«, sagte er und lachte.

»Gegen das Elend des Krieges!«, rief er als Trinkspruch.

»Meine Herren! Ziehe mit!«, antwortete ich.

»Und? Achtungsschluck!« Er haute derbe auf den Tisch. Ich ermahnte ihn.

»Nicht zu laut ... «, flüsterte ich. »Denk dran. Wir sind in Feindesland!«

Und wir kicherten wie Schulbuben, die sich jetzt, da der Lehrer mal gerade auf dem Örtchen war, danebenbenahmen.

Dann zogen wir noch ein bisschen rum. Ich war müde, wollte aufs Zimmer. Und ich sah schon wieder, wie mein amerikanischer Freund, Sonny Johnson, der eigentlich Klaus-Dieter Jansen hieß – aber aussah wie Woody Harrelson, nur charmanter, und mit der Coolness von Steve McQueen gesegnet war – einige französische Damen, fast unsichtbar, in seinem Schlepptau hatte.

Wir nahmen noch ein Getränk in der Lobby, dann fuhren wir hoch auf die Zimmer.

Kurz bevor ich einschlief, vernahm ich, wie die Zimmertür gegenüber leise geöffnet wurde und scheinbar verschwand er wieder hinaus in die Nacht.

Toujours l'amour, cherchez la femme, so war er. Sonny.

Le Mémorial de Verdun

Wir hatten das Gepäck eingeladen, Reims verlassen und waren auf dem Weg nach Verdun. Aber wir mussten noch mal durch die Champagne, zum Blanc Mont, dem US-Memorial auf der Anhöhe oberhalb von Sommepy. Sonny hatte in der Nacht Meldung vom Boss erhalten, der war angefressen, dass er nicht dort gewesen war.

»Ich denk, der hat keine Ahnung von den Schlachtfeldern?«, hatte ich noch bei der Abfahrt gesagt.

»Hat er auch nicht. Aber er hat da einen Historian, der ihn berät. Und der fragte, ob ich schon Fotos vom Blanc Mont gemailt hätte.«

»Du machst ohnehin wenig Bilder, mein lieber Freund. Wie willst du das Panorama denn hinkriegen? Alles im Kopp, oder watt?«

»Ich mal ihm den Oger von Goya. Die Schrecken des Krieges. Da kann er dann seine Panzer reinstellen. Was für ein Scheiß, das Ganze.«

»Na komm, Sonny, jetzt nicht schlapp machen, gleich kommt der Höhepunkt der Reise! Verdun! Frei nach Karl Kraus, ›Reklamefahrten zur Hölle‹: ›Das Schlachtfeld par excellence!‹. Und ich machte die schnarrende Stimme des großen Satirikers nach. 'Sie fahrrren im bequemen Perrrsonen-Auto aufs Schlaachtfeld, währrrend jene nurrr im Viehwagen dahiengelangt sind.'«

Sonny war nicht zu Scherzen aufgelegt und reagierte nicht auf meine Parodie.

Vom Turm schoss er lustlos ein paar Bilder, dabei war die Aussicht formidable. Die Felder lagen in der Sonne und leuchteten in den unterschiedlichsten Schattierungen der Kreideböden. Sie wirkten auf mich wie die Auslage eines gigantischen Teppichgeschäftes.

»Nimm Kreide, Sonny. Nimm Kreide und mal damit das Bild«, schlug ich ihm vor.

»Hör mal! Ich bin nicht Anselm Kiefer, ok? Und der Typ steht nicht auf Kunst. Der will den gleichen Scheiß wie seine Frau. Sie will Putten im Badezimmer, er will Leichen im Schlamm. Damit er da sein Gruselkabinett reinstellen kann. Los!«, sagte er missmutig, »jetzt fahr mich endlich nach Verdun. Bringen wir es hinter uns.«

»Nein«, sagte ich, »ich fahr dich nicht nach Verdun.«

Sonny sah mich erschrocken an.

»Ich fahr dich an Verdun heran. Es muss sein, jetzt, auf den letzten Metern des Marathons. Wenn du es überhaupt noch begreifen willst.«

»Na gut. Fahren wir.«

Er setzte sich mit verschränkten Armen auf den Beifahrersitz, war trotzig wie ein kleiner Junge, der nachsitzen musste statt spielen zu dürfen.

Wir kamen durch die von Gott verlassenen, rekonstruierten Dörfer, die langsam, aber sichtbar ausstarben, hatten den dunklen Wald links von uns. »The Lost Bataillon«, bemerkte ich und es war mir egal, ob es ihn interessierte oder nicht.

»Sergeant York«, sagte ich noch.

Hinter Vienne-le-Chateau kamen wir durch das liebliche Tal, in dem nichts an den Krieg erinnerte, außer dem schön gelegenen Cimitiere Nationale de la Harazée mit seinen weißen Kreuzen, die in der Sonne leuchteten. Am Four de Paris bog ich links in den Wald.

»Präg dir das ein, wenn du schon nicht fotografieren willst. Wir sind in den Argonnen.«

Keine Reaktion kam von Sonny, der noch immer mit verschränkten Armen dasaß.

»Ist wie der Hürtgenwald«, sagte ich. »Und weißt du was? Es waren die gleichen US-Einheiten, die hier gekämpft hatten. 26 Jahre zuvor. Nichts gelernt. Nichts daraus gelernt hatten sie.«

Er löste seine Arme, schaute in den Wald und dachte an meinen Film, den er gesehen hatte.

»Nordeifel. Tatsächlich«, sagte er. »Sieht aus wie die Nordeifel. Der Chasseur im Walde.«

»Wer?«, fragte ich.

»Caspar David Friedrich, wenn's dich interessiert. Der Chasseur steht allein vor dem riesigen Wald, durch den er durchmuss, in dem die Gefahr lauert. Ein Bild der Todesangst. Höchste Form der Romantik. Im Nachklang der großen Trauer über die Toten der napoleonischen Kriege.«

»Na also, da hast du dein Bild!«, sagte ich freudig.

»Aber das interessiert den Boss nicht. Das interessiert sie alle nicht! Sie geilen sich an den Waffen auf. Sie verharmlosen den Krieg. Sie wollen ihn als Modellbaukasten.«

»Oh ja. Daran erinnere ich mich.«

»Woran?«

»London«, sagte ich, »die Dioramen. Alles in 1:72. Toll gemacht.«

»Ich hab mich immer gefragt, warum sein Spezialgebiet ausgerechnet Gasmasken sind? Gasmasken des Ersten Weltkriegs! Vielleicht ist er ein Perverser.«

»Pervers ist er sowieso«, bemerkte ich trocken. »Er sammelt es, aber er will nicht sehen, was die Waffen gemacht haben. Ist meistens so. Mir hat mal einer im Museum gesagt: Wir wollen den Krieg wertneutral darstellen! Und ich habe mich gefragt, wertneutral? Was soll das sein? Natürlich meinte er, den Nazibezug rauszulassen. ›Es waren nicht alle schlecht‹ und die ganze Leier. Dann hab ich ihm vorgeschlagen, doch stattdessen Wasserpistolen auszustellen. Oder Flitschegummis. Das wäre doch mal ›wertneutral‹! Da wurde er sauer und hat mich rausgeschmissen. Und ich bekam Hausverbot.«

Sonny lachte und kam wieder in Fahrt. Ich lachte auch – über den dämlichen Museums-Arsch. Wir beide lachten.

»Dem werd ich was malen!«, rief er lachend. »Flitschegummis!«

Wir fuhren aus dem Wald heraus.

»Varennes«, sagte ich. »Schau, da ist das große Pennsylvania-Monument!«

»Underwood, schon wieder …«, sagte Sonny.

»Außerdem ging hier die Flucht von Ludwig dem XVI. zu Ende, 1791. Ein Jahr später kam der Herzog von Braunschweig, die Kanonade von Valmy, Goethe auf der Flucht. Alles hier.«

Und Sonny fragte, ob die Franzosen überhaupt friedliche Landschaften hätten, die nicht mit den Altlasten des Kriegs verseucht wären? Den Toten, den Abermillionen noch immer scharfen Granaten, den ertränkten Seelen der Kämpfer, dem Fluch des Krieges?

»Da ist die Butte de Vauquois.« Ich zeigte auf die freistehende Kuppe vor uns.

»Was ist mit der?«

»War der westliche Eckpfeiler des Frontbogens von Verdun. Sie haben sich vier Jahre da oben gegenübergelegen, den Berg mitsamt dem Dorf unterminiert, und dann, bämm, bämm, 400 Minen. Der Hügel ist gespalten wie ein Kürassierhelm mit einem scharfen Schwert.«

»Weiter«, sagte Sonny, »ich will weiter. Ich will es jetzt sehen.«

Wir kamen durch Chattancourt und ich nahm den kleinen Weg zur Höhe. Zum Morthomme. Dem Toten Mann.

Wir gingen zum Denkmal. Da stand er. Der Knochenmann, der Tod. Der Tote Mann.

Er sah furchterregend aus, hatte die rechte Hand zum Sieg erhoben, mit der linken hielt er eine zusammengerollte Fahne. Der Knochenmann, der nur aus Rippen und dem Totenschädel bestand, unter ihm der Aufruf, der die Franzosen zum Sieg geführt hatte:

ILS NONT PAS PASSÉ.

»›Sie sind nicht durchgekommen‹«, übersetzte ich. »Und als die Kämpfe tobten, hieß es, sie werden nicht durchkommen, ›Ils ne passeront pas!‹ Aus dem Spruch wurde der Kampfruf der Linken in den dreißiger Jahren, im spanischen Bürgerkrieg. No Pasaran! Und da war das Deutsche Reich auch wieder auf der falschen Seite. Kennst du Ettighofer?«

»Nope«, sagte Sonny kurz und knapp.

»Paul C. Ettighofer, der hatte das passende Buch hierzu geschrieben, ›Gespenster am Toten Mann‹, noch ganz im Stil von Erich Maria Remarque. Aber dann kamen die Nazis an die Macht, Remarque musste emigrieren, und seine Bücher wurden verbrannt. Ettighofer sattelte um, auf nationalistische Kriegsliteratur. Der Stil, aus dem die späteren Landserhefte wurden. Die, die es im Bahnhofskiosk gab, du weißt schon, im hinteren Teil, in Höhe der Klos. In der braunen Ecke.«

»Ich rieche es förmlich.« Sonny rümpfte demonstrativ die Nase.

»›Verdun – das große Gericht‹ hieß sein Bestseller-Roman, der in schwülstiger, heroischer Sprache die Kämpfe beschrieben hatte. Und 1936 gab es die ›Nacht von Verdun‹. Die französischen und die deutschen Veteranen trafen sich mit Kerzen und Fackeln. Die Deutschen hatten sogar ihre Hakenkreuzfahnen dabei. Sie alle sprachen den Schwur von Verdun, dass sie niemals wieder aufeinander schießen würden. Es dauerte nur vier Jahre, dann waren die Deutschen wieder da. Und mit ihnen, als Soldat? – Ettighofer.«

»Das ist also Verdun«, sagte Sonny.

»Nein. Das ist der Vorhof zur Hölle«, entgegnete ich. »Das Schlachtfeld von Verdun liegt da drüben. Auf der anderen Maas-Seite.«

Sonny rollte mit den Augen, er pustete die Backen auf und er tat mir leid. Aber er hatte es so bestellt und jetzt bekam er eben die volle Show, die volle Packung.

Wir fuhren sie alle ab, die heiligen Orte. Tranchée des Baïonnettes, auch das ein großer Mythos. Ravin de la Mort, Fort Douaumont, das wir ausgiebig besichtigten. Das wieder nach Tod und Verderben roch, nach Angstschweiß und Feuchte, wie die Drachenhöhle am Plateau de Californie.

Wir kamen zum Beinhaus. Ich erzählte vom Leuchtturm, der nachts den umherirrenden Seelen der Zerfetzten den Weg nachhause wies, so wie der Klang des Last Post am Menin Gate in Ypern die Geister der im Schlamm Ertrunkenen. Zum kommenden Centenaire der Schlacht würden sie sogar anerkennen, dass – ja, weil es vielleicht zwingend so sein müsse – einige der Knochen deutschen Ursprungs sind. Und eine Gedenkplakette anbringen. Mit Madame Märkäl, oder dem Monsieur le Bündespräsident. Und natürlich Flamby, Pardon, le President Hollande.

Wir drehten eine große Runde um das Gräberfeld vor dem Ossuaire. Die weißen Betonkreuze, die hatten wir nun alle zu genüge gesehen, Tag für Tag. Wir kamen an Fleury-devant-Douaumont vorbei, das nur aus grasbewachsenen Trichtern bestand – auch die Villages Martyrs, die verschwundenen Dörfer, hatten unsere Reise täglich begleitet.

Aber jetzt, endlich, würden wir zum Ziel der Pilgerfahrt kommen. Dem Tempel. Dem Gral!

Wir fuhren auf das berühmte Memorial der Schlacht von Verdun zu.

Und --- es war geschlossen!

»Fermé en raison de travaux de rénovation jusqu'en février 2016.«

»Geschlossen aufgrund von Renovierungsarbeiten bis Februar 2016.«

»Scheiße!«, sagte ich.

»Bingo!«, rief Sonny, »ein Zeichen!«

Und er reckte die Faust zum Himmel.

»Ein Zeichen?«, fragte ich und spürte, wie ihn eine große Erleichterung ergriff.

»Ja, ein Zeichen. Du hast mir die Augen geöffnet. Verdun ist überall. Verdun ist der Krieg. Und der Krieg ist überall. Es braucht kein Verdun.«

»Wir könnten nach Romagne fahren, da ist ein holländischer Freak, der stellt alles aus, was er in zwanzig Jahren auf dem Schlachtfeld gefunden hat. Gegenüber dem US-Cemetery. Dem größten in Europa.«

»Hör auf! Nein! Verstehst du es nicht? Das Schicksal hat es so gewollt, dass wir hier vor verschlossenen Türen stehen. Und dein Holländer, den ganzen Kram kenn ich bis zum Erbrechen. Mein Boss hat seine Halle voll damit. Ich brauch das nicht. Ich habe es in Ypern schon gesehen, es ist immer dasselbe, es ist immer das gleiche, es wiederholt sich. Ich brauche es nicht. Thank You for driving me! Thanks for opening my eyes!«

Und er ging zum Auto.

»Fort Vaux?«, fragte ich zögerlich.

»Nachhause«, sagte Sonny erschöpft, aber nachdrücklich.

»Oakland?«, fragte ich ungläubig.

»Voreifel. Das reicht mir erstmal«.

Der Abschied

Wir waren auf der Rückfahrt an Bastogne vorbeigekommen, fuhren durch die Ardennen, aber ich vermied es, das Fass der Battle of the Bulge aufzumachen.

Ob er das schaffen würde? Seinen Auftrag? Er, der Musiker und Maler, der Surrealist, genauso verträumt wie ich damals? Ja, er war eine Katze mit sieben Leben, einer, der sich immer wieder in neue Abenteuer warf. Aber ich hatte das Gefühl, dass er nach unserer Reise auf das Abenteuer Krieg gerne verzichten wollte.

Wir saßen abends bei mir im Dorf, der Südwest hatte einen wunderschönen Frühsommer gebracht, und die grünen Witwen scharrten wieder an der Tür.

Er aber blieb stumm.

Die Begegnung mit den Hinterlassenschaften des Krieges hatten bei ihm einen verstörenden Eindruck hinterlassen. Es war nichts mehr aus ihm herauszulocken, zu den Ideen für seinen Auftrag, dem großen World War One Panorama, die gemalten Himmel und Landschaften für die Vitrinen, die Dioramen.

Und wenn ich wieder anhob, um noch eine und noch eine Anekdote aus dem Grande Guerre auf den Tisch zu legen, nahm er einen großen Schluck Tequila. Und schwieg.

Am nächsten Morgen fuhr ich ihn wieder nach Köln zum Bahnhof. Zwei Züge früher, man wisse nie. Wir verabschiedeten uns lang und inniglich.

»Und lass es nicht noch mal zehn Jahre werden, bevor wir uns wieder sehen!«, sagte ich.

»Klar, Man, no problem. Howdy, Partner!«

»Lass uns skypen, regelmäßig. Und du weißt ja, wenn du Fragen hast, kannst du mich immer anrufen.«

»Fragen?«

»Wegen Verdun, dem Krieg, der ganzen Sache«, sagte ich verwundert.

»Ja, ach so ...«, murmelte er, und wirkte abwesend. »Werde ich machen, alter Junge.«

Wir waren wieder im Schatten des Domes, der immer noch eine Baustelle war; wir sprachen noch kurz über Melville, wie er damals ihn gesehen und in Moby Dick beschrieben hatte. So, wie wir immer alles assoziiert hatten, wenn wir durch die Städte flanierten.

Wir standen auf dem Gleis, ich fühlte mich wie damals in Nürnberg bei meinen Rückfahrten zur verhassten Kaserne. Aber diesmal war er es, der mich verlies.

»Mach's gut, Sonny! Und guten Rückflug.«

»Bye, Dude«, sagte er, umarmte mich tief und bewegt, stieg ein, und der Zug setzte sich unmittelbar in Bewegung.

Ich fuhr raus aufs Land, verkatert von der vorangegangenen Nacht, würde mich für Tage ausruhen. Auch er hatte mich geschafft. Sonny? Nein. Der Krieg. Dass ich da noch mal reingegangen war. In die bösen Felder, die schrecklichen Hinterlassenschaften, die klagenden Stimmen.

Die großen, toten, offenen Augen.

Als er zurück in den Staaten war, hat er dann alles hingeworfen. Konnte es nicht, wollte es nicht, wollte sich nicht mit dem Krieg auseinandersetzen. Sollte der Gönner doch seine Tötungsinstrumente in seine Halle stellen und sich einen Kinomaler holen oder einen Bühnenbildner. Geld genug hatte er doch. Er konnte sich jeden kaufen! Nur ihn nicht.

Sonny widmete sich wieder den Putten, die das Auge täuschenden Säulen, dem Trompe-l'œil. Und natürlich den mediterranen Badezimmerlandschaften, die die Misses so liebte.

Und ihn dafür noch umso mehr.

IV.
AM WESTWALL

Herbstlied

Das lange Schluchzen
Der Geigen
Des Herbstes

Verwunden mein Herz
Mit eintöniger
Mattigkeit.

Ganz erstickt
Und bleich, wenn
Die Stunde schlägt,

Erinnere ich mich
Der alten Tage
Und ich weine;

Und ich gehe fort
In den bösen Wind
Der mich fortträgt

Hier und dort,
Gleich dem
Toten Blatt.

(Verlaine)

Im Drachenwald

Was hatte ich in all den Jahren vom Krieg gelernt? Ich, der ich nie in einer Schlacht gewesen war? Der ich im Kalten Krieg war, dem Krieg, wo nur mit Platzpatronen geschossen wurde – im Manöver? Wo zwar auch einige starben – aber es waren »nur« schreckliche Unfälle gewesen, es war nicht vergleichbar. Auch wenn mir die Toten, die ich gesehen hatte, gereicht hatten.

Mein Großvater hatte den Krieg gesehen, war dreimal schwer verwundet worden. Hatte Orden bekommen, das Eiserne Kreuz Erster Klasse, die bulgarische Frontkämpfer-Medaille, sogar einen Orden seiner hochwohlgeborenen Majestät, des Kaisers von Österreich-Ungarn. Aber er sprach nicht darüber, schwieg. Mein Vater hatte den Krieg als Schüler erlebt, bei der Flak, und war bei Kriegsende Offiziersschüler in Kopenhagen, hatte Glück gehabt. Viel Glück. Und sprach darüber – über sein Glück.

Ich war die dritte Generation. War Obergefreiter, bewachte Atombomben am Niederrhein, war Soldat des Kalten Krieges; und wir Wehrpflichtigen scherzten über unsere Überlebenschancen, sollte der Kalte Krieg heiß werden. Zwei Minuten – es sein denn, die Soffjets blieben im Stau stecken, am Kamener Kreuz. Landser-Humor, ganz wie die Altvorderen.

Was hatte ich schon gesehen? Ich hatte das brennende Dünkirchen gesehen, aber es war weit weg gewesen, eine Erscheinung. Die großen, toten Augen des Großvaters, die hatten mich als Kind gegruselt. Aber es war im Fernsehen gewesen. Der Längste Tag, Patton, The Big Red One, das waren Filme, Gefechte hinter dem Schutz der Leinwand. Samuel Fuller, der große Regisseur, hatte gesagt: Wenn du einen realistischen Kriegsfilm zeigen willst, stell zwei Maschinengewehre neben die Leinwand und schieße ab und zu in den Saal. Dann wissen die Zuschauer, was Krieg ist. Und sein Held, Lee Marvin, der wusste, was er spielte. Er hatte den Schuss abbekommen, auf Saipan.

Was hatte ich gesehen vom Krieg? Ich dachte an Stendhal, die Kartause von Parma – und ich, ich war Fabrizio del Dongho, der naive junge Mann, der durch die Schlacht von Waterloo geritten war, auf der Suche nach dem großen Erlebnis, auf der Suche nach dem großen Krieg. Und – nach dem Kaiser. Und wie Fabrizio sah ich nur Pulverdampf, schemenhafte Umrisse, aus dem Nichts hervortretende Figuren, Generäle, Marschälle. Fragte sie, wo ER war. Wo war Napoleon? Und dann sagten sie mir, er ist doch gerade vorbeigeritten. Und ich irrte weiter wie Fabrizio – durch die Schlacht, durch den Krieg, durch die Geschichte.

Stendhal war selbst General gewesen in den napoleonischen Kriegen, er wusste, wovon er schrieb. Was sieht der Einzelne in der Schlacht? Nichts. Nach den ersten Kanonenschüssen legte sich schwerer Pulverdampf über das Schlachtfeld, die Konturen verwischten sich und der Einzelne nahm nur seinen kleinen Ausschnitt wahr. John Keegan hat es in seinem Meisterwerk »Das Antlitz des Krieges« genauso beschrieben. Man braucht nur dieses Buch, um es zu verstehen.

Mit Victor Hugo war es ganz anders. Er hatte alles gesehen. Und was er nicht gesehen hatte, das stellte er sich vor. Er malte die Geschichten aus, die ihm die zweifelhaften Schlachtfeld-Guides erzählt hatten. Spann die Legenden weiter, schuf den Mythos der ruhmreichen Niederlage. Nachts wanderte er über die traurige Ebene von Mont-Saint-Jean und traf den Kaiser. Aß mit ihm Fritten im Hôtel de Colonne. Beendete dort die »Miserables«.

Nur wenig später, 1870/71, sah sein Schriftstellerkollege Fontane den echten Krieg – aus der Distanz. Der nüchterne Beobachter der Schlachten von Gravelotte, Wörth und Sedan. Eingebetteter Journalist, würden wir heute sagen.

Dann kam der Erste Weltkrieg. Und jetzt kamen die Frontsoldaten, die jungen Offiziere, direkt vom Gymnasium mit Goethe, Schiller, Homer an die Front. Hatten die Ilias gelesen und versuchten, den Schrecken in ihre Worte zu fassen. Die heroisch Begeisterten, die fielen bald. Und die, die es überlebt hatten, schufen eine neue Form der Literatur. Liest man Jünger, sieht man den kleinen Ausschnitt des Grauens und des Schreckens vor dem Schützengraben. Das Blickfeld, das Schussfeld.

Maurice Genevoix war der Größte. Ihm, dem Besten seiner Klasse an der École Normale Supérieure, hatte sein Lehrer den Auftrag gegeben, jeden Tag von der Front, aus dem Krieg zu berichten. Und so entstand, noch mitten im Krieg, 1916 das Buch »Sous Verdun«, »Unterhalb von Verdun«. Er machte es zu seiner Lebensaufgabe, seiner Generation – den Kriegern, mit denen er an der Vaux Marie und auf Les Éparges gekämpft hatte – ein literarisches Denkmal zu setzen. 1949 erschien das Gesamtwerk, »Ceux de 14«, »Die von 1914«.

Einer seiner Bewunderer war Jean Norton Cru, der Literaturkritiker, Franco-Amerikaner, Frontkämpfer des Ersten Weltkrieges. Cru las an die achthundert nach dem Krieg publizierten Bücher über die Fronterlebnisse, analysierte sie und veröffentlichte seine Arbeit 1929 unter dem Titel: »Témoins« (Spätere Kurzfassung: »Du Témoinage«). Auf Deutsch erschien es noch kurz vor der Machtübernahme der Nazis unter dem Titel: »Wo ist die Wahrheit über den Krieg?«

Er war es, der als Erstes die Bilder, die immer wieder reproduziert wurden, hinterfragte: wie die der Ströme von Blut, der Berge von Leichen, der heroischen Bajonettangriffe auf die vom Feind besetzten Höhen. Und er wies nach, dass es diese Bilder so nie gegeben hatte. Dass sie sich in Beschreibungen von Männern fanden, die weit hinter der Front gewesen waren – oder schlimmer noch, von Journalisten, die nie einen Fuß in den Schlamm und das Elend der Schützengräben gesetzt hatten. Für Jean Norton Cru waren die einzig wahren Zeitzeugen die Frontkämpfer. Vom einfachen Soldaten bis höchstens zum Major. Der Rest hatte in den Chateaus hinter der Kampfzone gesessen und die Schrecken des Krieges an sich vorbeiziehen lassen, mit Champagner und angenehmer Begleitung. So, wie es C. S. Forester in »The General« beschrieben hatte.

Die Ströme von Blut und die drastischen Schilderungen – zum Beispiel der Kopf des Hauptmanns, der von einer Granate abgerissen wurde, vorbeiflog und seinem Untergebenen noch zurief: »Herr Leutnant! Übernehmen Sie!« –; das makaber-komische Bild, dass ich so früh in Krefeld in der Lohstraße gehört hatte, die übernahmen jetzt die deutschen Kriegsliteraten der dreißiger Jahre, die Beumelburgs, die Ettighofers. Nach dem Motto: »Geschlagen zogen wir nach Haus, die Jungen fechten es besser aus« marschierten die Landser mit dem nationalistischen Buchstabenschrott im Tornister in den nächsten Krieg, in den Untergang, den Tod.

Der moderne Krieg wurde der neue Schauplatz der Literatur, jetzt mussten die Autoren direkt dabei sein, mit Stift und einem Blatt Papier an vorderster Front. Und so kam – nach dem Spanischen Bürgerkrieg und dem Welterfolg von »Wem die Stunde schlägt« – der Schriftsteller Ernest Hemingway als Korrespondent für das Magazin »Collier's« auf den westlichen Kriegsschauplatz und machte sich gleich ans Werk. Auf der Jagd nach dem Stoff für seinen Roman. Den größten Roman des größten Schriftstellers über den größten Krieg, den die Menschheit je gesehen hatte.

Und so beschrieb er den D-Day, die Landung in der Normandie ganz so, als hätte er selbst die Truppen nach Saint-Laurent-sur-Mer geführt. Da war es nur nebensächlich, dass er gar nicht in das Landing craft hinabgestiegen und schon am Nachmittag des 6. Juni wieder zurück in London an der Hotelbar war. Muss man ihn verdammen? War er ein Großmaul? Ein Lügner?

Mit Sicherheit war ein guter Geschichtenerzähler, und er war einer, der immer mittendrin war, weiter vorn als seine Korrespondentenkollegen und -kolleginnen. Das musste man ihm lassen. Er liebte die Gefahr und machte sich Colonel Lanham, den Kommandeur des 22. Regiments, zum Freund. Hemingway war mit dabei beim Stab und ganz in seinem Element.

Und so kam er am 11. September 1944 in der Nähe von Winterspelt über die Our, über die Reichsgrenze, an den Westwall.

»Im Wald, da wo die Drachen hausen«.

»Krieg an der Siegfried-Linie« ist ein guter Text. Er ist eine Geschichte in der Geschichte in der Geschichte. Man muss sie genau lesen, um herauszufinden, wer eigentlich gerade spricht – und die Person, die mit Ernie angesprochen wird, ist eben nicht Hemingway. Wer ihn als Held der Story sieht, hat die Interpunktionen, die Anführungsstriche, die verschiedenen Erzählebenen nicht verstanden. Und? Hemingway war gar nicht dabei. Tatsächlich war er am Tag der Einnahme der Bunker in der Schnee-Eifel shoppen in Luxemburg, hatte sich nachher alles erzählen lassen – von Captain Blazzard. Er hatte ihm genau zugehört, denn die Reportage deckt sich eins zu eins mit den After Action Reports.

Den Hürtgenwald, mit dem er immer assoziiert wird, den beschrieb er nur auf zwei lumpigen Seiten im Roman »Über den Fluss und in die Wälder«. Er hatte diesen in Venedig geschrieben, genauer gesagt im kleinen Dorf Torcello in der Lagune in Ciprianis Bar, die mir später, als junger Künstler, zu teuer war. Ich saß gegenüber in der Villa Seicento, entwarf mein erstes Bühnenprogramm, 35 Jahre, nachdem Hemingway hier gewesen war. Beim Schreiben schaute ich rüber auf die Bar, seinen Tisch, auf der anderen Seite des Kanals, im Schatten der uralten, mächtigen Basilika.

Hemingway hat den Hürtgenwald in G.I.-Sprache erzählt, wollte bewusst zynisch sein. Er sagte – in der Figur des alternden Colonels – dass man die jungen Rekruten einfach an der Stelle, wo sie ausgeladen worden waren, hätte erschießen sollen, anstatt sie weiter an die Front zu bringen. Das wäre billiger gewesen. Dann erwähnte er den arschnackten Hügel vor Großhau – dann ist die Hürtgenwald-Episode vorbei.

Es war sein vorletzter Roman. Und sein schlechtester. Aber dann, nur ein Jahr später, kam noch mal die Urgewalt des Schriftstellers zum Vorschein – mit »Der Alte Mann und das Meer«. Die Novelle, die maßgeblich dazu beitrug, dass er 1954 den Literaturnobelpreis bekam.

Der alte Mann, das ist er, Hemingway. Der Geschichten-Fischer, der rausfährt in den Zweiten Weltkrieg und mit dem großen Schatz zum Heimathafen zurückkehren will. Dann kommen die Haie, die mediokren Schriftsteller, die untalentierten Tintenpisser, die Diebe – und nehmen ihm seine Stories weg, reißen sie aus dem Fisch heraus und am Ende kommt er nur noch mit dem Gerippe zurück und stirbt. Das hatte er zehn Jahre vor seinem Selbstmord geschrieben. Und das, das ist der Roman von Hemingway, über Hemingway im Krieg.

Als ich später den Hemingway-Trail im Hürtgenwald einrichtete, kamen wütende Nazis, schimpften, er, Hemingway, sei ein Kriegsverbrecher gewesen, hätte – so habe er es selbst geschrieben! – 123 Deutsche kaltblütig erschossen.

Ja, hat er geschrieben, er, das Großmaul, der Geschichtenerfinder. Er hatte auch André Malraux erzählt, er hätte 2000 Widerstandskämpfer angeführt.

Ich dachte an Tucholsky, dachte an die Faschisten, die man küssen sollte. Ich aber wedelte mit Geld.

»Ich gebe jedem 5000 Euro, der mir den ultimativen Beweis erbringt, dass Hemingway 123 Deutsche erschossen hat!«

Es hat sich keiner gemeldet.

Das Geld habe ich noch heute.

Latrinen-Predigten

Der Hürtgenwald, der war nicht mehr der deutsche Wald, den Hemingway beschrieben hatte. Der war eine Chimäre, ein nachgemachter Forst, in dem auch keine Drachen mehr hausten. Der deutsche Wald, der war schon lange tot und untergegangen. Die großen Buchen in den Meilern zu Holzkohle verarbeitet, für die Verhüttung der Erze, die man aus dem Eifeler Untergrund ausgrub; die Eichen gefällt für die Flotte von Boulogne, die nie zum Einsatz gekommen war.

Als Tranchot 1804 im Auftrag Napoleons ins Rheinland kam, um die neuen Departments zu vermessen und zu kartographieren, fand er nur noch Reste der einst mächtigen Wälder vor. Statt b für Bois musste er an vielen Orten das br einzeichnen. Es stand für Bruyères, Heidelandschaften. Und oben auf dem Eifel-Plateau fand er Moore und Sümpfe, das Hohe Venn, die Hautes Fagnes, wo es über 1800 Liter im Jahr regnete – geschuldet den schweren flandrischen Wolken, die, vom Meer kommend, sich dort brachen.

Die Romantik griff den Mythos vom deutschen Wald auf – seiner Sagen und Legenden – als er bereits Geschichte war. Die Maler malten ihn wie Caspar David Friedrich den Chasseur, der todesfürchtig vor ihm stand, die Gebrüder Grimm belebten seine Vergangenheit mit den Märchen aus finsterem Tann.

Die Preußen waren da praktischer, sie brachten die Fichte mit und forsteten die ruinösen Brachlandschaften wieder auf. Der »Prüüßeboom«, wie ihn die Einheimischen nannten. Mit ihm kam der preußische Förster mit dem Schießgewehr und vertrieb die Bauern mit ihrem Kleinvieh aus den Schonungen, damit der Wald auch gut gedieh. Die Preußen brauchten Holz zum Bauen und für den Bergbau. Die Fichtenstämme fanden Verwendung in den Bergwerken des Kohlereviers von Aachen und Alsdorf. »Die Fichte spricht mit dem Bergmann«, sagten die Bergleute; denn wenn der Druck im Deckgebirge zu stark wurde, sangen die Fasern und schlugen Alarm.

Die Preußen dachten ökonomisch, die Preußen dachten militärisch. Sie fanden eine tadellose Sperrlandschaft vor. So, wie die Marschen Flanderns während der Schlammperiode die fremden Heere verschlangen, waren es hier die dicht gepflanzten Fichtenwälder mit den wenigen Passagen, die für Armeen kaum passierbar waren. Hinter den Grenzwäldern lagen die tiefen Schluchten, geformt von den abfließenden Wassern des Eifeler Quellplateaus. Die kleinen Bäche und Flüsse mit den ähnlich klingenden Namen: Rur, Our, Sour, Kall, Kyll, Erft, Urft.

Dann kamen die Militär-Eisenbahnen. Gebaut für den Schlieffenplan, der dann nicht funktioniert hatte. Es waren in-Die-Mitte-des-Nichts führende zweigleisige Hauptstrecken mit maximal einem Prozent Steigung, für Militärtransporte angelegt. Und so, nach der Remilitarisierung des Rheinlands, waren sie bestens geeignet für die schweren Güterzüge mit dem Material für den Westwallbau, Sand, Kies, Zement, Moniereisen, Schalungen. Fast 8000 Bunker in kürzester Zeit, gebaut von Bilfinger-Berger und Hochtief, unter Leitung der Organisation Todt – mit Hitlerjungen, Reichsarbeitsdienstmännern und Dienstverpflichteten aus den großen Städten im Norden für die Hand- und Spanndienste.

Der Westwall, geplant von den Pionieren nach dem Vorbild der Hindenburglinie von 1917, als offene Feldstellung mit Bunkerschwerpunkten, war mehr Propaganda als Pendant zur Maginot-Linie. Aber er erfüllte seine Aufgabe in Gänze. Einer der Abschnitte der alten Hindenburglinie hieß Siegfried-Stellung, so bekam der Westwall seine angelsächsische Bezeichnung, Siegfried Line, auf der die Tommies ihre Wäsche aufhängen wollten – wie im Schlager von 1939 besungen.

1940 kamen über die Gleise die Transporte für die Panzergruppe Kleist und den Angriff auf die neutralen Beneluxstaaten und auf Frankreich – von hier aus, aus der Eifel nach Westen.

Im Sommer 1944 schlug der Wind des Krieges um, die US-Truppen standen am Westwall, aber es war ihnen der Sprit ausgegangen. Und nach dem Sommer der Siege lief alles schief.

Montys gescheitertes Abenteuer Market Garden: Goebbels jubelte und predigte dem NS-Volk, dass man die Sache wieder drehen könne, dass es nur eine Frage des Glaubens sei, und schließlich – der Endsieg! Er verwies auf den Stellungskrieg im Westen, wo die »USA-Truppen« nun feststünden; und er erfand die Verlustzahlen und die Erzählungen, die noch heute fest in den Köpfen verankert sind. NS-Propaganda, nichts ist böser und subtiler als sie. Und dann schlug auch noch das Wetter um. Das Wetter, wie immer. Pattons 3. US-Armee versank im Schlamm bei Metz und an der Mosel, Hodges 1. Armee zwischen Aachen und Monschau. Am Westwall, mit der vorgelagerten Höckerlinie, dragon teeth, dem Panzerhindernis. Im Wald, da wo die Drachen hausen.

Über Hamburg und Köln kam ich in die Voreifel an den Fuß des Hürtgenwalds, dann wurde er zu meiner neuen Arbeitsstätte. Zum 60. Jahrestag, 2004, bereitete ich eine große Veranstaltungsreihe vor – jetzt war auch ich ein Pulverdampf-Plauderer, ein Latrinen-Prediger, ein Battlefield-Guide. Ich führte Tausende von Menschen durch den Wald, hatte Schauspieler dabei, die Texte von Hemingway und anderen vorlasen. Ich machte Bustouren wie das »rollende Hörspiel« – sie waren auf Jahre ausverkauft.

Aus den Touren entstand der Film »You Enter Germany«. Er wurde ein riesiger Erfolg, die DVDs gingen weg wie geschnitten Brot. Ich richtete die historisch-literarischen Wanderwege ein: auf den Spuren der Schlacht, begleitet von den Autoren. Dazu entwarf ich einen Multi-Media-Guide für Smart Devices, zwei Jahre, bevor es das iPhone überhaupt gab. Am Ende hatte ich Jahre in den Wäldern verbracht, vor allem im Winter, zusammen mit meinem Freund Tom, der mit der Kamera dabei war und mir mit Rat und Tat zur Seite stand.

Ich wollte den Kämpfen am Westwall ein Gesicht geben, einen verantwortungsvollen Umgang mit der Vergangenheit einfordern, Respekt vor der Geschichte. Aber es sollte nicht lange dauern, da begann ich zu zweifeln, ob ich damit durchkommen würde.

Es kam der Moment, da fühlte ich mich betrogen. Man hatte mir einen Bären aufgebunden. Ich war ihnen auf den Leim gegangen, den falschen Zahlen, den Behauptungen und Mythen aus den Tüten der Nazipropaganda. Ich konnte so nicht weitermachen, fühlte, dass die Legende stärker war. Die Legende, von der sie alle sangen, im Männerchor, im Heimatverein. Das Lied von der Legende vom Hürtgenwald. Und das ging so:

Der Krieg – ein fürchterliches Wesen, ein Monster, ein Oger – war über die unschuldigen Dörfer der Eifel hergefallen. Die deutschen Landser hatten sie heldenhaft verteidigt, der Heimat den Rücken freigehalten, hatten gekämpft unter den Augen ihrer Frauen und Kinder. 56.000 Tote hatten die Amerikaner hier erlitten – und wenn es wirklich so gewesen wäre, wie es in der Legende von der Schlacht im Hürtgenwald gesungen wurde, dann wäre es der größte deutsche Sieg im Westen gewesen. Oder der größte Verlust in einer einzelnen Schlacht der US-Truppen in allen Kriegen! Und natürlich stimmte das nicht. Die einfache Wahrheit dahinter hätte jeder nachlesen können. Aber sie war so umgestellt von den berauschenden Geschichten und blutigen Märchen, das auch ich sie nicht gesehen hatte.

Noch nicht einmal Böll. Ich hatte seinen Essay verwendet, »You Enter Germany«, und war geblendet von der Berühmtheit des Autors, sodass mir nicht auffiel, dass auch er der Propaganda auf den Leim gegangen war. Sein ganzer Text war durchsetzt mit Formulierungen und Worten aus den Heimatblättern, jenen Geschichten vom Krieg, der über die Dörfer gekommen war – wie der nackte Kriegsgott Mars – auch den hatte Goya gemalt, diesen Riesen, der dem Betrachter bedrohlich den Rücken zuwendet, hinter dem Gebirge, die Schultern von Wolken umweht.

Es war wie bei Victor Hugo. Ihn hatte ich mit Bewunderung gelesen und nicht hinterfragt. Der Hohlweg, Cambronne, die magischen Gewitter, die Erfindung der ruhmreichen Niederlage. Auch Böll hatte ein ideologisches Ziel, der er seine Erzählung unterwarf – die Mahnung an die heutigen Kämpfer, an die

Bundeswehr und die US-Army, an die seiner Meinung nach kriegstreiberische NATO. Mir kam der Apostel Hinkebein in den Sinn, der uns damals in Krefeld ermahnt hatte.

Wenn du hier weiterarbeiten willst, sagte ich mir, dann musst du der Sache auf den Grund gehen. Ich arbeitete mit Historikern zusammen und ich wunderte mich, wie einfach es war, an die wahren Zahlen zu kommen. Da standen sie: Für die 1st US-Army waren von Mitte September bis Mitte Dezember – also dem Vorabend der Ardennen-Offensive – genau 7021 Tote angegeben. Die 1st US-Army hatte nicht nur im Hürtgenwald gekämpft, sondern auch in Aachen, in Stolberg und der Schnee-Eifel. Und die deutschen Toten? Die Soldatenfriedhöfe waren keine statistische Größe, denn viele sind gar nicht in Vossenack und Hürtgen beerdigt, sondern in Belgien auf dem Soldatenfriedhof in Lommel. Bedenkt man, dass die Wehrmacht gemäß ihrer Doktrin des Gegenangriffs den gleichen brutalen Bedingungen der Waldkämpfe ausgesetzt war, dann ergibt sich – nach Meinung der Historiker – eine Zahl von etwa 12-16.000 Soldaten, die in den Kämpfen im Hürtgenwald bis Ende Februar 1945 gefallen sind – je nachdem, wie man die Kampfregion geographisch definiert. Und das ist sehr viel! Es war nicht das »Stalingrad des Westens«, als dass es Paul C. Ettighofer, der Autor des Verdun-Buchs – der nach dem Krieg in die Eifel gezogen war und eine Serie für die Kölnische Rundschau geschrieben hatte –, bezeichnet hatte. Es war auch nicht das »Verdun der Eifel«, wie es der stellvertretende Landrat des Kreises Monschau genannt hatte. Stalingrad? Verdun? Die Superlative, die mussten unterfüttert werden. So brauchte man eben die 68.000 Tote, sonst wäre es mit Verdun und Stalingrad nicht weit her gewesen.

Die wirklichen Toten hätten gereicht. Es war alles mit Minen verseucht, mit Blindgängern durchsetzt – dann brannte der zerschossene Wald ab, im Sommer 1947. Die Bilder des Waldbrands – die Hermann Claasen fotografisch festhielt und in der Broschüre »Hürtgenwald und Rurlandnot« verbreitet wurden –

zeigten das ikonische Bild einer alles verschlingenden Schlacht, nur vergleichbar mit Flandern und der Somme. Man sah die verkohlten Baumstümpfe in der trostlosen, verbrannten Erde, dazwischen die bleichen Knochen der Toten.

So nahm das Lied der Legende vom Hürtgenwald seine Fahrt auf, vermischte sich mit den Legenden vom Drachenwald, von Siegfried, dem Drachentöter – und von Arminius, von Hermann dem Cherusker. Die Legende der Germanen, die mit dem Wald verbündet waren, und die fremden Herren, die Römer, aus dem Land geworfen hatten. Hier im Hürtgenwald hatte es am Ende nicht geklappt, so hatten sich die Götter nach Walhall zurückgezogen, zur großen Dämmerung. Oder, einer anderen Version des Liedes zufolge, hatten sich die G.I.s, wie Hänsel und Gretel, im deutschen Tann verlaufen, waren von der Hexe gefangen genommen worden, hatten aber am Ende die Hexe in den Ofen gestoßen und verbrannt. Und die Hexe? Die war dann Adolf Hitler.

Und der war die treibende Kraft hinter dem Krieg, bei dem im Reich fast alle mitgemacht hatten. Als das VII. US-Korps Mitte September von Roetgen nach Schevenhütte vordrang, bis an die zweite Westwall-Linie, war es Hitler selbst, der seinen ehemaligen Heeresadjutanten Oberst Engel mit der 12. Infanterie Division an die Front schickte, um die Lücke zu schließen. Er brauchte den Hürtgenwald für seine letzte verzweifelte Offensive, die Operation »Wacht am Rhein«. Noch einmal nach Antwerpen, den Hafen erobern, die Westalliierten trennen, einen Separat-Frieden diktieren – und dann wieder Richtung Moskau. Und Hitler klammerte sich an diesen größenwahnsinnigen Plan.

Und ich sagte mir, dass ich bei der Arbeit über die Schlacht im Hürtgenwald ab jetzt sagen würde, ja müsste:

»Es war eine weitere Schlacht in einem Vernichtungskrieg, der nur eins zum Ziel hatte: die Erringung der Weltherrschaft, die Ausrottung der Juden, der Slaven, der Homosexuellen und aller Feinde des Deutschen Reiches, die Unterdrückung der Nachbarvölker. Und die Kämpfe im Hürtgenwald waren ein Teil davon, lasst es uns nie vergessen!

Und deswegen kann man Tötungsinstrumente nicht einfach ausstellen, wertneutral, ohne NS-Bezug. Da war nichts wertneutral.

Auch die Schlacht im Hürtgenwald war ein Teil dieses Krieges, des Eroberungs-, des Vernichtungskriegs, des Krieges, der den Holocaust ermöglichte.«

Das nahmen sie mir übel, das wollten Sie nicht hören. Das war nicht ihre schöne Schlacht, mit der man Touristen, Schlachtenbummler, anlocken wollte.

Den Krieg darstellen? Ja. Aber nicht so!

Hatte man es zu ihnen heraufgeschafft, den Angehörigen des renitenten Bergvolkes, und legte sich mit ihnen an, brachten sie einem ihr schlagendes Argument entgegen, dem nichts mehr entgegenzusetzen war: »Sie sind nicht von hier. Und Sie waren auch nicht dabei!«

Du Témoinage – Zeitzeugen

Ich bin nicht von hier? Und – ich war auch nicht dabei gewesen? Ja, da hatten sie recht. Ich war nicht von hier. Ich war nicht bei der Schlacht dabei gewesen. Gott sei Dank nicht. Ich war auch nicht in Waterloo dabei gewesen. Ich war nicht in Issos drei-drei-drei dabei gewesen. Und trotzdem wusste ich, was dort passiert war. Wer wollte, der konnte sich der Geschichte öffnen, konnte durch den Pulverdampf und den Nebel des Krieges das Grauen, das Elend, den Tod, die Verwundung sehen – das, was den Krieg ausmacht. Dazu musste ich nicht von hier stammen. Was sollte das, das »von hier stammen«? War man so dem Krieg näher? So wie Norbert Brassine in Waterloo in seinem Wachsfigurenkabinett, seiner napoleonischen Bratbude und seiner Friterie?

Du kannst die Veteranen interviewen, aber auch sie werden dir nicht die ganze Wahrheit erzählen. Über das schlimmste Grauen werden sie schweigen. Ich erinnere mich an den Zeitzeugen Fritz Tillmanns, ja, der hatte erzählt und erzählt und erzählt. Und er war jemand, der das, was er erzählte, wirklich erlebt hatte. Ich weiß es. Seine Geschichten ließen sich nachprüfen. Obwohl sie sich über die Jahre geformt hatten, war der innere Kern, der Nukleus, erkennbar. Aber auch er ließ die schrecklichen Momente aus.

»Dann sprang ich in den Granattrichter. Da hatte jemand vorher seine Notdurft drin gemacht, aber in dem Moment achtet man ja da nicht drauf. Und dann weiß ich nicht mehr, wie es weiter ging. Ich erwachte auf dem Verbandsplatz von Kloster Mariafeld, dann kam ich ins Lazarett. Danach ging es wieder in den Krieg, diesmal in die Ardennen.«

Die Zeit seiner Verwundung und seiner Genesung, darüber wollte er nicht reden.

«Unten im Kalltal, an der Brücke, da lag ein toter amerikanischer Soldat, er hatte eine schöne Armbanduhr und ich wollte sie ihm abnehmen. Aber als ich mich ihm näherte, starrten mich seine großen, offenen, toten Augen an, und ich zuckte zurück. Ich habe ihm die Uhr nie abgenommen.«

Die Geschichte habe ich ihm geglaubt. Warum? Hätte er die Uhr genommen, hätte er sie mir niemals erzählt. Und die toten offenen Augen, die konnte ich mir nur zu gut vorstellen. Die Höhlenkinder, der tote Großvater.

»Sie fragen mich nach dem Waffenstillstand unten an der Brücke? Ich habe davon nie gehört. Jeden Morgen, hier oben bei den drei zurückgelassenen Shermans, nahm ich mein MG 42, und, nachdem ich es gereinigt hatte, feuerte ich ein paar Stöße in den gegenüberliegenden Hang. Dort, wo leichter Rauch aus einem Blockhaus kam. Jetzt, wie Sie es sagen, war es der amerikanische Verbandsplatz – die Aid Station! Aber das wusste ich damals nicht. Ich habe es erst durch Sie erfahren, bei der Gedenkveranstaltung unten an der Brücke. Als Sie das Denkmal eingeweiht haben.«

Dann ging ich mit ihm in die Mestrenger Mühle, wir tranken einen Kaffee und er hörte wieder nicht auf zu erzählen, von seiner Kriegsgefangenschaft in Frankreich, wo er als Koch gearbeitet hatte, wo er gemaggelt hatte – und wie er dann seinen Schatz, drei goldene Uhren, in einer selbst gebastelten Gitarre versteckt hatte – aber nicht im Corpus. Da hatte er eine ganz billige reingetan. Die französische Wache griff wissend in das Instrument und holte strahlend die vermeintlich teure Uhr heraus. Er sagte nichts. Dann kam er nach Hause, seine Mutter fiel ihm um den Hals. Er und seine vier Brüder waren alle im Krieg gewesen, und alle waren wohlbehalten zurück. Was er doch für eine schöne Gitarre dabei hätte, sagte sie. Er nahm sie und zerschlug sie an der Wand. Die Mutter erschrak, und dann holte er strahlend die drei goldenen Uhren hervor. Von deren Erlös kamen sie über die schweren Nachkriegsjahre.

Da war ein anderer Mann. Ich stand mit ihm auf dem Friedhof von Vossenack; der Kameramann und der Assistent bauten ihr Equipment auf, er schien erschüttert von diesem Ort. Er hatte ein markantes Gesicht über dem Einstecktuch, ein gutsitzendes Sacco unter dem schwarzen Mantel. Es war, wie immer, windig und nass hier oben, auf 530 Metern über Normalnull. Die fetten Regenwolken wehten vom Kanal und Belgien zu uns her. Ich wartete mit Spannung auf das, was er mir jetzt erzählen würde. Tom gab mir ein Zeichen, die Kamera lief.

Ich machte eine Klappe mit meiner Hand und sagte: »Achtung! Und – bitte! Erzählen Sie mir, wer sie sind und warum sie hierhergekommen sind.«

Und er erzählte, dass er gehört hatte, dass ein einzelner Mann, Julius Erasmus, begonnen hatte, die vielen verstreut herumliegenden Leichen aus den Wäldern zu bergen, aus den Minenfeldern, um sie hier auf dieser Höhe zu bestatten. Ihnen eine letzte Ruhestätte zu geben und ihren Angehörigen eine Gewissheit, dass sie einen Ort hatten, an dem sie ihrer gedenken konnten. Und dann – brach er ab.

Ich versuchte, ihm zu entlocken, in welcher Einheit er gekämpft hatte, hatte ein Gefühl, eine Ahnung, dass er vielleicht zu der Kampfgruppe der Offiziersschüler gehört hatte, sprach ihn darauf an, aber er wurde stocksteif, wurde blass – und ich verzichtete auf weitere Fragen.

»Sie wissen, was posttraumatische Belastungsstörungen sind«, sagte er zu mir.

»Ja, ich weiß es. Ich weiß es nur zu gut«, sagte ich und dachte an Karl und seine Gespenster, die er aus den Karpaten und den venezianischen Alpen mitgebracht hatte und die durch sein Herrenzimmer auf der Roonstraße getobt waren, mit ihm getanzt hatten – mit ihm, der die Niederlage nie überwunden hatte. Und ich dachte an Salinger, der hier oben beim Stab eingesetzt war, nahe der Frontlinie, und der in seinem Leben nie mehr über den Hürtgenwald gesprochen hatte.

Ich drückte mein Verständnis aus und wir verabschiedeten uns, er wurde zurück nach Düsseldorf gefahren. Der andere Veteran, der sich mir als Interviewpartner angeboten hatte, drängte darauf, endlich zum Bunker gefahren zu werden.

Wir fuhren los; der Mann vom Volksbund, der die beiden Veteranen mitgebracht hatte, folgte mit seinem VW-Bus hinter uns her, tief in den Wald am Ochsenkopf. Vorbei am Denkmal für Robert Cahow – den man erst im April 2000 gefunden hatte –, den Trümmerresten der Bunker, die links und rechts der Baustraße, dem Mittelweg, noch zu finden waren. An der hinteren Kurve erreichten wir den Bunker 107, zu dem wir hinuntergingen.

Ich war mir nicht sicher, was ich jetzt erfahren würde, aber es stellte sich heraus, dass unser Veteran ein Quell sprudelnder Erzählungen war. Er war nicht zu bremsen. Er erzählte die Schlacht von Anfang bis zum Ende. Er beschrieb den Wald, wie dunkel er gewesen war, viel dunkler als jetzt. Mit den Ästen, die knackten und einen verrieten, wenn man sich an den Feind heranschlich. Er beschrieb die Szenerie, wie die Granaten bereits in den Baumgipfeln explodierten und die Splitter herumflogen – Holz und Stahl gemischt. Er erzählte von der Kälte, vom Schnee, und wie die Amerikaner sich in dem tiefen deutschen Wald verlaufen hätten und es erst nach unglaublich hohen Verlusten im darauffolgenden Jahr über die Rur geschafft hätten.

Ich bedankte mich bei ihm. Wir hatten wirklich etwas im Kasten! Bestes Interview-Material, das würde die Dokumentation aufpeppen.

Ein halbes Jahr saß ich im Schneideraum, immer wieder schaute ich mir die Interviews an, solange, bis sie in meinem Kopf hingen und zu jeder Tages- und Nachtzeit abrufbar waren. Und so, wie es ist, wenn man diese Stimmen im Kopf hat, so passierte es, dass, wenn ich danach ein Buch las oder einen Film anschaute, ich plötzlich zu mir sagte: Das kenne ich doch alles – alles, was der Mann gesagt hatte! Wortgleich, satzgleich! Ich fand die Stellen in den Büchern. Er konnte gut Englisch und er hatte sich das alles übersetzt!

Und es stellte sich heraus, dass er in Wirklichkeit nur zehn Tage im Hürtgenwald war. Und zwar Anfang September 44, als die Kämpfe noch gar nicht begonnen hatten. Der Rest? Hatte er eben aus Büchern und Filmen.

Was ist wahr? Und was ist nicht wahr? Was ist die Wahrheit über den Krieg? Der da, der konnte sie nicht erzählen. Er war ein Soldat gewesen, aber kein Kämpfer im Hürtgenwald. Aber die Stories beherrschte er perfekt.

Die, die im Hürtgenwald waren, die hatten ihn wirklich erlebt, und es war kein Platz für höhere Offiziere. Da gab es kein Chateau, kein Schloss mit Kaminzimmern und angenehmer Begleitung. Da gab es gerade mal den klapprigen Wohnwagenanhänger, in dem Colonel Lanham, der Kommandeur des 22. Regiments, mit Hemingway saß. Schussfest war der nicht, der Trailer. Das war weit hinten im Hürtgenwald gewesen, an einer Stelle, die so gut wie keiner kennt. Man musste etwa sieben oder acht Kilometer dorthin laufen. Kein Haus, keine Straße, nur ein Weg und dann über den Fluss und in die Wälder, hoch Richtung Five Points – und wenn man schlau war, dann fand man die Stelle, wo der Wohnwagen gestanden hatte. Und die Stelle, an der Hemingway von den Deutschen überrascht worden war, dort, wo er wirklich zur Waffe gegriffen hatte. Das hatte Lanham, später, in einem Brief bestätigt.

»Weißt du noch damals, an jenem düsteren Tag im Hürtgenwald, als die Deutschen uns im Rücken angriffen?«

Und an anderer Stelle schrieb er »...und dann sah ich ihn, E. H. Und diesmal war er bewaffnet und diesmal benutzte er die Waffe.«

Und es wäre okay gewesen, denn er befand sich in Notwehr. Versprengte Deutsche hatten versucht, im Schutz der Dämmerung nach Süden auszubrechen, und waren mitten in den Gefechtstand des Regiments gelaufen.

Ich fand ihn, nach alten Lagekarten. An der vermuteten Stelle lagen alte Batterien, ein Beweis, dass sich hier mal ein CP, ein Command Post befunden hatte. Er musste hier gewesen sein, Hemingway im Hürtgenwald. Die große Story, wie Ernest Hemingway auf die Krauts geschossen hatte. Aber wirklich hören wollte sie am Ende keiner, die wahre Legende von Ernie im deutschen Drachenwald.

Das ist es, was mir einfällt, wenn ich an den Hürtgenwald zurückdenke. Wenn man dem Krieg zu nahekommt, ergreift er einen, wie ein Monster. Nur nicht auf Augenhöhe mit ihm sein wollen. Man muss über ihm stehen, ihn auslachen. Genauso wie Victor Hugo Cambronne beschrieben hatte, den Titan, der dem Tod gegenübertrat und der Geschichte ein »Scheiße!« ins Gesicht schrie.

Ja, »Scheiße!« muss man dem Krieg ins Gesicht schreien. Das war und ist die einzige Antwort, die es gibt.

Und dann machte ich Schluss mit dem Hürtgenwald, packte wieder meine Sachen, so wie ich sie früher packen musste, wenn wir in eine andere Stadt gezogen waren. So wie ich sie nach der Rückkehr von London gepackt hatte, wie ich sie am letzten Tag in der Kaserne gepackt hatte, als es endlich wieder in die Freiheit ging. Und so, wie ich sie in Wien, Hamburg und Köln gepackt hatte und raus aufs Land gekommen war, in die Voreifel.

Wo ich jetzt lebte, in der Ruhe, in der Abgeschiedenheit, in der Einsamkeit. Und ich fühlte mich hier wohl. Ich drehte weitere Filme, schrieb und fotografierte die Eifeler Unterwelten. Machte rollende Hörspiele in die »Steinreiche Eifel« – den unterirdischen Lava-Abbaugebieten und Steinbrüchen nahe dem Laacher See – und an die Mosel, bereitete neue Themen und Geschichtstouren vor.

Dann --- kam Corona.

V.

ZUM EWIGEN FRIEDEN

Der Schläfer im Tal

Ein grüner Winkel, wo im engen Bette munter
Das Bächlein singt und Silberfetzen aufgeräumt
An Gräser hängt, wo von dem stolzen Berg herunter
Die Sonne glänzt, ein Tal, das hell im Lichte schäumt.

Ein junger Krieger schläft barhaupt mit offnem Munde,
Der Nacken badet tief im frischen blauen Kraut,
Der bleiche Jüngling dehnt sich auf dem weichen Grunde,
Das grüne Lager ist vom Sonnenlicht betaut.

In Lilien ist der Fuß gebettet, um die Wangen
Spielt eines kranken Kindes Lächeln, das umfangen
Vom Traume ruht. Natur, umhüll ihn warm und gut,

Denn ihm ist kalt. Die Brust trinkt nicht der Blumen Düfte,
Er schläft im Sonnenbrand, die Hand auf seiner Hüfte,
Darunter sickert aus dem Herzen rotes Blut.

(Arthur Rimbaud)

Im Lazarett

Was ist der schlimmste Moment im Krieg? Es ist der Moment, in dem du selbst getroffen wirst. Der Moment, der über dein Leben oder deinen Tod entscheidet. Du wirst den Luftdruck spüren, kurz, bevor das kleine Projektil in dich eindringt, bevor der Granatsplitter dein Fleisch aufreißt. Dann erst hörst du das Pfeifen der Kugel, denn sie ist schneller als der Schall.

Genevoix hat es beschrieben, in »Ceux de 14«, dann nochmal in seinem letzten Buch, »Nahaufnahme des Todes«. Er hat nie vergessen, wie der Tod ihn das erste Mal ansprang, er sicher war, einen Bauchschuss erlitten zu haben. Er fühlte den Stoß in der Magengrube, sah eine leuchtende, goldene Erscheinung, hörte das böse Geräusch einer gewaltigen Hornisse, dann fiel er in Ohnmacht. Er überlebte es, weil die Kugel am Koppelschloss abgeprallt, als Querschläger weiter in die Baumwipfel abgezischt war. Das waren die Erscheinung und das Geräusch gewesen.

Das zweite Mal, auf der Kuppe von Les Éparges, sah er die Granate heranfliegen, vom Parapet abprallen, und über ihn hinweg in die gegenüberliegende Grabenwand einschlagen. Die Explosion tötete alle Männer um ihn herum, er selbst blieb unverletzt.

Die dritte Begegnung mit dem Tod erlebte er beim Sturm auf die Höhe, an jenem Ostersamstag 1915, als Ernst Jünger nur wenige hundert Meter auf der anderen Frontseite lag. Ein deutscher Scharfschütze hatte Genevoix getroffen, aber er hatte nicht genug von ihm, legte wieder an, traf ein zweites Mal; der dritte Schuss schleuderte den jungen französischen Leutnant in einen Granattrichter, das ließ ihn überleben. Jünger wurde zur selben Stunde verwundet. Für ihn war es das erste Mal, zwölf weitere Verwundungen würden folgen.

Der verwundete Mensch erlebt eine Transformation. Er hat keine Gewalt mehr über sein Dasein. Er muss sich fügen, wird zu einer Patientennummer, wenn er evakuiert wird. Die

Krankenwagen sind überfüllt und die Fahrer rasen wie die Teufel. So hat es Blaise Cendrars beschrieben, in »La Main Coupée«, als er in der Champagne seinen Arm verlor. Als er nackt auf dem Hof des Hospitals abgekippt wurde, mitten in der Nacht.

Sie bestehlen die Verwundeten, nehmen ihnen ihre Ausrüstung, und was ihnen wichtig ist, ab. Sie werden ohnehin sterben, sagen sich die Diebe. So hat es Genevoix beschrieben, so Celine. Die Reise ans Ende der Nacht. So war es in Frankreich, 14–18.

Im Zweiten Weltkrieg gab es Fortschritte, vor allem bei den Amerikanern, deren Citizen Soldiers, Bürgersoldaten, ein Recht auf gute Behandlung hatten. Du wirst im Huertgen Forest verwundet, jetzt läuft die Uhr und die ersten 48 Stunden entscheiden über dich. Wenn du Glück hast, schleppen sie dich zur Aid-Station. Erste Hilfe. Wenn keine Arterie aufgerissen ist, du keinen Kopf- oder Bauchschuss hast, keine unstillbaren Blutungen, dann hast du eine Chance. Sie bringen dich zur Dressing Station, zum Hauptverbandsplatz. Dann in den Sani-Wagen, auch der wird über die von den Panzerketten zerfurchten Straßen rumpeln, dass du vor Schmerzen schreien wirst, wenn die Wirkung der Morphiumspritze nachlässt. Dann bist du in Lüttich, und jetzt bete, dass das Wetter gut ist! Ja, beten solltest du allemal, denn dein Weg zum Überleben ist noch immer voller Gefahren. An jeder Kreuzung lauert die Abbiegung in den Tod.

Sie verladen dich in ein Flugzeug. Und wenn dein Glück anhält, dann liegst du nach 24 oder 48 Stunden in einem mit weißen Leinen bezogenen Bett in einem Londoner Hospital. Und nicht im Schlamm des bösen Waldes.

Der Schock wird nachlassen und die furchtbaren Bilder werden von dir Besitz ergreifen. Wie deine Kameraden um dich herum getroffen wurden, die Schreie, das Stöhnen der Sterbenden, schließlich du selbst, das Blut, das Schwarze vor den Augen, die Bewusstlosigkeit, der Geruch der Aid-Station, die wohlig warme Wirkung des Morphiums.

Eine zweite Verwundung legt sich über dich, in diesem weißen Krankenbett, die Verwundung der Seele, und sie wird dich von nun an begleiten.

Dann wird die Panik einsetzen. Die Panik, dass du das alles überlebt hast und jetzt von einer Infektion zu Fall gebracht wirst. Blutvergiftung, Sepsis, gegen die es kein vorbeugendes Mittel gibt, nur eine Behandlung, die dir ein Fifty-Fifty verspricht.

Wir hatten uns in den Lockdown eingelebt, renoviert, den Garten gepflegt, in der Erde gegraben. Eine kleine Wunde, ein Pflaster, mehr nicht.

Und so wurde auch ich schließlich von den Schrecken des Krieges, die ich mein Leben lang studiert hatte, eingeholt, ganz plötzlich, fast nonchalant.

Es geschah mitten in der Nacht und es war – Ostersamstag. Es war ein starker, schmerzhafter Stich, als hätte mir jemand ein Messer in den Rücken gerammt. Ich spürte, wie das Fieber von mir Besitz ergriff, mir wurde kalt, das Schwarze schob sich vor meinen Blick, die Sinne schwanden.

»Der Hürtgenwald brennt! Unser Wagen rast durch die kleinen Dörfchen der Eifel, Euskirchen, Nideggen, Wollersheim ...«

Ich hatte die Reportage von Hasso Wolff von 1947, die ich an den Anfang meines Films gesetzt hatte, im Ohr, immer wieder, eine qualvolle Endlosschleife. War gefangen in einem Krankenwagen, und auch dieser Fahrer raste wie ein Wahnsinniger über die leeren österlichen Straßen.

»Der Hürtgenwald brennt! Der Hürtgenwald brennt!«

48 Stunden waren seit meinem Blackout vergangen, aber nichts war gut, wir erreichten die Notaufnahme des Krankenhauses Lendersdorf. Ausgerechnet Lendersdorf, dachte ich mir. Am Fuße des Hürtgenwalds. Und ich hatte das Gefühl, das hier alles enden würde.

Meine Reise an die Orte des Gemetzels.

Mir war in einer letzten Anstrengung die Krankenhaus-Zusatzkarte eingefallen, hatte sie dabei, so wachte ich jetzt in einem schönen holzvertäfelten Zimmer auf. Visite! Eine mit Masken vermummte Truppe betrat das Zimmer, stand vor meinem Bett. Der Chefarzt ließ mit einem Wink die Bettdecke aufdecken und schaute auf mein angeschwollenes Bein. Er rollte mit den Augen und ich dachte an den Medic von »Saving Private Ryan«, dachte an die Triage und dass mir wohl nicht mehr zu helfen sei. Draußen würden die Opfer der Pandemie warten, die brauchten Hilfe, der hier, der war ein altes Schlachtopfer, nicht mehr zu retten.

Es war eine Blutvergiftung. Sie pumpten mich voll mit Antibiotika und Fenistil, direkt in meine Adern hinein. Ich hatte immer eine fürchterliche Angst vor Blutabnahmen, war dabei ohnmächtig geworden. Aber jetzt wollte ich überleben, ließ mir jeden Morgen dankbar neue Kanülen legen und begann meinen starken Willen zu mobilisieren. Niemand durfte mich besuchen, es war Lockdown. Meine Frau stand winkend am gegenüberliegenden Ufer der Rur, wir waren wie Romeo und Julia, zehn Minuten brauchte ich, um mich auf den Balkon zu schleppen. Die Schwestern brachten mir ihren Korb mit den wunderbaren kulinarischen Grüßen aufs Zimmer. Ich rief meine Freunde an, wir machten ZOOM-Sessions. Und Sonny sprach mir Mut zu, gab mir seine good vibrations. Der gute alte Sonny. Er war mein wichtigster Anker.

Ich suchte Kraft in der Literatur, las »Schnee auf dem Kilimandscharo« – der Ich-Erzähler, der am Fuße des Berges auf das rettende Serum wartete, so wie ich hier, und dann mit dem Flieger evakuiert wurde. Aber das wurde er nur in seinem Fiebertraum. Hemingway ließ ihn sterben. Ich nahm Salingers »Fänger im Roggen«, dessen erste Fassung er da oben in den Schützenlöchern des Hürtgenwaldes geschrieben hatte.

Die Krisis spitzte sich zu, das Bein wurde immer dicker, ein roter Strich bewegte sich auf mich zu, dann kam die Todesangst. Ich bekämpfte sie mit meinem unbedingten Willen und der Kraft, ihn nicht hereinzulassen, den Sensenmann, den Morthomme. Und am fünften Tag wusste ich, dass ich die Infektion überwinden würde.

Am darauffolgenden Montag kam der Chefarzt mit seiner vermummten Truppe, ließ sich das Bein zeigen, diesmal erhellte sich sein Gesichtsausdruck und er sagte: »Wissen Sie! Hatten wir jungen Kollegen von ihnen, mit gleicher Sepsis. Den mussten wir nach Aachen schicken.«

Ich blickte ihn an, hatte eine Ahnung.

»Wissen Sie, was sie da machen?«

Und er machte die Bewegung einer Säge nach.

Dann verließen sie wieder das Zimmer.

Ich fiel in das mit weißem Leinen überzogene Bett. Dem Lord sein Bein!, schoss es mir durch den Kopf. Das wäre es noch gewesen! Am Ende hätte ich, wie er, mein Bein verloren und es wäre an der Straßenkreuzung vor dem Haus beerdigt worden, mit einer Plakette, über die sich Baudelaire lustig machen würde. Ich blies erleichtert die Luft aus den Backen und schaute nach draußen, auf den arschnackten Hügel. Hemingway und Salinger winkten herab.

Danke, sagte ich. Danke, Jungs!

Die Toten und die Lebenden

Es dauerte lange, die Folgen zu überwinden. Nach acht Wochen ging ich meine ersten 200 Meter. Mein Körper war dreimal chemisch gereinigt worden, voll mit Antibiotika und Medikamenten. Sonny riet mir zu einer Überdosis Vitamin C.

Langsam kam das Leben wieder auf mich zu, ich umkreiste mit dem Hund das Haus, komponierte Chansons, gab ein Terrassenkonzert – mehr als Achtzehn durften nicht kommen, die Corona-Bestimmungen.

Ich aß Unmengen Joghurt, um die nützlichen Helferlein wieder in meinen Körper zu locken, entdeckte, dass Hefe-Weizen nicht zu verachten war. Bloß wieder den Organismus in Gang bekommen, das alles hinter mir lassen, das Lazarett, die Angst vor dem Appen Bein, vor Lord Uxbridge. Ich war erfüllt von der Erleichterung und Dankbarkeit, dem Tod von der Schippe gesprungen zu sein. Ich, ein Verwundeter aus der Schlacht um die Erinnerung, heimlicher Träger des Purple Heart.

Sonny hatte seine Besuche immer wieder aufgeschoben, jetzt, während der Pandemie, saß er fest. Es ging ihm nicht gut. Es war Lockdown und er zum Nichtstun verdammt. Er hatte keine Rücklagen und bekam keine Unterstützung.

»Komm zurück nach Good Ole Germany!«, sagte ich ihm. »Da drüben wirst du untergehen. Mit Mitte 60 in Kalifornien? Das geht nur mit richtig Money!«

Und das floss nicht mehr. Die Ranch war fertig geworden und Nora verleugnete ihn, ging nicht ans Telefon, wenn er anrief. Er hielt sich, wenn die Bestimmungen es zuließen, mit dem Weißen von Wänden über Wasser, bei den anderen Ladies, wie er immer sagte. Die Ladies.

Ich zoomte mit ihm, er saß im Rauch der kalifornischen Waldbrände; ich dachte, bei ihm sei es mitten in der Nacht, so dunkel war es, aber es war 11 Uhr vormittags. Er kippte sich einen Tequila nach dem anderen rein, gegen den Ruß, wie er sagte, und fiel dreimal hintenüber vom Stuhl.

»Sonny!«, sagte ich besorgt. »Der Tequila und die Frauen, die werden dich noch mal umbringen!«

»Hey Dude ...«, lallte er, »everything ... is fine ...«

Aber ich hatte überhaupt nicht das Gefühl, dass irgendwas »fine« war.

Dann kam der Krieg. Der, vor dem ich schon damals gewarnt hatte; und für diese Warnung hatten mich viele ausgelacht. Jener Krieg, dessen Beginn ich auf den Tag genau vorausgesagt hatte. Nicht, weil ich Kassandra war oder ein Hellseher. Weil ich das Böse des Krieges studiert hatte und in den Augen der Mächtigen sehen konnte, wenn sie ihn entfesseln wollten. Das Monster, den Menschen verschlingenden Oger, als den ihn Goya gemalt hatte.

Die Klugen hätten Kant lesen sollen, seine Schrift »Zum Ewigen Frieden«, aber es waren die Intelligenten, die den Krieg predigten, die Dummen waren nur Kanonenfutter.

Die Freunde waren zerstritten, über die Pandemie-Maßnahmen, über den Ukraine-Krieg. Ich kringelte mich ein, in die Abgeschiedenheit. Hatte alle Gründe dazu – das Virus flog da draußen herum und ich konnte nach der Sepsis gut auf eine weitere Infektion verzichten – kriegte sie trotzdem, zweimal, und es bekam mir, wie erwartet, nicht gut.

Die Welt war voller Bedrohungen geworden. Der Sommer brachte unendlichen Regen, die Flut rauschte durch das weite Tal vorm Haus, Menschen ertranken in der sonst ausgetrockneten Rübensteppe und die schönen Ausflugsorte an der Ahr waren einfach weggerissen worden.

So vergingen die merkwürdigen Jahre. Die unwirkliche Stille, wenn ich abends mit dem Hund ging und niemand sonst auf den Straßen sein durfte. Die absurden Regeln, als von einem Tag auf den nächsten wieder alles geschlossen wurde. Irgendwann fuhr ich einfach zum Losheimergraben und aß in der Bude, deren Achse auf belgischem Hoheitsgebiet stand, Fritten und drehte dem Corona-Regime eine Nase.

Dann kam der Anruf, Montagmorgens, um viertel vor Acht. Es ist nie etwas Gutes, wenn dich jemand an einem Wochenbeginn so früh anruft. Ich kannte die Nummer nicht, googelte sie, es war die Vorwahl des fränkischen Dorfes, in dem Sonnys Schwester lebte.

Sonny war tot. Jetzt, da ich mit seiner Schwester sprach, lag er noch, blau angelaufen, unter der Dusche – deren Wasser lief, als seine Ex-Frau ihn gefunden hatte. Sudden Death. Plötzlicher

Herztod, wurde später diagnostiziert. Sonny, mein Freund Sonny. Die Katze mit den sieben Leben. Aber ein achtes hatte er nicht. Der Tequila und die Frauen, dachte ich. Ich war gerettet worden, er war jetzt tot. Zu früh. Es schmerzte tief und schnitt mir in die Seele. Die vielen Abschiede im Leben, die ich schon hinter mir hatte, die hatten mich abgehärtet. Dachte ich. Aber der Schmerz hier, der war noch einmal urgewaltig. Mit dem musste ich kämpfen, um nicht von ihm übermannt zu werden.

Der Winter kam und er wurde wieder lang und dunkel. Der Hund hatte eine Hüft-OP hinter sich und ich kümmerte mich um ihn. Die Tiere bekamen von mir alles: Fressen, Arztbesuche, wenn ihnen was fehlte, und Begleitung, wenn sie krank waren. Zwei Blessierte im Invalidendom, so lagen wir in der Ecke am Kachelofen, der in der Gas-Krise Wärme spendete.

Und dann war es Tom. Mein inniger Freund, der mich über Jahre im Hürtgenwald begleitet hatte, mit dem ich durch die Ardennen gestreift war. Er hatte nur noch wenige Wochen. Auch für ihn war ich da, selbstverständlich. Ich besuchte ihn jeden zweiten Tag auf der Intensivstation, auf der Palliativ und dann im Hospiz. Bis zum bitteren Ende, heißt es, aber ich ersetze es durch: »Ich begleitete ihn bis zum ewigen Frieden.«

Auf dem Friedwald in der Eifel – einem der letzten Buchenwälder, die überlebt hatten, dort, wo mein Vater und mein Schwiegervater lagen – hielt ich die Trauerrede. Wie die Toten, jetzt hier begraben, den Wald schützten und der Wald die Wasser abbremste, die ins Tal strömten. Die Toten schützen die Lebenden. Und ich dachte an die Toten auf den Soldatenfriedhöfen – und dass es gut wäre, ihnen zuzuhören.

Aber das hatten die Menschen vergessen.

Die Reise ins Nichts

Sonny war tot, Tom war tot, die Welt in rasender Kriegswut, Ukraine, Nahost, das eigene Land in Aufruhr, die Rechten auf dem Vormarsch. Das war der Beginn des Sommers von 24.

Dann bekam ich eine Freundschaftsanfrage auf Facebook. Es war – Michael! Mein alter Schulfreund, mit dem ich damals – wie lange war es her? 53 Jahre! – auf dem Schlachtfeld von Waterloo gewesen war und dort Fritten mit Napoleon gegessen hatte. In den 90ern hatten wir uns noch einmal gesehen, dann aus den Augen verloren. Und hier war er jetzt, der Verwaltungsangestellte der Stadt Remscheid, hatte einen Rauschebart, sah aus wie ein Hippie. Fast hätte ich ihn nicht erkannt und die Anfrage abgelehnt. Hatte ihm geschrieben und um einen Beweis gebeten.

»Du kotztest, als du die dich nicht auf die Mathe-Arbeit vorbereitet, sondern nur Napoleon im Kopf gehabt hattest!«, antwortete er.

Oh ja, das konnte nur er wissen! Ich lachte, das war Michael. Er lud mich ein, dorthin, wo er jetzt wohnte. Und das war ausgerechnet in Frankreich, ein kleines Dorf im Département Ardennes an der – Aisne!

Wie bist Du nur dorthin gekommen?, hatte ich ihn per Mail gefragt.

Komm her, dann werde ich es Dir erklären!, hatte er geantwortet.

Meine Frau war vom Job an der Mosel zurück, der Hund, dem ich so eine lange Reise nicht mehr zumuten konnte, somit versorgt – und wir verabredeten uns auf Mitte Juli.

Ich hatte Angst, dass ich es nicht packen würde, alleine, mit dem Auto und dem bösen Bein. Die erste Reise ins gelobte Land seit jenem Paris-Trip, eine Woche vor dem Lockdown. Wie lange war es her? Vier Jahre? Vier Jahre in der Einsamkeit! Es musste, es würde alles gut gehen. Nur jetzt nicht weich werden!

Ich räumte die Bänke aus dem Bus, schuf eine Schlafmöglichkeit, war aufgeregt wie vor den großen Ferien, damals, als es nach Middelkerke ging.

Und fuhr los.

Den Hürtgenwald hatte ich rechts liegengelassen, wollte ihn unter keinen Umständen sehen. Er war vom Borkenkäfer zerfressen worden, die großen Fichten weitflächig verschwunden, er sah wieder aus wie nach dem Krieg.

Ich hatte das Tal der Olef passiert, vor Losheimergraben fuhr ich in den dichten Grenzwald, wo noch immer die Lärchen die Granateinschläge der Ardennenoffensive markierten, über Schönberg nach Sankt Vith. Alles hier oben war in strahlendem Grün, sah aus wie in Irland – und die Kühe würden dieses Jahr eine gute Milch geben.

Vor der Tanke in Luxemburg schrien mich große Plakatwände an, warben inmitten der Waldeinsamkeit für Supermärkte, Tankstellen und Möbelzentren. Die Tanke, an der Sonny und ich uns damals eingedeckt hatten, war abgerissen, die neue viermal so groß. Ich besorgte Kippen, Wasser, Pastis – es würde in die französische Einsamkeit gehen, man weiß ja nie! – und tankte Diesel bis zum Stehkragen. Kronenbourg 1664 hatten sie keins.

Luxemburg ist unendlich reich, man kann vom Trottoir essen, so sauber ist es hier. Ich bog an einem riesigen Logistikzentrum, auch in den letzten Jahren entstanden, zum belgischen Bastogne ab, fuhr über die Hauptstraße; einige historische Militärfahrzeuge parkten am Straßenrand, scheinbar zurück von den Panzerparaden in der Normandie, dem achtzigjährigen Jubiläum. Das kommende von Bastogne wurde bereits groß angekündigt, neue Museen waren entstanden, am Place General Mc Auliffe stand immer noch der alte Sherman und es gab Fritten mit Patton.

Ich fuhr weiter, keine Zeit dafür, parallel zur Autobahn, wollte das Land sehen. Belgien schien genauso reich wie Luxemburg. Irgendwas machten sie anders als wir.

Ich kam durch das Tal der Semois, passierte die französische Grenze und dann rollte ich den Abhang hinunter auf die Maas zu – rechts lag Sedan. Ich wollte es nicht sehen, war oft genug dagewesen und bog links nach Douzy. Ich erkannte die Häuser wieder; hier war ich mit Jens 1974 – als wir durchgebrannt waren – statt Wandern in der Schnee-Eifel nach Westen getrampt. Ein Camion-Fahrer hatte uns bis hinter Reims mitgenommen, von da schafften wir es am nächsten Tag nach Paris. Douzy sah genauso aus wie vor 50 Jahren. Ich bog nach Süden ab, passierte die Chiers – die Maas kam erst, als ich die Überschwemmungswiesen durchfahren hatte. Hinter der Brücke über den Fluss und den Seitenkanal lag vor einer alten Eisenbahnstrecke ein Parkplatz. Er hatte eine Wohnmobil-Vergrämung, aber ich würde unter dem Rahmen durchpassen.

Ich war in Frankreich! Ich stieg aus, betrachtete die typischen Häuser der Region, die Walmdächer, die Fensterläden. Tränen der Rührung stiegen in mir hoch. Ich machte mir einen Espresso in der Macchinetta, auf dem Gaskocher, den ich extra besorgt hatte, und war wieder – im Felde!

Ich rief meine Frau an, erzählte ihr, wie glücklich ich war.

»Dein nächstes Ziel?«, fragte sie.

»Kronenbourg sähsongsuassongkatre«, sagte ich. »Im Supermarché!«

Leer. Die Dörfer waren alle leer. Die Landschaft war – leer. Es war, als hätte jemand hinter mir den Vorhang zugezogen und als wäre ich in einem anderen Jahrhundert angekommen. Die Häuser zeigten Geschossspuren. Welcher Krieg?, fragte ich mich. 1814, das Jahr der Invasion? Der deutsch-französische Krieg 1870/71? Der Erste, der Zweite Weltkrieg?

Es kam kein Supermarkt. Die Ortsschilder waren nicht zu lesen, jemand hatte sie abgeschraubt und verkehrt herum wieder aufgehängt – in jedem Dorf. Die Dichte der Denkmäler nahm zu, ein Straßenschild wies auf Bulson. Ich stutzte. Bulson? Die Panik von Bulson!, schoss es mir durch den Kopf. Ein weiteres

Denkmal und ein Schild wiesen auf Stonne. Ich war, ohne es zu wissen, auf Guderians Spuren hierhergekommen. Hier waren sie nach Westen abgedreht, im Mai 40, auf Abbéville, auf Dünkirchen zu. Meine Erscheinung von damals, sie hatte hier ihren Ursprung genommen!

Der nächste Ort, Le Chesne, war noch nicht gestorben, geschuldet den Sommertouristen an der nahen Talsperre; es gab sogar einen Carrefour und ich konnte endlich mein Kronenbourg kaufen, drei Sixpack. In Frankreich musst du Dosenbier trinken, dachte ich mir. Nur noch wenige Kilometer bis Voncq.

Fast hätte ich es verpasst, auch hier stand das Ortsschild auf dem Kopf. Erst als ich vor dem Denkmal am Ortsende stand, bemerkte ich es. Ich stellte den Wagen auf den Gehweg und ging auf den kleinen Platz. Es war das Monument für die Toten des französischen 57. Infanterie Regiments. Hier also war, im Juni 1940, die Wehrmacht endgültig auch nach Süden durchgebrochen.

Godverdomme!, fluchte ich auf flämisch. Konnte man sich nie in diesem Land bewegen, ohne auf die Untaten der Altvorderen zu stoßen? Ich wandte meinen Blick vom Denkmal ab, dann erst sah ich die Aisne, unten im weiten Tal; sie führte braunes Hochwasser, es hatte Unwetter gegeben in den letzten Tagen. Drüben waren die Maashöhen von Verdun, vor mir begann die Lause-Champagne, rechterhand lagen Reims und der Chemin des Dames. Ich war wieder da. In der Kampfzone. Retour au Champs de Bataille, dachte ich mir. Und jetzt ... wo war Michael? Ich rief ihn an.

»Bist schon vorbeigefahren!«, sagte er. »Dreh um, ich komme zum Tor.«

Michael stand da, mit seinem Rauschebart, sah aus wie der Nikolaus, öffnete mir das Tor und wies mich unter das große Flugdach. Zwei Hunde kamen bellend auf mich zu – ich reichte meine Hand heraus, sie schnupperten, ich gab ihnen Leckerchen und hatte zwei neue Freunde. So schnell kann es im Leben gehen.

»Hier kannst du im Schatten stehen und im Wagen pennen. Passt doch, oder?«

»Bei 37 Grad passt alles«, antwortete ich. »Alles bestens! Und jetzt lass dich umarmen.«

Wir begrüßten uns, schauten uns lange in die Augen, versuchten hinter den grauen Fassaden das Blinzeln der Jugend zu erkennen. Es war noch etwas vom Feuer da, dachte ich. Der Ofen ist noch nicht aus. Noch nicht!

Er zeigte mir den weiträumigen Hof, auf dem er lebte. Er gehörte einem Holländer. Alle, die hier lebten, sagte Michael, seien Holländer. Passt mir gut, dachte ich, so könnte ich mein verrostetes Flämisch noch mal auspacken. Es war, als würde das Leben einen Kreis bilden und ich war wieder am Anfang angekommen.

»Ich hab dir was mitgebracht«, sagte ich.

»Wäre doch nicht nötig gewesen«, meinte Michael, ganz im Tonfall meiner niederrheinischen Tanten.

»Geräucherte Leberwurst, rheinische Art!«

Seine Augen leuchteten.

»Kronenbourg, Pastis, und?«

Er schaute auf die Geschenktüte.

»Zwei Riesling Kabinett! Von meinem Winzerfreund von der Mosel. Demeter!«

»Ausgerechnet Demeter!«, sagte Michael mit einem traurigen Unterton.

»Was ist, magst du es nicht?«, fragte ich.

»Das ist Teil einer längeren Geschichte«, sagte er. »Jetzt komm, ich stelle dich vor. Danach werden wir über alles reden.«

Ich machte mit ihm artig die Begrüßungsrunde. Zwei Holländer, drei Holländerinnen, alle älter und die Männer schlanker als wir, keine deutschen Bierbäuche, die Frauen in wehenden Kleidern. Ich wurde freundlich aufgenommen und auf meine flämischen Worte hin kamen anerkennende Gesten. Dann zogen wir uns zurück, we hebben veel te bespreken, wie ich den Gastgebern kundtat.

Wir stießen an, redeten über die alten Zeiten. Und dann über die toten Freunde. Wer alles gestorben war aus der Klasse. Ich erzählte von Sonny, den hatte Michael noch kennen gelernt, in Krefeld, kurz bevor wir uns in alle Winde verstreut hatten. Ich wollte von Tom erzählen, aber er sagte, dass es besser wäre, nicht mehr über die Toten zu reden.

»Zu viele«, sagte er knapp. »Lassen wir sie ruhen, solange wir noch leben.«

Und dann, die Frage, die mich brennend interessierte. Er, der Verwaltungsmensch, wie war er hierhergekommen?

»Durch meine Frau.«

»Du warst verheiratet?«

»Ja.« Eine längere Pause entstand. In der, fühlte ich, lagen die schöneren Jahre seiner Ehe.

»Sie ist dann auf diesen esoterischen Trip gekommen. Mit Demeter und dem ganzen Kram.«

»Oh, sorry«, sagte ich.

»Warum?«

»Wegen dem Wein. Melsheimer.«

»Kann der doch nix für!«, antwortete er, leicht ärgerlich.

»Natürlich nicht«, gab ich kleinlaut zurück.

»Also. Ich hatte dann meinen Burnout, zog ihr hinterher. Das passte mir gut, nach dem Amtsstuben-Stress. Ein neues Leben, warum nicht? Fing an zu kiffen, fing an, mich zu entspannen.«

»Und wo ist sie jetzt?«

»An der Ardèche. Mit Jan.«

»Oh«, sagte ich, »weg?«

»Wat fott is, is fott!«, sagte Michael. Ich dachte an meinen Vater, damals an den Kaaien in Antwerpen, und zum ersten Mal wieder an Charlotte.

»Wer ist Jan?«

»Eigentlich der, der das Ganze hier gegründet hat. Aber sie verliebten sich und beide brannten durch, machten da unten was Neues auf. Wir blieben zurück. Ich und Hendrieke.«

»Deine neue Freundin?«

»Wir sind mehr so ... ›Partner in Mitleid‹, könnte man sagen. Sie heult ihm hinterher, aber verwaltet hier alles.«

»Hendrieke. Die von vorhin, bei der Begrüßung?«, fragte ich und dachte daran, das verkiffte siebzigjährige Frauen überhaupt nicht mein Ding waren. Aber ich sagte jetzt besser nichts.

»Sie setzt gerade die Daumenschrauben an. Dass Jan ihr alles überschreibt.«

»Rosenkrieg in Kifferländ«, merkte ich an. »Immer wieder Krieg. Scheiß-Krieg!«

»Ja. Wenn die Sache hoch geht, ist Schluss mit lustig. Bis dahin bin ich hier geduldet. Die Allianz der Verlassenen.«

»Broken Paradise«, bemerkte ich trocken. »Wenn du nicht weißt, wo du danach unterkommen kannst? Du weißt – meine Ländereien in der Voreifel ...«

»Oder auf die Necropole«, entgegnete er verbittert.

»He, he, Monsieur le Papp-Camerade!«, sagte ich. »Jetzt sind wir so weit marschiert – die paar Kilometer können wir noch in Würde schaffen!«

»Du hast recht!«

Er griff zum Glas und erhob sich.

»Veillons au Salut de l'Empire!«, sang er kurz und stieß mit mir an.

»Sie hat morgen Geburtstag. Dann wirst du Hendrieke kennenlernen.«

Ich wachte am nächsten Morgen auf, im Bus, der bereits stickig wurde, denn die Sonne knallte auf das Flugdach. Michael hatte Espresso gekocht, der Duft wehte mir in die Nase.

»Scheiß ›im Felde‹«, sagte ich. »Ich bin zu alt dafür. Jeden Knochen merke ich.«

Wir lachten.

»Ja, jetzt sind wir die Alten. Les Grognards. Die Grummler. Fährst du mit nach Vouziers? Wir müssen einkaufen, für den Geburtstag.«

»Klar!«, sagte ich und dachte an den Film mit der Mädchenklasse aus Euskirchen zurück, als wir dort gedreht hatten. Der deutsche Soldatenfriedhof, mitten in der Stadt, den würde ich Michael zeigen.

Wir fuhren los, kamen über Terron an der Aisne vorbei, überall waren tschechische Denkmäler.

»Eine tschechische Brigade hat das hier 1918 befreit. Ist tief in deren Kultur verankert. Gibt in Prag sogar eine Terronská.«

Du lernst nie aus, dachte ich mir.

»Warst du noch mal in Waterloo?«, fragte er.

»Stell dir vor, letztes Jahr.«

»Und?«

»Sie haben alles platt gemacht, Bulldozer, Bagger, und dann? Alles weg. Den ganzen Weiler am Löwen.«

»Nein?!«

»Das Cotton wollten sie noch retten, bauten ein Gerüst, um es zu entkernen, dann fiel es wie von Geisterhand zusammen. Jetzt ist da eine Autobahnraststätte, alles in Beton. Kalt und abweisend. Und die Fritten waren scheußlich.«

»Das gute alte Cambronne? Die Friterie, alles weg? Einfach so --- weg?«

»Ja.«

»Merde!«

»Und weißt du was? Das hat er nie gesagt!«

»Wer?«

»Cambronne!«

»Das ›Merde‹?«

»Ja.«

»Warum?«

»Er war gar nicht dabei. Haben sie jetzt herausgefunden. Er wurde eine Stunde zuvor gefangen genommen.«

»Wer sagt das?«

»Die jungen Historiker.«

»Sollen mich am Arsch lecken. Sollen mir die alten Geschichten lassen. Sollen-mir-mein-›Merde!’-lassen!«

»Und dass sie wissen, wo die Knochen der Toten gelandet sind.«

»Und wo?«, fragte Michael.

»Die haben die Bauern an die Zuckerfabrik verkauft. Für die Raffinade.«

»Steht schon bei Wilhelm Busch«, sagte Michael. »War ein bekanntes Verfahren. Nichts Neues also.«

»Wenn's so ist«, sagte ich, »dann wissen wir jetzt auch, woher der Spruch kommt.: ›Süß ist es, für das Vaterland zu sterben‹!«

Wir lachten derb wie zwei Grenadiere des Kaisers und betraten den Supermarkt.

Der Leclerc war eiskalt wie ein Besuch am Nordpol, und als wir wieder herauskamen, schlug uns die schwüle Luft wie ein heißer Waschlappen ins Gesicht. Ich verzichtete still und leise auf den Besuch des Soldatenfriedhofs. Mir war nach kühlem Bier, Kronenbourg sähsongsuassongkatre. Wir fuhren durch Vouziers; die Kleinstadt war ausgestorben und das lag nicht nur am heißen Tag und den Sommerferien. Alles starb hier aus, auf dem Land. Wir nahmen Kurs zurück auf Voncq.

»Was ist mit dem Gare de Rimbaud, unterhalb vom Dorf?«, fragte ich.

»Haben sie als Wanderweg eingerichtet, gerade erst.«

»Hat er da gelebt?«

»Nein, seine Mutter hatte wohl ein Sommerhaus in der Nähe und mit der Bahn ist er immer von Voncq nach Paris gefahren.«

»Rimbaud, hm. Soll auch am Niederrhein gewesen sein«, sagte ich.

»Nie gehört«, antwortete Michael.

Wir kamen auf den Hof, die Hunde rannten uns bellend entgegen und ich enttäuschte sie nicht, gab ihnen, was ihnen zustand. Fröhlich wedelnd folgten sie uns, die wir schwer beladen mit den Einkäufen waren, zum Haupthaus. Sie saßen alle schon da, drinnen, denn draußen war es jetzt zu heiß. Wir traten ein und ich sah Hendrieke, betrachtete sie jetzt richtig und aufmerksam.

Sie war eine schöne Frau und gar nicht die verwehte Kifferin, die ich vor Augen gehabt hatte. Aber tieftraurig war sie, aus allen Poren drang der Kummer über die Kränkung durch Jan.

Sie freute sich über den Kuchen, den meine Frau gebacken und mir für den Besuch mitgegeben hatte. Ich übergab ihn ihr mit meinen Glückwünschen, spielte etwas auf dem Klavier, es gefiel ihr. Sie würde gut zu Michael passen, dachte ich mir. Wenn beide ihren Schmerz verwinden könnten. Das Leben konnte einfach sein. Nach einer Anstandsstunde verließen wir die kleine Feier und gingen zurück zu unserem Camp am Benz unter dem Flugdach. Heute würde es Party geben, dachte ich und rieb mir die Hände.

»Fangen wir mit dem Riesling an!«

Wir genossen die Abendsonne, den Moselwein und schauten in die französische Unendlichkeit.

»Ich muss immer daran denken, wie verknallt du warst, über beide Ohren!«, sagte Michael.

»In wen?«, fragte ich.

»Marianne. Marianne Förschges«, sagte er.

»Oh.« Ich bekam rote Ohren. Dachte, dass es nie einer mitbekommen hätte.

»La belle Marianne«, sagte er noch.

Der Riesling schien ihm zu schmecken, knörkel, plöpp, ich öffnete die zweite Flasche.

»Morgen, hast du da was vor?«, fragte er.

»Ich wollte noch mal nach Verdun, vielleicht. Muss aber schauen wegen der Unwetter. Sie haben schon wieder welche angekündigt.«

»Ich werde nicht mitkommen«, sagte er bestimmt.

»Wieso?«

»Ich will es nicht mehr sehen, jetzt, wo der wahre Krieg wieder in Europa ist. Weißt du, wieviel mittlerweile in der Ukraine krepiert sind? Mehr als in Verdun, der Jahrhundertschlacht! Ich kann darauf verzichten.«

»Eigentlich wollte ich nach Les Éparges. Genevoix und Jünger.«

»›Sous Verdun‹. Unterhalb von Verdun. Der große Roman!«, sagte Michael.

»Weißt du, dass er ihn nie sehen wollte, den deutschen Schriftsteller?«

»Kann ich mir vorstellen.«

»Er hielt ihn für einen Killer, einen germanischen Waldkrieger. Als Jünger '79 nach Verdun kam, fehlte er unentschuldigt.«

»Sie haben ihn pantheonisiert. Genevoix. Erst neulich.«

»Oh ja«, bemerkte ich, »was für eine Zeremonie! Ich habe es mir auf YouTube angeschaut. Und alles mit Kunstwerken von Anselm Kiefer. Diese Franzosen. Son et Lumiere, das können sie.«

Die Sonne war untergegangen, wir schauten noch lange in die Dämmerung. Es war so unglaublich still in diesem Land. Kein Flugzeug flog über uns, und als es dunkler wurde, konnten wir nur einzelne Satelliten erkennen, weit oben. Fly-over-country, dachte ich mir. So einsam, dass nur der Starlink von Elon Musk ab und zu hier seine Bahn zog.

Jetzt wurde es wieder heller, in der Ferne.

»Hey!«, sagte ich. »Michael, ist es der Pastis, oder was ist es?«

»Was?«, fragte er.

»Das Leuchten am Horizont!«

»Das ist Paris. Das einzige Licht, dass auf sie strahlt, wenn die Straßenbeleuchtung um 11 abgeschaltet wird. Sie sehen es aus ihren Schlafzimmern. Und sie hassen es.«

»Paris? Hör mal, das ist 200 Kilometer weit weg!«, rief ich erstaunt.

»Eben. Und es ist das einzige, das hier in diesem Land strahlt. Und jetzt weißt Du Bescheid.«

»Die umgedrehten Ortsschilder!«, sagte ich.

»Ja. Und die Stimmen für den Rassemblement.«

»Fürchtest du dich vor ihnen? Vor denen, die Le Pen wählen?«

»Sie sind alle nett, einfache Franzosen. Wenn Du mit ihnen sprichst, würdest du nie denken, dass sie rechts wählen. Sie wollen den Stinkefinger zeigen. Sie fühlen sich verlassen, von oben herab behandelt. Es ist wie 1788. Sollen sie doch Kuchen essen. Mit ihnen ist nicht zu spaßen.«

»Bei uns auch nicht.«

»Das hier ist Thüringen, so wie Thüringen die Lorraine ist.«

»Sie kriegen uns ein.«

Ich öffnete zwei Dosen sähsongsuassongkatre.

»Au Salut!«, sagte ich.

»Nous sommes les grognards«, grummelte er.

Es wetterleuchtete am Horizont. Ich schaute auf die App, tatsächlich, das Gewitter war am Flughafen Charles de Gaulle!

»Paris ...«, sagte ich träumerisch.

»Wo sie die Olympiade feiern, von der hier nichts ankommt«, brummte Michael.

Die Luft wurde zunehmend schwüler und es kühlte einfach nicht ab. Das Kronenburg und der Pastis taten ihre Wirkung. »Beidhändiges Wirkungstrinken« hatten wir es beim Bund genannt. Es musste sein.

Vielleicht hätte ich den Joint nicht annehmen sollen, ich war es nicht mehr gewohnt, aber ... anyway ... scheiß drauf ... Merde! Zwei Freunde fern der Heimat, im Felde. Wir begannen zu singen.

»Das Regiment von Sambre und Maas
Marschierte immer mit dem Ruf ›Liberté!‹.
Suchte den glorreichen Weg
Der es führte zur Unsterblichkeit!
Rammtadalamm tadada Rammtadaladamm!«

Die Hunde wedelten, aufgeweckt durch den Gesang, um uns herum.

»Nä, watten Fück!«, sagten wir und kallten op Kriewelsch, unserer Heimatsprache.

»Marialinkseröm! Noch een!«

Wir waren die zwei Grognards rhenaniens, des Kaisers letzte Grenadiere. Und sangen die alten französischen Lieder.

»Veillons au salut de l'Empire«, »La Grenadière« – intonierten den »Marche de la Vieille Garde à Waterloo«.

»Komm jetzt, ›le Chant de l'oignon!‹«, forderte ich ihn auf.

Michael lachte sich kaputt.

»Wat iss?«, fragte ich und giggelte genauso vor mich hin wie er.

»Weißt du, was ich immer geglaubt habe? Das es ein deutscher Text ist!«

Er prustete los und sang »Oh Pappkamerad, oh Pappkamerad, oh Papp, oh papp, oh papp!«

Am Ende, kaum zu halten, legten wir noch eine Schippe drauf und sangen, laut und mutig:

»Ah! Ça ira, ça ira, ça ira! Les aristocrates à la lanterne!«

Und – hörten Applaus aus den Nachbargärten. Oh la la!

Michael wollte, davon angespornt, die Marseillaise anstimmen, aber ich fiel ihm in die Arme.

»Bei aller Freundschaft! Denk dran! Wir sind in Feindesland!«

Und bevor wir jetzt die welschen Ackerfurchen mit dem unreinen Blut ihrer Feinde tränken würden – also unserem! – schlug ich zum Abschluss den Rote-Funken-Marsch vor.

»Ritsch-Ratsch, de Botz kapodd, de Botz kapodd, de Botz kapodd.«

Der Karneval des Lebens hatte uns wieder, die große Comedie humaine kam über uns.

Und bald dämmerten wir weg, ich schaffte es irgendwie in den Bus, die Hunde sprangen mit hinein und schnarchten friedlich neben mir.

Der Morgen kam nur wenig später. Das Gewitter war hoch nach Flandern gezogen, wohin sonst? Dreimal hatte er laut auf das Autodach geklopft, dreimal dachte ich nach, wo ich war. Schüttelte mich, sammelte meine kaputten Knochen ein, kroch aus dem Benz.

»Und?«, fragte Michael, »willst du jetzt nach Les Éparges?«

»Nein«, antwortete ich ihm. »Ich fahre einen alten Freund besuchen.«

»Wen?«, fragte er neugierig.

»Ihn. – Den Kaiser.«

»Napoleon?«

»Ja, auf dem Plateau de Californie.«

»Da gibt es die beste Friterie auf dem Weg!«, sagte er aufgekratzt. »Die Friterie comme chez les Ch'tis!«

»Und?«

»Ich bin dabei!«

»Na also. Auf geht's!«, rief ich. »Fritten mit Napoleon!«

Die Sonne brach durch den wolkenverhangenen Himmel – die Sonne von Austerlitz! – und schien auf unseren Weg, ließ uns in ihrem Glanz erstrahlen.

Bei unserer Abfahrt rissen die Frauen von Voncq die Läden auf, winkten aus den Fenstern. Wunderschöne, französische Frauen, anmutig, mit offenen Haaren.

Und riefen uns zu: »Voila les Allemands! Vous avez bien chanté la nuit! Bravo! Un Salut de Rhenanie!«

Sie gaben uns Kusshände herunter, streuten blaue, weiße und rote Blüten auf die Straße.

Marianne stand vor der Mairie, mit nacktem Oberkörper und den schönsten Brüsten der Welt, und rief: »Vive l'amitié franco-allemande!«

Sie wehte mit der grün-weiß-roten Trikolore der Cisrhenanischen Republik und ihre Brüste wippten dazu im Wind.

»Aux Armes, les Citoyens!«, rief sie uns nach.

Wir fuhren zum Kaiser.

Und ich wusste nicht mehr, was wahr war, und was nicht wahr war, und was nie wahr gewesen war.

ANMERKUNGEN

Seite 21 – Vielleicht war es auch nur der Buselöres.

Eine Art Hausmeister, für alles zuständig.

Seite 22 – »Lüh, kehret ein. Lasset den Kreech sin. Lasset die Waffen sin, werdet vernünftig! Der nächste Kreech dä wird dä laatse sin! Dann simmer all verratzt!«

»Leute, lasst den Krieg sein. Lasst die Waffen sein, werdet vernünftig. Der nächste Krieg wir der letzte sein. Dann sind wir alle verloren!«

Seite 23 – Es hieß, man habe ihn nach Krusebömkes gebracht.

Niederrheinisch für Psychiatrie, laut Hanns Dieter Hüsch.

Seite 24 – »Lasst dat mit dä Knalleplätscher sin! Erst iss et Fück. Und dann drücke se öch rischtije Jewehre inne Hand. Und dat, wat da russ kuomt, dat macht die Mensche duot. Wollt er dat?«

»Lasst das mit den Knallplättchen sein. Erst ist es Spaß, dann drücken sie euch richtige Gewehre in die Hand. Und das, was da rauskommt, das macht die Menschen tot. Wollt ihr das?«

Seite 24 – »Da iss er wier, Jott sei Dank! Lieber ne follemente Kriewelsche miehr, als numma ne fiese Goebbels uut Rheydt!«

»Da ist er wieder, Gott sei Dank! Lieber ein bekloppter Krefelder mehr als nochmal ein fieser Goebbels aus Rheydt!«

Seite 43 – »Ein Sherman«, sagte mein Vater. »Die Briten sind über diese Route reingekommen ... «

Durch den Lend & Lease Vertrag hatte auch die britische Armee US-Sherman-Panzer.

Seite 44 – »Dann moete me en Jaraasch uffsuoche. Mir konnte kee Flaams, evver uns rheinisches Jekall ham die verstonge.«

»Wir mussten eine Garage aufsuchen. Wir konnten kein Flämisch, aber unser rheinisches Gequatsche haben die verstanden.«

Seite 46 – »Aide-moi! Aide-moi!« – »Je suis si seul!«

»Hilf mir! Hilf mir! Ich bin so alleine!«

Seite 46 – »Je suis française. Et je suis toute seule ici. Aide-moi, s'il te plaît!«

»Ich bin Französin. Und ich bin hier ganz alleine. Hilf mir, bitte!«

Seite 47 – dass ich gar nicht wie ein böser Boche aussähe, fiel mir wieder um den Hals und sagte: »Tu es si gentil, mon ami!«, und gab mir einen Kuss.

»Boche = altes frz. Schimpfwort für Deutsche. »Du bist so nett, mein Freund!«

Seite 47 – »Ma mère vient me chercher à quatre heures, elle me l'a promis!«

»Meine Mutter holt mich um vier Uhr ab. Das hat sie mir versprochen!«

Seite 48 – »Wat doe je daar?«, schimpfte sie. »Stop er onmiddellijk mee, ga rechtop staan en wacht tot je wordt opgehaald!«

»Was macht ihr da? Hört sofort damit auf, steht stramm und wartet, bis ihr abgeholt werdet!«

Seite 49 – »Merci, mon petit ami Joaquin. Tu es tellement beau. Merci pour tout. A bientôt!«

»Danke, mein kleiner Freund Joachim. Du bist so hübsch. Danke für alles. Bis bald!«

Seite 50 – »Frieten alstüblieft, Menheer!«,

»Fritten bitte, mein Herr!« Alstüblieft wird auch abgekürzt zu A.U.B.

Seite 51 – »Mon petit ami Joaquin, mon bel ami, qui est mon sauveur.«

»Mein kleiner Freund Joachim, mein guter Freund, der mein Retter ist.«

Seite 54 »Hij is een gekke zwerver!«, und lachte dabei und schlug sich auf die Schenkel.

»Er ist ein bekloppter Penner!«

Seite 56 – und taten sich mit dem »Beschaafd Nederlands«, das für sie wie eine Fremdsprache war, schwer.

Es gibt in Belgien hunderte lokaler Dialekte. Hochniederländisch ist neben Französisch und Deutsch eine der drei Amtssprachen.

Seite 63 – »Alstublieft, meneer, twee keer! En met een dikke saus erover!«

»Bitte, mein Herr, zweimal. Und mit dicker Sauce drauf!«

Seite 64 – »Monsieur le Marechal«, sagte sie gespreizt. «Vous êtes à nouveau si formel aujourd'hui!«

»Herr Marschall! Sie sind aufs Neue heute so formell!«

Seite 67 – »Herinnering an de 567 Doden en de 289 gewonden ... «

»Erinnerung an die 567 Toten und 289 Verwundeten.«

Seite 71 – »Dans ce cas, nous devrions aller prochainement au grand opéra et voir votre gracieuse épouse sur scène. Rigoletto?«

»In diesem Fall sollten wir bald in die große Oper gehen und Ihre gnädige Frau auf der Bühne sehen. Rigoletto?«

Seite 72 – »Cette ville minable et débile, là!«, pampte sie provokativ.

»Diese schäbige, dämliche Stadt da!«

Seite 101 – »A.U.B. Menheer«, sagte er zu mir und meinem Vater.

»Bitte, mein Herr.«

Seite 116 – »Tot ziens!«, verabschiedete er sich.

»Bis bald!«

Seite 185 – Aber einer, ganz hinten, La Bédoyère, würde leise flüstern: »Hélas! Aspern!

Soldaten des Kaiserreichs sagten eher Hélas!, Ach!, als »mein Gott«.

Seite 224 – Sic Transit Gloria Mundi.

So vergeht der Ruhm der Welt.

Seite 278 – Und die Mehrheit der Doughboys, und später der G.I.s...

Slang für US-Soldaten des Ersten und des Zweiten Weltkriegs.

Seite 291 – »Da hinten steht das Denkmal der Marie-Louisen und der Poilus, die sich gegenseitig die Hand geben, an der Ferme de Hubertise.«

Die Soldaten des Jahrgang 1814 wurden nach der Kaiserin Marie-Louise bezeichnet. Die Poilus des 1. WK waren »die Bärtigen«.

Seite 293 – aus der Zeit des entre-deux-guerre.

Frz. Bezeichnung für die Zwischenkriegszeit 1919-1939

Seite 305 – »An die 800.000«, antwortete ich. »Peut-être. C'est ce qu'on dit.«

Vielleicht. So sagt man.

Seite 305 – »Ich hab die Willies«, sagte er. »Die Willies?«

US-Slang für ein unheimliches Gefühl.

Seite 305 – Toujours l'amour, cherchez la femme, so war er. Sonny.

Immer wieder Liebe, immer auf der Suche nach der Frau.

Seite 345 – heimlicher Träger des Purple Heart.

US-Verwundetenabzeichen.

Seite 354 – »Veillons au Salut de l'Empire!«, sang er kurz und stieß mit mir an.

Hymne des Premiere Empire.

Seite 355 – »Gibt in Prag sogar eine Terronská.«

Straße im Stadtviertel Bubeneč.

Seite 359 – »Nä, watten Fück!«, sagten wir und kallten op Kriewelsch.

Fück, Fucki, Krefelder Platt für mächtigen Spaß.

Seite 360 – »Ah! Ça ira, ça ira, ça ira! Les aristocrates à la lanterne!«

Revolutionslied von 1790. »Wir schaffen das! Die Adeligen an die Laterne!«

Seite 361 – Und riefen uns zu: »Voila les Allemands! Vous avez bien chanté la nuit! Bravo! Un Salut de Rhenanie!«

»Seht her, die Deutschen! Ihr habt die ganze Nacht wunderbar gesungen! Bravo! Ein Gruß dem Rheinland!«

Seite 361 – Sie wehte mit der grün-weiß-roten Trikolore der Cisrhenanischen Republik und ihre Brüste wippten dazu im Wind.

Die Idee einer unabhängigen Rheinischen Republik wurde vor dem Frieden von Lunéville 1801 verworfen und das Rheinland ging in vier neuen Départements Frankreichs auf.

Über den Autor

1957 geboren in Krefeld. Aufgewachsen u. a. in Siegen und Antwerpen.
1981 Premiere als Kabarettist in Wien.
1986 »Das unglaubliche Leben des George Villabour« in der Hamburger Kampnagelfabrik, Auftritte u.a. auf der documenta.
1987 Umzug nach Köln, Kabarett-Autor beim WDR.
1989 Duo mit Horst Schroth (»Gnadenlos Deutsch«) und 90-94 Mitglied beim legendären »Reichspolterabend«.
1991 Deutscher Kleinkunstpreis und 1997 Deutscher Kabarettpreis. Co-Autor und Rolle des »Commander« bei der deutschen Filmkomödie »Der Superstau«.
Nach 22 Tourneejahren seit 2003 Vorstandsvorsitzender der von Horst Konejung gegründeten Konejung Stiftung Kultur.
Ab 2004 u. a. Autor der Dokumentarfilmreihe »You Enter Germany – Hürtgenwald und der lange Krieg am Westwall«, sowie Entwickler der »Historisch-literarischen Wanderwege« und des »Multimedia-Historyguides« in der Rureifel.
2004–2020 Touren mit Bildungsakademien zur Grenzgeschichte des 19. und 20. Jahrhunderts durch Frankreich, Benelux und das Rheinland.
2013 Bildband »Das Rheinland und der Erste Weltkrieg« und Filmdokumentation »Siegfrieds Fluch« zum Centenaire des 1. Weltkriegs.
2012–2020 als Chansonier und Kabarettist mit Hubert vom Venn auf Eifel-Tour.
2019 Bildband »Eifeler Unterwelten«.
2022–23 Film-Dokumentarreihe »Von den Bergen in die Börde«.
2023–24 Vorträge zur Geschichte der Voreifel.
2024 Fritten mit Napoleon.